CHILDREN'S LITERATURE EDUCATION

[개정판]

아동문학교육

고문숙 김수향 임영심 손혜숙 공저

양성원

머리말

상상력이 풍부한 영유아들의 문학적 경험은 영유아기 삶을 풍요롭게 해준다. 어린 시절 접한 한편의 감동적인 이야기는 어른이 되어서까지 오래동안 기억속에 남게 된다. 어린 영유아를 위한 그림책은 그림으로 변화를 주면서 이야기를 즐겁게 이해하도록 하는 것을 기본으로 하는 그림이 풍요로운 도서이다. 그림책에서의 삽화는 인물의 특성, 배경, 분위기에 대한 단서뿐만 아니라 플롯이나 개념을 제공한다. 그림책 속 그림은 다양한 이야기를 담아내며 그림 이야기 속에는 주제, 줄거리, 등장인물, 장면 등 문학적 요소를 포함하고 있다. 또한 장면은 선과 색, 질감, 그것에 의해 표현된 형태와 구도에 따라 여러 가지 의미를 자아내고 화면과 화면의 의미가 서로 이어지면서 이야기가 전개된다. 그림책을 대하는 어린이들은 어른과는 달리 그림책을 즐길 줄 아는데 그림을 읽고 느낄 줄 알며 그림 속에 자신의 상상력을 더해 가며 이야기를 감상한다.

그림과 단어들이 서로 의존하면서 이야기를 꾸며나가는 그림책은 두 개의 마주 보는 페이지가 동시적으로 펼쳐지면서 그 페이지가 넘겨질 때 극적인 상황이 정해지는 예술 형태이다. 어린 유아일수록 공부가 아닌 즐거운 놀이의 하나로 그림책을 접하게 된다. 따라서 질이 좋은 그림책은 아주 나이 어린 영아뿐 아니라 초등학교 저학년 아동에게까지 필수적인 것이 될 수 있다. 또한 어떤 도서를 읽게 할 것인가를 결정하는 데에는 많은 어려움이 있다. 특히 현대 그림책의 내용들은 많이 변화하고 있으며 포스트모더니즘이라는 새로운 장르의 등장도 아동문학을 접하는 이들에게 생소할 수도 있다.

본서는 현대 그림책의 속성들을 잘 이해하고 그 특성들을 살펴보는데 주력했으며 초등학교 교육과정의 체계와 동일하게 내용을 구성한 2019개정누리과정을 반영하였다. 과거보다 시각적 리터러시 능력을 더 많이 요구하는 상황에서 독특한 장르와 매체와의 만남을 현장에 적용해 볼 수 있도록 노력하였다.

본서는 총 7개의 장으로 나누어서 구성되었다.

1장에서는 아동문학 교육의 이론적 기초로 아동문학의 본질과 교육적 의미를 살펴보았다.

2장에서는 영유아의 발달특징과 아동문학에 따른 도서를 제시하였으며, 3장에서는 아동문학의 역사적 · 이론적 배경을 고찰하고 국내외 작가의 이력과 그들의 작품들에 대해 알아보았다.

4장은 아동문학의 장르에 대해 다루었으며, 5장은 2019개정누리과정 특성에 따른 아동문학의 활용을 살펴보았다. 이어 아동문학의 현장 적용방안을 위해 6장에서는 연령별 환경구성 및 아동문학지도법을, 7장에서는 그림책을 활용한 아동문학 프로그램을 다루었다.

유아교육현장에서 문학적 경험을 전체 교육활동 속에 녹아질 수 있도록 활용하는 방안은 매우 중요하다. 특히 문학적 경험은 의사소통영역뿐만 아니라 모든 영역에 걸쳐 다양하게 적용할 수 있는 요소이다. 도서 시장에서는 어린이를 위한 도서가 쏟아져 나오고 있으나 양질의 도서를 구분할 수 있는 평가준거가 필요하며 양서의 식별도 필요하다. 본 서가 유아교육현장에 있는 교사는 물론 예비유아교사와 유아교육 관련 학문을 전공하는 대학원생들이 그림책을 즐기고 이해하는데 조금이나마 도움이 되길 바라는 마음으로 이 도서를 출판한다. 도서출판에 기꺼이 도움을 주신 양성원 강철원 대표님께 진심으로 감사하는 마음을 담는다.

2021년 3월

저자 드림

차 례

제4장 아동문학의 장르

제5장 아동문학과 개정누리과정

제6장 연령별 환경 구성 및 아동문학지도법

제7장 그림책을 활용한 아동문학 프로그램

1장

아동문학교육의 이론적 기초

1장 아동문학교육의 이론적 기초

토론

1. 아동문학의 구성요에 대해 알아보자.
2. 아동문학의 교육적 기능에 대해 토론해 보자.

본 장은 아동문학의 개념과 문학적 · 교육적 · 예술적 · 발달심리학적 특성 및 교육적 의의에 대해서 살펴보고자 한다.

1 아동문학의 개념

그림책은 아동문학의 가장 대표적이고 독특한 장르에 해당한다(Cullinan & Person, 2005). 그림책은 글 텍스트와 그림 텍스트의 두 가지 의사소통방식을 채택한 것을 의미한다(Nikolajeva, 2005). 그림책은 언어와 인지발달의 수준이 미숙하여 글 읽기를 부담스러워하는 유아들을 위한 매우 유용한 매체인데, 이는 글 텍스트와 그림 텍스트의 상호작용을 바탕으로 이야기의 통합적인 전달을 추구한다.

최초의 그림책으로 알려진 17세기 코메니우스의 《세계도회》가 제작되기 이전의 대부분 문학작품은 성인을 위해 창작되었다. 1744년 영국 존 뉴베리의 《작고 예쁜 주머니 책》이 출판되면서 아동을 위한 문학작품 창작의 초석을 마련하는 계기가 되었고, 20세기 초 베아트릭 포터(1866~1943)의 《피터 래빗 이야기》(1903)가 발표되면서 현대 아동을 위한 문학 창작활동은 보다 활성화되기 시작하였다. 특히, 그림책에서 발견되는 시각적 이미지들은 영유아들의 미적 지각과 인식을 촉진시킴으로써 시각적 리터러시의 향상을 가져다 줄 수 있을 뿐만 아니라 상상력과 창의성발달에 기여할 수 있고(Nodelman, 2011), 무엇보다 어린 영유아들에게 책에 대한 즐거움과 긍정적 태도를 길러 줄 수 있다. 이와 같은 그림책의 변천사를 살펴볼 때, 아동문학은 아동에게 즐거움을 주거나 깨달음을 주기 위해 글과 그림을 소통의 수단으로 사용한 문학작품을 일컫는 말로 이해되었다. 신헌재(1998)는 아동문학이 18세기 후반에야 다른 장르와 뚜렷이 구별되는 독자적인 형태로 등장했기 때문에 비교적 최근의 문학 형태라 할 수 있다고 주장한다.

일반적으로는 아동문학은 태어나서부터 초등학교 6학년까지의 유아와 아동을 위하여 우선적으로 아동을 독자 대상으로 하는 문학이며 형식 면에서는 문학적 · 예술적 기준을 만족시켜야 하는 특수문학을 의미한다. 석용원(1982)은 아동문학이라고 해서 독자층을 반드시 아동에게만 국한시키지 않을 것을 강조한다. 그는 '아동문학이란 작가가 아동이나 동심의 고향으로 돌아가고 싶어 하는 성인을 대상으로 창조한 문학'으로 정의 내린다. 따라서 독자층을 폭넓게 해석할 때, 아동문학은 작가가 아동이나 동심의 고향으로 돌아가고 싶어 하는 어른에게 읽힐 것을 목적으로 창조한 시, 동화, 소설, 희곡 등을 총칭한다. 독자층을 아동에 국한할 때, 아동문학은 아동들을 위하여 이루어진 문학작품으로서 성인 작가가 아동들을 깊이 의식하면서 동심을 바탕으로 창작한 모든 문학작품을 말한다. 아동문학은 아동을 위한다는 작가의 적극적 의도가 내포되어야 하고, 본격 문학으로서 예술적 형상화의 방식으로 심미적 인식을 독자에게 전달할 수 있어야 한다.

한편, 유아문학은 유아교육을 하는 사람들이 교육의 대상인 영유아들을 위한 문학을 거론하면서 유아발달특성상 아동문학에서의 연령 범위의 한 부분을 가른 것이라고 보고 있다. 유아교육현장에서는 영유아의 개별적 발달수준에 따라 융통성을 지니기는 하지만 대체적으로 0세에서 초등학교 입학 전의 아동을 위한 문학작품을 선택하여 활용한다. 유아문학(Young children's Literature)은 유아를 위한 문학, 유년 동화 등의 용어와 함께 쓰이고 있다. 유아문학은 넓게는 문학의 개념에 포함되고 다소 좁은 분야로는 아동문학에 포함된다. 유아문학은 아동문학 중 연령이 낮은 영유아를 위한 문학으로 유아의 발달특성을 고려한 내용과 형식을 갖춘 문학이라고 볼 수 있다. 또한 유아문학의 조건으로 유아의 성장과 발달에 도움이 되는 교육성이 전제되어야 하며 영유아가 관심을 가지고 즐기며 감동을 느낄 수 있는 내용이어야 한다. 오늘날 그림책의 양상은 문학의 수를 넘어 보다 폭넓은 영역을 차지하면서 탈근대적인 움직임으로 인한 포스트모던 그림책들의 특성들이 두드러지고 있으며 이는 유아문학에서도 예외는 아니다.

2 아동문학의 특성

1) 아동문학의 장르

장르란 어떤 원리를 가지고 문학 텍스트를 분류하는 범주로 아동문학은 단일의 장르가 아닌 다양한 여러 장르와 더 광범위한 범주로 보아야 할 것이다. 특히, 장르란 글이 지니고 있는 요소들 간 상호작용을 통해 결정되는 것으로서 이야기 전달이 주목적인 픽션(fiction)과 정보전달이 목적인 논픽션(nonfiction)으로 나누어 볼 수 있다.

픽션은 이야기가 주가 되는 반면, 논픽션은 사실이 우선이 되며 이야기는 표현기법으로서 사용된다고 보았다(현은자 · 김세희, 2003). 픽션은 아동들이 공감할 수 있는 가족, 친구, 자아존중, 사랑, 두려움 등 다양한 주제를 이야기에 담고 있으며, 글과 그림 간의 의미를 구성하며 이야기를 읽을 수 있는 환상동화, 생활동화, 전래동화 등 이야기 그림책이 이에 속한다. 반면, 논픽션은 작가의 기획 목적이 정보를 제공하며 설명하고 논하고 입증하는 것이기 때문에 정확하고 최신의 정보를 다루고 있으며(현은자 · 김세희, 2003) 정보 그림책이 이에 속한다.

픽션과 논픽션은 각기 다른 목적에 따라 텍스트로서 다른 요소들에 주안점을 두고 있다. 즉, 픽션은 서론, 본론, 결론과 같이 구성이 순서적으로 조직되어 있고, 등장인물, 배경, 구성, 주제와 같은 요소를 포함하며 이야기의 즐거움을 주지만, 논픽션들은 텍스트와 시각적인 이미지를 통해 사실적 정보를 제공함으로써 정보탐색의 즐거움을 준다. 텍스트의 흐름이 깨지지 않으며 시간적인 순서로 사건이 전개되는 픽션과는 다르게 논픽션의 글은 종종 다양한 장으로 나뉘어져 배치되기도 한다.

화이트헤드는(Whitehead, 1994) 모험 이야기, 동물 이야기, 전기문, 우화, 전설, 동화, 유머스러운 이야기, 정보, 신화, 동요, 다른 지방이나 다른 민족에 관한 책과 시로 장르를 구분한다(신현재 역, 1998 재인용). 스미스(Smith, 1975)는 그림책(그림 이야기 책, 삽화가 그려진 책), 동물 이야기, 유머 이야기, 시, 전래동화(신화, 전설, 서사시, 요정들의 이야기, 발라드나 동화), 모험담, 신비한 이야기, 사랑 이야기, 환상적 동화, 사실적 동화, 논픽션(전기, 정보를 주는 책)으로 구분하고 있다. 마더구스(Mother goose)는 그림책, 전래동화, 환상적 동화, 과학적 정보, 시가와 시, 사실적 동화, 역사적 동화, 전기, 논픽션, 다문화 이해를 위한 책 등으로 구분한다(Cullinan & Galda, 2002).

2) 아동문학의 특성

아동 도서의 내용은 선·악과 관련된 유아기의 모든 경험에 관한 것이다. 이러한 경험들은 과거, 현재, 미래와 관련지어 설정될 수 있다. 특히, 아동의 현재적 상황과 관련이 있어야 한다. 생일 파티를 즐기는 일, 처음으로 이를 빼는 경험, 어른이 되었을 때를 그려 보는 일, 새 장난감 사기, 형제들 간에 서로 돕고 양보하기, 가족 문제 다루기 등은 오늘날 유아들에게 흔히 발생하는 문제다.

아동 도서의 내용은 유아기의 일부와 관련될 뿐만 아니라, 유아들의 관심을 끌 수 있도록 매력적이고 다양한 주제를 가지고 있어야 한다. 유아는 정의, 유머, 모험적인 이야기에 많은 관심을 갖는다. 유아의 정상적인 발달을 위해 이야기가 지나치게 감상적이거나 자연의 파괴, 인간이 만든 재앙 등을 절망적으로 표현하기보다는 보다 나은 미래를 위해 희망을 강조하는 내용이어야 한다.

다양한 주제의 아동문학은 산문 또는 운문의 형식으로 표현될 수 있다. 산문은 허구(상상력의 산물, 창조된 이야기), 논픽션(사실적 이야기), 또는 이 둘을 조화롭게 제시해야만 한다.

아동문학의 문학적 특성, 교육적 특성, 예술적 특성, 발달심리학적 특성을 살펴보면 다음과 같다.

(1) 문학적 특성

좋은 구성을 가지고 있는 이야기는 논리적이어서 독자로 하여금 이야기를 쉽게 이해할 수 있게 하고, 이야기에 몰입하게 만들며, 이야기를 쉽게 기억하도록 한다. 동시에 논리적인 이야기는 재미있다. 그러나 이야기의 논리성 이외에도 이야기를 재미있게 만드는 흥미의 요소가 있는데, 이 역시 독자들을 이야기에 몰입하도록 만드는 중요 요소로 작용한다. 유아들은 흥미의 요소가 많은 이야기들은 끝까지 읽으며 보다 잘 기억한다.

일반적으로 재미있는 이야기에는 ① 반복적 · 누적적 구성 형태, ② 스릴, 긴장감, 모험적 문제해결, ③ 행복한 결말, ④ 넌센스, 우연성, 유머 등의 요소를 포함하는 것이 많다.

문학적 가치가 있는 작품을 선정하는 기준은 다음과 같다.

첫째, 이야기의 주제가 적절하고 작품을 힘차고 긴장감 있게 해주는 요소인가?

둘째, 생동감 있는 구성인가?

셋째, 매력적인 주인공이 있는가?

넷째, 독특한 문체인가?

❒ 아동문학의 구성요소

이야기의 기본적인 구성요소는 인물, 사건, 배경, 플롯, 갈등이다. 특히, 인물과 갈등은 플롯을 만드는 데 중요한 역할을 한다. 인물은 이야기 속에서 중요한 역할을 담당하는데, 배경이나 주제 등의 다른 요소들보다 아동들에게 이야기를 인식시키는 데 중요하다(황규안, 2004).

아동문학에서 나타나는 등장인물은 아동문학을 성인문학과 구별 짓게 하는 중요한 특성 중의 하나이며 등장인물의 말이나 행동특성은 아동들에 의하여 해석되고 아동의 동일시를 통해 무의식적으로 습득되고 인식된다.

다음은 아동문학의 구성요소들에 대해 자세하게 살펴보겠다.

❶ 주제

주제는 이야기의 이면에 숨어 있는 중요한 개념이다. 주제를 분석하기 위해 이야기를 쓴 작가의 목적이 무엇인지, 혹은 작가가 이 이야기를 통해 무엇을 말하고 싶은지를 스스로에게 질문해 볼 수 있다(Tomlinson & Lynch-Brown, 1996).

주제는 책의 가장 중요한 부분이고 책을 쓰는 작가의 목적을 나타낸다. 주제는 단순하지만 전 세계적으로 보편타당한 진리를 담고 있어야 한다. 그림책 주제에 포함되는 것으로 서정숙과 남규(2005)는 문제해결 및 심리적 발달, 가족과의 관계, 가족 외 생명과의 관계, 자연과의 관계, 다문화, 반편견, 기타 등으로 나누었다.

훌륭한 이야기들은 초반부에서 기대했던 것보다 더 큰 의미를 결말에 담아낸다. 이때 이야기는 새로운 차원으로 발전하여 개인적 문제가 보편적 문제로, 일상적 사건이 마법 같은 놀라운 일로 승화된다. 지극히 단순한 이야기일지라도 행위가 완결되는 방식에 따라 매우 놀라운 의미를 가질 수 있다.

작가는 자신이 말하고자 하는 바를 다른 문학적 요소들을 통해 직접적으로 드러내거나 독자가 그것을 발견하도록 하기도 한다.

❷ 등장인물

그림책의 등장인물은 유아에게 친숙한 인물이거나 가공의 인물일 수 있고 동물이나 사물에 이르기까지 다양하다. 등장인물들은 주제를 말해주고 사건을 진행하거나 반응하면서 이야기를 확장시킨다. 그림책에서 등장인물은 사람이거나 의인화된 동물과 물건, 장난감 등이 등장하기도 하는데 유아를 위한 좋은 그림책의 등장인물은 어린이다운 성격이며 어린이의 시선에서 보는 일상성을 근본으로 성격묘사가 되어야 한다(김현희 외, 2018).

동일시와 모방을 위해 등장인물은 무엇보다 유아들이 쉽게 동일시하고 공감할 수 있는 인물이어야 한다. 또한 유아가 등장인물을 신뢰할 수 있어야 하며, 이야기 속에서 변하거나 성장할 수 있지만 기본적인 특성을 유지할 수 있어야 한다.

등장인물은 문학작품에서 가장 중요한 요소인 동시에 유아가 가장 관심을 갖고 살펴보는 요소이며(김정화, 2016), 문학작품을 읽을 때 독자들의 가장 많은 관심과 호기심을 유발시킨다(박혜숙, 2004). 그림책 중에도 민담에 나오는 인물은 비교적 단순하고 평면적으로 묘사된다. 모리스 센닥이 그림 형제의 이야기를 그린 《사랑하는 밀리》에서 주인

공 어린 딸은 글로서 '사랑스럽고 엄마 말을 잘 듣고 기도를 잘하는 착한 딸'로 성격이 묘사된다. 반면

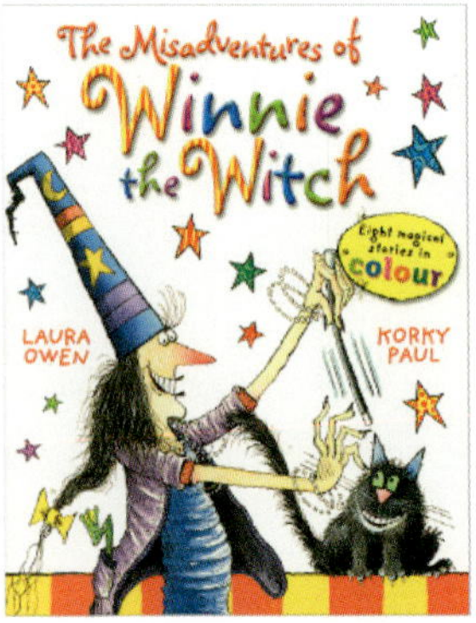

《괴물들이 사는 나라》의 맥스나 《마녀 위니》의 윌버처럼 개성이 뚜렷하고 다면적이며 입체적으로 그려지기도 한다. 등장인물의 정서나 심리를 은유와 상징으로 발전시키는 예로 《잃어버린 동생을 찾아서》에서 양쪽 펼침 면에는 등장인물의 감정이 자연스럽게 상징적으로 표현되어 있다. 《괴물들이 사는 나라》에는 배경 그림을 통해 주인공을 추측하게 한다. 맥스의 장난감 하나 없이 텅 빈 방은 맥스의 엄마가 그림 속에 나타나지 않았지만 맥스에게 다소 무심한 권위자임을 보여 준다. 앤서니 브라운의 《터널》도 오빠와 여동생의 성격을 효과적이고 매력적인 배경으로 나타난다.

니콜라예바(Nikolajeva, 2009)는 그림책에 나타난 권력구조 측면에서 《괴물들이 사는 나라》와 《잃어버린 동생을 찾아서》를 비교분석했다. 《괴물들이 사는 나라》에서 맥스는 처음에는 힘없고 억압받는 아이였지만 괴물들과의 축제를 통해 가장 높은 왕의 위치에 있다가 결국은 엄마의 뜻에 따른다. 그녀에 의하면 맥스가 괴물(자신이 공격성)을 제압하지만 아이로서 엄마의 뜻에 따르면서 갈등이 해결되지 않은 채로 남는, 성인의 우월성이 확고해진다고 분석한다. 맥스는 괴물들이 사는 환상세계에서 엄마가 자신에게 써온 권력장치를 괴물들에게 그대로 사용한다. 맥스는 괴물들에게 저녁도 주지 않고 잠자리로 보낸다. 《잃어버린 동생을 찾아서》에서 아이다가 아이다에게 등을 돌리고 눈도 쳐다보지 않는 엄마의 행동을 그대로 따라 하는 것처럼 아이다는 동생을 재우려고 나팔을 불면서 결코 동생을 쳐다보지 않는다.

유아는 등장인물에 대한 이해를 통해 그림책의 내

용에 대한 이해도 잘하게 되며, 이는 유아의 이야기 구성 또는 줄거리 이해에도 도움을 준다. 즉, 유아는 그림책 읽기 과정에서 등장인물에 큰 관심을 보이고 반응하는데, 이들을 통해 유아는 스토리를 잘 이해하고 작품에도 더 몰입하게 되는 것이다. 또한 유아는 그림책의 주인공과 자신을 동일시하면서 자신이 무엇을 할 수 있는지, 어른이 되었을 때 어떤 사람이 될 것인지에 대한 역할 모델을 찾기도 한다. 그림책을 보면서 유아는 자신이 주인공이 되어 그림책의 내용을 경험함으로써, 주인공 자신의 표현이나 주인공에 대한 타인의 표현 등 모든 표현에 영향을 받는다. 또한 그림책 속 인물을 통해 유아들은 세상에 대한 지식을 구성해 나가고, 간접경험을 하게 되며 인물 동일시를 통해 감정을 느낀다(현은자 · 김현경, 2007). 이는 작품 속 등장인물들이 유아의 동일시 대상이 되고, 역할 모델이 되어 유아의 삶 전체에 영향을 미친다는 것을 의미한다.

❸ 배경

배경은 이야기가 전개되는 시대와 장소를 알려주며 등장인물들의 삶의 형식과 문화적인 면을 함께 보여 준다. 또한 배경은 이야기의 감정적 상태나 줄거리에 긴장감을 주는 분위기를 조성함으로써 이야기에 색깔을 입히는 역할을 한다.

엄마가 소리 쳤어
"이 괴물딱지 같은 녀석"

괴물들이 사는 나라

앤서니 브라운의 《터널》은 사실주의와 초현실주의적 배경을 대비해가며 플롯을 진행하고 등장인물의 성격묘사도 발전시킨다. 처음에 집에서, 다음엔 쓰레기장 같은 장소에서, 그리고 '컴컴하고 축축하고 으스스한' 터널로 바뀌고 '고요한 숲'으로 변한다. 숲은 악몽에 잘 어울리는 마녀가 나올 것 같은 초현실적인 배경으로 나타난다.

《괴물들이 사는 나라》(모리스 샌닥, 시공주니어)에는 글없이 그림으로만 그려진 세 개의 펼침 면에 걸친 방 그림은 오랜 시간이 지났음을 보여 준다. 맥스의 주관적 시간감각은 "하루가 지나고, 한 달… 지나 일 년쯤"과 같은 글로 진술된다. 달의 주기뿐 아니라 밤낮의 변화는 맥스의 상상시간에서는 오랜 시간이 흘렀음을 알 수 있다. 《우리 할아버지》(존 버닝햄)에는 회상을 의미하는 글은 나오지 않지만 손녀와 할아버지가 노래하는 장면과 겨울놀이 장면은 좌우 두 페이지가 정교하게 조화를 이루며 환상적인 세계이거나 과거를 회상하는 장면을 보여 주면서 이야기가 전개된다(김현희, 2018).

이때 유아들은 동화책 속의 배경 그림을 보면서 즉각적으로 자신의 상황과 동일시한다. 책의 표지를 바라보면서 유아들은 그 책이 재미있을 것인지, 재미없을 것인지를 결정하기도 한다. 시간과 공간은 장르를 정의하기도 하는데 전래동화, 생활동화, 환상동화, 미스터리 이야기의 배경은 조금씩 다르다. 장소가 언급이 안 되어 있는 이야기라고 할지라도 유아들은 배경에 대한 상상을 해서 정확한 장소와 지리적 위치를 인식하기도 한다.

❹ 플롯

갈등이란 서로 모순되거나 양립할 수 없는 동기, 태도, 가치, 목적 등이 동시에 유발되는 상태이다(교육학 용어사전, 2015). 갈등은 좋은 스토리를 이끌어 내는 동력이며 갈등이 없다면 스토리는 존재하지 않는다. 갈등은 작품 속 주인공의 행위들을 통해 사건을 전개하고 작품의 주제를 명확하게 드러낸다. 갈등은 주제와도 깊게 관련이 있으며 플롯과 긴밀하게 연결되어 플롯의 단계가 갈등의 전개양상과 유사하게 진행됨을 알 수 있다(최지원, 2008). 구성이란 작가가 주제를 전개해 나가는 기술이다. 즉, 작가의 생각이 그 마음속에서 성장함에 따라 형성되는 모양이며 독자에게 그 생각을 전달하려는 방법이다. 플롯은 이야기 속에서 일어나는 일과 사건들이 전개되는 순서이다. 유아를 위한 이야기 그림책의 플롯은 명확한 발단, 전개, 절정, 결말이 있으며 그 속에 긴장과 갈등, 때로는 정적인 경이로움을 담아 이야기를 흥미롭게 한다(Lukens, 2003). 유아를 위한 이야기를 구성하는 좋은 플롯은 논리적 순서에 따라 전개되는 단순한 플롯을 가져야 하며, 이야기의 발단부터 유아의 흥미를 사로잡을 수 있고 만족스러운 방법으로 문제나 갈등을 해결하며 끝을 맺어야 한다. 줄거리를 전개해가는 플롯의 형식에는 단선적(선형적) · 누적적 · 연쇄적 · 회귀적 형식이 있다.

단선적 형식은 시간의 흐름에 따라 순서대로 이야기가 전개되는 것으로 《위를 봐요!》(정진호, 현암사, 2014), 《떼루떼루》(박연철, 시공주니어), 《알사탕》(이미애, 가문비), 《기억의 끈》(이브번팅, 사계절), 《나의 작은 인형 상자》(정유미, 컬처플랫폼), 《씩씩해요》(전미화, 사계절) 등을 들 수 있다. 단선적 형식은 주로 민담에서 볼 수 있으며 엄마와의 일시적 격리, 문제에 직면, 문제해결, 귀가라는 구조로 독자들의 안전에 대한 욕구를 만족시킨다(김현희, 2018).

누적적 형식으로 《장갑》(에우게니 M. 라초프 글 · 그림/다산기획) 이야기 속에는 리듬과 반복의 요소가 장면이 바뀔 때마다 연속적으로 내재되어 있기 때문에 유아들은 쉽게 다음의 사건을 예측해 낼 수 있었고, 쉽게 기억해 냈다. 이는 리듬, 반복, 재미있는 말 등의 요소가 유아들로 하여금 이야기에 몰입하게 하고 이야기를 잘 기억하도록 돕는다. 에릭 칼(Eric Carle)의 《배고픈 애벌레》에서 연결고리는 먹을 것을 찾아다니며 끊임없이 음식을 먹어치우는 작은 애벌레 이야기로 누적적 형식을 띠고 있다(김현희, 2018).

순환적 형식은 이야기 속의 사건이 시작되어 진행되다가 다시 원점으로 돌아오는 형식을 말한다. 《생쥐의 결혼》(하지홍 저/미세기)에서는 들쥐 부부가 딸에게 제일 힘이 세고 훌륭한 사윗감을 골라주기 위해 길을 나섰으나 쥐, 해, 구름, 바람, 미륵부처, 쥐로 순환되어 다시 돌아온다.

❺ 문체

문체는 언어의 사용, 단어의 선택, 문장 구성 및 상징과 관련이 있다. 그림책은 단어가 반복될 때 리듬감도 있으면서 다양성을 담아야 재미있다. 반복되는 단어의 동일성은 익숙함을, 다양성은 새로움을 준다. 동일성과 다양성의 균형은 그림 장면 안에서 정적 요소와 동적 요소 사이의 균형과 유사한 기능을 한다. 짧고 반복되는 문장은 만족스러운 리듬을 만들어 낸다. 박연철의 《떼루떼루》에서는 이시미가 등장인물을 잡아먹을 때마다 "덥석!"이라는 의태어를 타이포그래피(미적 가치를 위하여 글자(타입)를 이용한 모든 디자인을 말한다)를 통해 반복해서 표현해줌으로써 리듬감을 살려주며, 독자들에게 어떤 장면과 단어가 나올지 예측할 수 있게 한다.

작가가 선택한 단어의 총체인 문체는 작품을 보다 쉽게 읽게 하고, 좋은 그림책의 문체는 유아로 하여금 내용을 이해할 수 있도록 도와준다. 읽기가 서툰 유아들을 위해서는 성인은 그림 이야기책을 유아에게 특별히 큰 소리로 잘 읽어줄 수 있는데, 내적으로 재미있는 언어, 내적인 리듬감과 장단을 가진 언어가 사용되면 더욱 바람직하다. 최근 한국 그림책에 대한 높은 관심을 보이는데, 이는 우리나라 말의 내적 리듬감은 대개 글자, 단어, 구절, 문장의 반복과 의성어, 의태어에서 다양한 읽기 활동들을 할 수 있다.

모든 장르가 똑같은 문학적 요소를 가지고 있지는 않으며 유아들로 하여금 다양한 장르를 접하게 함으로써 언어적 이해를 도울 수 있다. 예를 들어, 시에는 등장인물이나 배경이 없을 경우가 있거나 정보전달책은 정보를 얼마나 정확하게 전달하는가?, 얼마나 최신의 정보를 다루고 있는가, 저자가 신뢰할 만한 권위자인가, 저자나 삽화가가 이 도서를 저작하거나, 그림을 그리기 위해 어떤 연구를 했는가 등을 고려해야 하는데, 이는 다른 장르와는 그 기준이 아주 다르다.

❻ 관점

관점은 작가가 통일성 있게 작품을 구성하기 위한 각도, 즉 시점을 말한다(석용원, 1982). 그림책의 관점은 '나'의 입장에서 이야기하는 1인칭 관점과 작가가 모든 인물의 마음을 읽고 줄거리를 서술하는 전지적 관점이 있다. 전조작기의 유아들은 자아중심적인 사고를 하기 때문에 자신들이 처음 동일시했던 것과 다른 관점을 가질 수 없으므로(Cullinan & Galda, 2002) 일관된 관점을 유지하는 것이 바람직하다.

그림책에서는 글이 화자의 목소리를, 그림이 주로 시점을 전달한다. 글 텍스트 속 화자의 존재를 알게 해주는 가장 두드러진 네 가지 요소는 배경묘사, 등장인물 묘사, 사건 요약, 사건이나 등장인물 행동에 대한 언급이다. 루켄스(Lukens, 2003)는 관점(시점)의 유형을 1인칭 관점, 전지적 관점, 제한된 전지적 관점, 객관적 관점으로 나누어서 설명했다. 1인칭 관점의 화자는 주인공이나 행동을 관찰하는 소수의 등장인물이 될 수 있다. 그림책에서 1인칭 시점의 화자라는 것은 독자가 그의 시점을 공유하는 반면 그림에서는 그의 모습을 볼 수 없다는 것을 의미한다.

작가가 모든 것을 알고 있는 전지적 관점은 작가가 등장인물과 관련된 모든 정보를 서술한다. 모리스 센닥의 《괴물들이 사는 나라》는 전지적 시점, 책 전체를 통해 꾸준히 외적·내적으로 초점화, 그림도 전지적 시점, 괴물들과 춤추는 장면은 개념적·주관적 시점으로 표현된다. 객관적 관점은 작가가 등장인물의 마음에 들어가지 않고 등장인물을 스스로 말하고 행동하며, 행동은 펼쳐보이는 그 자체로 말한다. 사실적인 동물 이야기는 객관적 관점의 이야기이다.

(2) 교육적 특성

유아문학은 유아를 대상으로 한다는 점에서 그 내용이 선한 것을 다루어야 하며 교육적이어야 한다. 교육적인 그림책은 유아가 성숙해지는 데 도움이 되며 우리가 살고 있는 인간세계와 자연세계, 상상의 세계가 저자와 삽화가의 독창적인 예술적 해석에 의해 잘 나타나 있는 그림책을 말한다. 지식과 정보를 주입하는 것이 아니라 유아들에게 감동을 주는 책이 바람직하다고 볼 수 있다.

유아들이 재미를 느낀다고 하여 교육적 측면을 고려하지 않는 태도는 바람직하지 않다. 책이 재미있으면서 동시에 교육적으로 바람직한 내용을 담고 있다면 더없이 좋다. 교육적 특성은 주제를 통해 잘 드러난다. 아동문학의 본성은 유아들의 감성발달, 문학적 태도, 감상하기 등을 우선으로 한다. 직접적으로 제시되는 도덕적 교훈의 제시는 피해야 한다.

윌리엄 스타이그(William Steig)의 《치과의사 드소토 선생님》(1982)의 이야기는 흥미로우면서도 교육적 효과가 있다. 큰 몸집의 여우가 딱한 표정을 짓는 장면, 치과의사 생쥐가 여우의 입 속에 들어가 치료를 하는 아슬아슬한 장면, 작은 동물 생쥐가 큰 동물의 입 속으로 들어가기 위해서 사다리, 도르래와 같은 도구를 사용하는 장면 등은 이야기의 재미를 더해 주고 있다. 동시에 어려움에 처한 여우를 치료해 주자고 합의하는 모습, 치과에 찾아오는 손님을 친절하면서도 정성껏 치료해 주는 모습 등은 교육적 효과가 있다. 위험에 처한 문제상황을 해결하기 위하여 주인공은 악에 맞서 대항하기보다는 위험한 상황을 없애기 위한 묘책을 슬기롭게 사용하고 있기 때문이다.

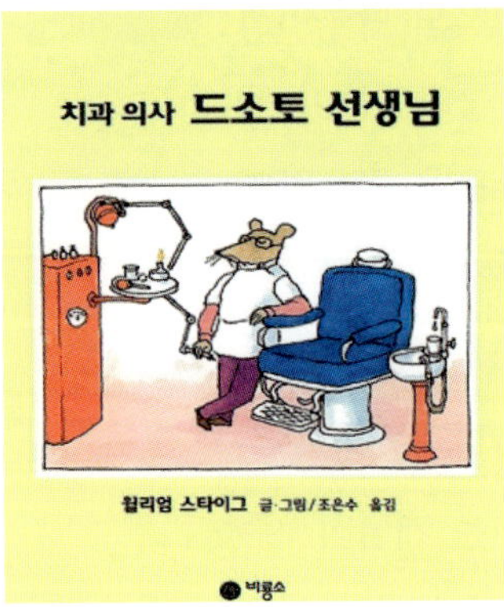

(3) 예술적 특성

그림책에서 그림은 유아와 같은 눈높이에서 서로 대화하고 함께 여행하며 즐길 수 있어야 한다. 이를 위해 그림의 형태나 동작·표정들이 재미있고 정확하며, 색상도 이야기의 전개에 따라 분위기와 느낌을 잘 담고 있어야 한다.

특히, 유아들은 글을 읽기보다 그림을 읽기 때문에(Stephanie, 1995), 고정되거나 내용을 담지 못한 현란한 그림들은 유아들의 개념 형성에 방해가 된다. 따라서 유아문학의 그림은 무엇보다도 글의 내용을 유아에게 잘 전달하고 공감을 가질 수 있게 해야 한다. 또한 글의 내용이 제시해 주는 사건이나 인물, 장소 등 간단한 해석에만 의존해서는 안 되며 글과의 조화와 그림의 효과를 독특한 개성으로 표현해야 한다.

그림책은 그림과 이야기의 조화로운 결합에 의해 작품의 문학성과 예술성이 결정되기 때문에 책 자체가 훌륭한 미술작품이어야 한다. 일러스트레이터는 미술적 요소(색, 선, 공간, 형태, 구조와 조망)와 미술양식(재현주의, 표현주의, 인상주의, 만화, 민속그림), 미술기법(그림물감 수법, 몽타주, 콜라주, 사진, 점토인형 등) 등의 다양한 미술적 능력을 가지고 자신의 생각을 얼마나 잘 표현했는가 하는 것이 중요하다. 최근에는 폭넓은 예술적 양식과 다양한 매체와 기법을 활용한 작품들이 많이 나오고 있다. 이러한 다양한 그림이 있는 그림책을 경험하도록 해주면 유아들의 심미적 감상력을 길러줄 수 있다는 점에서 가치가 크다(현은자 · 김세희, 2003).

콜라주기법

(4) 발달심리학적 특성

유아들은 문자해독능력이 없기 때문에 문학을 이해하고 표현하기 위해서 언어에만 의존하지는 않는다. 그림, 몸짓, 분장 등 다양한 문학적 표상활동을 적극적으로 활용한다. 유아의 발달특성을 고려하는 아동문학에서는 글과 그림뿐 아니라 원작의 의도를 잘 반영하는 다양한 문학교수매체도 의사전달의 중요한 역할을 한다.

유아들은 꿈과 실재를 구별하지 못하며 모든 물체가 살아 움직일 수 있다고 생각하는 물활론(物活論)적 사고를 갖는다. 따라서 유아의 발달특성을 고려하는 도서들은 꿈과 실재의 조화를 이루도록 배려함으로써 유아들의 상상력과 함께 현실감각능력을 길러줄 수 있다.

유아기는 인지적 개념, 자아개념, 사회적 기술, 도덕성 등의 발달이 왕성하게 이루어지는 시기이다. 그림책을 통해 이러한 기술과 능력을 자연스럽게 발달시켜 나가는 것이 바람직하다. 유아를 위한 문학은 유아들의 지적 호기심을 충족시켜 줄 수 있어야 하고, 협동하기, 돕기, 나누어 갖기, 친구 사귀기 등과 같은 사회적 기술을 익힐 수 있도록 한다.

이야기책은 유아들의 안정, 사랑, 소속, 성취, 지적 호기심, 미, 자아실현 등의 욕구를 반영하면 좋다. 유아들은 자신이 현실에서 충족하지 못한 욕구를 그림책을 보면서 간접적으로 만족하며 정서적 카타르시스를 느낀다. 그 외에도 유아기의 자조능력발달을 도와주는 신뢰, 자율성, 주도성을 발달시켜 자아개념이 잘 발달되도록 돕는 그림책은 유아들에게 많은 도움이 될 것이다.

3) 아동문학의 교육적 의의

아동이 흥미를 느끼는 이야기는 아동들의 세계관 형성에 영향을 미친다. 아동은 이야기를 접할 때 자신의 상상력을 발휘하여 이야기 세계에 빠진다. 그래서 실제와 유사한 간접경험으로 삶의 다양성을 인정하고 사고의 폭을 확장시키며 상상의 즐거움을 키운다(황규안, 2004). 문학이 아동에게 깊은 의미를 줄 수 있는 것은 그 작품이 지닌 환상성으로 실제로 존재 유무를 떠나서 상상력을 통해서 창조한 형상으로서 유아에게 무한한 감동을 주기 때문이다. 그러므로 문학과 교육의 관계는 '가장 문학적인 것이 가장 교육적이다'라고 말할 수 있다(김경중, 2002). 교육이 아동에게 사회체제에 잘 적응하도록 가르친다면 문학은 인간본성의 내적 저항과 교육에서 오는 적응에서 생기는 파장을 그려내는 일을 하고 아동들에게 개인의 특성을 존중하며 주위와 유기적인 관계를 맺고 성장하도록 돕는다(김서정, 2008).

'문학교육'이라는 용어는 '문학'이라는 단어와 '교육'이라는 단어가 단순히 똑같은 비중으로 결합된 것이 아니다. '문학'은 일종의 예술이기 때문에 외부의 지도하에 이루지기보다는 자신의 내부에서 일어나는 감수성으로부터 받아들여져서 표현되는 것이므로 '문학교육'은 교육의 측면이 보다 더 강조되는 것으로 볼 수 있다. 구인환 등(2004)은 문학교육은 문학현상이 바람직하게 이루어지기 위한 일체의 의도보다는 학습자의 자발적 의도가 중시된다는 점에 있다고 하였다.

일반적으로 좋은 그림책으로 선정된 것은 특정 교육내용을 가르치기 위해서 만들어진 학습용 교재가 아니며 특정 문제를 해결하기 위한 자료로 만들어진 것도 아니기에 문학교육 수업에서 사용될 때 그림책이 지닌 특성을 매우 제한적인 범위에서 피상적으로 활용될 수밖에 없는 한계가 존재한다(서정숙 · 남규, 2005). 따라서 문학교육을 실시하는 교사의 역할이 매우 크다고 볼 수 있다.

니콜라예바와 스콧(Nikolajeva, Maria & Carole Scott, 2001)은 그림책을 "예술 형태로서의 그림책이 지닌 것"으로 마란츠(Marantz, 1983)는 "그림책은 글이 우세한, 문학이 아닌, 시각예술의 한 형태이다. 그림책의 잠재적 가치를 파악하려면, 시각적/언어적인 것을 실체로 경험되어야만 한다."고 보고한다. 사이프(Sipe, 1988)는 "새 장을 펼칠 때마다 우리는 새로운 단어조합과 새로운 삽화를 만나면서 의미 구성 안으로 걸려 들어간다."고 보고 이와 같은 시각적 텍스트는 언어적 텍스트와 동등한 지위를 갖는다고 논한다. 즉, 모든 학자들이 이미지와 글이 협동적으로 작용한다는 것에 동의하고 그림책이 교육적 도구가 아닌, 예술 형식이라는 것을 강조하고, 이 모든 정의들이 그림책을 실용물로 보기보다는 예술 형식이나 예술품으로 파악하는 것처럼 보았다.

독보적 성격은 '시각과 언어라는 두 수준의 의사소통 결합에 기초한다'고 보았다. 유리 슐레비츠(Shulevite, Uri, 1985)는 "진정한 그림책은 전적으로, 그림으로 이야기한다. 글이 사용될 때, 이는 보조적 역할을 한다."고 보았다(현은자 · 김세희, 2003 재인용).

자롱고(Jalongo, 2010)는 문학이 유아에게 주는 의미와 중요성을 다음과 같이 강조하고 있다.

첫째, 즐거움을 준다.

둘째, 언어경험을 제공한다.

셋째, 경험을 확장시킨다.

넷째, 롤 모델을 제공한다.

다섯째, 어휘력, 이해력, 사고능력을 발달시킨다.

여섯째, 통찰력을 발달시킨다.

일곱째, 상상력을 자극한다.

여덟째, 자아상과 사회적 가치를 형성시킨다.

아홉째, 그림 → 구어 → 문어로 지식을 확장시킨다.

열째, 주의집중능력 및 흥미를 증진시킨다.

영유아기는 발달적으로 결정적 단계이며, 이후의 성장에 기초가 되는 중요한 단계이다. 뇌에 관한 연구들은 생애 초기 경험의 중요성을 강조하고 있다. 뇌세포와 세포를 잇는 시냅스는 생후 3년 동안 급속하게 발달되며, 2세 영아의 뇌는 성인보다 2배 많은 에너지를 소모한다(박덕숭, 2007). 이 시기의 영아들은 많은 경험을 할 필요가 있는데, 모든 지식을 직접 경험을 통해 배운다는 것에는 한계가 있다는 점을 고려할 때 가장 효과적인 방법은 그림책이 될 수 있다(김지윤, 2002).

아동문학이 하나의 예술 형식으로 교육적 수단이거나 적어도 그럴 수 있다는 것은 분명한 사실이나, 아동문학 비평가들에게서는 '문학 - 교육분리' 문제로 자주 언급되고 있으며 잦은 논쟁거리가 되기도 한다(Maria Nikolajeva, 2009). 독일계 미국인 철학자 에리히 아우어바흐(Erich Auerbach)가 쓴 《미메시스》에서 역사 속에서 현실지각이 얼마나 차이나는지를 보여 주고 있으며 아동문학은 발달할 수 있었던 기간이 짧으며 역사적으로 예술적 수단의 발달이 주류문학에 비해 아동문학이 뒤떨어져 있다고 여긴다. 사회에서 아동문학이 맡은 역할들은 의심할 것 없이 교육적 목적으로 많이 이용되어 왔다. 반면, 일부 학자들은 아동문학의 본질이 교육에 있다는 주장까지 한다. 어떤 학자들은 아동문학을 문학계 안으로 들여놓는 것을 거부하면서 교육적 상황에서만 논의되고 연구되어야 한다고까지 말한다.

이제까지 유아문학이라는 용어는 개념이 모호하며 아동문학과 혼용되어 사용되었다. 유아문학 역시 아동문학의 범주와 같은 맥락에서 이해해야 하는데, 아동문학은 아동뿐만 아니라 동심의 세계를 그리워하는 특수문학으로 형식 면에서는 유익한 것이어서 아동들이 즐겨 읽을 수 있는 책이라고 정의되고 아동문학이 담당한 특별한 역할을 살펴볼 필요가 있을 것이다.

유아기는 그 어느 시기보다 문학적 수용능력이 뛰어나다. 만 4세 유아를 대상으로 이야기의 주제에 대한 감각을 얼마나 가지고 있는지 연구한 결과, 유아들은 이야기 주제와 관련되는 이야기 구성요소를 언급할 줄 알고, 책을 참조하면서 이야기를 회상할 수 있으며 플롯과 등장인물과 같은 이야기 구성요소를 인식할 수 있다. 특히, 등장인물의 내적 심리를 이해할 수 있고, 이야기의 줄거리를 요약할 수 있으며, 등장인물의 내적 반응이나 동기를 언급하기도 한다.

유아문하에서는 뇌발달이 출생 전후를 중심으로 생후 5년 동안 기본적인 시냅스가 형성되며 시각과 청각을 담당하는 감각경로의 시냅스 형성은 출생 후 3개월 이내에 정점에 이르고 이후 서서히 감소하지만 유아기 전반을 통해 그 중요성이 지속된다고 본다. 적절한 뇌발달을 위해서는 서로 다른 발달의 시기에 적합한 서로 다른 종류의 경험이 중요하다. 숀코프와 필립스(Shonkoff & Phillips, 2000)에 따르면 안정된 관계를 기반으로 한 초기 경험이 뇌발달의 핵심으로 보고 있다. 그러므로 출생 직후부터 영아에게 말을 걸고, 노래를 들려주고, 그림책을 읽어주는 것은 중요하다. 그림책은 글과 그림이 유기적으로 결합되어 있는 것으로 영유아가 언어의 의미를 알수록 그림책의 묘미를 즐길 수 있으며 이와 같은 것은 가르쳐주지 않으면 배울 수 없는 것으로 유아기에 기본적으로 갖추어야 할 문학적 소양을 기르는 데 도움을 줄 수 있는 것들이다.

2장

영유아기 발달특징과 아동문학

2장 영유아기 발달특징과 아동문학

토론

1. 그림책 1권을 선정하여 매슬로의 욕구이론에 따라 분석 · 평가해 보시오.
2. 연령에 적합한 그림책의 예를 들어보시오.
   걸음마기(약 1~2세반)

문학적 경험은 유아들에게 다양한 인간의 삶을 경험하고 상상의 세계를 통해 창조력과 상상력을 길러주며 자신에 대한 이해와 타인과 환경을 이해할 수 있도록 도와준다. 유아를 위한 문학작품은 유아들의 지적 · 사회적 · 언어 · 도덕적 발달수준과 기본적 요구를 함께 고려하여야 한다. 유아들은 기본요구가 잘 반영되어지고 자신의 세계를 그리고 있는 문학작품에 더 흥미를 느끼게 된다. 이러한 측면에서 볼 때, 유아들에게 문학적 경험을 제공해 주기 위해서는 무엇보다 먼저 유아들의 발달단계 및 특성을 고려해야 한다. 그러기 위해서는 유아들의 발달특징 및 기본적 욕구에 적합한 문학작품을 선택하는 기준에 대하여 이해해야 할 것이다.

1 영유아의 기본적 욕구와 문학

유아문학은 유아의 기본적 욕구에 부합되는 것이어야 한다. 매슬로(Maslow, 1970)는 인간의 성장발달은 기본적인 욕구를 충족해 나가는 과정으로 설명하고 있다. 즉, 생리적 욕구, 안전의 욕구, 애정과 소속의 욕구, 자기 존중의 욕구, 심미적 욕구, 지식과 이해의 욕구, 자아실현의 욕구이다. 매슬로는 이러한 인간의 기본적인 욕구를 위계적으로 배열하여 하위 단계의 욕구가 충족되어야만 다음 수준의 상위 욕구가 생겨나게 되며 이러한 욕구가 충족되면서 건전한 성장을 하게 된다고 하였다. 따라서 여기에서는 매슬로가 이야기하는 기본적인 욕구에 대해 살펴보고 그에 적절한 문학작품의 예를 제시하고자 한다.

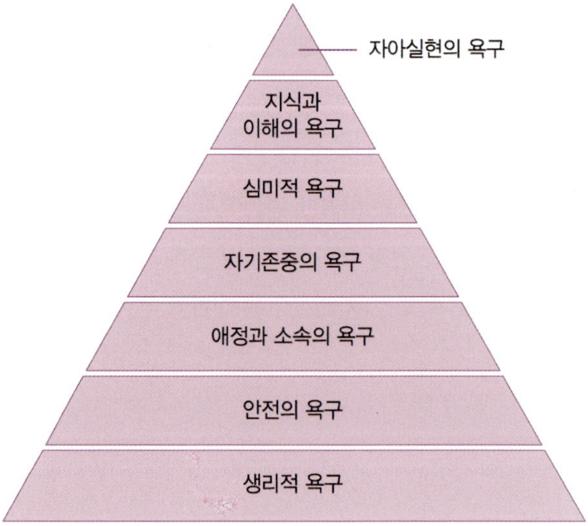

[그림 2-1] 매슬로의 욕구위계이론

1) 생리적 욕구

인간의 가장 기본적인 욕구로 선천적이고 본능적인 것과 관련된다. 생물학적 생존에 필요한 음식, 물, 공기, 잠, 배설 등에 대한 욕구가 포함된다.

생리적 욕구와 관련하여 《모두 잠이 들어요》, 《달님 안녕》, 《잘 자요, 달님》 등은 잠자리에서 유아가 편안하게 들을 수 있는 이야기로 되어 있는 대표적인 잠자리 그림책이다. 《똥이 풍덩》, 《시원한 응가》, 《응가하자 끙끙》 등은 자연스럽게 배설에 대한 기본적 욕구를 충족시켜 주는 작품이다. 《쏘옥 옷 입기》는 유아가 스스로 옷을 입을 수 있도록 이끌어 주는 작품이다.

《잘 자요, 달님》(마거릿 와이즈 브라운 글, 클레먼트 허드 그림, 이연선 옮김)에서는 토끼가 잠들기 전까지 초록 방에 있는 모든 사물한테 끊임없이 '잘 자'라고 인사를 한다. 점차 초록 방은 어두워지고 토끼는 잠이 든다는 내용이다.

《똥이 풍덩》(알로나 프랑켈 글 · 그림, 김세희 옮김)은 변기에 앉아 배변훈련을 하는 아기의 모습을 통해 자연스레 배변을 익힐 수 있다.

2) 안전의 욕구

인간의 기본적인 욕구 중의 하나는 그 자신을 안전하게 하고자 하는 것으로 안전의 욕구는 어린 유아가 어머니와 아버지의 품에서 점차 일상적인 생활환경, 가족 등으로 확대되며, 자기 자신을 안전하게 하고자 하는 욕구가 생기게 된다. 이는 신체적인 안전뿐만 아니라 물질적 · 정서적 안전을 모두 포함한다. 즉, 나 자신으로부터 출발하여 점차 다른 사람의 요구를 이해하고 그것을 소중히 여길 수 있게 된다. 물질적 수준의 안전을 넘어서 정서적 수준의 안정의 요구가 있는데, 이러한 정서적인 안정감은 유아들이 자신에 대한 긍정적인 감정을 갖게 하며 타인과의 올바른 관계를 맺도록 하는 데 필수적이다(이상금, 장영희, 2001). 문학작품 속에서 유아들의 정서적인 안정감을 가질 수 있는 도서들을 살펴보면 다음과 같다.

《늑대와 일곱 마리 아기염소》 이 도서는 그림형제(Brüder Grimm)의 동화집 《어린이와 가정을 위한 옛날 이야기(Kinder-und Hausmärchen)》에 실린 5번째 이야기로, 주인공 염소들을 통해 어려운 상황에서 지혜롭게 대처하는 모습을 보여 준다.

《난 이제 하나도 무섭지 않아》는 밤에 혼자 자는 게 무서운 아기 개구리가 아빠와 같이 밤을 지내며 두려움을 이겨낸다는 이야기이다.

3) 애정과 소속에 대한 욕구

가족이나 또래 집단, 그 밖의 다른 인간관계로부터 애정과 친밀감을 추구하는 욕구이다. 유아들은 어떤 집단에 소속되기를 희망하며 사랑받기를 원한다. 문학에서는 가족 간의 사랑, 친구 간의 우정 등 폭넓은 내용을 다루고 있으므로 문학작품을 통해 유아들은 감동하게 되며 그러한 경험을 통해 더욱 성장하게 된다. 유아들은 '우리 엄마', '우리 동생' 등의 가족 속에서 자기 자신을 인식하는 것으로부터 시작하여 '우리 선생님', '우리 반' 등으로 점차 소속의 범위가 확대되어 가면서 한 집단의 구성원으로서 소속감을 형성하게 된다.

《내가 아빠를 얼마나 사랑하는지 아세요?》, 《그래도 엄마는 너를 사랑한단다》 등은 아빠와 엄마의 사랑을 확인하고 싶어 하는 유아들의 욕구를 잘 나타내어 주는 작품이다. 《우리 언니》는 자매간의 소중한 사랑을 잘 표현하고 있으며, 《무지개 물고기》와 《까마귀 소년》은 외톨이로 지내던 무지개 물고기와 까마귀 소년이 점차 그 집단으로부터 인정을 받는다는 이야기이다.

《너는 기적이야》는 아이가 탄생하면서부터 초등학교를 들어갈 때까지의 감동적인 순간들을 엄마의 마음에서 그려낸 도서이다.

《안 돼, 데이빗》에서는 말썽꾸러기 아이가 등장하여 온갖 개구쟁이 짓과 엄마의 잔소리를 보여 주지만 결국 이야기는 “엄마는 너를 사랑한단다”라고 끝맺는다.

4) 자기존중에 대한 욕구

자기존중에 대한 욕구란 다른 사람으로부터 자기 자신을 존중받고자 하는 욕구를 말하는 것으로 이러한 욕구가 적절히 충족될 때 유아들은 자신에 대한 올바른 자아개념을 획득하게 되어 자기 존중 및 자신감, 성취감을 갖게 된다. 만약 이러한 욕구가 충족되지 못할 경우에는 좌절감이나 열등감을 초래하게 된다.

《강아지 똥》은 모두 더럽다고 피해 가던 강아지 똥이 민들레 뿌리에 거름이 되어 아름다운 꽃을 피우게 된다는 내용으로 타인과의 상호작용 속에서 자아를 완성해가는 과정을 잘 그려내고 있다. 《으뜸 헤엄이》 또한 작고 까만 물고기가 다른 물고기를 만나 지혜와 노력으로 함께 커가는 이야기를 잘 그려내고 있는 작품으로 이러한 문학작품을 통해 열등감을 가지고 있는 유아는 그것을 극복할 수 있으며 상호관계를 맺고 타인을 인정해 줄 수 있게 된다.

《괜찮아》 도서는 개미는 작고 뱀은 다리가 없고, 타조는 날지 못하지만 괜찮다고 이야기하고 있다. 다양한 동물의 생태특징을 통해 생명의 건강함과 또 특별한 것 없어 보이

는 사람에게도 나름대로 잘하는 것이 있다고 말해주는 책이다. 최숙희의 《괜찮아》에는 어린이에게 약점이 있지만 장점을 알려주며 괜찮다고 격려하는 엄마가 등장하며 《나도나도》의 엄마는 어린 유아에게 자신감을 가지라고 격려한다.

5) 심미적 욕구

심미적 욕구란 인간은 끊임없이 아름다움을 추구하며 미를 즐기고자 한다는 것이다. 이러한 욕구는 유아기부터 성인에 이르기까지 지속되는 것으로 이것은 다양한 형태의 예술로 충족될 수 있다. 유아기 문학과 관련지어 본다면 성인은 유아들에게 적절한 문학작품을 제시해 줄 수 있으며, 예술적으로 아름다움을 지닌 작품을 제시해 줄 수도 있다(이상금, 장영희, 2001). 문학작품 그 자체만으로 충분히 아름다운 그림을 포함하고 있는 책들이 시중에 많이 쏟아져 나오고 있어 책 한 권으로도 충분히 심미적인 욕구를 충족시킬 수 있다. 따라서 교사와 부모들은 이러한 많은 책 가운데 유아들에게 적합하고 예술적인 아름다움을 지닌 책을 신별할 수 있는 판단력을 길러야 한다

《반짝 반짝 반디각시》는 몸에서 불빛을 내는 곤충 반딧불의 고운 모습을 아름답게 그려내고 있어 보는 것만으로도 즐거움을 준다.

클로드 부종의 《아름다운 책》은 여러 가지 면에서 매우 흥미로운 작품이다. 간명한 선과 형태, 영상언어와 흡사한 그림언어, 다층적 의미를 가지고 있는 글 텍스트, 늘 여우로 인해 전전긍긍하던 토끼 형제가 읽던 책으로 여우를 물리쳤다는 통쾌한 결말, 여우의 주둥이에 박힐 정도의 큰 판형 등 볼거리가 풍부한 도서이다.

《파란 파도》는 사람들에 의해 부여된 '파란 파도'라는 이름을 갖고 군마로 살다가 사람들을 구하고 영원으로 가게 된 파란 말 이야기로 무지한 선과 악과 이상을 상징하는 백 · 흑 · 청의 배합, 자기정체성에 대한 파란 파도의 인식 변화에 따른 좌우 방향의 대비, 첫 장부터 마지막 장까지 인물들의 성장과 궤를 같이하는 색채와 구도 변화로 팽팽한 긴장감을 불러일으키는 구도로 이루어진 도서이다.

6) 지식과 이해의 욕구

유아기는 그들 주변 세계에 대해 많은 호기심을 가지고 탐구하려는 본능을 가지고 있다. 끊임없이 "이게 뭐예요?", "왜 이렇게 돼요?" 등의 질문을 하게 된다. 성인은 이러한 유아들의 호기심어린 질문에 대한 욕구를 다양한 매체를 활용하여 충족시켜줄 수 있어야 한다. 유아들이 알고자 하는 욕구를 충족시켜 주기 위한 훌륭한 매체가 바로 문학작품이다. 유아들은 자신이 알고자 하는 내용을 책에서 찾아볼 수 있으며, 지식을 확장할 수 있게 되고 이러한 탐구과정을 거치면서 성취감을 느낄 수 있게 된다.

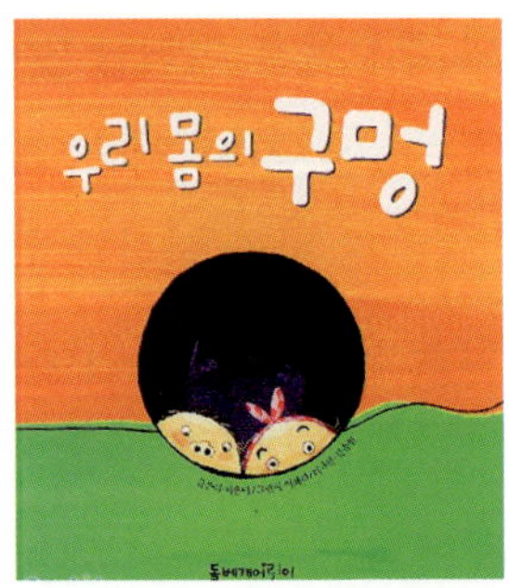

이러한 지식과 이해의 욕구를 충족시켜 줄 수 있는 책으로는 지식 정보책이 있다. 예를 들어, 《우리 몸의 구멍》은 우리 신체에 있는 구멍에 대한 정보를 제공해 주는 책이며, 《갯벌이 좋아요》는 갯벌에 사는 생물들의 이야기를 화려한 그림과 이야기로 담고 있는 책으로 생태계를 경험할 수 있다.

《누구 그림자일까》는 그림자를 통해 유아의 상상력을 자극하는 놀이 그림책으로 그림자의 주인을 맞추는 수수께끼 형식의 이야기이다. 이

책은 처음부터 끝까지 '내가 해냈다'라는 자신감을 주면서 책장을 펼치면 예상한 것과는 전혀 다른 그림자의 주인공을 만나면서 다양한 사물의 이면을 보고 상상력을 자극하는 도서이다.

《까맣고 하얀 게 무엇일까요?》는 하얀 것과 까만 것에는 어떤 것들이 있는지 알아보면서 대비되는 색에 대해 알 수 있는 도서이다.

7) 자아실현의 욕구

자아실현의 욕구는 최상의 욕구 단계로 앞 단계의 모든 욕구가 충족될 때 나타나게 되는 것으로 자신의 재능, 능력, 잠재력을 발견하고 실현하기 위해 노력하는 것을 말한다. 이러한 자아실현의 욕구는 위인전기를 통해 잘 충족될 수 있다. 유아들은 자신이 소망하는 어떤 것을 얻기 위해서 여러 번의 실패와 좌절에도 불구하고 끝까지 노력하여 성공하는 모습을 통해 이러한 욕구를 충족시킬 수 있다. 《라이트 형제》 도서는 하늘을 날고자 한 소망을 이루기 위해 비행기를 만든 라이트 형제의 이야기로 여러 번의 실패와 좌절에도 불구하고 끝까지 노력하여 성공하는 내용으로 자아실현의 욕구를 충족할 수 있는 도서이다.

《휘파람을 불어요》는 휘파람을 부는 아이와 그 소리를 듣고 달려오는 강아지를 본 피터가 휘파람을 불기 위해 열심히 연습한다. 여러 차례 휘파람 연습을 한 피터는 강아지 윌리를 부르는 데 성공한다.

매슬로(1970)의 욕구위계설을 통해 좋은 그림책은 유아의 안전의 욕구, 소속의 욕구, 사랑과 애정의 욕구 등 기본적인 욕구를 충족시켜주어 유아의 성장발달을 도모할 수 있어야 한다.

2 피아제의 인지발달과 유아문학

유아기는 인지발달 및 언어발달 측면에서 아주 중요한 시기라고 볼 수 있다. 유아기는 피아제(Piaget)의 인지발달 단계에서 전 조작 단계(pre-operational period)로 약 2~7세에 해당한다.

피아제는 전 조작 단계를 다시 두 단계로 나누어 설명하고 있는데, 그 첫 번째는 전 개념기(preconceptual stage)로 2~4세까지를 나타낸다. 전 개념이란 유아가 어떤 개념을 일반화하는 과정에 있어서 혼란을 가지게 되는 것으로 사물의 유목과 그 요소를 혼동하는 것을 의미한다(이기숙, 주영희, 1998). 전 개념기의 유아들은 사물의 외적 기준에 의존해서 분류하려는 경향이 있으며 주관적인 논리를 가지고 있다. 전 개념기의 유아에게 "'토끼'가 무엇이지?"라고 물으면 "토끼는 동물인데요…."라고 개념적으로 규정하기보다는, "토끼는 털이 하얗고, 눈은 빨간 색이에요"라는 식의 겉모습에 대해 말하거나, 토끼가 뛰는 모습을 흉내 내며 "토끼는 이렇게 뛰어다녀요."라고 말한다. 이러한 토끼에 대한 유아들의 반응은 유아들이 가지고 있는 심상을 근거로 한 것으로 이러한 상징은 상징놀이 또는 가상놀이, 그림, 언어 등으로 나타낼 수 있다. 따라서 교사나 부모는 그림책을 통해 다양한 표상을 사용하여 반응할 수 있도록 배려해 주는 것이 필요하다(고문숙, 임영심, 2000).

전 개념기의 유아들에게는 단순한 구조의 유머가 있는 동물 이야기나 환상성이 가미된 이야기를 제공해주는 것이 도움이 된다. 또는 주인공이 스스로 옷을 입거나 밥을 먹는 등의 자조기술능력을 보여 주는 도서가 도움이 된다. 딕 부르너의《혼자 할 수 있어요》는 유아가 혼자서 할 수 있는 일을 스스로 해 나가는 과정을 보여 주는 책으로 기본생활습관을 길러주는 데 도움이 된다.

또한 이 시기 유아들은 기본적인 수 세기와 글자에 관심을 가지기 시작하며 단순한 사물 명명하기에서부터 복잡한 개념이 소개된 책에 흥미를 보인다. 따라서 언어기술발달에 도움이 되는 도서를 선정하여 제공하는 것이 도움이 된다. 박은영의《기차 ㄱ, ㄴ, ㄷ》은 우리말 자음을 활용하여 간단한 이야기를 엮어가고 있는 책으로 처음 글자를 익혀 나가는 유아들에게 적당하다.

기차 ㄱ, ㄴ, ㄷ

전 조작 단계의 두 번째는 직관적 단계(intuitive stage)로, 4~7세 유아들이 대개 여기에 해당하며 가역적 사고의 결핍이 그 특성이다(이기숙, 주영희, 1998). 이 시기 유아들은 개별적이고 부분적인 경험으로부터 일반화되고 사회화된 개념을 도출하지 못하며 다른 사람들과의 관계에 있어서도 한 가지 이상의 관점을 수용하지 못한다(이상금, 장영희, 2001). 이러한 특성을 자기중심성이라고 하며 이는 전 조작기 유아의 가장 두드러진 사고의 특성이다. 이러한 자기중심적 사고는 크게 세 가지 특성을 가지고 있는데, 그것은 물활론(animism), 인공론(artificialism), 그리고 실재론(realism)이다. 물활론은 생물과 무생물 사이의 구별을 성인과 같은 방식으로 하지 않으며 자연세계가 살아 있다고 생각하는 것이다. 따라서 이 시기 유아들은 의인화된 동물이나 무생물을 다루고 있는 환상동화를 좋아한다. 고미타로의 《악어도 깜짝, 치과 의사도 깜짝!》에서는 이가 아픈 악어가 치과를 방문한다는 이야기로 동물을 의인화하였다.

두 번째 특성은 인공론으로 인간이 자연현상을 창조했다고 믿는 것이다. 피아제는 유아들의 질문을 주의 깊게 듣고 다음과 같은 사실을 인식하게 되었다. "해는 누가 만들었어?", "밤하늘에 별은 누가 놓았지?"와 같은 질문들을 유아들에게 되물어봄으로써 유아들은 해와 별은 사람이 불꽃이나 성냥에서부터 또는 사람과 아주 비슷한 하느님이 만들었다고 생각하는 것을 인식하였다. 즉, 이 세상의 만물을 사람이 만들었다고 믿는 것이다. 초자연적인 세계를 그리고 있는 신화나 전설 이야기가 이 시기 유아들이 좋아하는 이유가 된다.

마지막으로 실재론(realism)으로 눈에 보이지 않는 모든 것이 존재한다고 본다. 이러한 현상은 현실과 환상을 명확히 구분하지 못하는 데서 오는 것이며, 예를 들어 꿈속에서 나타난 거인이 실제로 있냐고 물으면 실제로 거기 있었다고 유아들은 대답한다. 따라서 유아들은 환상동화 속의 주인공을 좋아하며 가상놀이를 통해 그 인물을 표출하는 것을 즐긴다. 자기중심적인 사고를 하는 전 조작 단계에서 점차적으로 탈중심화 과정을 거치면서 유아들은 자기중심성을 극복하게 되고 다른 사람과의 관계에서도 서로 다른 견해를 수용하게 되며 이해하게 된다.

이후 구체적 조작기(7~11세)의 아동은 가상과 현실을 구분할 수 있게 되면서 세상에 대해 보유하고 있는 지식을 조직함으로써 논리적 사고를 발전시킨다. 자신의 지각으로부터 탈중심화되어 자신의 관점에 모순되는 사실들을 받아들이고 타인의 관점을 수용할 수 있게 된다. 형식적 조작기(11~15세)의 아동은 사물에 대해서만이 아니라 가설에 대해서도 논리적으로 생각할 수 있다. 전체와 부분의 관계를 연결시키는 능력이 발달함으로써 이야기 전체 구조를 이해하게 되고 평가도 더욱 분석적이게 된다.

3 연령별 특성에 따른 아동문학

그림책 읽기가 영유아의 언어, 인지, 사회·정서, 창의성 등 교육적으로 효과적이라는 것은 이미 많은 선행연구에서 밝혀졌다. 그러나 이러한 그림책의 교육적 효과를 최대화하기 위해 영유아의 연령에 적합한 그림책 선정이 우선되어야 한다. 왜냐하면 영유아기는 성인에 비해 연령에 따른 발달특성의 차이가 크기 때문이다. 아무리 훌륭한 그림책이라도 영유아의 연령 및 발달단계에 적합하지 않은 책은 영유아에게 줄 수 있는 교육적 효과를 기대하기에는 어려움이 있다는 것이다.

따라서 본 장에서는 영아기와 유아기로 나누어 영유아의 연령별 발달특성에 적합한 아동문학에 대해서 살펴보고자 한다.

1) 영아기 발달특성에 적합한 그림책 : 0~2세

영아들은 연령에 따라 그림책 읽기 행동이 달라진다. 영아를 둘러싼 물리적 환경, 영아에게 의미 있는 성인과의 상호작용뿐만 아니라 영아의 신체, 인지, 언어, 사회성 발달 등 연령에 따라 다른 책 읽기 행동을 보여 준다.

(1) 영아 전기 : 0~12개월

영아의 신체발달은 분화와 통합의 과정을 통하여 그 기능이 세분화되어 가면서, 4~5개월 영아는 한 손에서 다른 손으로 물건을 옮길 수 있고, 9개월 무렵 손가락으로 사물을 잡을 수 있다(Berk, 2005). 이러한 신체발달은 영아의 그림책 다루기 행동과 관련이 있다. 쉬케단츠(Schickdanz, 1999)는 그림책에 대한 영아의 행동을 관찰했는데, 2~4개월 영아는 그림에 시선을 주지만 손으로 접촉하지는 않고, 5~10개월 영아는 책을 잡고 입으로 가져가서 빨고 씹고, 책을 흔들거나 구기는 행동을 보인다. 7~8개월 영아는 양손을 이용하여 하드보드지 책을 쥐고 책장을 열고 닫으며 책을 탐색하는 것이 가능하고, 8~12개월 영아는 신체적 조작으로 책 다루는 행동은 감소하나 시각적 주의 집중이 증가한다. 11~14개월 영아는 책장을 잘 넘기고 거꾸로 놓인 책을 돌려놓거나 그림을 바로 보기 위해 고개를 돌린다.

0~12개월은 자궁 밖 세상과 본격적인 상호작용을 통해 뇌의 구조와 기능을 형성하는 중요한 시기이다. 이때의 뇌가소성(brain plasticity)은 인생 전반에 걸쳐 가소성의 폭이 가장 크다(신혜은, 2012). 그러므로 0~12개월 사이의 영아에게 제공되는 발달에 적합한 그림책 선정은 영아의 발달 측면에서 매우 중요하다. 0~12개월 영아의 발달적 특성을 먼저 살펴보면 〈표 2-1〉과 같다. 영아의 발달특성에서 가장 중요한 것은 뇌발달로 설명할 수 있다. 뇌발달은 신경세포 간의 연결 회로가 얼마나 두껍고 정교하게 발달하느냐에 따라 이루어지게 된다. 그런데 이러한 신경세포 회로는 영아기에 가장 활발하게 발달하고 유아기부터는 가지치기가 점점 이루어져 뇌의 수초화(myelination)가 이루어

진다(문원선, 2013). 신생아 시기의 뇌는 감각운동과 신체운동영역이 급속도로 발달하며 차차 두정엽과 측두엽이 발달하고 만 1세를 전후로 전두엽 활동이 늘어난다(Chugani, 1998; 문원선, 2013 재인용).

추가니(Chugani, 1998)는 대뇌피질과 전두엽 부위에서 정서를 조절하고 표현하는 능력과 관계되는 부위가 생후 8개월 무렵부터 증가를 보이고, 영아가 주 양육자와의 애착을 강화하는 순간 매우 활발한 활동이 일어나는 것을 발견하였다(홍정선, 2008).

〈표 2-1〉 **영아기(출생~12개월)의 발달특성**

월령	신체적 특성	사회·정서적 특성	인지적 특성
0~3개월	• 손에 쥔 물건은 모두 입으로 가져가 빤다. • 팔다리를 버둥거린다. • 손을 폈다 오므렸다 한다. • 팔꿈치로 몸을 지탱한 채 머리와 가슴을 들어 올리려 한다.	• 사회적 미소가 발달한다. 눈을 맞추는 시간이 점점 더 길어진다. • 불만이나 피로감을 나타내기 위해 울고, 행복해 하거나 기분이 들떴을 때 미소 짓고, 목에서 '꼴꼴' 또는 '구구' 소리를 낸다.	• 소리, 빛, 몸짓 등에 반응을 보인다. 예로 부모의 목소리가 들리면 고개를 돌린다. • 손과 눈을 조화롭게 사용하기 시작한다. • 일부 모음 흉내를 낸다.
4~7개월	• 누워서 몸을 좌우로 굴리고 앉혀 놓아도 균형을 잡는다. • 손에 닿는 물건을 잡는다. 잡은 물건을 반대쪽으로 옮기기도 한다.	• 다른 아기에게 관심을 보이기 시작하고, 낯을 가리는 경우도 있다. • 우스운 표정을 보여 주면 웃고, 장난감을 빼앗기면 성을 낸다. • 다른 사람의 목소리 억양을 흉내 내기 시작한다.	• 사물이 눈에 보이지 않을 때에도 존재한다는 사실을 인식한다. • 손에 닿지 않는 물건을 가지려고 애를 쓴다. 여기저기 부딪치고 물건을 흔들어보고 떨어뜨리면서 인과관계를 탐색한다.
8~12개월	• 손바닥과 무릎을 잡는다. 잡은 물건을 반대쪽으로 옮기기도 한다. • 엄지와 검지를 이용해 관심 있는 물건을 잡는다.	• 거울에 비친 자기 모습에 미소 짓고 심지어 입을 맞추기도 한다. • 침대나 놀이 틀 안에 갇혀 있기를 거부한다. • 사람을 만나면 부모의 어깨에 머리를 묻는다.	• 몸짓에 의미를 부여하기 시작한다. 가령, '싫다'는 의미로 고개를 흔들거나 사람들과 헤어질 때 손을 흔든다. • 집게손가락으로 원하는 것을 가리킨다.

출처 : Ameriacn Academy of pediatrics(1988); 신혜은, 2012 재인용, pp. 59-60.

〈표 2-1〉의 영아의 발달특성과 같이 0~12개월 이전의 영아의 그림책 읽기 특성은 읽기 보다는 신체적 행동과 관련된 행동으로 이해하여야 한다고 쉬케단츠(Schickdanz, 1999)는 설명하고 있다. 즉, 2~4개월의 영아는 그림에 시선을 주지만 손으로 접촉하지 않으며, 5~10개월 영아는 책을 잡고 그것을 입으로 가져가서 빨고 씹고, 책을 흔들고, 구기고 휘두른다. 6~8개월의 영아는 양손을 이용하여 책을 쥐고, 책장을 열고, 닫는 손 조작이 가능해진다. 8~10개월 영아는 성인에게 읽어달라고 책을 건네거나, 읽기를 마친 후에도 반복적으로 읽어달라고 요구한다. 특히, 8~12개월의 영아는 책에 대한 신체적 조작이 현저히 줄어들고 시각적 주의집중이 증가한다. 그리고 영아는 책장을 잘 넘기고, 책이 거꾸로 놓인 경우 그림을 보기 위해 책을 돌리거나 자신의 고개를 돌리기도 한다.

이러한 발달특성에 따라 출생에서 12개월 이전의 영아의 뇌발달에 적합한 그림책 선정 및 읽기 방법에 주목해야 한다.

❶ 0~12개월 그림책 선정 기준

■ 일반적 기준

0~12개월 영아를 위한 그림책 선정 기준은 책의 외형이나 재질 등이 이 시기 영아의 시지각운동 발달수준과 관련성을 지니는데, 크게 6개월 전후로 나누어 살펴보면 다음과 같다(Zero to Three: National center, 2012; 신혜은, 2012 재인용).

- 0~6개월
  - 단순하고 큰 그림 혹은 밝은색으로 디자인된 그림책
  - 보드북, 두꺼운 책 혹은 침대에 세워서 펼 수 있는 책
  - 사람이나 친숙한 사물 그림의 헝겊 책이나 물에 젖지 않는 부드러운 비닐 책

- 6~12개월
  - 다른 아기 사진의 보드북
  - 만지고 맛볼 수 있는 밝은 색깔의 청크북(chunky book)
  - 공이나 젖병 등 친숙한 사물 사진이 들어 있는 책
  - 침대나 담요 위에 세우고 펼 수 있는 견고한 책
  - 목욕시간을 위한 플라스틱 혹은 비닐 책
  - 껴안거나 입에 넣을 수 있도록 세척 가능한 책
  - 가족이나 친구들 사진이 든 작은 플라스틱 사진 앨범

■ 발달적 기준

신혜은(2012)은 0~12개월 이전 영아의 발달에 적합한 그림책 선정기준은 정확하게 언급할 수 없지만, 영아의 뇌발달과 애착 형성에 도움을 줄 수 있는 그림책 선정을 고려하여야 한다고 하면서 다음과 같은 질문을 제시하였다.

- 그림책이 영아의 안정감의 토대를 마련하는가?
- 그림책이 양육자와 영아 간의 상호애착 형성을 돕는가?
- 주인공이 0~12개월 시기 영아의 특성을 잘 반영하는가?
- 주제나 소재가 0~12개월 영아의 현재의 특성을 반영하는가?
- 책의 외적 요소가 0~12개월 발달수준에 적합한가?

❷ 0~12개월 영아와 그림책 공유하기

신혜은(2012)은 영아기의 뇌발달을 위해서 안정된 관계 기반을 한 초기 경험으로 그림책 읽어주기가 아니라 '그림책 공유하기'를 제안하였다. 그림책 공유하기는 주의 공유(sharing joint attention), 의도와 목적 공유(sharing intertions), 그리고 정서 공유(sharing affective states)로 세분화하였다.

- **주의 공유** : 양육자의 눈과 영아의 눈이 그림책의 한 지점에서 만난다는 것을 의미한다. 눈은 몸의 눈뿐 아니라 마음의 눈도 포함한다. 그림책을 보면서 양육자의 마음이 딴 데 가 있으면 주위공유가 결코 일어나지 않는다. 그럴 때 엄마는 아이가 무얼 보고 있는지 알 수 없다.
- **의도와 목적 공유** : 의도와 목적 공유는 여러 가지 있을 수 있다. 영유아의 경우 어떨 때 아이는 엄마랑 같이 있고 싶어서 그림책을 들고 오고, 어떤 때는 그 이야기가 또 듣고 싶어서이기도 하고, 또 어떤 때는 졸려서일 수도 있다. 부모 역시 여러 가지 의도를 가질 수 있다. 중요한 것은 양육자와 영아가 그림책을 함께 보는 목적이 공유되어야 한다는 것이다. 그림책을 공유하는 영아의 의도와 부모의 의도가 일치할 때, 그림책 경험은 양육자와 영아 모두에게 편안하고 행복한 그림책 맥락이 된다.
- **정서 공유** : 세 가지 공유 중 가장 근본적인 공유의 토대이다. 그림책이라는 시공간을 온전히 몸과 마음으로 느낄 때, 그림책을 읽어 주는 것이 아니라 함께 나누고 공유할 때 그 속에서 영아와 깊은 정서의 공유가 일어난다. 영아와 부모도 같이 행복해지는 순간이다.

그림책 공유하기의 원칙

첫째. 시간을 정하라!

먼저 가장 정서적으로 편안한 좋은 때를 정한다. 즉, 영아와 양육자 모두 긍정적인 정서상태에서 그림책 경험을 할 수 있는 시간이어야 한다. 영아는 가능한 차분하고 수용적인 상태가 좋고, 엄마도 아이와 그림책에만 전념할 수 있는 상태일 때가 좋다. 하루 중 특별한 때나 시간을 정해 놓고, 단 몇 분이라도 매일 그 시간에 그림책 공유하기를 하는 것이 좋다

Tip : 만약 적절한 분위기가 만들어지지 않으면 그림책 공유를 시작하지 않는다.

둘째, 그림책 공유를 하는 동안 신체접촉, 애정표현을 충분히 하라.

양육자는 아이를 부드럽게 쓰다듬는 신체접촉, 또 부드러운 목소리를 통해 영아에 대한 애정을 충분히

표현하라. 이는 부모로 하여금 자기가 아기에게 최선을 다하고 있다는 만족감과 동시에 양육에 대한 자신감-양육 효능감을 형성하게 되는 중요한 계기를 마련해준다.

Tip : 양육효능감을 지닌 부모는 아이에게 끌려 다니거나, 혹은 지나치게 아이를 자신의 방식이나 테두리 안으로 유도하지 않는다.

셋째, 영아에게 공동 참여자의 역할을 부여하라.

실제로 어떤 형태로든 아이에게 그저 듣는 청자가 아닌 공동 참여자로서의 역할을 부여하는 것이 중요하다. 공동 참여자의 역할을 부여하기 위해서는 아이의 행동을 지켜보고(wait), 소리에 귀 기울이고(listen), 내가 제공해주고 싶은 것이 아닌 아기가 흥미 있어 하는 것을 따라(follow)가는 것이 중요하다.

Tip : 아기의 손을 잡고 책장을 넘기기

넷째, 반응해주고 칭찬해주라!

아이가 모음 소리를 길게 낸다든지, 옹알이를 한다든지 뭔가 소리를 낸다는 것은 양육자와 소통하고 싶다는 신호이다. 그럴 땐 아기가 낸 소리와 비슷한 소리로 '응 그랬구나.', 하며 대꾸 후 덧붙여 이야기를 해준다. 그리고 그림책 공유과정에서 양육자가 기뻐하고 자랑스러워 한다는 것을 아기가 느끼는 것은 무엇보다 중요하다.

다섯째, 아기를 지켜보고 흥미를 잃으면 중지하라.

가장 중요한 것은 함께 그림책을 나누는 것이 언제나 즐겁고 기쁜 일이라는 것을 아이와 부모 자신 모두가 확신을 갖는 일이다. 민약 아이가 책을 그냥 가지고 놀고 싶어 한다면 그렇게 하도록 내버려 둔다 그림책 공유하기의 핵심은 즐겁고 행복한 기억을 몸에 스며들게 하는 것이다. 그림책 공유하기는 그림책을 매개로 한 의사소통의 한 방법이다. 어느 한쪽이 다른 마음을 막고 있으면 열리지 않는 문이다. 행복한 문 열기는 양쪽에서 같은 문을 여는 것이다.

❸ 0~12개월 영아를 위한 그림책 리스트

영아의 그림책 반응적 특성에 기초하여 그림책 리스트를 소개하면 〈표 2-2〉와 같다.

〈표 2-2〉 영아기(1세 이전) 그림책 발달적 특성을 고려한 그림책 리스트

구분	발달적 특성	시사점	그림책의 예
신체 및 운동발달	• 신체적 활동이 활발해진다(자유롭게 몸을 움직이며 다양한 운동기술을 습득하게 된다). • 오감을 통해 직접 경험하는 것을 즐긴다. • 책장을 넘길 수 있다.	• 다감각적인 경험을 할 수 있는 책을 제공한다. • 견고하고 두꺼운 합지 제본책(하드 커버)을 제공한다. • 동작을 따라할 수 있는 책을 제공한다.	• 느낌 쑥쑥 그림책 시리즈(DK 편집부 글, 아가월드) • 나처럼 해봐요 요렇게!(밝남희 인형 놀이구성, 방정화 그림, 보림) • 고미 타로 아기 그림책(고미 타로 글 · 그림, 이상술 옮김, 문학동네 어린이)
인지발달	• 단순한 질문을 이해하고 질문을 통해 개념과 정보를 획득한다. • 그림책의 그림을 보는 시간이 증가한다. • 제한된 주의집중력을 가지고 있어 지루하면 고개를 돌린다.	• 글보다 그림의 비중이 높은 책으로 그림만 보고도 내용을 알 수 있는 책을 제공한다. • 간접화법보다는 직접화법이 많은 책을 제공한다. • 유아들에게 친숙한 사물의 그림이 있는 책을 제공한다. • 짧은 이야기책을 제공한다.	• 알록달록 아기 그림책(멜라니 월시 글, 빼뜨르 호라체크 그림, 시공주니어) • 갈색 곰아 갈색 곰아 무엇을 보고 있니?(빌 마틴 주니어 글, 에릭 칼 그림, 몬테소리 CM) • 뭐야 뭐야(신혜은 외 글, 한병호 외 그림, 사계절)
언어발달	• 두 단어 말을 시작한다. • 2세가 되면 언어발달이 급격히 이루어진다. • 사물의 이름을 말할 수 있으며 의성어 흉내 내기를 즐긴다. • 운율이나 리듬이 있는 책을 반복적으로 따라하며 외우기도 한다.	• 의성어나 의태어가 많이 나오는 책을 제공한다. • 운율이나 리듬이 들어간 책을 제공한다. • 예측하기 쉬운 책으로 제공한다.	• 사과가 쿵(다다 히로시 글 · 그림, 정근 옮김, 보림) • 언어 쑥쑥 그림책(채인선 글 · 임경희 외 그림, 시공주니어) • 우리 엄마 어디 있어요?(기도 반 게네흐텐 글 · 그림, 서남희 옮김, 한올림어린이)
사회 · 정서발달	• 기본적인 생활습관에서 스스로 하려는 태도를 보인다. • 자아개념이 생기기 시작한다.	• 일상적인 이야기가 담긴 책을 제공한다. • 스스로 할 수 있다는 내용이 담긴 책을 제공한다.	• 난 할 수 있어(헬렌 옥슨버리 글 · 그림, 비룡소) • 응가하자 끙끙(최민오 지음, 보림)

(2) 영아 후기 : 13~36개월

영아 후기는 13~24개월 이전의 만 1세 영아와 24개월 이후에서 36개월 이전의 만 2세 영아로 나누어 살펴볼 수 있다. 우선적으로 만 1세 영아의 발달특성에 따른 그림책 선정방법에 대해서 살펴보면 다음과 같다.

❶ 만 1세 영아 : 13~24개월

1세 영아는 소근육이 발달함에 따라 정교한 행동으로 책을 다루고, 인지적 발달로 그림책에 그려진 그림과 실제 대상 사이를 구별할 수 있으며, 초보적인 언어를 하는 역동적인 책 읽기 행동을 보인다.

노희연(2010)은 만 1세 영아의 생활모습을 질적으로 관찰하여 1세 영아에게 있어 놀이의 의미를 탐색해 보았다. 그 결과 만 1세 영아에게 놀이는 세상과의 소통, 오감각을 통한 탐색과 실험, 반복적인 행동을 통한 연습, 성취, 새로운 변화에 대한 도전, 자신의 실수나 실패로부터 자신의 기분을 전환시켜주는 돌봄, 양육자의 모습 모방, 이를 유사한 상황에 적용해보거나 양육자와의 공유임이 나타났다.

특히, 만 1세 영아의 그림책 읽기는 그림책 속 이야기보다는 그림책을 읽어주는 성인과의 신체적 접촉을 통한 친밀감 그리고 그림책을 읽어주는 친근한 목소리가 더 중요하다. 따라서 만 1세 영아의 그림책 읽기는 안정적 애착 형성과 학령기의 성공적인 읽기 학습에 긍정적인 영향을 미치는 것으로 연구 결과에서 밝히고 있다(Frosch, Cox & Goldman, 2011; 김민진, 2012 재인용).

영아에게 적절한 그림책을 선정하기 위해서는 영아의 기본적인 요구와 발달특성을 함께 고려해야 한다(김세희, 2004; 김현희, 박상희, 1999). 에릭슨(Erickson)의 성격발달 단계에 따른 영아그림책으로 출생~18개월까지는 기본적인 신뢰감 형성과 관련된 그림책(예 : 안아줘)이 있고, 2단계 18~36개월에는 영아들의 여러 가지 능력이 발달되는 식사하기, 옷입기, 대소변 가리기 등(예 : 손이 나왔네, 똥이 풍덩!)이 적합하다. 좋은 그림책은 영아의 안전한 욕구와 소속의 욕구, 사랑과 애정의 욕구 등 기본적인 욕구를 충족시켜 주어 성장발달을 도모할 수 있어야 한다.

영아에게 추천하고 싶은 그림책은 다음과 같다.

첫째, 1세 영아들의 발달 및 놀이특성을 반영하는 소재여야 한다. 이 시기 영아들의 발달특징뿐 아니라 생활경험이 들어 있어 영아들이 자기 경험과 연결하며 놀이로 연결할 수 있어야 한다.

둘째, 운율 및 리듬감이 있어야 한다.

영아들에게 유용한 아동문학으로는 동시, 동화, 동요 등의 활동을 들 수 있는데, 동시나 동요는 일정한 형태, 반복, 후렴, 리듬감 등이 있어 영아들이 좋아하고 쉽게 외우기도 한다.

셋째, 영아, 어머니인 독자와 다양하게 상호작용할 수 있는 내용과 형식의 책이 좋다. 영아와 어머니 혹은 영아와 교사 간의 대화나 놀이를 촉진하기 위해 그 형식과 내용이 다양한 책이 유용하다.

- 사과가 쿵(다다 히로시 글 · 그림/정근 옮김/보림)
- 우리 엄마 어디있어요?(기도 반 게네흐텐 글 · 그림/서남희 옮김/한울림어린이)
- 난 할 수 있어(헬렌 옥슨버리 글 · 그림/비룡소)

《아빠를 어떻게 깨우지?》 도서는 문답식의 형태로 교사가 질문하고 영아가 톡탁톡탁과 같은 부분에서는 옆에 놓인 인형을 아빠처럼 두드리며 읽어보도록 하면서 인형놀이도 함께 해 볼 수 있다.

❷ 만 2세 : 25~36개월

만 2세 영아들은 두 단어를 사용하고 전보문장과 주축문법, 어휘력이 급속하게 증가하면서 다양한 책 읽기 모습이 나타난다. 그리고 이 시기는 영아들은 표상능력이 발달하여 가장놀이와 상상놀이를 시작하는 시기이다. 그리고 영아들은 부모와의 관계에서 또래와의 관계로 다른 사람과의 관계 형성이 발달되는 시기이다.

이러한 점을 감안하여 강은진(2012)은 다음과 같은 점에 주목하여 그림책을 선정하여야 한다고 언급하고 있다.

❒ 기본생활습관 형성

이 시기 영아들은 일상에 필요한 기본생활습관을 익히기 시작한다. 인사하기, 나누기, 차례 지키기, 알맞은 목소리로 말하기, 기다리기와 같은 더불어 살아가는 데 필요한 습관을 점차 형성해 나간다(박찬옥, 구수연, 이옥임, 2010).

- 싹싹싹(하야시 아키코 글 · 그림/한림)
- 두드려 보아요(안나 클라라 티돌름 글 · 그림/사계절)
- 내 거야(정순희 글 · 그림/창비)
- 둘이서 둘이서(김태복 글 · 그림/보림)

❒ 개인적 내러티브

일상생활이 담긴 친근한 내용이거나 자신이 경험한 이야기일 때 영아들은 흥미를 가지게 된다. 그림책에서 일어나는 상황이 영아의 생활세계와 밀접할 때 아기들은 쉽게 이해할 수 있고 책 읽기의 즐거움을 경험하게 될 것이다. 이야기는 단순해야 하고, 경험과 관련된 것이며, 아기들이 쉽게 이해할 수 있는 주인공, 대상 그리고 사건이어야 한다(Schickedanz, 1999). 이 시기 영아들은 친근한 내용이 담긴 책을 좋아하기 때문에 일상생활 속에서 접하는 사물이나 인물을 소재로 하는 것이 좋다.

- 옷을 입자 짠짠(정은정 글, 박해남 그림/비룡소)
- 잘자요 달님(마거릿 와이즈 브라운 글, 클레먼트 허드 그림/시공주니어)
- 화물열차(도널드 크루즈 글 · 그림/시공주니어)

❒ 자아인식 및 정서발달

이 시기 영아들은 자아개념이 생기기 시작하면서 끊임없이 자율적으로 무언가를 성취하는 태도를 보인다. 따라서 스스로 할 수 있다는 내용이 담긴 책을 제공함으로 영아의 정체성을 발달시켜 줄 수 있다.

- 괜찮아(최숙희 글 · 그림/웅진주니어)
- 나도 나도(최숙희 글 · 그림/웅진주니어)
- 안아 줘!(재즈 앨버로우 글 · 그림/웅진주니어)

❒ 노래 그림책

노래 그림책은 영아들이 좋아하는 노래의 리듬감, 멜로디, 단순성, 반복성 등이 있어 쉽게 익힐 수 있는 장점을 가지고 있고, 그림을 통한 상상력의 발달 그리고 풍부한 어휘력과 문장의 확장을 돕는 도서가 좋다(김경희, 엄정애, 2007).

❒ 몸놀이 그림책

아기는 신체적 접촉을 통해 양육자와 친밀감을 형성하게 되는데, 몸놀이 경험은 즐겁게 감각 경험을 익힐 수 있는 기회를 제공한다.

- 뒹글뒹글 짝짝(백연희 글, 주경호 그림/길벗어린이)
- 코코코 해 보아요(신용주 글, 이진아 그림/사계절)
- 아빠 비행기 타고 슈웅(호박별 글, 나애경 그림/시공주니어)

2) 유아기 발달특성에 적합한 그림책 : 3~7세

(1) 유아 전기; 3세~5세

유아는 자신이 볼 그림책을 직접 선택하지는 못한다. 교사나 부모는 유아들이 좋은 그림책을 접할 수 있는 기회를 제공해 주는 역할을 담당해야만 한다. 따라서 유아기 발달적인 특성을 살펴보고 이것이 시사하는 점은 무엇인지 그리고 적절한 그림책에는 어떤 것이 있는지 〈표 2-3〉을 통해 살펴보자.

〈표 2-3〉 유아기(3~5세) 발달적 특성과 적절한 그림책

구분	발달적 특성	시사점	그림책의 예
신체 및 운동발달	• 매우 활동적이다. • 대근육운동, 모험놀이를 즐긴다. • 영아기와 걸음마기에 습득한 운동기술이 좀 더 세련되어진다.	• 모험적인 내용을 다룬 책을 제공한다. • 다양한 놀이를 제공해 주는 책을 제공한다. • 유아가 따라할 수 있는 움직임이 있는 책을 제공한다.	• 검피 아저씨의 뱃놀이(존 버닝햄 글 · 그림, 이주령 옮김, 시공주니어) • 으악 도깨비다(손정원 글, 유애로 그림, 느림보) • 우리 할아버지가 꼭 나만 했을 때(주경호, 보림)
인지발달	• 자기중심적 사고를 한다. • 호기심이 많고 질문을 많이 한다. • 초보적 수 세기를 하며 글자에 관심이 많다. • 가상놀이를 즐기며 상상의 세계를 현실로 여긴다. • 점차적으로 사회극 놀이로 발전한다. • 선택적 주의집중을 할 수 있다.	• 정보전달과 개념습득에 도움이 되는 책을 제공한다. • 환상적인 요소가 포함된 책을 제공한다. • 호기심을 충족시킬 수 있는 책을 제공한다. • 유아가 능동적으로 참여하면서 읽을 수 있는 책을 제공한다. • 매일 반복적으로 들려준다.	• 장바구니(존 버닝햄 글 · 그림, 보림) • 기차 ㄱ, ㄴ, ㄷ(박은영 글 · 그림, 비룡소) • 알록달록 동물원(로이스 앨러트 글 · 그림, 시공주니어) • 아가야 안녕?(제니 오버렌드 글, 줄리 비바스 그림, 사계절)

언어발달	• 언어의 급속한 발달이 이루어져 어휘수가 급증한다. • 말하기를 즐기며 언어놀이를 즐긴다. • 혼자 또는 성인과 함께 책 읽기를 좋아하며, 선호하는 책이 생긴다. • 문법이 발달한다.	• 재미있는 단어로 되어 있는 책을 제공한다. • 단순한 구성으로 된 짧은 책을 제공한다. • 글 없는 그림책을 제공하여 이야기 만들기를 한다. • 단어, 구, 문장이 반복적이어서 예측 가능한 책을 제공한다.	• 난 토마토 절대 안 먹어(로렌 차일드 글 · 그림, 국민서관) • 옛날옛날에 파리 한 마리를 꿀꺽 삼킨 할머니가 살았는데요(심스 태백 글 · 그림, 베틀북) • 노란 우산(류재수 그림, 재미마주)
사회 · 정서발달	• 유머를 즐긴다. • 가족이나 주변 사람의 영향을 받으며 관계를 맺어 가면서 안정감을 느끼게 된다. • 성 개념을 습득하기 시작한다. • 도덕성이 발달한다(타율적 도덕성). • 또래와 어울려 노는 것을 즐긴다.	• 친구관계를 다룬 책을 제공한다. • 가족이나 다른 사람과의 관계를 보여 주는 책을 제공한다. • 긍정적인 자아개념을 가지도록 하는 책을 제공한다. • 선과 악이 분명하며 권선징악적인 주제를 다룬 책을 제공한다.	• 오른발 왼발(토미 드 파올라, 비룡소) • 엄마가 알을 낳았대(배빗 콜 지음, 보림) • 휘파람을 불어요(에즈라 잭 키츠 글 · 그림, 시공주니어) • 악어도 깜짝, 치과의사도 깜짝(고미 타로 글 · 그림, 비룡소) • 고릴라(앤서니 브라운 글 · 그림, 비룡소) • 우리 친구하자(쓰쓰이 요리코 글, 하야시 아키코 그림, 한림출판사)

• 검피 아저씨의 뱃놀이(존 버닝햄 글 · 그림/이주령 옮김/시공주니어)

• 기차 ㄱ, ㄴ, ㄷ(박은영 글 · 그림/비룡소)

• 휘파람을 불어요(에즈라 잭 키츠 글 · 그림/시공주니어)

- 악어도 깜짝, 치과의사도 깜짝(고미 타로 글 · 그림/비룡소)

(2) 유아 후기 : 5~7세

만 5세 이후 유아에게는 장르별로 다양한 그림책을 경험하도록 한다. 장르별 그림책으로 구전동화, 환상동화, 동시, 생활동화, 정보책 등으로 연간교육계획에서 구체적으로 문학활동을 계획한다.

5~7세 유아를 위한 주제별 도서를 소개하면 다음과 같다(김금희, 2012).

❶ 동생

《피터의 의자》, 《아기똥꼬》, 《동생이 태어날거야》, 《동생은 내가 좋은가 봐요》, 《사랑하는 내 동생》, 《내가 만약 갓난아기라면》, 《엄마를 내다 버릴 테야》, 《언니와 여동생》, 《동생은 정말 귀찮아!》

❷ 장애

《내 친구 루이》, 《깃털 없는 기러기 보르카》, 《프리다》, 《내게는 소리를 듣지 못하는 여동생이 있습니다》, 《목소리 큰 개미 에피》

❸ 이혼/재혼

《설탕 엄마 소금 아빠》, 《따로따로 행복하게》, 《특별한 손님》, 《새 아빠 구함》

❹ 입양

《엄마가 되어줄게》, 《진짜 동생》, 《초코 엄마 좀 찾아주세요!》, 《엄마 아빠 나 여기 있어요》, 《아빠는 지금 하인리히 거리에 산다》, 《엄마 아빠가 생긴 날》

❺ 죽음

《우리 할아버지》, 《할머니가 남긴 선물》, 《할아버지의 빨간 손수건》, 《배나무 할아버지》, 《유령이 된 할아버지》, 《우리 할아버지는 106세》, 《할머니의 선물》, 《잘 가요 코끼리 할아버지!》

❻ 전쟁

《에리카 이야기》, 《백장미》, 《어머니의 감자밭》, 《새똥과 전쟁》, 《우리 마을에 전쟁이 났어요》

취학 전기의 발달특성을 요약하고 이에 기초하여 선정된 그림책의 예를 제시하면 〈표 2-4〉와 같다.

〈표 2-4〉 **취학 전기**(5~7세)**의 발달적 특성과 적절한 그림책**

구분	발달적 특성	시사점	그림책의 예
신체 및 운동 발달	• 매우 활동적이다. • 외모에 관심을 가지고 성차에 호기심을 가진다.	• 성에 대한 유아들의 호기심을 해결해 줄 수 있는 책을 제공한다. • 다양한 신체적 놀이를 포함하고 있는 책을 제공한다.	• 이상한 곳에 털이 났어요(배빗 콜, 여명미디어) • 손, 손, 내 손은(빌 마틴 주니어, 열린어린이) • 나는 여자, 내 동생은 남자(정지영 · 정혜영, 비룡소)
인지발달	• 자기중심적 사고를 한다. • 실제와 환상을 좀 더 구별할 수 있다. • 호기심이 더욱 다양해진다. • 다른 사람에 대한 이해가 발달한다.	• 경험을 확장시키고 지식을 전달할 수 있는 책을 제공한다. • 다양한 소재를 다루고 있는 책을 제공한다.	• 퉁명스러운 무당벌레(에릭 칼, 몬테소리 CM) • 네가 무당벌레니?(주디 앨런 글, 튜더 험프리스 그림, 다섯수레)
언어발달	• 언어가 계속 확장되며 어휘수가 증가한다. • 독립적인 읽기가 가능하다.	• 다양한 장르의 책을 골고루 제공해준다. • 단순한 구성에서부터 다양한	• 팥죽할머니와 호랑이(조대인 글, 최숙희 그림, 보림) • 이상한 화요일(데이비드 위

	• 성인이 사용하는 언어기술을 배워 나간다. • 책과 관련된 지식을 습득하고 책 읽기를 할 수 있다.	구성의 책을 제공한다. • 혼자서 읽을 수 있는 쉬운 책을 제공한다.	즈너 글 · 그림, 비룡소) • 깊은 밤 부엌에서(모리스 센닥, 시공주니어)
사회 · 정서발달	• 자기 주도성이 발달한다. • 타인의 관점을 이해한다. • 또래관계가 더욱 중요해진다. • 쉽게 정서가 변한다.	• 주도성을 다룬 책을 제공한다. • 책임과 성공을 다룬 모험적인 이야기책을 제공한다. • 긍정적인 또래관계를 다루고 있는 책을 제공한다. • 정서적 안정감을 주는 책을 제공한다.	• 프레드릭(레로 리오니, 시공사) • 파랑이와 노랑이(레오 리오니, 물구나무) • 쏘피가 화나면 정말 정말 화나면(몰리 뱅 글 · 그림, 케이유니버스)

《쏘피가 화나면 정말 정말 화나면》(몰리 뱅 글 · 그림/케이유니버스) 언니와 고릴라 인형을 차지하려다 다투게 된 쏘피가 겪게 되는 감정을 잘 나타내어 주고 있다.

《이상한 곳에 털이 났어요》(배빗 콜 지음/여명미디어)

《퉁명스러운 무당벌레》(에릭 칼/몬테소리 CM)

3장

아동문학의 역사

3장 아동문학의 역사

토론

1. 우리나라 아동문학사 변천에 대해 알아보시오.
2. 20세기 세계 아동문학의 특징과 방향에 대해서 살펴보세요.

유아문학을 이해하기 위해서는 아동문학의 역사와 시대적인 배경을 이해할 필요가 있다. 문학사에서 아동문학이 본격적으로 태동한 것은 갑오경장 이후로 보는 의견이 지배적이다.

우리나라 아동문학사에서 개화기 이전의 문학사와 개화기 이후 갑오경장부터 해방 전까지의 아동문학사를 소개한다.

외국 아동문학사에서는 17세기 이후부터 본격적인 아동문학이 형성된 것으로 볼 수 있으며 존 로크, 루소 같은 교육 철학자들이 아동문학의 형성에 지대한 영향을 끼쳤다.

1 한국의 아동문학사

아동문학의 역사는 개화기 이전(갑오경장 이전, 1908), 갑오경장과 광복 전(1945년)을 아동문화 운동시대로 보고, 이후를 아동문학 성장 시대(1945~)로 구분한다(이재철, 1989, pp. 449~458). '아동문학교육'이라는 용어는 근대 아동문학 성립의 기점으로 논의되는 〈소년〉(1908), 〈아이들보이〉(1914)에서 '소년문학', '아동문학'이란 용어가 통용된 지 20년이 지난 시점인 소화 8년(1933) 〈학등〉에 처음 나타난다.

1) 개화기 이전(갑오경장 이전)

우리나라 아동문학의 발전 배경은 연구자들에 따라 다르게 구분하고 있지만 일반적으로 아동문화운동으로 시작하여 아동문학운동을 거쳐 아동문학시대에 이르렀다고 보며, 우리나라 아동문학의 효시는 육당 최남선(1885~1957)이 창간한 아동잡지 〈소년〉(1908)에 둔다. 이는 우리나라 최초의 근대적 종합 교육지이자 아동문학잡지의 효시이기도 하다.

광무 3년(1890) 3월 11일자(토) 〈독립신문〉에 실린 '교육 없는 아희'는 교육과 국력의 상관관계를 확신하고 있는 개화기 논설 중 하나로서 근대 아동교육담론 형성의 시작점에 서 있는 글이라고 할 수 있다. 이 논설에는 영국의 경우 구십 년 전만 해도 자기 성명을 기록할 수 있는 자가 남자의 경우가 삼 분의 일, 여자는 십 분의 일 정도였는데, 뜻있는 선비와 정부가 이를 근심하여 아이들을 거두어 가르치면서 지금의 부강국으로 성장할 수 있었다고 기록하고 있다. 즉, 아이들이 직조창에 가서 고용되는 것과 일에 바빠서 공부 아닌 것들을 하는 것을 금한 결과로서 지금은 무식한 인민이 없어지게 되었다는 것이다. 따라서 우리 정부에서도 교육에 힘을 써서 학교를 실시해야 할 것을 주장하고 있다(박영기, 2008).

시가 형태의 하나이며, 신시의 최초 형식인 개화 가사가 갑오경장 이후에 처음 등장했다.

대 조선국 학도들아
독립가를 들어보오.
어서 바삐 독립하세.
이때를 잃지 말고
정부를 보호한 후
전국 인민 교육시켜
합심 두자 잊으면은
세계상에 쓸데 없네
깊이 든 잠 어서 깨어
:
(중략)
:
밤낮으로 공부해
충군 애민해 보자.

– 배제학당 학도 최영구 작, 1896년의 '애국 독립가'

위 개화 가사에 크게 영향을 끼친 것은 찬송가라고 보아야 할 것이다. 처음에는 4 · 4조가 주였으나, 후에는 7 · 5조, 8 · 5조 등으로 변해 훗날 신시와 연결되었다. 내용은 개화 이후의 새로운 시대의식, 신교육 등 개화기의 계몽적인 내용을 담은 것으로, 서양식의 음 · 곡을 붙여 부르면 그대로 노래가 되는 것들이었다.

2) 갑오경장(1908) 이후~광복 전(1945)

우리나라 아동문학은 시대적으로 특수한 상황에서 민족주의적 해방운동과 개화, 계몽하려는 사회적 문화운동의 차원에서 시작되었다.

최남선의 순우리말 창가교육에 대한 관심과 노력은 일본식 창가로 통일된 일제 초기 식민지 제도권의 시가교육에 대해 일종의 저항담론을 형성하면서 제도권 교육의 바깥에서 새로운 바람을 일으켰다. 순우리말 창가와 동화요, 교육은 전래동요가 가지는 순수 동심을 계승하려는 지점에 서 있으며, 일본식 창가에 찌들어 가는 식민지 조선의 아동들에게 아름다운 우리말을 잊지 않도록 배려한 것이며, 아동들이 순우리말 창가를 부르면서 순수 서정 본연의 것을 감수할 수 있도록 교육적으로 의도한 것이다. 그의 노력은 1920년대에 나타나는 창작동요운동의 단초를 형성하면서 많은 영향을 주게 되었다. 1920년대 창작동요 보급을 위한 동요운동의 기저에는 일본식 '창가'에서 벗어나 어린아동들의 순수 서정이 살아 있는 노래를 주어야겠다는 의식이 놓여 있었다. 외세의 침입으로 국권을 잃고, 강제적으로 교육현장에 투입된 일본식 창가가 아동들 본래의 고운 심성을 해치고 노래다운 노래를 하지 못하게 방해했다는 자각이 일어나게 된 것이다. 최남선의 순우리말 창가운동은 이러한 1920년대 본격적인 창가비판과 창작동요 권장운동이 일어나기까지 일제 강점기 초기의 절망적 상황에서 조선아동들에게 한 줄기 빛과 같은 길잡이의 역할을 담당하였다는 평가를 받기에 부족하지 않을 것이다.

〈소년〉지의 창간호에 발표된 '해에게서 소년에게'는 선구적인 소년 시였고, 2호에 게재된 '우리 운동장'은 선구적인 창작 동요였다. 특히, 주목할 사실은 〈소년〉지에 등장한 소설류가 대부분이 아동물이었다는 점이다. 이러한 〈소년〉지의 소년 문학적인 성격은 그 뒤를 이어 나온 육당의 〈붉은 저고리〉(1913, 통권 12호), 〈아이들 보이〉(1913~1914, 통권 12호), 〈샛별〉(1913~1915, 통권 16호) 등에 이르러 한층 구체화되었다.

〈붉은 저고리〉라는 제목은 물론이거니와 한글을 중심으로 한 동화·동요·우화 등 분명한 장르 명에 의한 작품 발표를 함으로써 순수한 아동 잡지임을 과시하였고 우리 아동문학의 선구자 역할을 다 하였다.

소년 문학의 선구임을 자처한 〈붉은 저고리〉에 이은 〈아이들 보이〉는 우선 목차부터 순 한글로 표현하여 언문일치의 선구적 구실을 한 순수 어린이 잡지였다.

〈소년〉지부터 소파의 출현까지의 약 20년간은 역사적으로는 개화의 준비 기간 중의 일이요, 아동문학사로서는 아동문화운동의 태동기이자 아동문학운동의 발아기라고 볼 수 있다(이재철, 1992).

소파 방정환(1899~1931)의 출현은 〈어린이〉(1923~1934, 통권 123호)지를 중심으로 한 전기 아동문화운동의 꽃을 피우는 계기가 되었다.

1923년 3월 20일 동경에서 한국 최초의 본격적인 순수 아동지 〈어린이〉를 '색동회' 동인들과 함께 편집해서 천도교 소년회의와 개벽사에서 창간해 내었다. 방정환은 아동 인권의 회복을 뜻하는 '어린이'라는 호칭을 사용하였을 뿐만 아니라, 어린이 날을 제정하였고, 최초의 아동문화단체인 색동회(1923. 5. 1)를 만들어 어린이 날 행사를 주관하였으며, 동화 구연대회와 같은 행사를 통해 아동문화운동을 벌였다. 뿐만 아니라 세계명작 동화집 《사랑의 선물》을 번안하여 출간하였다.

1920년대의 〈어린이〉에 이어서 무수한 아동잡지가 쏟아져 나와 아동잡지의 전성기를 이루게 되었다. 〈신 소년〉(1923~1934), 〈새 벗〉(1925~1933), 〈아이 생활〉(1926~1944), 〈별나라〉(1926~1935), 〈소년 조선〉(1928~1929)이 그것이다. 그러나 이 시기 아동잡지에 등장했던 집필가들은 문인들 이외에도 사회, 문화운동가, 종교인, 언론인, 독립투사 등으로 다양하였다.

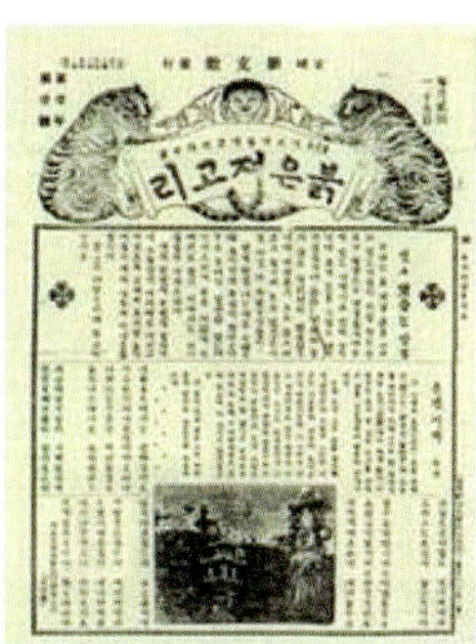

동요황금시대로 칭해지는 1925년에는 〈어린이〉지에 이원수가 '고향의 봄'을, 윤석중은 '오뚜기'를, 서덕출은 '봄 편지'를 통해 신인 동요 작가로 배출되었고, 윤복진의 '쪼각빗', 최순애의 '오빠 생각'도 이때 각각 추천을 거쳤다.

연못가에 새로 핀
버들잎 따서요.
우표 한 장 붙여서
강남으로 보내면
작년에 간 제비가
푸른 편지 보고요.
대한 봄이 그리워
다시 찾아옵니다.

– 서덕출 '봄 편지'–

1930년에 강소천은 '민들레와 울 아기'로 조선일보 신춘 문예에 당선되었다. 1933년에 그의 초기 작품을 대표하는 '닭'이 〈소년〉지에 발표되었다.

물 한 모금 입에 물고
하늘 한 번 쳐다보고
또 한 모금 입에 물고
구름 한 번 쳐다보고

– 강소천 '닭' –

1933년에 조선 중앙일보에 박경종의 '왜가리'가 입선되었다.

왜가리야!
왝!
어디 가니?
왝!
엄마 찾니?
왝!
아빠 찾니?
왝!
왜 말은 않고 대답만 하니?
왝!
…
왝!

— 박경종 '왜가리' —

이 동시는 눈으로 볼 수 있는 모습을 그린 것이 아니라, 음향의 모습을 그림으로써 지금까지의 동요의 형식에서 대담하게 탈피했다.

대부분 전래동화의 재화 또는 개작이거나 외국 동화의 번역·번안이던 우리 동화는 〈새별〉지에 우리나라 최초의 창작동화인 '바위나리와 아기별'과 '어머님의 선물', '복남이와 네 동무' 등을 마해송이 발표함으로써 새로운 전기를 맞는다.

'바위나리와 아기별' 속에서 바위나리와 아기별이 주고받는 따뜻한 대화는 인간 사이에서는 맛볼 수 없는 청순한 감각을 풍기고 있다.

이 작품은 전통적인 아름다운 문장과 순정적인 내용이 바탕이 되어 왔던 종래의 도식적인 동화의 세계를 떠나 동화의 스타일에 있어서 새로운 변모를 보여 주었다. 일제 치하의 아동문화운동은 단적으로 어린이들에게 민족의식을 각성시키고, 반일 사상을 고취시키려는 민족주의적 문화운동 내지는 사회운동이었다.

1920년대의 습작적인 창가적 동요는 1930년대에 들어서면서부터 음악적이며 낙천적인 윤석중, 향토적이며 심미적인 박영종, 로만적인 강소천, 감각적인 김영일에 의해 시적인 동요, 정형 동시, 자유 동시의 순으로 진전되었는데, 그런 의미에서 윤석중의 최초의 동시집 《잃어버린 댕기》(1933)는 기념비적 작품집이라 할 수 있다.

산문문학은 운문문학에 비해 대부분이 재래물의 개작 · 재화로서 옛 이야기적인 형태를 크게 벗어나지 못하였고, 문단은 크게 아동잡지를 중심으로 천사적인 동심주의 계열, 계급주의 계열, 종교적인 계열 등 세 분파로 정립되었다(이재철, 1983).

1940년에는 우리말 사용이 금지되었고, 〈소년 조선일보〉 및 〈조선일보〉, 〈동아일보〉가 폐간됨을 시발점으로 아동문학은 거의 진공상태를 면할 수 없었고, 일제 치하의 아동문학은 당시의 정치 · 사회적 영향에 의해 거의 문화운동으로 시종하였으며, 그것은 궁극적으로 민족운동의 한 방편이었다. 그러나 그것은 본격 문학에 선행되는 과도기 문학운동으로 매우 중요한 과정이었던 것이다(이재철, 1983).

3) 아동문학 성장시대(1945~)

1945년 8월 15일 광복이 되자 다른 모든 분야와 마찬가지로 출판계는 온통 축제 분위기 속에서 암흑기 시대의 울분을 터뜨리기나 하려는 듯이 신문, 잡지, 단행본 등이 우후죽순처럼 쏟아져 나왔다.

그러나 좌·우파의 분열로 인해 혼미한 틈을 타 저질 만화와 단행본이 범람하여 양적인 팽창은 이루었으나 질적인 측면에서 많은 문제를 지니고 있었다.

〈새 동무〉(1945), 〈별나라〉(1945년 복간), 〈소학생〉(1946. 2~1950. 6), 〈소년〉(1948. 8~1950. 6), 〈어린이〉(1948. 5~1949. 12) 외 수많은 잡지가 나왔으나 한국전쟁의 발발, 경제적인 여건이나 독자의 외면 등으로 몇 호를 마지막으로 폐간되는 사례가 빈번하였다.

1948년 대한민국 정부 수립을 기점으로 아동문단은 새로운 변화를 가져온다.

첫째, 정부 수립이라는 정치적 현실로 좌익 문단이 몰락하게 됨에 따라 문단적인 혼란이 사실상 제거되었음은 물론, 형식상으로 한국 문협 아동문학 분과 위원회가 구성되었다.

둘째, 비평 분야의 활동으로 아동관에 새로운 의미를 부여하게 되었다. 이는 아동을 천사적 아동으로 보지 않고, 있는 그대로의 현실적 아동으로 보아야 한다는 좌익 작가들이 들고 나온 주장이다.

셋째, 피천득, 조풍연, 이영철, 주요섭, 김경안 등이 단행본 및 잡지를 통해 보여 준 많은 양의 해외 문학 소개가 문단에서 커다란 자극제가 되었다.

넷째, 성인문학가들이 참어해서 언은 수확도 많았다.

광복 후 아동문학계에 커다란 변화는 암흑기에 주로 성행하던 운문 중심의 문학이 산문 중심으로 바뀌었다는 사실이다.

한국전쟁 이후부터 통속적인 소년 소설, 어용적 교훈 소설, 악성 만화 등이 범람해 1950~1960년대의 아동문학계를 오염시켰다. 그러나 마해송, 이원수, 강소천, 이주홍, 김요섭을 중심으로 한 아동문학가들은 순수문학을 성장시켜 가는 데 최선의 노력을 다했다. 그러나 한국전쟁이 휴전으로 종식되고 정국과 사회가 점차 안정되자 아동문학계에도 점차 새로운 바람이 일기 시작했다. 즉, 잡초 제거 시비, 사이비 작가의 색출 등 문단의 적극적인 반성과 정리에 대한 움직임이 있었다.

이후 아동문학은 본격 문학으로서의 위치를 차지하게 되었고, 1956년 1월 3일 '새싹회'를 중심으로 각종 아동문학단체의 활동이 활발해지기 시작했다.

1960년 4 · 19는 아동문학계의 자각과 반성의 실마리를 가져와 아동문학을 본격 문학으로 정리 형성하게 하는 강력한 배경이 되었다. 또한 이 시기의 두드러진 경향으로 자유당 정권에 아부하며, 생활 방편을 삼았던 어용주의 작가들이 4 · 19와 함께 물러나지 않을 수 없게 되었다.

1960년을 전후로 아동문단에 새로운 운동이 일게 되는데, 뜻있는 아동문학 동호인들의 조직체가 전국 도처에서 결성되어 본격적인 아동문학활동에 지대한 영향을 미쳤다는 것이다(유창근, 2006). 1960년대 전후 중추 세력으로 등장한 젊은 아동문학가들은 노장 작가들의 안이한 침체성에 반기를 들고 '동시도 시이어야 한다' 슬로건으로 아동문학도 일반문학이 갖는 특성에 충실해야 한다는 의견을 제기하였다.

'동화와 아동 소설도 소설적 수법 위에 서야 한다'는 슬로건을 내걸면서 아동문학을 본격 문학으로 향상시켰다. 이때까지의 동시가 '시'라기보다는 '시' 이전의 생경한 소재를 율(律)에 붙인 것이라고 본다면 '시'의 본질과는 먼 거리에 있었다.

아동관의 확립, 전통성의 발굴, 창작동화의 체질 개선, 동화 문학의 효용 등 뚜렷한 방향을 제시했던 한국아동문학회의 '아동문학 선언'에서처럼, 동화가 문학으로서 정착되어야 한다는 의식 아래 여태까지 아동 생태 묘사나 콩트 물로 시종일관하던 아동소설 및 생활 동화에서 탈피하려는 움직임이 나타났다.

1970년대에 접어들면서 뚜렷한 변화가 있었다. 현대적 문단이 형성되어 유능한 신인들이 등장하고 동인 중심의 문학단체가 결성되었으며, 문학상이 제정되는 등 발표 무대가 확장되었다.

1980년대에 접어들면서 아동 도서는 다양한 종류와 더불어 양적으로 주목할 만한 발전을 거듭해 왔다. '시공사'와 '비룡소' 등을 중심으로 어린이를 위한 그림책들이 출판되었다. 또한 우리나라의 전래동요 및 전래동화를 현대 작가들에 의해 재화한 책들이 출판되었으며, 외국의 유명한 '칼데코상'이나 '그린어웨이상'을 수상한 좋은 그림책들을 번역하여 출판하였다.

1990년대 중반부터는 컴퓨터가 보편화되면서 아동문학의 영역이 컴퓨터까지 확장되었다. 어린이 도서에 대한 신간 소개, 동화 비평 등 다양한 아동문학 관련 정보를 제공하는 각종 인터넷 사이트도 생겨나고 작가와 평론가들이 개인 홈페이지를 제작하여 독자와 거리를 좁히려는 노력도 많아졌다(이성은, 2003).

이상 한국의 아동문학의 역사를 고찰해보았다. 이후 유아문학교육의 최근 동향을 보면, 첫째, 유아도서가 다양한 형태로 발전되어 가고 있고, 둘째, 유아교육과정에 문학의 통합적 활용도가 증가하고 있으며, 셋째, 그림책 일러스트레이터에 대한 관심이 고조되어 가고 있고, 넷째, 반응 중심의 유아문학교육 프로그램에 대한 관심이 고조되어 가고 있다(박선희, 김경중, 2000).

2 외국 아동문학의 역사

1) 초기~18세기 아동문학 – 인쇄술의 발달

아리에스(Aries, 1962)는 '10세기와 11세기의 화가는 아동기라는 이미지를 담아내지 못했다. 그리고 그 이미지에 관심도 없었고 그것이 그들에게 현실적인 것도 아니었다'고 했다. 이는 당시 암흑기에 질병으로 죽은 엄청난 수의 사망자에 기인한 것으로 여겨진다. 이후 영아 사망률이 개선되고 중류층이 책을 소유하게 되면서 아동교육에 대한 관심이 증대되기 시작하였다. 일반적으로 '재치있는 아동들의 호기심을 이끌어 내기 위한' 의도로 제작된 《세계도회》가 최초의 그림책으로 받아들여지고 있다. 16~17세기 이전까지는 그림책들이 성인 청중을 위해 창작되었으며 이후 지난 4세기 동안 아동문학은 도서의 양 · 종류 · 질적인 면에서 방대한 변화를 겪어 왔다. 이러한 변화는 시대적 가치관, 아동을 바라보는 시각, 교육에 대한 개념의 변화, 산업의 발전과 밀접한 관련을 맺고 있다.

초기의 어린이문학은 크게 두 갈래로 설명될 수 있다. 하나는 예절서, 교과서, 도덕책 등으로 어린이나 젊은이를 독자로 삼지만 이야기가 될 수 없는 것이고, 다른 하나는 이야기이기는 하지만 독자층이 특별히 어린이라고 볼 수 없는 것이다.

윌리엄 캑스턴(William Caxton, 1421~1491)은 이 두 분야에 모두 관여한 최초의 영국 출판업자였다. 그는 1474년 《트로이 이야기》를 최초로 출판했고, 1484년에는 《이솝우화(Aesop's Fables)》를 출판했다(Cullinun & Galda, 1994).

어린이를 대상으로 책을 출간해도 17세기까지 출판된 책들은 모두 교과서, 예절서, 도덕책들에 불과했다. 이 시기까지만 해도 어린이를 축소된 어른으로 보는 시각이 팽배했기 때문에 어린이를 독특하고 독립적인 존재로 인정하지는 못했다.

17세기까지만 해도 문학은 전래동화, 우화, 성경 이야기, 발라드, 서사시, 로맨스 등의 이야기를 거의 구전으로 전하면서 많은 사람들이 공유하는 형태를 지녔다. 이 시기의 책은 종교적 교리를 가르치기 위한 것이었으며, 어린이들은 성경을 읽기 위한 목적으로 책을 읽게 되었다.

존 번연(John Bunyan)은 청교도로서 처음으로 환상적 요소를 사용해 《The Pilgrim's Progress》(1678)를 썼는데, 이것은 어린이가 즐기던 책이기는 하지만 작가가 어린이들을 위해 쓴 책은 아니었다(Townsend, 1995). 1700년에 이르러, '계몽의 시대'라는 관념과 존 로크 같은 철학가들이 아동을 위해 제작하는 그림책 종류에 영향을 주기 시작하였다.

코메니우스(1592~1670), 존 로크(1632~1704), 루소(1712~1778)와 같은 교육 철학자들은 아동은 성인과 다르다고 역설함으로써 아동기의 독특성을 주장했다. 이러한 아동관은 현대 교육에 지대한 영향을 미치게 되었지만 현대의 두 가지 상충되는 교육방법의 근거를 마련하게 된다.

존 로크가 어린이에게 즐거움을 줄 수 있는 책을 만들어야 한다고 주장했다. 그러나 그의 '백지설'은 행동심리학자들의 벌과 보상의 학습방법에 영향을 끼쳤다. 당시 어린이 도서의 내용은 불쌍한 사람에게는 착하고 관대하고 친절해야 하며, 부모에게는 복종하고, 새로운 사실을 알기 위해 꾸준히 노력해야 함을 훈계하는 것들이었다. 어린이의 행동이 바르지 못했을 때는 신체적인 벌이나 심지어는 죽음을 겪게 되고, 착한 행동을 한 경우에는 칭찬이나 물질적 보상이 주어지는 등 상과 벌에 기초한 내용들이 실렸다.

반면, 존 로크의 상과 벌에 기초한 내용과는 달리 루소의 아동 중심 사상은 발달심리학자들의 발달에 적합한 교수-학습방법에 영향을 미쳤다. 루소의 아동 중심 사상은 오늘날 유아들의 발달적 요구를 문학에 반영해야 한다는 순수문학으로 유아문학에 중요한 영향을 끼쳤다(Cullinun & Galda, 1994). 루소는 자신의 이상적 학생이었던 에밀에게 《로빈슨 크루소》를 읽으라고 권했는데, 그 이유는 당시 그것보다 좋은 책이 없었기 때문이었다. 《로빈슨 크루소》가 아이들에게 적합한 책으로 인정받은 이유 중의 일부는 그 도덕적 가치 때문이고, 일부는 자연과 인간의 행동에 관한 유용한 정보를 담고 있기 때문이었다.

그 책의 중심 주제는 아동이 성장하면서 부모로부터 해방되어 독립하게 되기까지의 영원한 투쟁이었다. 이러한 내용은 이 책이 쓰일 당시의 계몽주의시대를 반영하는 것이었지만, 아동문학에 있어서도 중요한 메시지가 되었다.

다니엘 데포의 《로빈슨 크루소》(1719)는 비록 어린이 독자를 염두에 둔 것이 아니라 성인 독자를 대상으로 발간된 것이기는 하지만, 아동문학에 있어서 가장 중요한 서술 패턴인 집 → 출발 → 모험 → 귀향이라는 이야기 플롯을 가지고 있다.

독일의 교육가가 1779~1780년 《로빈슨 크루소》를 다시 쓴 이후, 어린이에게 적합하다고 여겨진 성인용 도서를 어린이용으로 다시 쓴 판본들이 속속 등장했다. 여기에 고려된 두 가지의 기준은 유용성과 즐거움이었다. 즐거움의 기준을 충족시켜주는 책은 계몽주의와 낭만주의에서 나온 긴장감의 요소를 가지고 있는 모험으로 가득찬 책들이었다(Nikolajera, 1998).

18세기까지만 해도 이성적이고 합리적인 사고와 불일치하는 것은 있을 수 없는 것으로 상상의 이야기는 용납되지 않았기 때문에 《로빈슨 크루소》는 어린이들에게 상상력을 통한 환상의 세계를 즐기도록 했다는 점에서 역사적 의미가 있다. 뿐만 아니라 당시 어린이들은 극히 도덕적이고 교훈적인 의도 아래 쓰여진 책만을 볼 수 있었지만 어린이들 스스로가 성인의 독자를 대상으로 발간되었던 《로빈슨 크루소》를 당당히 자신들의 책으로 만들었다는 점 또한 역사적으로 시사하는 바가 크다.

이 책은 인간이 어떻게 고립된 섬에서 옷을 만들고 음식을 구하고, 잠자리를 마련하는지를 그려냄으로써 대개의 인간이 가지고 있는 거의 본능적인 욕구를 잘 반영하고 있다. 또한 인간이 인간답게 살아가기 위해서는 현실과의 싸움뿐만 아니라 사고력과 자아를 잃지 않기 위해 자신과의 싸움도 중요하다는 것을 보여 준다(이상금, 장영희, 1986).

1657년 모라비아 출생의 코메니우스는 《세계도회(Orbis Pictus : Visible World)》라는 알파벳 도서(ABC book)를 발간했는데, 이것은 어린이를 위한 최초의 근대적 의미의 그림책이다(Tomlinson & Lynch-Brown, 1996). 코메니우스는 유아들을 위해 책의 본문의 의미를 설명하고 확장시켜 주는 그림의 사용을 강조했으며 이는 중요한 의미를 부여한다.

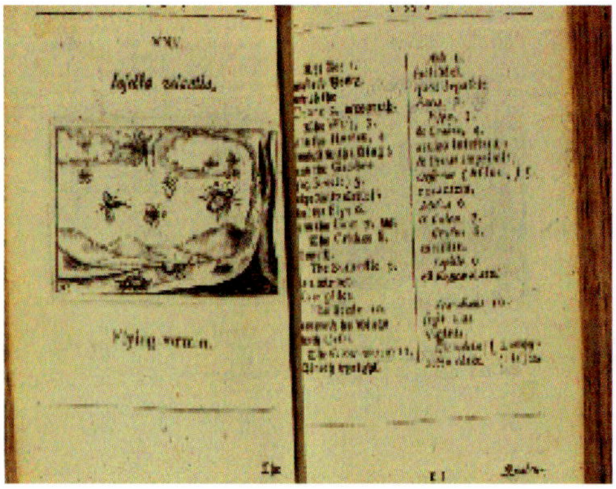
코메니우스의 세계 최초 그림책 《세계도회》

《세계도회》는 그림과 내용이 서로 연관성을 맺고 있어서 질적 수준도 높았으며, 어린이를 위한 최초의 그림책이라는 측면에서 역사적으로도 의미가 크다. 이 책에는 150가지의 주제를 그림으로 설명하고 있는데, 18세기에 이르기까지 《성서》 다음으로 베스트셀러가 될 정도로 어린이들의 사랑과 환영을 받았다.

1698~1801년에 이르기까지 103년 동안 95종류의 《세계도회》의 책이 간행되어 유럽 전역에 보급되었다(신명호, 2009). 그러나 초기의 도서는 귀했으며, 아주 비쌌기 때문에 극히 제한된 아동들만이 읽을 수 있었다.

유아문학의 발달과 보급은 아동 도서산업의 발달과 밀접한 관련을 맺고 있다. 영국의 버크셔 지방에서 농부의 아들로 태어난 존 뉴베리(1713~1767)는 1744년에 '성서와 태양(The Bible and Sun)'이라는 출판 사업을 할 수 있는 서점을 개업했다. 그 해 그는 '챕북(Chap Books)'이라는 《작고 예쁜 포켓북(Little Pretty Pocket-Book)》을 출판했는데, 이 책은 당시 어린이들을 즐겁게 가르칠 수 있도록 고안되었기 때문에 아이들의 사랑을 듬뿍 받을 수 있었으며, 1840년까지 전 유럽에 보급되어 일반 서민들까지도 즐겨 읽었던 최초의 대중 서적이었다(Cullinun & Galda, 1994). 뉴베리가 1744년에 출판한 《작고 예쁜 주머니 책》은 오늘날 아동문학으로 가는 길을 활짝 열어주었으며 인쇄술이 발달하면서 삽화가 곁들여진 신문과 잡지가 대중화되기 시작하였다. 19세기 말경까지 아동 그림책의 주제들은 주로 동요, 민담, 노래에 집중되었으며 도서 디자인의 보다 전반적 속성에 더 많은 관심을 기울이게 되었다.

1484년에 영국에서 근대 문명의 어머니로 불리는 캑스턴은 《신화 이야기》를 비롯해 《트로이 역사 이야기》 등의 그리스 신화를 영역했다.

《이어슨》, 《로빈후드》, 《로빈슨 크루소》, 《이솝우화》 등을 비롯해 사전과 법령, 소설에 이르기까지 무수한 책을 출판하면서 그는 영국 국민에게 지식을 보급시키는 데 전 생애를 바쳤다(신명호, 2009).

특히, 그의 《이솝우화》는 상당히 인기가 있었지만 당시 어떠한 인기 있는 문학도 인정하지 않았던 청교도 때문에 더 이상 발전하지 못했다. 거의 1500~1700년에 이르기까지 지속되었던 청교도운동 기간 동안, 전통문학은 영국의 챕 맨(Chapman : 장돌뱅이)이라는 떠돌이 상인이 팔고 다녔던 챕 북(chapbook)을 통해 그 명맥이 유지되어 왔다(Tomlinson & Lynch-Brown, 1996). 챕 맨은 챕 북을 팔기 위하여 사람을 모은 후 이 마을 저

마을에서 보고 들은 뉴스와 자신의 여행담을 사람들에게 들려주었는데, 이러한 이야기들이 챕 북에 실려 나오게 되었다고 한다. 챕북의 내용으로는 중세 로맨스, 구전동요 등의 전통적 이야기, 중세 기사 이야기나 영웅 이야기와 같은 전설과 역사 이야기, 유령이나 괴기 이야기, 종교 이야기, 유머 이야기, A B C 도서와 같은 교육적 내용 등을 포함하고 있다(신명호, 2009).

챕 북은 질적인 면에서 아주 열악하기 그지없었음에도 불구하고, 싼값으로 책을 구입할 수 있었기 때문에 많은 어린이들과 서민층 여인들에게 인기를 끌게 되었다. 챕 북에는 재미있는 옛 이야기, 알파벳을 다양한 방법으로 즐겁게 배울 수 있도록 하는 내용, 도덕, 게임, 우화, 속담, 행동 규범, 시, 리듬 있는 내용 등을 재미있게 구성하고 있었기 때문에 오랫동안 어린이들의 사랑을 받았다.

챕 북은 18세기의 아동문학을 양적으로 발전시켰으며, 상류 중심이었던 독서 대상을 전 유럽에 걸쳐 중산 계층 또는 하층 계급에까지 확대시켰다는 점에서 역사적으로 의미가 크다. 또한 남성 중심 사회 속에서 아녀자를 주요 독서 대상으로 했다는 점에서도 기여한 바가 크며, 그 결과 사회적 체계로부터 제외된 계층의 문맹률을 줄이는 데도 일익을 담당하게 되었다. 무엇보다도 인간의 기억만으로 보존하기 어려운 장편의 이야기, 구전문학을 이해하기 쉬운 형태로 정리해서 체계화시켜 유동적인 문학을 고정화, 문자화시켰다는 점에서 탁월한 의미와 가치를 지닌다(신명호, 1994).

이러한 뉴베리의 업적을 기리기 위해 오늘날 미국에서 출간된 가장 탁월하고 공로가 큰 아동문학 작가에게 해마다 '뉴베리상'을 수상하고 있다.

이 시기에는 챕 북 이외에도 배틀돌스(Battledores)라는 두꺼운 종이를 접어서 만들어진 책이 있었는데, 이 책의 내용은 주로 알파벳, 숫자, 간단한 읽기 학습으로 구성되어 있었다. 이러한 학습 위주의 내용에도 불구하고 이 책 역시 영국과 북미에서 17세기 중반에서 18세기까지 어린이들에게 인기가 높았다고 한다.

책이 귀했던 시대의 어린이들에게 있어서 책의 질적인 문제나 내용의 문제는 어쩌면 그리 중요하지 않았을 것이다. 그들에게는 책을 접하는 신선한 경험이 가져다주는 즐거움, 그 자체가 더 절실하고 중요했을지도 모를 일이었다(Cullinun & Galda, 1994).

18세기 말까지만 해도 청교도인들의 '성스러운 좋은' 도서가 널리 퍼져 있었다. 이 도서에 등장하는 인물들은 성스럽고, 덕스러우며 지나치게 종교적이었다. 18세기 말 유아문학에 나타나 있는 어린이의 모습은 정중하고 얌전하며 예의 바른 모습이었다. 이 시기에 출간된 책이 담고 있는 정보는 성인의 시각에서 어린이에게 전달하고자 하는 내용 중심으로 이루어졌다.

마더구즈 이야기

성인, 교사, 목사는 어린이들에게 모르는 정보를 제공해 주는 정보 제공자이며, 어린이들의 행동을 제어시켜 주고 고쳐 주는 처방전의 역할을 한 것이었다.

18세기 유럽 낭만주의운동이 확산되자 청교도운동은 점차 사라졌으며, 또 다시 전통문학은 사회 각층에서 읽혀지기 시작했다. 이러한 변화는 1697년 프랑스 문학 작가 샤를르 페로(Charles Perrault, 1628~1703)의 《마더구즈 이야기(Contes de ma Mére L'Oye : Tales of Mother Goose)》라는 제목의 이야기가 출간되면서 시작되었다(Tomlinson & Lynch-Brown, 1996). 여기에는 〈빨간 모자〉, 〈신데렐라〉, 〈장화 신은 고양이〉, 〈잠자는 공주〉, 〈엄지손가락 톰〉 등과 같은 옛날 이야기를 많이 수록했다.

2) 19세기 아동문학 – 아동의 욕구 반영

19세기는 낭만주의 사상의 영향으로 아동문학 발전에 전환점이 되었다. 독일의 그림형제(Jacob Grimm & Wilhelm Grimm, 1785~1863; 1786~1859)는 《유아와 가정을 위한 이야기

(Nursery and Household Tales)》(1812)를 출판했는데, 여기에는 〈백설공주와 일곱 난쟁이〉, 〈헨젤과 그레텔〉, 〈브레멘의 음악대〉, 〈늑대와 일곱 마리 염소〉 등이 수록되어 있다.

독일의 그림형제

노르웨이 작가 아스뵤르겐(Peter Christian Asbjørnsen)과 조겐 모(Jorgen Moe)는 〈염소 세 마리〉, 〈팬케이크〉와 같은 전래동화를 수집해 1851년 《노르웨이 전래동화(The Norwegian Folk tales)》라는 제목의 도서로 출판했다.

영국의 요셉 야곱(Joseph Jacobs)은 자신이 이미 출판했던 《영국의 옛 이야기(English Fairy Tales)》(1894)에 〈곰 세 마리〉, 〈아기 돼지 삼 형제〉, 〈빨간 모자〉를 첨가 수록했다 (Tomlinson & Lynch-Brown, 1996).

이러한 전래동화는 20세기까지 어린이들의 사랑을 많이 받아 왔다. 그렇다할지라도 19세기 중반까지는 진정으로 유아를 위한 시기라고는 볼 수 없다. 이 시기까지만 해도 어린이들은 값싼 임금을 받으면서 열악한 환경 속에 노동력을 착취당하는 등 인간적인 대우를 받고 있지 못한 경우가 많았다.

19세기에 이르면서 유아들에게 즐거움을 줄 수 있는 도서를 만들어야 한다는 움직임이 일었다. 이때부터 어린이는 성인과 발달적으로 다르고, 다른 욕구와 능력을 지니고 있었기 때문에 독특한 방식으로 세계를 지각한다는 인식을 하게 되면서 어린이를 개인적 존재의 가치를 지닌 하나의 인격체로 대해야 한다는 생각이 싹트기 시작했다. 이러한 인식의 변화에 따라 차츰 어린이는 자신의 욕구에 맞는 책을 원했고, 그와 함께 어린이 도서산업이 번성하기 시작했다.

이 시기부터 차츰 환상동화, 동시, 그림책이 발달되기 시작했고 동시에 사실적 이야기를 보급하자는 움직임도 확산되기 시작했다. 이성이라는 이름하에 오랫동안 감금되었던 상상력이 비로소 모습을 드러내기 시작함에 따라 '요정 이야기'의 복귀가 19세기 내내 지속되었다.

'요정 이야기'란 옛날 것이든 요즘 것이든, 불특정한 과거를 배경으로 해서 전통적인 주제나 소재를 도입하는 마법의 이야기로, 착한 요정과 나쁜 요정, 왕자님, 가난한 미망인, 거인, 난쟁이, 마녀, 말하는 동물들, 그 밖의 갖가지 독창적 인물들이 등장한다.

19세기 초반 안데르센(Hans Christian Anderson, 1805~1875)은 근대적 아동문학의 창시자이며 아동문학의 왕이다. 그의 동화의 특징은 간결한 언어 선택, 함축성 있는 용어, 인간 세계와 사물과의 일치, 선과 악의 대결이 아닌 인간애의 표현, 자유로운 공상에 입각한 창의적 표현의 사용, 기독교적 신앙 정신을 기초로 한다. 안데르센의 출현을 계기로 공상 이야기는 무한한 발전을 이루게 된다.

민화나 전설의 재화에도 상상력이 적극적으로 구사되는 영향을 미쳤다. 또한 그는 독자들에게 부정에 대한 분노, 어리석음에 대한 풍자, 가난한 사람에 대한 끝없는 동정을 이야기함으로써 커다란 감동을 준다. 어린이들의 소원을 누구보다 잘 들을 수 있는 마음의 귀를 가지고 있었으며, 어린이 편에 서서 인류의 이상을 굳게 지켜나가려는 믿음을 가지고 있었다.

안데르센 동화가 전 세계 어린이들에게 읽히게 된 것은 그의 사상의 크기나 깊이에 있는 것이 아니라 그의 예술적 재능과 특이성에 있다. 그의 소박하고, 동심이 있고, 독창성이 풍부한 동화는 끊임없이 발전해 나간 창작기술 속에서 그의 천재성을 발휘할 수 있는 하나의 형식이었다고 볼 수 있다(이상금, 장영희, 1986).

루이스 캐럴

19세기 중반을 지나면서 유아문학은 많은 성장을 보이게 된다. 그림책 분야에서 독일의 호프만(Heinrich Hoffmann, 1809~1894)과 순수 환상 작가로 잘 알려진 루이스 캐럴(1832~1893)의 등장은 아동문학계의 일대 변화를 가져오게 했다.

호프만의 《게으른 피터》(1845)는 아들에 대한 아버지의 사랑으로 탄생하게 되었다. 이 이야기 속에는 어린이가 생활습관과 태도를 바르게 이해할 수 있도록 일깨워 주기 위해 과장, 유머, 풍자라는 즐거움의 요소를 사용했다. 이는 빅토리아 시대의 엄격함과 권위적인 방법으로 어린이의 도덕과 생활습관을 길들이고자 했던 것에서 벗어나 어린이다운 특성을 수용하는 범위 안에서 습관을 길들이고자 했기 때문에 어린 독자들의 사랑을 받았다.

19세기부터 20세기로 넘어오면서 순수한 그림책의 걸작이 출현하게 된다. 즉, 처음에는 동화나 소설의 삽화로 아동문학작품의 부수적인 기능으로 활용되던 것이 아동문학의 중요한 장르로 위치를 굳히면서 수많은 명작이 탄생한다.

그린어웨이(Kate Greenaway, 1846~1901), 칼데콧(Randolph Caldecott, 1845~1915), 크레인(Walter Crane, 1845~1915)등은 뛰어난 그림책 작가였다(이상금, 장영희, 1997).

캐럴(Lewis Carroll)의 《이상한 나라의 앨리스(Alice's adventures in wonder- land)》(1865)와 《거울 나라의 앨리스(Through the looking glass)》(1871)는 상상력이 풍부한 어린 시절의 꿈을 이야기 속에 잘 반영하고 있다. 특히, 어린이들의 상상력을 극대화시키고 환상에 대한 욕구를 충족시킨다는 점에서 문학적 가치를 높게 인정받고 있다.

《이상한 나라의 앨리스》에는 형식상의 뚜렷한 구성 없이 갖가지 사건들이 마치 꿈 속에서처럼 우연히 일어나는데, 이야기 속의 미친 모자 장수, 삼월 토끼, 체셔 고양이, 공작 부인 등이 등장한다. 《거울 나라의 앨리스》는 체스 게임이라는 아주 빈틈없는 원형을 토대로 하고 있는데, 이 이야기에는 험프티 덤프티, 화이트 나이트, 트위들덤과 트위들디, 레드 퀸이 등장한다. 이 두 권의 책은 어린이뿐만 아니라 성인들에게도 끊임없는 흥미를 주고 있다.

최고의 어린이문학작품은 여러 수준에서 감상할 수 있다. 두 편의 '앨리스'에는 독자적인 생명을 지니고도 남을 만한 시들이 새겨져 있다(존 로 타운젠드, 1996).

이상한 나라의 엘리스

이 시기 어린이들의 마음을 사로잡은 또 하나의 작품은 이탈리아의 콜로디(Carlo Collodi, 1826~1890)가 쓴 《피노키오》이다. 이는 어린이들을 위한 읽을거리가 많지 않았던 당시, 교훈적이지는 않으며 순수한 즐거움만을 주었기에 어린이들에게 상당한 반향을 일으켰다(이상금, 장영희, 1992). 피노키오는 착하고 모범적인 어린이가 아니라 말썽도 부리고, 거짓말도 하지만, 전혀 악하지 않은 순수한 모습을 그리고 있는데, 바로 이러한 모습을 어린 독자들은 사랑했던 것이다. 길들여지지 않았지만 순수한 피노키오의 모습은 바로 현실적 어린이 자신들의 모습이기 때문이다.

피노키오

조지 맥도널드(George MacDonald, 1824~1905)의 《북풍의 등에서(At the Back of the North Wind)》(1871)는 마부의 어린 아들 다이아몬드와 서로 평행을 이루는 그의 두 가지 삶에 관한 이야기이다. 하나는 런던의 노동자 계급으로 살아가는 가혹한 삶이고, 다른 하나는 물결치는 검은머리와 충만한 가슴을 가진 아름다운 여성 같은 북풍과 함께 여행하는 꿈속의 삶이다. 마지막에서 다이아몬드는 죽어서 '북풍의 등'에서 평화를 발견하게 된다. 그는 이 외에도 《황금 열쇠》(1867), 《가벼운 공주》(1861) 이야기를 썼다.

현대 환상동화 중 가장 최근에 발달한 과학동화는 쥘 베른(Jules Verne)의 《땅속 여행(Journey to the Center of the Earth)》(1864), 《해저 2만리(20,000 Leagues Under the Sea)》(1869)는 최초의 과학동화로 꼽힌다. 당시 이 이야기는 어린이가 아닌 성인에 의해 읽혀졌다.

20세기가 되어서야 비로소 과학동화가 어린이에게 읽힐 목적으로 보여질 수 있다는 인식이 생겨나게 되었다(Tomlinson & Lynch-Brown, 1996).

이 시기에는 모험 이야기가 대거 출판되었다. 영국 스티븐슨(Robert Louis Stevenson)의 《보물섬(Treasure Island)》(1883), 미국 마크 트웨인(Mark Twain, 1835~1910)의 《톰 소여의 모험(The adventures of Tom Sawyer)》(1876), 《허클베리 핀의 모험(The adventures of Huckleberry Finn)》(1884) 등이 그것이다. 트웨인의 이야기에는 예리한 유머가 가득 차 있다.

이 시기에 출간된 많은 이야기들을 살펴볼 때 이야기 속에 등장하는 주인공인 어린이들의 모습은 이제 더 이상 점잖고 예의 바르고 공손한 애늙은이가 아니라, 진정한 아이다움이 숨어 있는 어린이 본래의 모습으로 그려지기 시작한다는 것을 알 수 있다. 어린이들은 순수하면서도 놀기를 좋아하고, 탐색적이며, 모험심이 강한 모습으로 그려짐에 따라 비로소 그들의 참 모습이 회복되기 시작한다.

3) 20세기 이후 아동문학-포스트모던 그림책의 등장

19세기부터 변화하기 시작한 아동에 대한 순수하면서도 독특한 존재임을 깨닫게 하는 인식의 변화는 20세기에 이르러 절정을 이룬다. 아동을 위한 환상동화가 많이 발표되었으며, 그간 동화나 소설의 삽화로 아동문학작품의 부수적인 기능으로 활용되었던 그림책이 아동문학의 중요한 위치를 차지할 정도로 두드러진 발전이 있었다.

제임스 베리(James Berry, 1860~1937)의 《피터팬》 이야기에 나오는 '피터팬'이나 트라이버스(Pamela Travers, 1906~1996)의 《메리 포핀즈(Mary Popins)》의 시리즈에 나오는 '메리'의 모습은 진실한 어린이의 모습을 담고 있다. 《피터팬》은 1904년에 희곡으로 구성되어 극 무대에 처음 올려졌고 매년 대단한 성공을 거두게 되자, 뒤이어 책으로도 출판하게 되었다.

20세기 아동문학사에 우뚝 솟은 유아를 위한 작품을 손꼽을 때 《아기 곰 푸우》를 지적한다. 밀느(Alan Alexander Milne, 1882~1956)에 의한 푸우의 이야기는 유아의 세계를 정확하게 파악한 것이며 유아의 욕구를 충족시켜주고 유머가 있고 풍자가 있는 즐거운 작품이다.

이 외 알드리치(Aldrich)의 반 자서전적 이야기인 《개구쟁이 이야기(The Story of a Bad Boy)》(1870)는 장난 잘 치는 말썽꾸러기 개구쟁이 소년의 모습을 그린 것이다. 이 책은 '개구쟁이 문학(bad boy literature)'이라는 영역을 탄생시켰고, 마크 트웨인의 《허클베리 핀의 모험》(1884)의 이야기에서 그 영역은 절정을 이루게 되며, 오늘날까지 지속적으로 성장 발전하고 있다(Currinun & Galda, 1994).

그림책의 역사는 영국에서부터 시작되었다. 19세기 영국은 인쇄술의 발달과 에드먼드 에번스(Edmund Evans)와 같은 유능한 출판업자, 랜돌프 칼데콧(Randolph Caldecott), 케이트 그린어웨이(Kate Greenaway), 베아트릭스 포터(Beatrix Potter)와 같은 훌륭한 작가들로 인하여 현대적 의미의 그림책 탄생과 함께 아동문학의 황금기를 누렸다. 영국작가들의 그림책은 미국의 그림책 발전에 영향을 미쳤고 영국과 미국 양국에 지속적인 영향을 주었다. 베아트릭스 포터 이후 그림책의 중심지는 영국에서 미국으로 옮겨갔으며 베아트릭스 포터의 그림책이 미국에서 먼저 출판되었다(Sipe, 2008).

1901년 영국에서 컬러 인쇄로 출판된 《피터 래빗 이야기(The tale of peter Rabbit)》(1902)는 1893년 27살 난 베아트릭스 포터(1866~1943)가 그린 그림이다. 포터는 가정교사의 어린 아들 노엘이 병으로 누워 있게 되자, 용기를 주기 위해 이야기 편지를 보냈는데, 《피터 래빗 이야기》는 이 편지로부터 출발된 내용의 이야기가 한 권의 책으로 엮어진 것이다. 포터의 그림책은 전원에서 생활한 적이 있는 이라면 누구라도 한번쯤은 경험이 있음직한 에피소드를 테마로 해 들려주는 이야기책으로 오늘날까지 많은 인기를 누리고 있다(신명호, 1994). 베아트릭스 포터는 영국문학계의 신화이자 대표적인 아동문학 작가이다. 포터의 작품들은 100년 동안 전 세계 1억 5,000만 부 이상 판매되었고 《피터 래빗 이야기》와 같은 주요 작품들은 30개 언어로 번역되어 오랫동안 전 세계 어린이의 사랑을 받고 있다.

포터의 섬세한 수채화 작업은 20세기 초에 도입되었던 사색, 컬러, 인쇄에 최적화되었고 그림책의 대량생산은 포터그림책의 성공신화를 불러왔다. 무엇보다 포터의 그림책이 성공할 수 있었던 이유는 포터가 단순히 그림 작가를 뛰어넘어 글과 그림에서 최고의 작품을 보여준 작가이기 때문이기도 했다(Nikolajeva & Scott, 2001).

포터의 작품들은 글과 그림 간의 중복이 거의 없고 글과 그림이 협조하여 최종 효과를 높인다는 평가를 받는다. 특히, 《피터 래빗 이야기》는 글과 그림의 완벽한 보완관계를 보여 주는 그림책으로 글과 그림뿐만 아니라 등장인물, 주제, 그림, 글의 조합이 인상적이고 우아하여 어린이들에게 놀랄만한 경험을 제공한다(Cullinan & Galda, 2002; 현은자, 김세희, 2005에서 재인용).

20세기는 미국의 그림책 시대를 연다. 제1 · 2차 세계대전으로 유럽 전 지역은 사회적 혼란이 발생했고, 그림책은 일반 대중의 관심으로부터 멀어지게 된다. 이러한 혼란스런 시기에 미국은 그림책 분야에 경제적인 원조가 주어졌던 나라이다. 이 시기의 미국은 새로운 대륙에 대한 이미지를 구축하고자 어린이 교육체제 형성을 적극적으로 뒷받침하게 된다. 이러한 이유로 유럽 예술가들은 미국으로 삶의 터전을 옮기게 되고, 그에 따라 미국은 1930년대 후반에서 1940년대에 이르기까지 세계 그림책 활동 무대의 중심이 되었다.

미국 정부는 1910년에는 '아동도서관'을 보급했고, 1938년에는 칼데콧상을 제정해 본격적으로 아동문학을 육성하기 이르렀다. 미국은 1930년대 이후 그림책의 획기적인 발전으로 세계 그림책 활동의 중심에 서게 되었으며 그림책 작가들을 많이 배출하였다. 1928년 완다 가그의 《백만 마리 고양이》는 미국 그림책 시대를 열게 한 작품이다. 그 후 로버드 맥클로스키는 《아기 오리들한테 길을 비켜 주세요》를 발표하여 칼데콧상을 받았다.

근래에는 아동도서, 그림책에 대한 열정이 더욱 고조되어 다양한 장르와 형태의 그림책들이 출판되고 있다. 또한 좋은 그림책들이 아동을 위한 교육과정에서 많이 활용되고 있는데, 이는 그림책이 더욱 발전하는 계기가 될 것이다.

최근 몇 년 동안 포스트모던 그림책의 특징을 보여 주는 그림책들이 다수 출판되고 있다.

4) 포스트모던 그림책

포스트모더니즘은 모더니즘에 대한 반성과 반동으로 생겨난 사상(국어대사전, 1998)으로 문학, 예술, 건축, 일상적 삶의 양식을 포함하여 문화 전반에 광범위하게 영향을 미치고 있다. 문학은 본질적으로 시대와 불가분의 관계를 형성하고 있어 그 시대의 사상적 흐름인 시대사조가 내포되어 있다고 할 수 있으며 문학과 포스트모더니즘의 결합인 포스트모던 문학은 유아들을 위한 그림책의 영역에서도 구체화된 양상으로 표출되고 있는데, 그것이 곧 포스트모던 그림책이다. 포스트모던 그림책은 다양성과 복합성을 추구하는 포스트모던 시대의 문학적 산물로서, 복잡한 주제라든가 실험적 구성이라는 측면에서 기존 그림책과는 확연하게 구별되면서(나선희, 2013) 포스트모던 문학에서 발견되는 특성을 담아내고 있다.

노들만과 라이머는 그림책에 대해 “그림은 모든 연령층의 사람들이 글을 이해하도록 도울 수 있다.”, “글은 그림이 우리에게 보여 주지 않는 것을 이야기하고, 그림은 글이 이야기하지 않는 것을 보여 준다.”고 주장한다. 포스트모던 문학을 연구하는 학자들은 이미지와 글이 협동적으로 작용한다는 것에 동의하고, 그림책이 교육적 도구가 아닌, 예술 형식이라는 것을 강조하고 그림책을 실용물로보다는 예술 형식이나 예술품으로 파악하는 것처럼 보고 있다.

이에 수잔 랭거는 예술은 추론적 언어만으로 감당할 수 없는 의미를 표현하기 위해 각각의 독자적 잠재력에서 발달해 나온 것이라고 주장하고 예술가는 예술작품을 청중을 위해 창조하고 지속적으로 남는 것은 청중이 지적 · 정서적 이해를 할 때 가져오는 일종의 완성된 형태로 결합되어 있는 이미지와 아이디어에서 발흥한 미적 경험이라고 보았다.

포스트모던 그림책은 텍스트이면서 삽화이면서 총체적 디자인이며, 하나의 제조물품이면서 상품이고, 사회적 · 문화적 · 역사적 기록물이며 아동 최초의 경험물로 하나의 예술 형식으로, 이는 그림과 글의 상호의존성, 두 개의 마주보는 면의 동시적 펼침, 그리고 면을 넘길 때의 드라마 여하에 따라 달라질 수 있는 요소들이 포함되어 있다.

(1) 포스트모던 그림책의 특성

포스트모던 그림책의 특성에 대해 골드스톤(Goldstone, 2000)은 비선형성, 자기참조적 텍스트, 비꼬거나 조롱하는 어조, 반권위적 텍스트로 설명하였고, 루이스(Lewis, 2008)는 경계 허물기, 과잉, 불확정성, 패러디, 연행의 다섯 가지의 전략 혹은 장치를 제시하였다.

니콜라예바(Nikolajeva, 2005)의 경우 장르 중첩, 전통적 서사구조의 해체, 다성성, 상호주관성과 메타픽션 등을 포스트모던 그림책의 특성으로 제시하고 있다.

니콜라예바와 스콧은 "예술 형태로서의 그림책이 지닌 독보적 성격은 시각과 언어라는 두 수준의 의사소통 결합에 기초한다."고 보았다. 포스트모던 작가의 작품의 개작과정에서 언어의 단순성에 대한 전제가 원작의 고유한 색깔을 퇴색시키는 결과를 초래하는 작품들이 다수 있는데, 다음의 예이다.

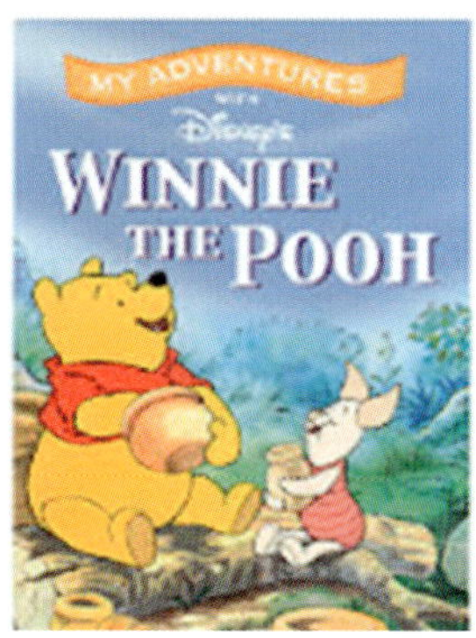

곰돌이 푸우 이야기의 경우 "홍수수위가 전례 없는 높이였지." "뭐라고?" "비가 엄청 쏟아졌다는 말이야." 올빼미가 설명하였다. 라는 식의 언어들은 고난이도 혹은 잘못된 단어 사용에 해당하거나 캐릭터의 모호한 말들에 해당한다.

홀(Hall, 2008)은 메타픽션, 놀이성, 상호텍스트성, 패러디, 파스티슈, 아이러니, 중복성 등을 포스트모던 그림책의 특성을 이루는 장치들로 규정하고 있으며, '새 장을 펼칠 때마다 우리는 새로운 단어조합과 새로운 삽화를 만나면서 의미 구성 안으로 걸려 들어간다', '시각적 텍스트는 언어적 텍스트와 동등한 지위를 갖는다'라는 의미를 생성한다.

시이프(Sipe, 2008)는 아이러니, 유머, 변형, 불확정성, 다중매체, 상호 활성화, 폭로 등을 그 특성들로 제시하고 포스트모던 그림책에 대해 다음과 같이 정의한다.

메타 픽션의 특징

① 과도하게 개입하여 가시적으로 조작활동을 하는 서술자, 곧 장막 뒤에서 걸어 나와 독자에게 직접 말을 거는 이야기 화자
② 화려한 인쇄기법상의 실험, 즉 확대, 왜곡, 역전, 그밖에 작품의 객관성을 전면에 내세우기 위해 지면 위의 인쇄상태를 조작하기
③ 독자에 대한 뚜렷한 극화, 즉 독자가 마치 이야기 속의 한 인물인 것처럼 말을 걸기
④ 중국식 상자(Chinese-box) 구조, 즉 여러 수준을 통해 회귀할 수 있는 이야기 속의 다른 이야기, 삽입된 이야기
⑤ 일련의 주술적이며 비합리적인 이야기들, 《재즈 왕》 가운데 한 이야기처럼 과도하게 확장된 기묘한 이야기들
⑥ 지나치게 체계적으로 분류되거나 임의적으로 조직화된 구조적 장치들
⑦ 내러티브의 시간적 · 공간적 구조의 총체적인 붕괴, 독자가 읽어야 할 각 장들의 순서를 스스로 결정하도록 저자가 자신의 내러티브적 통제를 거부하는 것
⑧ 끝없는 회귀, 뫼비우스의 띠처럼 끝없이 순환하거나 종결을 영원히 지연시키도록 구조화된 플롯의 경로
⑨ 자기 자신을 향해 의도적으로 주의를 환기시키는 성찰적인 이미지들
⑩ 이야기의 내부에서 이야기를 비판적으로 논하기

⑪ 이미 다루어진 내러티브의 여러 층위들 사이를 미끄러지는 것처럼 특정한 픽션적인 관습들을 지속적으로 침식해 들어가기
⑫ 내러티브적 관습에 주의를 끌기 위해 SF나 포르노그라피, 서부극과 같은 대중적 장르를 이용하기
⑬ 문학적 · 비문학적 텍스트들 양쪽 모두에 대한 명시적인 패러디

노영희(2010)는 포스트모더니즘 그림책은 다음과 같은 특징이 부각된다고 보았다. 첫째, 메타내러티브(거대담론)를 파괴하며 정격은 없다는 관점을 취한다. 그러므로 포스트모더니스트들은 장르의 혼용, 플롯의 해체, 허구와 사실의 경계선 파괴 등을 사용하면서 종래와는 매우 다른 새로운 창조를 끊임없이 추구한다. 둘째, 문학에서의 관객 참여를 본질로 삼는다. 즉, 모든 문학은 선행하는 텍스트와 분리해서 존재하지 않는다고 보아 상호 텍스트성을 강조하며 이를 구현하는 방법으로서 패러디, 파스티슈 등의 문학 창조기법을 사용한다. 기존의 그림책은 작가가 절대적인 권위를 가지고 그림책의 세계를 지배하여 메시지를 보내는 사람이고 독자는 그 메시지를 수용하는 사람이었으나 포스트모더니즘 그림책은 유아를 작가와 동등한 위치의 독자로 격상시킴으로써 능동적인 독자로서 의미를 구성하도록 요구한다. 앞으로 유아들이 포스트모던 그림책을 읽고 새로운 의미를 구성할 수 있도록 상호작용하는 기회를 제공하며 다양한 그림책 읽기 방안들을 모색해 나가야 할 것이다.

포스트모던 그림책의 특성이 잘 나타난 도서로 《이상한 화요일》(데이비드 위즈너/비룡소/2007)은 글 없는 도서로 화면 가득 그림들로 채워져 있다. 오랜 옛날부터 날개 없는 인간의 꿈과 비상, 자유, 개구리와 돼지를 통한 대리만족, 연잎 위에 앉아 누리는 짧고 강렬한 체험 등을 다양한 표정으로 나타내고 있다.

현재 잘 알려진 포스트모던 그림책의 예를 들면 다음과 같다.

제목	글·그림 작가	역자	출판연도	출판사
검정과 하양	데이비드 매콜리(David Macaulay)	이은정	2005	프뢰벨
냄새 고약한 치즈맨과 멍청한 이야기들	존 셰스카(Jon Scieszka) 레인 스미스(Lane Smith)	이상희	2010	담푸스
늑대가 들려주는 아기돼지 삼형제 이야기	존 셰스카(Jon Scieszka) 레인 스미스(Lane Smith)	황의방	1996	보림
쉿! 책 속 늑대를 조심해!	로렌 차일드(Larun Child)	고정아	2005	국민서관
시간 상자	데이비드 위즈너(David Wiesner)	강경태	2007	베틀북
아기 돼지 세 마리	데이비드 위즈너(David Wiesner)	이옥용	2002	마루벌
아빠 더 읽어주세요	데이비드 에즈라 스테인(David Ezra Stein)	김세실	2011	시공주니어
어른이 되면 괜찮을까요?	스티안 홀레(Stian Hole)	이유진	2007	웅진미디어
와작와작 꿀꺽 책 먹는 아이	올리버 제퍼스(Oliver Jeffers)	유경희	2007	주니어김영사
징! 징! 징! 바이올린	로이드 모스(Lloyd Moss) 마조리 프라이스먼(Marjorie Priceman)	임종원	1995	햇살과 나무꾼
책 속의 책 속의 책	요르크 뮐러(Jorg Muller)	김라합	2005	비룡소
체스터, 주인공이 되다	멜라니 와트(Melanie Watt)	김호정	2022	책속물고기

3 작가별 그림책

1) 외국

(1) 존 버닝햄(John Burningham)

❶ 생애(1936~2019)

- 영국의 3대 일러스트레이터의 한 사람으로 선정되었으며 닐의 섬머힐 학교의 경험들이 버닝햄의 예술활동에 영향을 미쳤다. 학창시절에는 학교생활에 무관심하게 보내다가 프리랜서 일러스트레이터로 일하며 런던의 센트럴 예술학교에서 미술공부를 한 후 애니메이션 무대 디자인경험을 했으며 포스터 디자인도 경험했다.
- 1963년 첫 그림책 《깃털 없는 기러기 보르카》 도서는 케이트 그린어웨이상을 받았다.
- 1970년 《검피아저씨의 뱃놀이》 도서는 케이트 그린어웨이상을 받았으며 아동도서 최고의 그림책과 최고의 그림 등 우수도서로 여러 차례 인용되곤 한다.

❷ 작품세계

- 타성에 젖은 것들과 사회적 관습을 피하고 꿈과 환상으로 아름답게 채색하여 보여 주며 주로 열린 결말을 제공하는 도서들로 《셜리야 물가에 가지마》, 《셜리야 목욕은 이제 그만》이 있으며 다양한 환상세계 참여를 돕는 《지각대장 존》, 《구름나라》가 있다.

❸ 성인관

존 버닝햄의 도서에는 주로 두 가지 유형의 성인관이 나타난다.

- 놀이가 아동기에 필수적이고 자연스러운 요구로 보는 성인을 보여 주는 《검피 아저씨》, 《우리 할아버지》 도서를 들 수 있다.
- 현실에서는 힘을 갖는 성인이지만 상상세계에서는 《셜리야 목욕은 이제 그만》 도서에서는 어떠한 힘도 없는 존재인 셜리의 부모를 보여 주고, 《지각대장 존》에서 존의 선생님 또한 같은 모습을 보여 준다.

❹ 아동관

아동들이 현실에는 나약하고 힘이 없지만 상상세계에서는 무한한 능력을 지닌 존재로 묘사한다.

- 자신의 감정을 조절하려고 노력하고 적절한 문제해결방법을 배울 수 있는 도서로는 《장바구니》를 들 수 있다.
- 스스로 독립성이 발달되고 동정심을 가진 인물로는 《내 친구 커트니》가 있다.
- 성취에 대한 자부심을 가지고 스스로 문제해결을 하려고 하는 성인의 모습을 《검

피 아저씨의 드라이브》에서 볼 수 있다.

❺ 일러스트레이션의 특징

- 《검피 아저씨의 뱃놀이》, 《구름 나라》 전체적으로 자유분방한 느낌을 주고 광범위한 선 사용했다.
- 다양한 예술적 매개체를 사용하고 수채화, 잉크, 파스텔, 사진, 콜라주 등과 같은 다양한 느낌을 준다.
- 흑백과 컬러 페이지 대비를 보여 주는 독특한 형식과 현실과 환상세계의 차이를 넘나드는 장면들이 많이 나온다. 《야, 우리 기차에서 내려》에서는 이와 같은 장면들을 볼 수 있다.

❻ 그 외 그림책들은 《대포알 심프》, 《사계절》, 《장바구니》, 《크리스마스선물》, 《내 친구 커트니》, 《우리 할아버지》 등 다수가 있다.

(2) 모리스 센닥(Maurice Sendak)

❶ 생애(1928~)

- 미국 뉴욕시 빈민가 브룩클린에서 출생했으며 아동도서의 피카소로 불리며 1961년 이후 80권 이상의 책을 만들었다. 모리스 샌닥의 작품들은 다음과 같다.
  - 1964년 《괴물들이 사는 나라》 칼데콧상 수상
  - 1970년 《깊은 밤 부엌에서》 한스 크리스찬 안데르센 어워드 수상
  - 1982년 《창밖 저 멀리》 아메리칸 북 어워드 수상
  - 1990년 '깊은 밤 부엌'이라는 극장 설립
- 모리스 샌닥은 그림 그리기와 책 읽기, 영화감상, 음악감상 등 자기 나름의 상상의 세계로 현실도피하기를 즐겼다. 특히, 모차르트 음악과 미키마우스 인형을 좋

아했는데, 이와 같은 취향들은 《깊은 밤 부엌에서》 도서에서 경험해 볼 수 있다. 고등학교 시절에는 전문적인 삽화가로 일하다가, 가게의 진열장식가에서 오페라 창작가, 오페라 디자인에서 예술 감독으로서 연극 각색 및 상연 등 여러 형태의 직업을 거치면서 아동을 이해하는 도서들을 창작하게 된다.

❷ 작품세계

- 아동관
  - 작품에서 아동기의 두려움, 분노, 기쁨, 사물에 대한 섬세한 느낌들을 다루면서 "나는 어린이들이 살아가는 세상이 그림책에 흔히 표현되는 것처럼 아름답다고 생각하지 않는다. 어린이들이 험난한 세상에 어떻게 맞서서 극복해 나가는지에 관심이 있다."고 하였다.
  - 아동기에 대한 기억과 자신안의 동심과 접촉을 통해 아동을 이해하는 대표적인 도서로 《괴물들이 사는 나라》를 들 수 있으며 성인과 아동을 서로 동등하게 존중하며 그림책을 통해 아동들에게 모험과 해방, 기쁨에 찬 세계로 나아갈 수 있다는 희망을 심어주려고 노력해 온 작가이기도 하다.
- 회귀적 패턴 : 모험을 하고 싶어 하는 아동의 심리와 다시 사랑받는 존재로 돌아오는 아동문학의 회귀적 패턴의 도서로는 《괴물들이 사는 나라》, 《깊은 밤 부엌에서》를 들 수 있다.
- 모리스 샌닥의 작품들은 환상성이 뛰어난 도서로 화면의 크기와 방향의 변화로 상황 전달, 현실세계와 환상세계와의 연결고리 표현, 리듬감과 속도를 보여 준다.

❸ 일러스트레이션의 특징

1962년, 즉 《괴물들이 사는 나라》 출판 이전까지 센닥의 작품이 거절당한 경험이 있다. 그는 아름다움과 분방함, 유머러스하면서도 무섭고 괴기스러운 이미지, 풍요롭고 낭만적인 이미지를 자유롭게 구사하였다. 또한 인상파풍의 그림, 선묘화, 내추럴

계통의 삽화, 르네상스 화풍 등 다양한 화풍을 적용해서 도서를 창작했다. 센닥의 대표적인 삼부작을 든다면 《괴물들이 사는 나라》, 《깊은 밤 부엌에서》, 《창밖 저멀리》를 들 수 있으나 《괴물들이 사는 나라》는 출판 이후 많은 비판을 받았다. 특히, 엄마에게 '괴물'이라는 말을 사용하는 것에 부모들은 비판을 쏟아내었다. 반면, 〈뉴욕타임즈〉의 최고의 상과 우수도서 등 다양한 수상경력이 있다.

❹ 그 외 그림책들로 《토끼 아저씨와 멋진 생일 선물》, 《꼬마 곰》, 《꼬마 곰에게 뽀뽀를》, 《꼬마 곰의 방문》, 《꼬마 곰의 친구》, 《아빠 곰이 집으로 와요》 등이 있다.

(3) 토미 웅거러(Tomi Ungerer) (서남희, 2005)

❶ **생애**(1931~)

독일과 프랑스 접경지대인 스트라스부스에서 출생했으며 만화가, 화가, 광고아티스트, 작가, 삽화가로 활동했다. 제2차 세계대전(8세)을 겪으면서 죽음과 빈곤으로 우울하게 아동기를 보냈으며 불우한 아동기를 보여 주는 도서로《곰인형 오토》를 출간했다. 1956년 《멜롭스가 하늘을 날다》 도서는 〈뉴욕헤럴드〉지 춘계아동도서 명예상을 받았다. 또한 일러스트레이션협회 선정 금메달 수상, 미국 그래픽아트 협회상 수상을 했다.

❷ 작품세계

- **작가의 세계관과 작품의 주제** : 웅거러의 작품세계는 편견과 고정관념 깨기를 다루며 달, 뱀, 돼지, 박쥐, 거인, 강도 등 악, 부도덕, 미움을 나타내는 대상을 선택해서 아름답게 변하며 해피엔딩으로 맺는다. 이와 같이 고정관념을 깨는 작품으로 《달사람》, 《크릭터》, 《제랄다와 거인》, 《세 강도》를 들 수 있다.
- **아동관** : 작품 속의 아동들을 통해 자신의 아동관을 반영했으며 아동을 선입견이나 편견이 배제된 존재로 보았다. 어른보다 사물이나 대상이 가진 긍정적인 측면을 더 정확하게 보고 있다. 그는 아동은 솔직함과 천진난만함으로 상황을 통제하고 변화시킬 수 있는 힘을 가진 존재로 《제랄다와 거인》, 《세 강도》에서 아동의 모습을 볼 수 있다.
- **주인공의 설정** : 대중들에게 사랑받지 못하고 존중받지 못하는 인간들이나 동물들에게 매력과 호소력(친밀감)을 부여했다.
- 일러스트레이션의 특징은 굵은 선과 강력한 색상 대비를 보여 주는데, 《제랄다와 거인》에서 식인이 들고 있는 피묻은 칼과 《세 강도》에서는 검은색의 강한 대비로 우리가 알고 있는 강도와는 다른 모습을 보여 준다. 이와 같은 것들은 희망과 사랑의 상징을 위해 흑백색으로 대비시키고 있다.

- 웅거러의 작품 속 글과 그림들은 환상적 조화로 가득 차 있으며 또한 풍자와 유머로 가득 차 있다.

❸ 그 외 도서들로는 《모자》, 《꼬마 구름 파랑이》, 《엄마한테 뽀뽀하기 싫어요》, 《엄마 뽀뽀는 딱 한 번만》 등이 있다.

(4) 앤서니 브라운(Anthony Browne) (서남희, 2005)

❶ 생애(1946~)

영국 셰피드에서 출생했으며 어린 시절 운동을 하거나 혼자 그림을 그리는 것으로 시간을 보냈다. 그래머스쿨(Grammar school)과 리즈예술대학(Leeds college of Arts)의 학교를 다녔으나 학교생활은 그다지 즐겁지 못했다고 한다. 맨체스터 로얄병원에서 3년 동안 의학전문화가로 일하면서 세밀한 수채화로 괴기스러운 수술장면을 그리는 일을 했다. 이는 현재 그림책의 색다른 장면을 그리는 계기가 되었다. 15년 동안 고든 프레이저(Gordon Fraser) 갤러리에서 연하장을 디자인하면서 다양한 스타일과 주제를 경험했으며 앤서니 브라운의 대표적 작품들은 다음과 같다.

- 1983년 《고릴라》로 케이트 그린어웨이상과 커트매쉴러상 수상
- 1992년 《동물원》으로 케이트 그린어웨이상을 두 번째로 수상
- 2001년 《꿈꾸는 윌리》로 안데르센상 수상

❷ 작품세계

- 독특하고 뛰어난 작품으로 세계적으로 높은 평가와 주목을 받았다.
- 완벽한 구성, 간결하면서도 유머가 넘치는 글, 기발한 상상력이 가득한 도서를 만들었다.
- 세상의 권위와 편견을 신랄하게 풍자하는 내용의 책을 출간했다.
- 모든 아동들이 느끼는 소외감, 어른들과의 갈등에 초점을 두고 창작활동을 했다.
- 어린 시절에 느꼈던 행복감, 공포, 외로움, 꿈을 비롯해 어른들에게서 들었던 이야기, 영화 등에서 소재를 얻었다.
- 그림책을 통해 어떤 메시지를 주려고 하지 않으며 고릴라를 많이 다룬 이유로는

고릴라의 눈이 인간의 눈과 닮았기 때문이라고 한다. 그 당시 수채화 일색이던 그림책 시장에 세밀화의 신선한 아름다움과 감동을 선보였다.

❸ 일러스트레이션

- 《고릴라》 전래동화의 구조적인 요소들을 포함하고 있는데, 즉 마술, 소망 실현, 아동을 돕는 동물 등과 같은 전통적인 주제들이 독창적으로 결합된 도서이다. 심리적인 두 장면(한나의 집과 한나의 상상)의 드라마로 주제로 볼 수 있는 것은 아동이 사랑을 추구하는 과정에서의 판타지 역할, 아빠와 딸의 관계, 비유적 시각화, 관료적이고 기술공학적 현상들을 보여 준다.
- 《동물원》 가부장적 가정의 불행을 상세하게 드러내는 도서이다. 마음에 들지 않는 아버지, 추종하는 그의 아내, 동물을 보는 데 마음이 사로잡혀 있는 성가신 두 아들에 관한 이야기들이 유사함의 원칙을 효과적으로 사용하고 있다.

- 《돼지책》 가정에서 가사노동에 시달리는 여성들의 불평등한 현실을 여성주의 시각으로 다룬 도서로 주부들이 특히 좋아하는 편이다. 표지의 그림에서 볼 수 있듯이 행복한 가정 지키기는 가족구성원 모두의 몫이라는 원칙을 깨닫게 해주는 도서이다.

- 《터널》 형제의 깊은 사랑을 일깨워주는 책으로 초현실주의와 극사실주의의 현대적인 일러스트레이션 기법을 사용한다.
- 《미술관에 간 윌리》 세계 명화를 패러디한 그림들로 아동들을 미술의 세계로 인도하는 기발하고도 엉뚱한 발상이 담겨진 도서

이다. 아동의 심리를 그대로 드러내주는 이야기들로 가득 차 있다.

- 《행복한 미술관》 그림책 전면에 작가의 이름이 쓰여져 있으며 완벽한 화면 구성 및 곳곳에 숨겨진 기발한 재치와 상상력이 나타나 있는 도서이다.
- 《숲 속으로》 부모의 다툼이 아동에게 끼치는 심리를 나타내고 있다.
- 《달라질 거야》 동생이 생기는 미묘한 심리 변화를 보여 준다.

(5) 윌리엄 스타이그(William Steig)

❶ 생애(1907~2003)

윌리엄 스타이그의 집안은 예술적이며 음악적인 재능을 격려하는 창조적인 분위기로 고등학교부터 학교 신문에 만화 그림을 그리곤 했다.

1930년 미국 대공황 때 아버지 실직 후 가족 부양을 위해 만화를 신문에 팔아 생계를 이어갔다. 윌리엄 스타이그의 대표작으로는 다음과 같다.

- 1977년 《멋진 뼈다귀》로 칼데콧상을 받았다.
- 1982년 《치과의사 드소토 선생님》 뉴베리상 한스 크리스천 안데르센상 수상
- 1990년 《슈렉!》을 책과 영화로 제작을 했다.

❷ 작품세계

- 아동관
  - 아동에 대해서 긍정적이고 낙천적인 생각을 가지고 있다.

– 아동은 천부적인 재능을 가진 가능성의 존재로 보았다.

• 등장인물

– 동물을 주인공으로 하는 환상동화들을 주로 그렸다.

– 등장인물들은 이해하기 쉽고 친근감 있는 인물들이다.

• 주제

– 가족 간의 사랑과 친구 간의 우정을 보여 주는 작품으로는 《당나귀 실베스터와 요술조약돌》, 《아모스와 보리스》, 《멋진 뼈다귀》, 《치과의사 드소토 선생님》 등이 있다.

– 그는 작품을 통해 아동들을 신비한 마법의 세계로 인도한다.

– 문학을 포함한 모든 예술은 아동들이 살아가는 데 강력한 힘이 된다고 보았다.

• 글의 독창성

– 솔직하고 직접적인 방식의 이야기 구성으로 그림책이란 이러저러하면 안 된다는 금기에 얽매이지 않은 작가이기도 하다.

– 시적이거나 마술적인 주문들을 유머스럽게 새로운 단어를 만들어 언어의 음악적이며 풍부한 리듬감을 가르쳐 주고 있다.

– 간결하고 자유분방한 내용들로 가득 차 있다.

• 일러스트레이션의 특성

– 낙서를 하듯 물감을 이용한 엷은 수채화 물감을 사용한다.

– 예측할 수 없는 기지와 위트가 담겨 있는 그림들로 가득 차 있다.

– 살아 있는 듯한 표정의 캐릭터들이다.

❸ 그 외 그림책들

《아벨의 섬》, 《용감한 아이린》, 《도미니크》, 《부루퉁한 스핑키》, 《엉망진창 섬》, 《녹슨 못이 된 솔로몬》, 《진짜 도둑》 등이 있다.

(6) 레오 리오니(Leo Lionni)

❶ 생애(1910~1999)

- 예술적인 가정 분위기에서 자라났으며, 초등학교 시절에는 자연주의 교육을 중시했고 그의 방에는 여러 가지 곤충 벌레, 물고기들이 있는 어항, 새장 등이 가득 있었다.
- 1935년 제노아 대학에서 박사학위를 받았다.
- 광고회사, 잡지의 아트디렉트, 화가, 사진작가, 그래픽 디자이너, 동화작가(1959년)로 활동했다. 레오 리오니의 대표적 작품들은 다음과 같다.
- 1959년 《파랑이와 노랑이》 뉴욕타임즈의 최고 그림책상을 받았다.
- 1960년 《한치한치》로 칼데콧 명예상을 수상했다.
- 1963년 《으뜸 헤엄이》로 칼데콧상을 수상했다.
- 1970년 《알렉산더와 태엽쥐》로 칼데콧 명예상, 크리스토퍼 도서상, 독일정부 그림책 상 등을 수상했다.

❷ 작품세계

- 자아에 대한 추구를 하는 주인공들은 자신의 정체성을 찾고 자긍심을 가진다는 이야기로 이어진다. 《으뜸 헤엄이》에서 으뜸 헤엄이의 문제해결력을 통해 지혜와 용기를 배울 수 있다. 《프레드릭》에서는 생쥐라는 캐릭터로 예술가의 역할과 책임을 보여 준다.
- 개인적인 선택권 연습을 보여 주는 작품으로는 《프레드릭》, 《알렉산더와 태엽쥐》를 들 수 있다.
- 협동, 우정 등의 함께 나누는 삶을 통해 휴머니즘을 보여 주는 도서로는 《세상에서 제일 큰 집》을 들 수 있다.
- 주인공 설정은 자전적인 것이 많고 등장인물은 성공하고 이야기는 행복하게 끝난다.
- 주인공은 주로 동물의 의인화로 《으뜸 헤엄이》에는 물고기를, 《프레드릭》, 《초록꼬리》에서는 생쥐를, 《꿈틀꿈틀 자벌레》에서는 자벌레를, 《물고기는 물고기야》에서는 개구리와 물고기를 보여 준다. 《아주 신기한 알》에서는 개구리와 악어를, 《여섯 마리 까마귀》에서는 까마귀를 주인공으로, 《토끼가 된 토끼》에서는 토끼를 주인공으로 《티코와 황금날개》에서는 새를 보여 주고, 《세상에서 제일 큰 집》에서는 달팽이를, 《내꺼야》에서는 개구리와 두꺼비를 《제각기 자기 색깔》에서는 돼지를 통해 의인화된 인물을 보여 준다.

- 작품의 아이디어들은 대부분 자신의 경험을 보여 준다.

❸ 일러스트레이션의 특징

- 단순하면서도 따뜻한 색을 사용한다.
- 여백이 많고 글자와 그림이 겹치지 않게 처리한다.
- 독특하고 예술적 표현에 있어서 다양한 콜라주기법을 사용했다.
- 자신의 이야기에 직접 그림을 그림으로써 결합력을 강조한다.

(7) 요코타 미노루

❶ 생애(1942~)

1942년 일본에서 태어났다. 독창적인 아이디어와 이야기로 많은 아이들의 사랑을 받고 있으며 코가 늘어난 임금님 시리즈로 라이프치히 국제도서전 은상을 수상하였다. 프라이빗 초원사에서 주재한 아름다운 판화책을 출간하기도 하였다. 현재는 고우치현에서 살고 있다. 작품에는 《코가 늘어나는 임금님》, 《비눗방울을 탄 임금님》, 《꽃씨나라 임금님》(한림 발행) 등이 있다.

1967년 첫 개인전을 시작으로 30회의 개인전을 열었다. 이를 통해 그림책 50권 정도를 발행했다. 1972년 '초원사'라는 출판사를 설립하여 그림책과 인연을 맺기 시작했다.

- 1977년 《달과 삐에로》 독일의 라이프치히 국제도서전 동상을 수상했다.
- 1982년 《코가 늘어나는 임금님》 라이프치히 국제도서전 은상을 수상했다.

❷ 작품세계

- 요코타 미노루의 그림책 속에는 현실이 없다.
- 평화롭고 따뜻하며 서로 사랑하는 사람들이 행복하게 살아가는 따뜻하고 아름다

운 환상적인 세상을 보여 준다.

- 대립이 되는 등장인물은 없으며 공유의 아름다움을 볼 수 있다.
- 열린 결말로 설정했다.
- 주인공 설정으로는 임금님과 유아와 유사한 모습들과 독창성을 엿볼 수 있으며, 재미있고 흥미로운 사건을 예고하는 달님들을 보여 준다.
- 일러스트레이션은 연한 수채화 물감을 사용하여 곡선 위주의 형태를 강조하고 만화식의 간결하면서도 재미있는 표현을 강조한다. 대표적인 도서로 《꽃씨나라 난쟁이 선물》, 《비늣방울을 탄 임금님》 등이 있다.

(8) 바바라 쿠니(Barbara Cooney : 1917~2000)

쌍둥이 남매로 출생했으며 도시를 싫어해서 어릴 때는 시골에 있는 할머니집을 좋아했다.

쿠니의 어머니는 아마추어 인상파 화가로 활동했다. 스미스 칼리지(Smith college)에서 예술사(Art History)로 학위를 받았다. 뉴욕시의 아트 스튜던트 리그(Art Student league)에서 에칭과 석판화를 배웠다. 바바라 쿠니의 대표작은 다음과 같다.

- 1959년 《챈티클리어와 여우》 칼데콧상 수상
- 1980년 《달구지를 끌고》 칼데콧상 수상
- 바바라 쿠니가 말하는 삼부작 《미스럼피우스》, 《에밀리》, 《Hatti and the Artist》

(9) 크리스 반 알스버그(Chris van Allsburg)

❶ 생애(1949~)

미국 미시간 주립대학에서 조각미술을 전공했다. 1980년 《압둘가시지의 정원》으로 칼데콧메달을 수상했다. 이 도서로 그는 모리스 샌닥 이후 미국 현대 그림책의 판도를 바꿀 신인 작가의 탄생이 예견되었다. 《압둘가시지의 정원》의 앨런이 들어가게 되는 정원은 미로를 연상시킨다. 우연히 들어가게 된 정원은 우연히 모험을 하게 되는 영웅의 시험장처럼 느껴지게 한다.

압둘가시지의 정원

- 1986년 《북극으로 가는 기차》 칼데콧 명예상 수상

❷ 작품세계

미스터리, 마술, 이상한 아름다움의 세계를 표현하고 "책을 만드는 것은 영화를 만드는 것과 같다."고 말한다. 또한 그림책의 "이야기를 만들어 가는 과정은 발견의 과정과 같다."고 하였다. 그의 그림은 세밀화처럼 섬세하고 조각가답게 영감이 풍부하며 환상적인 화풍이다. 내용은 초현실적이지만 결국 현실에 발을 딛는 독특한 서사구조를 가지고 있다. 《주만지》, 《북극으로 가는 기차》를 비롯하여 몇몇 작품은 영화로 만들어졌다.

❸ 일러스트레이션의 특징

- 환상이 현실과 혼합되는 초현실적 세계를 창조한다.
- 같은 색 계열을 사용한 그림책 《압둘가지의 정원》, 《주만지》에서는 흑백으로, 《가장 맛있는 무화과》에서는 흰색과 갈색을 사용해서 환상과 현실의 혼합을 보여 준

다.《압둘가지의 정원》그림 스타일은 흑백의 드로잉으로 세밀하게 그렸으며 환상적인 화풍이며, 조각가답게 양감이 풍부하다.

(10) 에즈라 잭 키츠(Ezra Jack Keats)

❶ 생애(1916~1983)

- 폴란드에서 뉴욕 브루클린의 가난한 지역으로 이주해왔으며 아버지와 어머니의 격려 속에서 화가가 되었다. "내가 어린이 책을 만드는 목적은 실제에서 환상까지 나의 모든 경험을 어린이들과 나누기 위해서이다. 나는 그 어린이가 누구든 자신을 중요한 존재로 느끼며 희망을 가질 수 있다는 것을 보여 주고 싶다."고 했다.
- 에즈라 잭 키츠 도서작가상을 제정(Ezra Jack Keats Bookwriter's Award)했다.

❷ 작품세계

- 흑인아동이 대부분 주인공으로 등장한다.
- 아동이 생활 속에서 느끼는 심리적 갈등을 주제로 한다.
- 길거리와 아동을 스케치하고 촬영하여 그림을 그리고 벽에 붙여두고 작업을 했다.
- 자기정체감의 문제를 보여 주는 도서로는 《휘파람을 불어요》, 《피터의 의자》를 들 수 있다.
- 좋은 부모의 역할을 볼 수 있는 도서로는 《휘파람을 불어요》, 《눈 오는 날》이다.
- 키츠가 흑인들의 도시생활 경험을 감수성과 공감을 가지고 표현했다는 것들은 공헌한 점과 비판을 받은 점들이다.

❸ 일러스트레이션의 특징

포장지, 벽지, 색종이, 사진 등 다양한 재료를 사용한 도서로는 《눈 오는 날》, 《피터의 편지》이며 콜라주와 마블링기법 사용했다. 도서 속에 피터의 동네와 피터의 옷과 집안 분위기를 대조적으로 묘사한다.

❹ 그 외 그림책들

《아파트 3호실》, 《안경》, 《꿈꾸는 아이》, 《내 친구 루이》, 《클레멘티나의 선인장》, 《제니의 모자》, 《우리 개를 찾아주세요》, 《고양이 놀이할래?》 등이 있다.

(11) 에릭 칼(Eric Carle : 1929~)

에릭 칼은 뉴욕의 시라큐스에서 태어났다. 독일에서 이주한 그의 가족들은 그가 6살이 되던 1935년에 다시 독일로 건너갔다. 독일은 당시 나치 치하에 있던 터라 미술을 포함한 학교 교과과정이 무척 엄격해 어린 에릭 칼은 미국을 무척 그리워했다. 다행히 한 미술 선생님이 에릭 칼의 재능을 발견하여 비 구상파 작가들의 그림을 보여 주기도 했는데, 눈에 보이는 세상을 그린 초상이나 조상이 아닌 작품을 접한다는 것은 당시 나치 독일에서는 일종의 범죄 행위였다는 것을 생각하면, 스승의 이런 행동은 상당히 위험했다고 볼 수 있다. 하지만 그의 위험을 감수한 행동으로 에릭 칼은 일러스터로서의 꿈을 계속 키울 수 있었다.

에릭 칼은 후에 독일 슈투트가르트(Stuttgart)의 권위 있는 빌덴덴 퀸스테 아카데미(Akademie der bildenden Kunste) 예술학교에 입학하여 그래픽 디자인을 공부했다. 몇년 후인 1951년, 그는 포트폴리오와 단돈 40달러만을 가지고 다시 뉴욕으로 돌아갔다. 에릭 칼은 신문사 The New York times에서 그래픽 디자이너로 일했고 후에는 국제적인 광고대행사에서 아트 디렉터로도 일한 바 있다.

그 후 저명한 교육자이자 작가였던 빌 마틴 주니어(Bill Martin Jr.)를 만나게 되면서 작가로서의 삶이 시작되었다. 빌 마틴 주니어는 당시 에릭 칼이 그린 선명한 붉은 가재를 타임지에서 보고 그 그림에 매료되어 자기 책에 그림을 그려줄 것을 그에게 요청했다. 이를 계기로 둘의 공동작업이 시작되었으며, 《갈색 곰아 갈색 곰아 무엇을 보고 있니》가 탄생하게 되었다. 곧 에릭 칼은 자기만의 이야기를 쓰기 시작했고, 고전이라 불리는 작품을 만들어 내기 시작했다. 바로 그 첫 작품이 1969년에 출간된 《배고픈 애벌레》이다.

그의 작품은 밝고 즐거운 색채로 아이들의 순수한 호기심을 표현하고 있다. 독특한 콜라주 기법을 통해 그림으로 표현되는 창의와 재치, 사랑과 이해를 재미있게 전달한다. 또한 그는 '그림책이란 어떠해야 한다'는 개념을 바꾼 작가이기도 하다. 단순한 직사각형에 평평했던 기존의 책의 경계를 넘어서는 시도를 통해 아이들의 상상력을 자극한다.

그의 책은 현재 25개국의 언어로 번역되어 수백만 어린이에게 사랑받고 있으며, 그 중의 일부는 비디오로 제작되기도 했다.

(12) 토미 드파올라(Tomie dePaola : 1934~)

아이들에게 인기 있는 그림책 작가 토미 드파올라는 칼데콧 아너상과 뉴베리 아너상 등 많은 상을 수상하며 지난 40여 년 동안 200권이 넘는 그림책을 냈다. 지금도 미국 뉴햄프셔 주의 뉴런던에서 작품 활동을 계속하고 있다.

(13) 찰스 키핑(Charles Keeping : 1924~1988)

찰스 키핑은 1924년 영국 런던의 람베스라는 허름한 동네에서 신문배급업자의 아들로 태어났다. 어린 시절 그다지 뛰어난 것 없는 아이였던 키핑은 그림을 좋아하여 아버지가 가져다주는 가판 포스터 뒷면에 그림을 즐겨 그리곤 했다. 평범했던 그의 삶은 여덟 살 되던 해 아버지가 죽고 이어 할아버지마저 세상을 떠남으로써 깊은 상처를 안게 되었다. 열네 살에 학교를 그만두고 인쇄소에서 조판공으로 일하던 키핑은

제2차 세계대전 중이던 열여덟 살 때 군에 입대하였는데, 군 생활 중에 머리 부상을 입어 한동안 정신병 증세에 시달렸으며 이 경험은 완치된 뒤에도 그의 내면에 어두운 그늘을 드리웠다.

1946년 전역을 한 뒤 리젠트 스트릿 폴리테크닉이라는 미술학교에 들어가 낮에는 가스 검침원 일을 하고 밤에는 그림 공부를 하며 3년 만에 학교를 마쳤다. 석판화와 일러스트레이션을 전공한 키핑은 1952년부터 일간지 〈데일리 헤럴드〉에 만화 연재를 시작으로 일러스트레이터의 길에 들어섰으며 이후 200여 권의 책에 그림을 그렸다. 1966년 그림책 《검은 돌리》의 출간을 시작으로 평생 22권의 그림책을 쓰고 그렸는데, 대부분 자신의 어린 시절이나 급속한 현대화 과정 속 대도시의 변화 한가운데 놓여 있는 어린이들의 내면 또는 자기 내면의 어린이를 그린 작품들이다.

《빈터의 서커스》(1975) 또한 '현대화'가 도시 곳곳에 만들어 놓은 황량한 빈터와 그곳에 찾아든 서커스를 통하여 희망을 찾거나 혹은 현실에 눈뜨는 아이들의 모습을 그린 작품으로, 잿빛 현실과 무지갯빛 꿈 사이를 오가는 아이들의 내면을 뛰어난 색채 감각으로 아름답게 묘사한 예술성 높은 수작이라 할 수 있다. 빼어난 조형성과 색감, 깊은 주제의식으로 '어린 독자에겐 너무 어렵고 깊은 심리적 접근을 하는 것이 유일한 흠'이라는 평가를 받았던 키핑은 《찰리, 샬럿, 황금 카나리아》(1967)와 《노상강도》(1981)로 케이트그린어웨이 메달을 두 차례 받았다.

(14) 브라이언 와일드스미스(Brian Wildsmith : 1930~)

브라이언 와일드스미스는 영국에서 태어났다. 화려하고 다채로운 색상을 자유자재로 구사하여 '색채의 마술사'로 불린다. 존 버닝햄, 찰스 키핑과 더불어 영국 현대 그림책의 3대 작가 중 한 사람이기도 하다. 광부의 아들로 태어난 브라이언 와일드스미스는 열여섯 살 때 화가가 되기로 결심하고 반슬레이 미술학교를 다녔다.

그 후 옥스퍼드 출판사에서 1962년 출간한 첫 작품 《ABC 동물원》으로 '케이트 그린어웨이상'을 받았다. 아름다운 색채와 다양한 형식, 절제되고 리듬감 넘치는 문장이 특징인 그의 그림책은 지금까지 전 세계적으로 800만 부가 넘게 팔렸다.

그의 대표작으로는 《개에게 뼈를 주세요》, 《 달님이 본 것은?》, 《팔려가는 당나귀》 등이 있다.

달님이 본 것은?

(15) 팻 허친스(Pat Huchins : 1942~)

팻 허친스는 넓은 여백과 깔끔한 선을 이용해 선명하고 생동감 있는 그림을 그리며 극적 반전이 돋보이는 짧은 이야기로 웃음을 자아낸다. 영국에서 태어난 그녀는 런던에 있는 광고회사를 다니다가 남편을 따라 뉴욕으로 건너가 자신이 좋아했던 그림을 마음껏 그려보는 생활을 했다. 그러다가 책의 삽화를 넣기 위해 만난 제작자의 권유로 동화책을 냈는데, 바로 《로지의 산책(Rosie's Walk)》(1968)이었다.

1975년에 《바람이 불었어(The Wind Blew)》로 케이트 그린어웨이상(Kate Greenaway Award)을 받았고, 그 외에도 《티치》, 《생일 축하해, 샘!》과 같은 작품들이 있다. 그 이후 지속적인 작품을 내면서 세계적인 작가로 활동하고 있다.

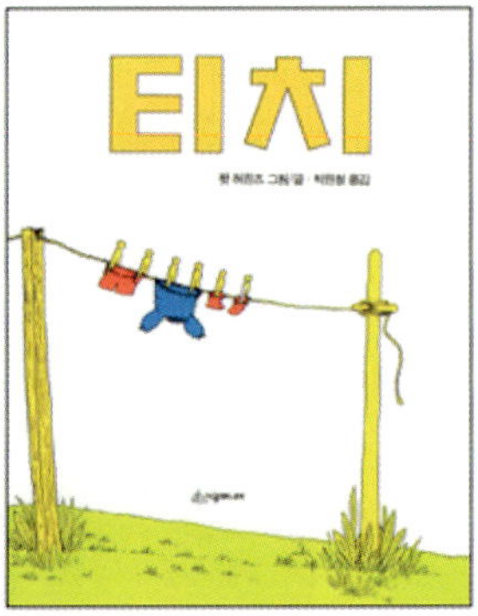

티치 팻 허친즈 글 · 그림, 시공주니어

2) 국내

(1) 권정생

❶ 생애(1937~2007)

- 대한민국의 동화 작가, 수필가, 시인이었다.
- 권정생은 일본 도쿄 시부야에서 가난한 노동자의 아들로 태어났다. 해방 후 경상북도 청송으로 귀국했으며 가난 때문에 재봉기하고 가게점원, 나무장수, 고구마장수 등을 하며 객지를 떠돌던 그는 5년 뒤인 1957년 경상북도 안동군 일직면 조탑리에 들어왔다.
- 22세 때에 지병인 결핵 때문에 집을 나갔다가, 1966년에 다시 정착하여 1982년까

지 마을 교회 종지기로 살았다. 순수한 그를 마을 사람 누구나 좋아했으며, 교회 · 학교 교사를 하면서 아이들에게 창작을 하여 동화를 구연하기도 했다.

– 1969년 제1회 기독교 아동문학상 수상 《강아지똥》 출간

– 1971년 매일신문 신춘문예작가

– 1973년 조선일보 신춘문예 당선

– 1975년 한국아동문학상 수상

– 1995년 새싹문학상 수상

❷ 작품특징

- 서로 이해하고 도우며 함께 살아가는 따뜻한 사람들 모습을 보여 준다.
- 힘없고 상처 입은 존재들에 깊은 애정을 보여 준다.
- 자기 희생과 사랑과 현실 문제를 다룬다.
- 대화를 중심으로 기술하여 딱딱함을 극복하는 모습을 보여 준다.

❸ 작품소개

《강아지 똥》, 《오소리네 집 꽃밭》, 《몽실언니》, 《하느님의 눈물》, 《사과나무 밭 달님》, 《초가집이 있던 마을》, 《바닷가 아이들》, 《점득이네》 등이 있다.

(2) 류재수

❶ 생애(1954~)

- 홍익대서양학과 졸업
- 1987년 《털 빠진 탈》 노마 국제그림책(일본) 원화공모전 은상(3위) 수상
- 1990년 볼로냐 국제 일러스트레이션 지명 작가에 선정
- 1991년 《백두산 이야기》가 프랑크프루트 국제도서박람회에서 우수도서로 선정

제5회 노마국제그림책 콩쿠르 은상 수상
- 한국어린이 도서상 일러스트레이션 부문 문화부장관상 수상
- 2001년 《노란 우산》으로 국제어린이도서협회 선정 세계의 어린이 책 40권에 선정
- 《노란 우산》은 2002 뉴욕타임스 선정 최우수 그림책으로 선정
  - 국제어린이도서협의회(IBBY) 선정 세계의 우수 그림책 잿빛 거리를 아름다운 빛깔로 수놓는 우산들의 춤 "이 책의 잔잔한 즐거움을 기억하는 아이와 부모라면 비 오는 날 밖으로 나가 그 촉촉한 아름다움을 즐기게 될 것이다. 잿빛 거리에 색채를 부여하고 반짝이는 빛을 던져 주는 우산, 자동차 불빛, 택시 들을 보면서……. 그리고 머릿속으로 '노란 우산'의 사랑스러운 선율을 떠올리게 될 것이다." (뉴욕타임스)

❷ 작품세계

- 그는 우리나라 그림책을 비판하면서 서구 지향적 조형의식, 상업적인 제작태도 등을 지적하였다.
- 우리나라 그림책의 길을 연 작가로 꼽을 수 있으며, 《백두산 이야기》는 우리나라 창작그림책의 시작으로 일본어판으로 번역되기도 했다.
- 어린이 세계에 시각적 예술성을 부여했으며 《노란 우산》 도서는 신동일 연주 피아노곡이 수록되어 있다.
- 《노란 우산》에서는 기분 좋은 날을 다룬 아름다운 작품이며 《백두산 이야기》는 신화를 다룬 메시지 강한 작품으로 두 가지 작품특성을 지니고 있다.
- 글과 그림 작업을 혼자서 하며 작품 수가 적은 편이다.

❸ 류재수의 작품을 소개하면 《백두산 이야기》, 《노란 우산》, 《자장자장 엄마품에》, 《눈사람이 된 거인》 등이 있다.

(3) 유애로

❶ 생애(1955~)

- 아버지가 사진관을 운영하면서 자녀의 상상력을 키우도록 음악, 미술을 강조하는 환경에서 성장하였다. 숙명여대 미대 석사학위를 수여하였다.
- 《갯벌이 좋아요》로 제5회 어린이 문화대상 미술 부문 수여받았다.
- 제 16회, 17회 한국어린이도서상 특별상 《갯벌이 좋아요》, 《쪽빛을 찾아서》로 수상하였다.

❷ 작품특징

- 작은 생물들의 삶에 관심을 가지고 동물이나 자연의 모습을 담고 있으며, 그림에서 풍부한 볼거리를 찾을 수 있다. 특히, 아동의 세계를 이해하고 작은 부분에서 세심한 배려를 한다.
- 유애로만의 특별한 캐릭터를 창조했으며, 주제를 표현하기 위해 여러 가지 기법을 사용했고 한 장의 그림에 움직임 묘사를 하고 있다.
- 동화책 뒷장에 설명의 글, 그림과 사진을 첨부하면서 내용을 이해하게 만드는 특징을 가지고 있다.

❸ 작품을 소개하면 《쇠똥 구리구리》, 《쪽빛을 찾아서》, 《반짝반짝 반디각시》, 《하늘이랑 바다랑 도리도리 짝짜꿍》, 《돼라 돼라 뿡뿡》, 《개구리네 한솥밥》 등이 있다.

(4) 이억배

❶ **생애**(1960~)

- 시골에서 태어나 자연 속에서 어린 시절 보냈으며 만화를 좋아했다. 도시로 이사한 이후부터는 도시생활에 위축되어 내성적인 성격으로 혼자 그림 그리기를 하면서 시간을 보냈다. 1979년 홍익대학교 조소과를 졸업했다. 1998년 어린이문화대상 수상 《솔이의 추석 이야기》가 미국 출판사와 계약 출간되었다.
- 《반쪽이》 도서는 일본, 중국, 러시아, 미국, 프랑스의 5개 국어로 번역 출간되었다.
- 1997년 《세상에서 제일 힘센 수탉》 도서는 BIB(브라티스라바 국제 일러스트레이션 비엔날레)의 작가로 선정되었다.

❷ **작품세계**

- 익살과 해학으로 되살린 전통 민화의 그림으로 감동을 준다.

- 기법이나 형식이 주는 위압감이 없고 친근감과 넉넉한 세계관을 보여 준다.
- 한국적인 정서와 한국적인 전통을 현대에 끌어들인다.
- 사실적이고 꼼꼼한 그림 기법을 찾아볼 수 있다.
- 이억배 작가의 아동관은 어린이들이 꿋꿋하게 살아나가며 천진난만한 모습과 따뜻한 마음을 가질 수 있도록 보여 준다.

❸ 작품을 소개하면 《솔이의 추석 이야기》, 《반쪽이》, 《세상에서 제일 힘센 수탉》, 《해와 달이 된 오누이》, 《모기와 황소》, 《손 큰 할머니의 만두 만들기》 등이 있다.

(5) 권윤덕

❶ **생애**(1960~)

- 서울여대 식품과학과를 졸업하고 홍대대학원에서 광고디자인을 전공했다.
- 안양지역 미술문화운동단체에서 '시민 미술학교'를 운영했으며, 1995년 책 읽는 교육사회 실천협의회 좋은 어린이 책으로 《만희네 집》이 선정되었다.
- 《엄마 난 이 옷이 좋아요》 도서가 1998년 좋은 책 30권에 선정되었다.

❷ **작품세계**

- 아이디어와 상상력이 우수한 작가이다.
- 어린이들의 일상생활에서 그림책의 세계를 발견했다.
- 우리나라 냄새가 물씬 풍기는 글과 그림들로 가득 차 있다.
- 스케치와 채색으로 다양하게 묘사하면서 세심하고 꼼꼼한 묘사가 뛰어나다.

❸ 작품들로 《만희네 집》, 《엄마 난 이 옷이 좋아요》, 《씹지 않고 꿀꺽벌레는 정말 안씹어》, 《생각만해도 깜작벌레는 정말 잘 놀라》

(6) 정승각

❶ **생애**(1961~)

- 중앙대학교 서양학과를 졸업했으며 해마다 아동들과 벽화작업을 했다.
- 민화, 벽화, 목판화 등 다양한 기법을 적용해서 작품을 제작했다.
- 전국언론노동조합연맹 선정 1998년 올해의 좋은 책 30권 선정작가로 《오소리네 집 꽃밭》이 선정되었다.
- 책 읽는 교육사회실천협의회에서 좋은 어린이 책으로 《비 오는 날 일하는 소》를 선정하였다.
- 《병아리의 꿈》 도서로 제9회 한국아동문학상을 수상하였다.

❷ **작품세계**

- 주로 자연을 소재로 하며 동물들이 많이 등장한다.
- 생명의 소중함과 자신의 소중함을 강조하면서 전통적인 회화기법을 사용하였고

우리 고유의 색감과 정서 전달을 한다.

❸ 작품으로는 《까막나라에서 온 삽사리》, 《강아지 똥》, 《오소리네 집 꽃밭》, 《비 오는 날 일하는 소》, 《병아리의 꿈》 등이 있다.

(7) 한병호

❶ **생애**(1962~)

- 어릴 때부터 자연과 더불어 도마뱀이나 여러 곤충을 잡으며 친구들과 노는 것들을 좋아했다.
- 부모님 반대로 인해 부모님 몰래 그림 공부를 했으며 1988년 추계예술대학 동양학과를 졸업(동양화 전공)했다.
- 바른손에 취직하여 일러스트레이트로 근무했으며, 1997년 제6회 어린이 문화대상 미술부문 본상 《도깨비 방망이》, 과학도서상 수여, Biennale of Asian Illustrations Japan 그랑프리상 수상 도서로 《꼬꼬댁 꼬꼬는 무서워》가 있다.
- 2001년 제1회 SBS 어린이 미디어 그림책 부분 수상하였다.

❷ **작품세계**

- 우리나라의 전통적인 정서를 표현하면서 동양화 기법 중 수묵 담채와 채색 기법을 이용해서 보여 준다.
- 도깨비 등장은 "도깨비는 귀(鬼)와 인간의 중간 형태로 공포의 대상이 아니라 호기심의 대상으로 보고 있다. 도깨비는 멀리 있는 것이 아니라 각자의 마음속에 살아 있다."고 여기며 도깨비는 어린이들의 미래 세계에 대한 호기심을 충족시켜주고 안내자의 역할을 한다고 보았다. 도깨비는 무섭다기보다 어리석고 순박한 어

린이의 모습을 담고 있다.

- 지금도 작업실에 민물고기들을 키우고 여러 가지 곤충을 채집하면서 만드는 한병호 작가의 그림책에는 어린이의 마음이 흘러나온다. 그의 아동관은 어린이는 자연과 더불어 함께 어린이답게 많이 놀고 많이 느끼며 자라야 한다고 여기고 어린이들을 위해 제대로 된 그림책을 만들어서 어린이들에게 밝고 맑은 동심을 심어주자고 한다.

❸ 작품으로는 《꼬꼬댁 꼬꼬는 무서워》, 《무엇이 무엇이 똑같을까》, 《황소와 도깨비》, 《도깨비 방망이》, 《부릉부릉 트럭 삼 형제》 등이 있다.

(8) 이미애

❶ 생애(1964~)

- 중앙대학교에서 문예창작과를 졸업했다.
- 1987년 조선일보와 대구매일신문 신춘문예에 동시가 당선되어 작가로 활동하면서 1994년 새벗문학상, 눈높이 아동문학상을 수상했다.
- 2000년 삼성문학상 장편동화부문 《꿈을 찾아 한걸음씩》이 수상되었다.

❷ 작품세계

- 우리말의 감각적인 아름다움과 리듬감 묘사
- 배경색의 다양한 색감과 고운 색감 사용
- 우리의 정서를 느끼게 함

❸ 작품소개

《큰 나무 아래 작은 풀잎》, 《무엇이 무엇이 똑같을까》, 《반쪽이》, 《견우 직녀》, 《모두 모여 냠냠냠》, 《이렇게 자볼까 저렇게 자볼까》, 《가을을 만났어요》 등이 있다.

(9) 최숙희

❶ 생애(1964~)

부산 출생. 서울대학교에서 시각디자인을 공부했다. 졸업 후 현대백화점에서 디스플레이를, 한국경제신문사에서 잡지 디자인을 하다가 1993년부터 본격적으로 일러스트레이터로 활동하기 시작했다. 지금은 어린이 책과 시사지, 단행본, 광고 일러스트레이션 등 다양한 작업을 하고 있다. 현재까지 모두 20여 권의 그림책을 출간했으며, 2003년 소키아(Sokia Award) 본상, 2005년 볼로냐 아동도서전 올해의 일러스트레이터, 2007년 스웨덴 국제도서관 초청 작가로 선정됐다.

❷ 작품세계

- 《괜찮아》(2005) 도서는 다양한 동물의 생태 특징을 통해 생명의 건강함과 또 특별한 것 없어 보이는 사람에게도 나름대로 잘하는 것이 있다고 말해 주는 도서이다.
- 《누구 그림자일까》(2000)는 그림자를 통해 어린이들의 상상력을 자극하는 놀이 도서로 그림자의 주인을 맞추는 수수께끼 형식의 이야기이다.
- 《너는 기적이란다》(2010)는 아이가 탄생하면서부터 초등학교를 들어갈 때까지의 감동적인 순간들을 엄마의 마음에서 그려냈다.

❸ 작품소개

《팥죽 할머니와 호랑이》(1997), 《세상을 담은 지도》(2003), 《누구 그림자일까》(2000), 《괜찮아》(2005), 《엄마가 화났다》(2011), 《12띠 동물 까꿍놀이》(1998), 《내가 정말》(2011), 《너는 기적이란다》(2010) 등이 있다.

4장

아동문학의 장르

4장 아동문학의 장르

토론

- 각 장르별 도서를 1권씩 선정하고, 그 특성에 대해 알아본다.
- 환상동화와 생활동화의 공통점 및 차이점을 비교해 본다.

장르는 문학의 종류를 작품 형성의 원리나 공통적인 특성에 따라 구분할 때 쓰이는 개념이다. 아동문학의 장르에 대해서는 여러 가지 의견이 있다. 아동문학의 장르를 구분하는 기준은 학자마다 다를 뿐만 아니라 대부분 복합적이어서 구분하기 힘들 때가 종종 있다. 본 장에서는 전통문학, 환상동화, 생활동화, 역사동화, 정보동화, 동시를 소개하고자 한다. 전통문학은 전래동화, 신화, 전설, 우화로 나누었다.

장르는 문학의 종류를 작품 형성의 원리나 공통적인 특성에 따라 구분할 때 쓰이는 개념이다. 아동문학의 장르에 대해서는 여러 가지 의견이 있다. 아동문학의 장르를 구분하는 기준은 학자마다 다를 뿐만 아니라, 대부분 복합적이어서 구분하기 힘들 때가 종종 있다.

그러나 일반적으로 아동문학은 일반문학과 마찬가지로 산문과 운문으로 나눌 수 있다.

산문은 전통문학(traditional literature)과 창작문학으로 나뉘고, 전통문학은 다시 전래동화, 신화 및 전설, 우화로 나뉘며, 창작문학은 환상동화, 과학동화, 생활동화, 역사동화, 논픽션(전기와 정보 전달 책) 등으로 나뉜다.

운문은 창작동요 및 동시, 전래동요 및 동시로 나누어진다. 그 외에도 위의 모든 장르를 다 포함하는 그림책이 있다.

1 그림책

1) 그림책의 정의

그림책은 글과 그림의 상호작용을 통해 독자에게 의미를 전달해주는 도서로 유아문학의 가장 대표적인 독특한 장르(Cullinan & Person, 2005)이다. 글 텍스트와 그림 텍스트의 두 가지 의사소통방식을 채택한 장르(Nikolajeva, 2005)인 그림책은 언어와 인지발달의 수준이 미숙하여 글 읽기가 부담스러운 어린 유아들에게 유용한 매체이다. 글 텍스트와 그림 텍스트의 상호작용을 바탕으로 이야기의 통합적인 전달을 추구(Edwards & Saltman, 2010)하는 그림책은 영유아들에게 책에 대한 즐거움과 긍정적 태도를 길러줄 수 있다.

루이스(2008)는 글과 그림의 관계를 씨실과 날실로 비유한다. 씨실과 날실로 직조작업을 진행하기 위해서는 글과 이미지는 상호 간에 매우 밀접하게 결합되어야 한다. 이런 의미에서 좋은 그림책이라는 하나의 텍스트는 직조된 그 무엇, 개별적인 부분들의 단순한 축적 그 이상이다. 그림책은 상호 내적 연관성을 갖는 글과 이미지라는 씨실과 날실로 잘 짜여진 옷감과 같은 것이라 할 수 있기 때문이다.

글과 그림은 마치 생명이 있는 유기체처럼 역동적으로 살아 움직이며 때로는 유연하게, 때로는 복잡하고 다양하게 서로가 서로에게 영향을 미치며 의미를 생성하기도 하고 변환하기도 한다.

2) 그림책의 구성요소

(1) 앞표지와 뒤표지

앞표지와 뒤표지는 그림책을 감싸는 역할을 하며 앞표지는 책이 담고 있는 특징을 한 눈에 전달하기도 하는데, 앞표지와 뒤표지는 매력적으로 구성되어야 한다.

앞표지는 내용을 대표하는 그림이나 별도의 그림으로 나타내기도 하나 뒤표지는 독자적으로 주장하기보다는 여운을 남기기도 한다. 혹은 상징되는 작은 그림이 있거나 드물게는 앞뒤 표지가 하나의 그림으로 연결되어 또 다른 이야기를 덧붙이기도 하는 그림책도 다수 있다.

(2) 그림책의 글

❶ 글자 배열

그림책의 글자 배열은 그림과 글이 하나가 되어 시각적 이미지를 전달하기도 한다.

• 그림과 하나되어 글자도 시각 이미지화

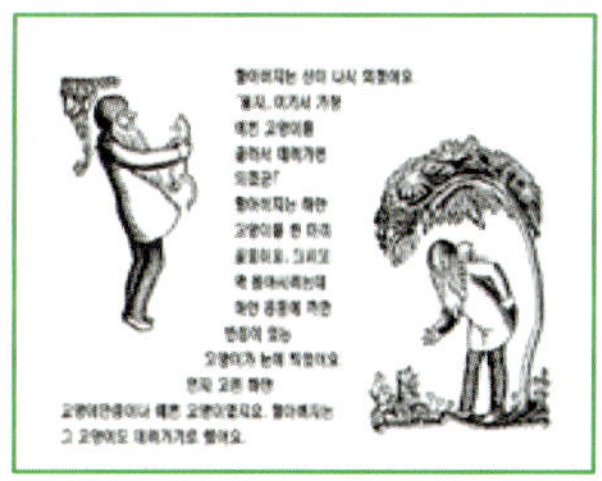

백만 마리 고양이
완다 가그 지음/강무환 역/
시공주니어/1994

곰사냥을 떠나자
마이클 로젠, 헬렌 옥슨 버리 지음/공경희 역/시공주니어/1994

(3) 그림책의 미술적 요소

❶ 선

선은 사물의 특성을 나타내고 모양의 윤곽을 나타낸다. 그리고 선의 유형에 따라 등장인물의 다양한 정서적 반응을 암시한다. 휘어진 곡선과 원은 따뜻하고 아늑하며 안전함을 나타낸다. 날카롭고 Z형의 선은 흥분과 빠른 움직임을 보여 준다. 수평선은 침착하고 안정된 느낌, 수직선은 높이와 거리감을 드러낸다(김현희 외, 2016). 그러나 모든 선이 이런 특성에 따라 해석되는 것은 아니다. 크리스틴 베젤이 쓰고 알랭 코르크스가 그린 《선 따라 걷는 아이》와 이수지의 《선》에서는 선 자체가 등장인물의 행위를 통하여 이야기를 이끌어 가고 있다.

〈고릴라〉

〈고릴라〉

앤서니 브라운의 그림책에서는 수직선이 주인공의 고립을 의미하며, 수평선은 등장인물 사이의 관계 회복을 의미한다. 그 예로 《공원에서 일어난 이야기》에서 수직선 역할을 하는 가로등을 기준으로 왼쪽 부분은 찰스의 우울한 세계, 오른쪽 부분은 스머지의 밝은 세계로 분리되었음을 상징한다. 그러나 이들이 앉아 있는 벤치는 수평선을 이루며 찰스와 스머지를 연결시키고 있어서 등장인물의 관계가 단절을 넘어서 소통으로 이어질 것을 암시한다. 앤서니 브라운은 《고릴라》에서도 수직선을 통해 주인공 한나와 아버지의 고립과 고독감을 표현한다.

숀 탠도 선을 통해 주인공의 내면세계를 표현한다. 《빨간 나무》에서 나선형 껍질을 등에 진 달팽이가 그려놓은 나선형 곡선은 절망적인 하루를 보내면서도 희망의 메시지를 계속 기다리는 주인공의 내면을 상징하는 것처럼 볼 수 있다.

위에서 살펴보았듯이 선은 등장인물, 사물, 배경을 표현하는 기본적인 그림 텍스트의 요소이지만 등장인물의 내면과 주제를 표현하면서 서사적 의미 효과를 만들어 내기도 한다(이성엽, 2014).

❷ 공간

그림책에는 시간과 공간을 표현하는 다양한 시도가 있다. 그림에서 빈 공간이 많으면 공허, 외로움, 고립 등을 나타낼 수 있다. 그리고 공간은 거리감의 환상을 만들 수도 있다. 반대로 빈 공간이 너무 적으면 혼란과 무질서를 나타내기도 한다. 때로는 빈 공간이 줄어들다가 완전히 없어지면, 즉 펼침 면이 그림으로 가득 차면 환상이나 상상의 극치 혹은 이야기의 절정 부분을 보이기도 한다. 모리스 센닥 작품에서 많이 보이는 특징이다.

《괴물들이 사는 나라》, 《잃어버린 동생을 찾아서》, 《사랑하는 밀리》를 보면 빈 공간을 통해 환상의 극치를 나타내고 있다는 것을 알 수 있다.

그러나 그림만으로는 인과 관계와 시간을 표현하기가 어렵다. 글이 그림 간의 시간상 순서를 분명하게 잡아줌으로써 그림의 의미를 확장하거나 시간의 경과를 알려준다. 일반적으로 그림으로 시간을 알려주는 것은 달력 그림, 해가 뜨고 지는 것, 계절의 변화를 보여 주는 정도이다. 그림책은 그림과 글의 상호작용뿐 아니라 그림에서만 사용되는 다양한 방법을 활용하여 시간의 변화를 나타낸다. 완다 가그의 《백만 마리 고양이》(Nikolajeva & Scott, 2002)에서 아기 고양이가 점점 살쪄가는 장면이 연달아 그려져 있는 부분이다. 《백만 마리의 고양이》에서 왼쪽에는 물이 있는 연못과 목마른 고양이들이, 오른쪽 페이지에는 바짝 말라버린 연못이 있다. 그림은 목마른 고양이들이 연못의 물을 다 마셨다는 인과 관계를 보여 준다.

괴물들이 사는 나라
모리스 센닥 지음/강무홍 역/시공주니어/2002

❸ 촉감, 결(Texture)

그림책 작가가 만들어 내는 환상적인 것 중 하나는 하얀 종이의 평면적 표면에 3차원적 표면의 특징을 나타내는 것이다. 즉, 사실적 특징을 강조하기 위해 혹은 시각적 경험의 풍부화, 상상력의 고무를 위해 모피, 나뭇결, 부드러운 비단결 등을 종이 위에 나타낸다. 세부 묘사를 어떻게 배열하느냐에 따라 정서적인 면들이 이야기를 이끌어 나간다.

❹ 구도와 원근법(Composition)

그림의 구도는 세부 묘사를 어떻게 배열하느냐와 관계가 있다. 그림책 작가는 그릴 때 어디에 초점을 두는 것이 가장 좋은지, 그림을 보는 각도가 어떠한지, 어떤 분위기가 드러나야 되는지를 염두에 두고 이야기를 진행할 것이다.

구도의 중요한 특징은 각도 혹은 원근화법으로 그림을 보는 사람이 어떤 위치에서 사물이나 사건을 봐야 하는지 결정하는 것이다. 우리가 가까이 볼수록 몰입하게 되고, 멀리 볼수록 사건과 더 거리를 두고 있는 것처럼 느낀다.

작은 집 이야기

버지니아 리 버튼 지음/홍연미 역/시공주니어/1993

아기 오리들한테 길을 비켜 주세요

로버트 머클로스키 지음/이수연 역/시공주니어/1999

3) 그림책의 교육적 의의

루이스(2008)는 그림책의 가능성은 무한하다고 본다. 이는 바로 그림책이 자신을 둘러싸고 있는 그림과 언어의 무한한 자원으로부터 스스로를 창출해 내기 때문이라고 한다. 현대 그림책은 그림과 그림, 글과 그림 간의 여러 유형의 상호작용을 창안해내면서 독자들로 하여금 자유로운 상상과 이야기에 흠뻑 젖어들게 한다.

이야기의 의미전달 측면에서 글과 그림은 상호보완적 관계에 있다. 마쓰이 다다시(이상금 역, 1990)는 그림책의 의의에 대해 "어린이는 태어날 때부터 풍부한 상상력을 가지고 나온 것은 아니다. 출생 후 직 · 간접 체험을 통해서 획득하는 것이다. 따라서 체험이 풍부하면 상상력도 풍부해진다. 그림책은 유아에게 체험을 풍부하게 하는 기회를 준다. 그림책은 스스로 영상을 그려내지 못하는 어린이에게 이야기의 세계를 그려나갈 수 있도록 도움을 주며, 어린이가 상상하고 이해할 수 있게 한다."라고 하였다. 그림책의 시각적 이미지는 이야기의 의미를 상징적으로 전달하는 경우가 많은데, 유아들은 이 상징체계를 단서로 폭넓은 창조적 세계를 창안해내며 작가가 창안한 글, 그림의 상징체계를 조합하여 자신들의 새로운 이야기를 만들어 낸다.

"떡 하나 주면 안 잡아먹지"
"이젠 떡이 하나도 없어"
"어흥! 떡이 없으면 널 잡아먹을 거야"
호랑이는 엄마를 꿀꺽 삼켜버렸어요.
- 호랑이가 크게 입을 벌린 그림은 유아로 하여금
이야기에 대한 자유로운 상상을 하게 유도한다.

글과 그림의 상호보완적 관계

출처 : 송재찬 지음. 이종미 그림(2004). 해님달님. 국민서관.

"어머나! 그러니? 정말 그러니"
강아지 똥은 얼마나 기뻤던지
민들레 싹을 힘껏 껴안아 버렸어요.
강아지 똥이 민들레 싹을 꼭 끌어안고
몸이 분해되는 그림;
부서진 몸은 사랑의 마음으로
거름이 되어 땅에 스며든다.
글의 진전을 보여 주고 있다.

글과 그림의 보완적 관계 중 '확장된 부분'의 예

출처 : 권정생 지음. 정승각 그림(1996). 강아지 똥. 길벗어린이.

뿐만 아니라 그림책은 유아들로 하여금 어린 시절부터 문학을 즐길 수 있도록 만들어 준다. 그림책에 제시된 간결하고 선명한 상징들은 리듬과 운율을 반복해서 동반하는 경우가 많다. 이러한 반복적 리듬과 운율은 유아들에게 감각적 즐거움을 제공하여 유아들이 시각 예술적 이미지 탐색에 몰입할 수 있도록 돕는다. 이러한 즐거움은 어린 시절부터 독서하는 태도를 형성하도록 돕고 그림과 글의 다양한 조합들을 창안해 내고 그 의미를 '읽을 수' 있도록 돕는다.

4) 그림책의 평가기준

사람은 모두 자기의 세계를 가지고 있다. 그중에서도 어린이의 세계는 아주 비밀스럽고 아름답다. 그들의 생각과 공상은 기쁨, 슬픔, 놀라움으로 가득 차 있다. 어린이가 최초로 접촉하게 되는 그림책은 미지의 세계를 탐색하고자 하는 어린이의 본능적 요구를 채워줄 수 있는 수단이 된다. 그림책은 눈으로 어린이들에게 다가가며 어린이는 그림을 통해서 이야기를 이해하고 그들 나름대로 그림을 감상한다.

그럼에도 성인은 어린이들이 좋아하는 그림의 취향에 대한 편견을 일반화해서 생각하는 경우가 종종 있다. 가령, 어린이들은 흑백의 그림을 좋아하지 않는다든지, 강한 원색을 좋아한다든지, 양식화(樣式化)된 그림은 싫어한다든지 등으로 잘못된 해석을 한다. 어린이들은 그림이 이야기 내용을 말하기만 하면 그 그림을 좋아한다는 식의 해석은 위험하다. 원더 가그의 《백만 마리의 고양이》처럼 흑백으로 그려져 있든지, 마아조리 플래크의 《앤거스와 집오리》처럼 풀칠하듯 막 칠한 필치의 그림이든지, 《피터 토끼》처럼 섬세한 수채화이든지 등에 대해서 어린 유아들은 상관하지 않는다고 잘못 생각한다.

그림책이라고 해서 단순하게 생각해서는 안 된다. 제이콥스(1969)는 좋은 그림책의 조건을 다섯 가지로 열거하고 있다. 즉, 창의성, 성실성, 정당성, 간결성, 미를 갖춘 것이어야 한다고 지적하고 있다. 창의성은 그 작품만이 가지고 있는 개성을 뜻한다. 좋은 그림책은 이러한 개성과 함께 성실성을 지녀야 한다. 조잡한 내용과 조잡한 제본이 용납되서는 안 된다. 좋은 그림책은 정당성 혹은 타당성을 지녀야 한다. 동시에 좋은 그림책은 간결성을 지녀야 하고, 여백의 효과를 충분히 고려해야 하며, 아름다워야 한다.

어린이는 그림책을 보는 동안 그림의 시각적인 메시지를 통해 이야기를 감상하게 되는데, 이는 그림을 이해하고 감상하는 태도 형성에 중요한 영향을 준다(Bromley, 1996).

(1) 색

색은 대상의 기본적 이미지를 창조해 내는 중요한 기능을 한다. 그러나 많은 색을 사용한 그림이라고 해서 모두 아름다운 그림은 아니다. 그림에 사용된 색의 종류, 밝기 정도, 사용방법, 이야기의 분위기와 내용의 연결방법 등에 따라 그 기능은 다양하고 중요하다. 어떤 그림책은 흑백으로만 되어 있는 것도 있다.

《까마귀 소년》(야시마 타로 글 · 그림/비룡소), 《백만 마리의 고양이》(완다 가그 글 · 그림/시공주니어), 《우리끼리 가자》(윤구병 글 · 그림/보리), 《곰 사

냥을 떠나자》(마이클 로젠 글, 헬린 옥슨버리 그림/시공주니어) 등과 같은 책을 살펴보면, 주인공이 새로운 장애에 부딪칠 때는 흑백으로 그려져 있고, 그 장애를 헤치고 나아가는 모습은 컬러로 그려져 있다.

《잘 자요 달님》(마거릿 와이즈 브라운 글, 클레먼트 허드 그림/시공주니어)과 《검피 아저씨의 뱃놀이》(존 버닝햄 글 · 그림/시공주니어)는 컬러 페이지와 흑백 페이지가 번갈아 가며 구성되어 있다. 《까막나라에서 온 삽사리》(정승각 글 · 그림/통나무)는 고구려 고분 벽화 속에 나오는 동물들이 부조로 새겨진 다음 흑 · 적 · 백 · 청 · 황 다섯 가지 색깔과 금가루로 그려졌다.

새벽
유리 슐레비츠 글 · 그림/
시공주니어/1994

《새벽》(유리 슐레비츠 글 · 그림/시공주니어)은 색채의 묘사로 시간을 의식시켜 주는 시간의 흐름은 '새벽'이라는 제목의 의미를 만들어 낸다. 가는 펜과 잉크를 사용하여 만들어 낸 독특한 영상은 마치 보슬비 내린 뒤와 같은 대지의 촉촉함을 잘 나타내 주고 있다.

마녀 위니
밸러리 토머스 글, 코기 폴 그림/
비룡소/1996

《마녀 위니》(밸러리 토머스 글, 코기 폴 그림/비룡소)는 독특한 마녀의 모습과 여러 가지 색깔의 변화로 흥미를 주고 있다.

수채화 기법으로 잘 묘사하고 있는 작품으로는 《바람 부는 날》(정순희 글 · 그림/비룡소), 《비 오는 날》(유리 슐레비츠 글 · 그림/시 공사) 등이 있다.

태양으로 날아간 회살
제럴러 맥더멋 그림,
푸에블로 인디언 설화/시공사/2017

《태양으로 날아간 화살》(제럴러 맥더멋 그림, 푸에블로 인디언 설화/시공사)은 검은색에 대비해 연노랑, 오렌지색 등을 사용했다. 여기에서 연노랑과 오렌지색은 푸에블로 인디언 전설이 시작되는 사막의 태양과 뜨거움을 묘사한다는 것을 알 수 있다.

심심해서 그랬어
윤구병 글 · 이태수 그림/시공사/1997

우리나라 전통의 모습을 아름다운 수채화로 담은 작품도 있다. 《심심해서 그랬어》(윤구병 글 · 이태수 그림/시공사)가 그것이다.

그림책에 색을 너무 강조하거나 부적절하게 사용하면 이야기의 의미를 명확하게 전달하지 못할 수 있다. 대체로 그림책에서 색의 표현은 다른 미술적 요소들 중에서 가장 사실적이고 전형적인 방법으로 나타나는 경우가 많다. 즉, 하늘은 푸르게, 잔디는 파랗게 표현된다.

항상 사실적이고 전형적인 방법으로 표현된 그림책만을 제공하는 것은 유아들의 상상력과 창의력을 제한할 수도 있다. 색은 유아의 정서적인 반응과 관계가 깊다. 심리학자들은 빨간색과 노란색은 따뜻하거나 더운 색이며 흥분을 의미하고, 파란색과 초록색은 시원하거나 추운 색으로 안정 또는 고요함을 뜻하며, 보라색은 충성을 의미한다고 한다.

색은 문화에 따라 다른 반응을 불러일으키기도 한다. 중국에서는 노란색은 황제를 상징하고, 흰색은 상복을 상징하기도 한다. 서양에서는 자주색이 왕가를 상징하고 검은색이 상복을 상징한다(강문희 · 이혜상, 1997).

(2) 선

선은 굵기, 명암, 사용의 용도 및 독특성을 이용하여 움직임, 거리, 느낌 등을 나타낸다. 따라서 선을 살펴볼 때, 화가가 선을 효과적으로 굵거나 섬세하게 그리고 있는지, 선이 움직임을 나타내고 있는지, 선이 사람이나 사물을 묘사하는 데 특별한 강조점을 두고 있는지, 그러한 선이 다양한지 등을 고려하여야 한다.

선은 주로 사물의 경계를 나타내며 인물과 대상에게 윤곽을 부여해줄 뿐만 아니라 생기를 불어넣어 주는 기능을 한다. 다양한 선의 유형에 따라 대상의 움직임과 이미지는 달라진다. 곡선과 원은 따뜻함, 아늑함, 안정감을 나타내고, 날카롭거나 Z자형의 선은 흥분과 빠른 운동감을 느끼게 한다. 수평선은 침착함과 안정감을, 수직선은 높이와 거리를 느끼게 한다.

《태양으로 날아간 화살》은 직선과 곡선으로 이루어져 구성적 느낌을 풍기는 삽화가 들어 있다. 《나무 숲속》(매리 호올 엣츠 글 · 그림/한림출판사)은 딱딱한 직선은 찾아볼 수 없고 부드러운 곡선으로 이루어진 그림이 따뜻한 느낌을 주고 있으며, 《검피 아저씨의 뱃놀이》(존 버닝햄 글 · 그림/시공주니어)에서는 특별히 윤곽선을 그리지 않고 여러 가지 색깔의 수많은 선들이 형태를 이루고 있다.

(3) 모양

그림책에서 이야기를 표현하는 힘을 가장 강하게 가지고 있는 요소는 모양이다. 색은 모양을 받쳐 주는 역할을 한다(마쓰이 다다시, 1990).

이야기의 분위기와 작가의 의도에 적합하게 모양을 그려 넣었는지, 모양이 페이지에서 각각 어떻게 관련되어 있는지, 사실적인 그림이라면 원근법이 잘 지켜지고 있는지, 주인공의 모습은 작가의 의도와 같은지, 모양이 선명한지 아닌지, 단순한지 화려한지, 실제적인지 추상적인지, 자유롭게 흐르는지 아니면 고정된 것인지를 살펴보아야 할 것이다.

그림책에 표현되는 사물들의 모양은 다양한 느낌을 준다. 직사각형, 정사각형, 삼각형은 딱딱한 느낌을 주고, 원이나 곡선 모양 그리고 희미한 모양이나 형태는 부드러운 느낌을 준다.

그림의 형태도 독자의 정서적 반응을 이끌어 낸다. 부피가 큰 물체들이 한 데 모여 있으면 상황에 따라 안정감을 줄 수도 있고, 둘러싸임, 거북함, 답답함 등의 다양한 느낌을 줄 수 있다. 반면에 가볍고 섬세하게 표현된 형태는 운동감 또는 자유로움을 느끼게 한다. 빠른 운동감을 주는 움직임의 묘사는 느린 운동감을 주는 움직임의 묘사보다 과장과 왜곡이 더 많이 발생한다,

《태양으로 날아간 화살》은 원, 네모, 직사각형, 세모 모양으로 되어 있어 딱딱한 느낌을 주고 있다.

휘파람을 불어요
에즈라 책 키츠 글 · 그림/
시공주니어/1995

《휘파람을 불어요》(에즈라 책 키츠 글 · 그림/시공주니어)는 흑인아동 피터에 대한 간단한 이야기를 하기 위해 콜라주를 시용해 실제적인 모양을 제시하고 있다.

콜라주를 시용한 그림책으로는 《떡 잔치》(강인희 글 · 그림/보림), 《천둥과 번개는 어떻게 생겼을까》(비아트리스 모커트 해렐 글, 수잔 로스 그림/보림) 등이 있다.

《이야기 이야기》(게일 해일리 글 · 그림/보림)는 아프리카의 옛이야기를 들려주는 내용인데 독특하고 대담하게 표현한 목판화가 아프리카의 분위기를 잘 살리고 있다.

(4) 질감

질감은 사물의 다양한 표면을 어떻게 느껴지도록 표현했는지, 어떻게 달라 보이도록 했는지를 살펴보는 것이다. 질감표현은 주로 그리는 도구를 이용해 변화를 주기도 하고, 그림기법에 변화를 주어 표현하기도 한다.

작가들마다 다르기는 하지만 나무껍질이 거칠게 보이도록 표현하고, 어떤 경우는 새의 깃털이 부드럽게 보이도록 매우 섬세한 선을 시용하기도 한다. 또는 연필을 사용해 또 다른 질감을 나타내기도 하고 판화를 이용하기도 한다. 콜라주는 사물의 다차원성과 시각적 차이를 나타내기 위해 시용된다.

《태양으로 날아간 화살》에서는 기하학적인 패턴과 연결된 색의 농담이 이야기를 나타내 주는 사물들의 그림에 깊이를 더해 준다. 《눈 오는 날》에서는 콜라주를 사용

해 사물의 다차원성과 시각적 차이를 나타냈다.

(5) 배열

배열에서는 글과 그림이 페이지에 어떻게 배열되었는지, 또 어떤 방법으로 배열되었는지 살펴보는 것이 중요하다. 어린이들이 좋은 책을 보고 책이 '어떻게 디자인되었는지' 이해하게 되면 다른 책도 어떻게 배열되어 있는지 그 특성을 더 쉽게 파악할 수 있게 된다.

버지니아 리 버튼의 《작은 집 이야기》에서는 문자가 시각적 표현요소로 활용될 수 있음을 알려 주고 있다. 이 그림책을 읽는 동안 독자는 글씨의 크기, 문체, 글자의 배열까지도 그림으로 인식하게 되고, 문자의 배열과 그림은 리듬감을, 상호교환하면서 조화를 이루고 있음을 느끼게 된다. 이처럼 글도 그림과 함께 화면을 구성하는 중요 요소가 된다.

(6) 구도 및 원근법

구도는 사물과 사건을 효과적으로 나타내기 위해 다양한 위치에서 시각적으로 표현하는 방법이다. 《작은 집 이야기》는 '반복'과 '리듬'의 효과를 잘 나타내기 위하여 원근감, S자구도를 사용하고 있으며, 문장의 배열과 그림의 구도가 조화를 이룸으로써 그림은 그 내용 전달에 충분한 효과를 발휘한다. 이러한 구도의 표현방법은 독자로 하여금 리듬의 세기와 빠르기를 느끼도록 하고 그림을 통하여 음악적 감각을 전달해 준다.

(7) 전체적 효과

전체적인 효과 측면에서는 색, 선, 모양, 글, 인쇄된 글자, 그림, 책표지가 어떻게 조화를 이루고 있는지, 이들이 어떤 특별한 방법으로 관련되어 있는지, 또 모든 미술적 측면이 하나의 특별한 디자인이나 구성을 창조하는 데 어떻게 융합되고 있는지 등을 살펴보아야 한다.

책이 독자에게 주는 전체적인 효과나 영향은 그림과 형태로 이야기를 어떻게 잘 보충하느냐에 의해 결정되고, 독자가 어떤 반응을 하는지에 의해 결정된다. 책의 효과는 영유아가 만족스러워하는 미소나 경이로움을 나타내는 표정으로도 잘 알 수 있다. 또한 특별한 책을 읽어 달라고 하거나, 반복적인 요청을 하는 것으로 측정될 수 있다.

5) 그림책의 유형

요즈음은 어린아이부터 나이가 많은 어린이들에게 이르기까지 독자적으로 읽고 즐길 수 있는 그림책의 새로운 유형이 발전되고 있다.

오늘날 그림책은 독자층, 목차, 형식, 본문 내용과 그림의 상대적 양 등에 있어서 아주 다르다. 이러한 차이는 절대적인 것은 아니지만 여러 가지 구체적 유형의 특성을 가지고 있는 그림책이 있음을 쉽게 발견할 수 있다. 그러나 그림책의 유형들 간에는 불가피하게 서로 겹쳐지는 부분이 많다.

톰린슨과 린치 브라운(Tomlinson & Lunch-Brown, 1996)은 그림책의 유형을 다음과 같이 분류한다.

아장 아장 걸음마
초 신타 글 · 그림/이선아 옮김/보림/2007
(아기도서)

(1) 아기도서(Baby Book)

단순하게 디자인하고 밝은 그림을 그려서 0~2세 유아들을 대상으로 만든 두꺼운 그림책이다. 이 도서는 아주 어린 영아도 현저한 학습능력을 보인다는 인식을 하게 된 1980년도에 인기를 모았다. 이 도서의 본문 내용은 영아들에게 익숙한 물건들과 일상적인 일들을 다루고 있으며, 내용은 거의 없고 그림 위주로 의미를 전달하고 있다.

노란택시
민정영 글 · 그림/비룡소/2011
(상호교류 도서)

(2) 상호교류 도서(Interactive Books)

유아의 시각적 · 물리적 참여를 자극하도록 하는 그림책을 말한다. 이 도서는 유아들에게 직접적 질문을 해 찬트(chant) 또는 반복적인 문장을 사용해 언어의 리듬감에 따라 몸을 움직이도록 하거나, 그림 속의 물체들을 찾아보도록 하거나, 책을 만지거나 가지고 놀도록 격려한다.

(3) 장난감 도서(Toy Books)

이 도서를 때론 기계공학적 도서(engineered or mechanical books)라 부르기도 한다. 이 도서는 물체가 책 속에서 갑자기 나타나고(pop-up), 책 전체를 지각하고, 움직여 보고 변화시켜 볼 수 있도록 조작해 보거나(예 : 자르고, 접고, 구성해 보도록함) 3차원적 그림을 조작해 보도록 만들어졌다.

나왔다 똥
김미애 글, 김병남 그림/스마트베어/2013
(장난감 도서)

이 도서는 모든 연령의 유아들을 대상으로 할 수 있으나 간단하게 조작해 보도록 하는 도서는 특히 어린 유아를 위해서 제공될 수 있다.

꼬마야 꼬마야 목욕놀이 하자
강미라 지음/삼성출판사/2005
(마더구스)

(4) 마더구스와 유아 이름도서(Mother Goose and Nursery Rhyme Books)

전래동요를 수집해서 그림으로 그려 만든 책으로, 이는 18세기 프랑스 페로의 《마더구스 이야기(Tales of Mother Goose)》에 맨 먼저 나타났다. 이는 유아를 위한 문학의 세계를 훌륭하게 소개할 수 있는 도서이다.

우리 할아버지가 꼭 나만했을 때
주경호 지음/보림/1999
(전래동요 도서)

잘 조직된 좋은 전래동요에는 주제를 가지고 있어서 그것이 무엇인지, 유아와 함께 생각해 볼 수 있게 한다.

(5) 유아 전래동요 도서(Nursery and Folk Songbooks)

이 도서에는 전통적으로 전해 내려오는 시와 현대시 및 음악적 암송 구절 등이 수록되어 있다. 이 도서를 선정함에 있어서 부모, 교사는 유아들의 목소리를 잘 조절할 수 있고, 놀이를 하면서 책을 볼 수 있는 악보나 가사를 수록하고 있는지를 살펴보아야 한다.

(6) 알파벳 도서(Alphabet Books)

철자 도서는 유아들에게 모양, 이름 등을 획득할 수 있도록 하며, 때로는 철자의 소리를 습득할 수 있도록 한다.

대부분의 철자책은 초보 독서가를 위해 만들어지며, 어떤 작가와 삽화가는 정보를 제시하기 위한 장치로 철자 그 자체를 사용하기도 한다.

기차 ㄱㄴㄷ
박은영 지음/비룡소/1997
(알파벳 도서)

줄넘기 나라
임선경 지음/노란돼지/2013
(셈하기 도서)

(7) 셈하기 도서(Counting Books)

셈하기 도서는 보통 1에서 10까지의 수를 제시해 어린 유아들에게 수의 모양, 이름 각각 수가 나타내고 있는 개념, 순서를 세어 보도록 한다. 이는 철자 도서와 함께 작가와 삽화가가 유아들로 하여금 보다 재미있게 이해할 수 있도록 주제를 사용하기도 하고 장치를 사용하기도 한다.

셈하기 도서는 수 개념을 모사해 선택한 주제와 물체가 유아들에

기린아 너랑 똑같지?
행복의 나무 지음/큰북작은북/2008
(개념 도서)

게 매력적이어야 하고, 수 개념을 그림으로 명료하게 제시하고 있어야 한다.

(8) 개념 도서(Concept Books)

개념 도서는 이야기를 말하기보다는 개념(반대가 되는 것), 물체(기차), 활동(걷는다)을 설명하고 탐색하도록 하는 도서이다.

대부분의 개념 도서들은 플롯을 가지고 있지 않으나 그림과 내용을 도서가 결속시켜 주는 반복적인 요소를 가지고 있다. 철자 도서와 셈하기 도서는 개념 도서의 유형으로 간주된다.

(9) 글자 없는 도서(Wordless Books)

순서가 있는 이야기를 그림으로 제시해 전체가 하나의 이야기가 되도록 한다. 이는 본문이 없거나 본문이 한 장 또는 두 장 정도로 되어 있는 것도 있다.

글자 없는 도서는 일반적으로 4~6세의 유아들을 위해 제작되는 것이 보통이다. 유아들은 자신의 언어를 사용해 그림을 '읽어내려 가는데', 도서의 시각적 이야기 구조는 여러 가지 방법으로 유아들에게 도움을 준다. 먼저, 유아들은 시작과 끝이 있는 짜임새 있는 이야기의 개념을 발달시키며, 둘째, 유아들은 언어를

노란 우산
류재수 지음/보림/2007
(글자 없는 도서)

창의적으로 시용하고 그렇게 함으로써 언어발달의 향상을 가져올 수 있다. 셋째, 앞에서 뒤로, 좌에서 우로 책을 읽는 방법을 배운다. 넷째, 책에서 나오는 이야기가 전부가 아니라 스스로도 만들어 낼 수 있다는 것을 이해하기 시작한다.

(10) 그림 이야기 도서(Picture Story Books)

그림 이야기 도서는 이야기를 말해 주기 위해 그림과 본문이 똑같은 빈도로 나타난다. 1902년 베아트릭 포터가 그리고 쓴 《피터 래빗 이야기》를 최초의 현대적 그림책이라 한다. 대부분의 그림 도서의 본문은 4~7세 유아들에게 큰 소리로 읽어 주도록 제작된 책을 말한다.

이런 유의 책에는 종종 어려워서 영유아들이 도전을 받는 어휘가 나오기도 한다. 좋은 그림 도서는 8세의 어린이 또는 그 이상의 어린이들이 독자적으로 읽으면서 즐길 수 있다.

(11) 읽기 쉬운 도서와 패턴 도서(Easy-to-Read And Pattern Books)

읽기 쉬운 도서는 초보 독자들이 성공적으로 잘 읽을 수 있도록 만든 도서를 말한다. 이 도서는 보다 큰 활자를 사용하고 있고, 보다 넓은 공간을 두어 자간의 여백을 활용하며, 제한된 언어를 사용한다. 뿐만 아니라 단어의 패턴, 반복적 본문, 리듬이 있는 본문, 단서가 있는 그림 등의 장치를 사용한다.

이 도서는 유아들이 읽기를 배우고자 원할 때마다 그들과 함께 사용할 수 있다. 그러나 이 도서의 유형에 적합한 대상은 5~7세의 유아가 보통이다. 이 도서는 여러 가지 분명한 방식을 가지고 있으며 그림 이야기 도서의 양상과 다르다.

독립적인 도서를 하고자 하는 유아를 위해 의도적으로 만들어진 도서라고 해서 일반적 도서와 거리감이 있는 것으로 보아선 안 된다.

(12) 고학년용 그림 도서(Picture Books For Older Readers)

나이와 상관없이 누구나 아름답고 재미있는 그림을 즐길 수 있다. 그러나 종종 그림 도서는 초등학교 3학년 이상의 학습에서는 거의 찾아보기가 힘들다.

고학년 어린이들의 그림 도서에 대한 호기심의 결여는 부분적으로 1학년 이후 어린이들의 도서 선정에 영향을 끼치는 성인들이 그림 도서를 선정하는 것에 대한 반감을 지니고 있기 때문이다(Gontarski, 1994).

읽기 환경에 그림 도서를 적절히 비치함으로써 본문과 시각적 문해를 모두 향상시켜 나갈 수 있을 것이다. 주제, 이야기, 삽화가 보다 복잡하고 추상적이며, 현학적인 그림 도서는 10세 이상의 어린이들에게 적합하다.

(13) 전이적 도서(Transitional Books)

전이적 도서는 아직 유창하게 읽지는 못하지만 읽을 수 있는 어린이들을 위한 도서이다. 이 도서는 이상에서 언급한 다른 도서에 비해 그림이 적고, 본문의 내용이 길다. 이는 그림 도서와 소설의 중단 단계에 해당되는 도서이다.

전이적 도서의 특징은 비교적 간단한 쓰기 양식, 어휘, 약간의 삽화가 있고 본문은 여러 장으로 구분되어 있으며, 약간 큰 철자를 사용하고 있다. 6~7세 정도의 어린이들은 읽기 쉬운 도서와 전이적 도서를 사용해 훌륭하고도 유창한 이야기를 듣고 묘사하고 읽고 말하는 습관을 기를 수 있다.

어린이들에게 읽기 학습을 시킬 때 갑작스럽게 단순하고 지겨운 이야기를 제시하는 방법은 감동을 주지 못하고, 재미없다는 느낌을 전하게 되어 어린이들로 하여금 표현 의욕을 위축시키는 요인이 된다.

2 전통문학

자연계와 정신의 세계를 이해하고, 인간을 성장하도록 하는 고전적인 이야기와 시가 있다. 이는 책으로 발간되어 알려지기 전에 구전되어 왔다.

전통문학은 나이든 어른이나 부모가 아이들에게 세대를 거치면서 전해온 이야기들로 구성된다. 따라서 전승문학은 문자 이전의 시대에서부터 시작되었는데, 이야기 수집가들은 저자 없이 전해 내려오는 이야기나 운율적인 이야기를 수집해 기록하고 책으로 출판해서 문학 형태로 정리했다. 전승문학의 이야기 줄거리는 우리가 읽는 책이나 우리가 보는 영화의 근간을 이루고 있다.

전승문학은 오래 전부터 인간의 희망이나 공포 등과 같은 인간 내면의 깊은 곳에 흐르고 있는 기본 정서와 은밀한 대화를 해왔다. 따라서 특정 문화권 안에서 발생해 온 전통문학은 그 민족 문화 집단의 결속력과 응집력을 고무시켜 왔다.

이러한 전통문학은 오랫동안 유아들의 사랑을 받아왔는데, 민족의 문화와 숨결이 담겨 있는 이야기를 유아들이 사랑하는 것은 아주 자연스런 결과라고 할 수 있다.

우리나라의 경우에는 전통문학, 즉 민담, 신화, 전설, 우화 모두를 전래동화라고 하기도 하고, 민담을 전래동화라고 하기도 하며, 신화, 전설도 전래동화 속에 포함하여 말하기도 한다.

전승문학은 옛날 사람들의 사고와 심리를 바탕으로 했기 때문에 동심의 세계와 많은 공통점을 가지고 있다는 의미에서 전승문학이 모두 전래동화라고도 할 수 있다(김현희, 홍순정, 1993).

〈표 4-1〉 전래동화와 창작동화의 차이

구분	전래동화	창작동화
작가	구비전승이 되었기 때문에 작가 미상이다.	동화작가에 의해 창작되었다.
포함된 정서	민족의 생활 · 이상 · 가치관과 정서가 있다.	작가의 개인적 정서가 큰 비중을 차지한다.
줄거리, 성격 묘사	줄거리 중심이며 성격 묘사나 배경, 사건이 단순하고 추상적이다.	성격 묘사나 배경, 사건이 복잡하고 구체적이다.
환상과 사실성	우연의 일치나 천우신조 등의 인과관계를 바탕으로 환상 위주이다.	환상을 바탕으로 하나 사실성도 중요시했다.
주제	주제가 권선징악적이고 인과응보적이다.	주제가 다양하다.
표현 스타일	관용적 표현이 많다.	자유로운 표현이 많다.
대상	어린이는 물론 청소년과 어른을 대상으로 했다.	어린이를 대상으로 했다.

1) 전래동화

(1) 전래동화의 정의

아동문학의 한 장르인 동화는 옛날 이야기나 민화 중에서 그 형식을 취하여 그림과 안데르센을 고향으로 하는 상징적인 문학 형태로서 인간 일반의 보편적인 진실을 내용으로 하는 시에 가까운 산문문학이다. 전래동화는 그것이 만들어진 시대와 사회에 특별한 목적을 제공했다. 그것은 인간이 생각하고 느끼고 믿고 생각하는 방식을 표현할 뿐 아니라 많은 행동이 논리적이지 못한 시대에 논리와 이성을 가져다주고 유아들을 가르치고 어른들에게는 옳은 것과 도덕을 재상기시켰다. 이러한 이야기들은 어떤 가치에 대해 인정을 하는 것이며, 집단에서 지켜지는 공동 양식을 강화하고 집단을 결합시키는 구실을 하였다.

(2) 전래동화의 특징

전래동화는 우선 재미가 있으며, 문학성이 있고, 유아가 부딪히는 현실 생활의 불안, 욕구불만을 해소시키는 데 도움을 준다. 전래동화는 옛날부터 구비 전승되어 온 것으로 언제, 누가 지었는지 모르지만 창작동화는 최근에는 동화작가에 의해 예술적으로 창조된 것으로 본다. 전래동화가 구전양식을 취하면서도 현대까지 전해 내려온 것은 전래동화가 인간의 불멸의 보편적 가치와 진실에 깊이 뿌리를 박고 있기 때문으로 볼 수 있다.

전래동화는 각 나라의 역사, 종교, 사고방식, 정치 형태 등 문화적 분위기와 민족적 기질을 반영하고 있으나 한 나라의 전래동화가 다른 나라의 유아나 성인에게도 똑같이 재미 있고, 공감을 주는 것은 전래동화가 예술적, 오락적, 도덕적 욕구만족으로서의 보편적 가치를 지니고 있기 때문이다.

전래동화의 특성을 문학의 요소별로 살펴보면 다음과 같다.

❶ 배경

대부분 전래동화의 배경은 애매모호하지만 이야기를 시작할 때와 끝낼 때에 관용적인 표현을 많이 사용한다. 서두에는 주로 "옛날 옛적에, 간 날 갓 적에…"로 시작하여 아주 오래된 옛 시간의 이야기가 전개될 것을 암시하고 "깊고 깊은 숲속에", "넓고 넓은 바닷가에", "아주 오래된 어느 마을에 ~가 살았는데" 식으로 불분명하거나 추상적인 장소를 언급한다.

❷ 등장인물

전래동화 속에는 주로 전형적(stereotype)인 인물들이 등장한다. 선한 사람은 매우 선하고 악한 사람은 매우 악한 것으로 묘사되며 그 외형에서도 보통 잘 드러난다. 왕자는 멋있고 공주는 착하고 예쁘며, 계모는 사악하게 묘사된다. 초자연적인 존재로는 요정, 마술사, 거인, 괴물, 난쟁이, 요술에 걸린 사람, 현실세계의 인간처럼 행동하거나 말하는 동물들이 등장하며, 이들은 인간 행동을 상징화하기 때문에 성격은 보통 무시되는 경우가 많다.

❸ 주제

전래동화의 주제는 각 나라마다, 각 동화마다 차이가 있지만 공통적인 주제를 내포하고 있는 경우가 많다. 선은 언제나 승리하고 보상을 받으며, 악은 벌을 받는다는 권선징악(勸善懲惡)의 테마가 그러하다. 옛이야기임에도 불구하고 어떤 약한 사람이라도 용기와 재빠른 지혜, 좋은 마음씨를 가지고 있으면 이 세상의 악과 추한 것을 충분히 이겨낼 수 있다는 권선징악적 주제는 현대의 불안한 세계에 살고 있는 유아를 포함한 모든 사람들에게 든든한 지주가 되어 주는 좋은 기능을 한다.

❹ 플롯

전래동화의 구성은 대개 천편일률적으로 도입, 전개, 결말의 형식을 취하고 있다. 도입 단계에서는 인물, 이야기의 시대와 장소, 풀려야 할 문제, 이야기의 갈등요인을 보여 준다. 전개는 도입 단계에서 생겨난 문제를 진행시켜 나가는 것이다. 이야기들이 신념을 갖기 위해서는 구성상 논리적이고 관심의 통일성을 유지하기 위해 이야기의 사건은 간결해야 한다. 너무 많은 일화, 너무 긴 서스펜스, 너무 많은 요술은 이야기의 통일성을 깨뜨려 산만하게 느껴지게 한다. 옛이야기에는 종종 세 가지의 반복이 나타나는데, 세 아들, 세 자매, 세 가지의 모험, 세 가지의 일, 세 사람의 구혼자, 세 개의 보물, 세 가지의 소원, 세 가지의 수수께끼, 세 가지의 시련 등이 그 예이다.

서두 부분과 결론 부분은 일정한 형식을 가지고 있다. 이야기가 짧고 플롯이 간단하다. 주로 "…그래서 오래오래 행복하게 살았어요."라든지 "이제 끝이야."라든지, "잘 살다 죽었대."라는 식으로 끝맺고 있다.

이야기 속에는 문제, 갈등, 목적을 지닌다. 목적에 도달하거나 문제를 해결하기 위해 시도를 빠르게 전개해 나가는 플롯이다. 갈등이 해결되면 재빨리 결말에 도달한다.

전래동화에는 반복과 리듬의 요소가 많다. 이러한 리듬 반복이 많은 이야기를 유아들은 좋아하며, 이야기를 잘 회상한다(Morrow, 1985). 리듬, 반복의 플롯을 갖는 이야기는 유아에게 청각적 즐거움을 제공하고 다음 전개될 사건을 예측하도록 도와주며 이야기를 잘 회상하도록 도와준다. 이러한 이야기의 예로는 《붉은 닭》, 《생강빵사람》, 《아기돼지 삼 형제》, 《세 마리 염소》 등을 들 수 있다. '붉은 닭'은 농장에 떨어져 있는 밀알을 우연히 줍게 되는 사건이 발단이 되어 농장의 친구들인 돼지, 고양이, 생쥐에게 함께 씨앗을 심자고 도움을 청하나 거절당한다. 사건의 발달인 밀알을 볏단으로, 볏단을 밀가루로, 밀가루는 빵으로 변하게 되고 그때마다 닭은 농장 친구들에게 도움을 청하는 사건이 반복적으로 일어난다. 유아는 쉽게 기억할 수 있는 이야기를 쉽게 표상할 수 있기 때문에 리듬과 반복을 즐기며, 이러한 요소를 내포하고 있는 이야기를 좋아한다(Mandler & Johnson, 1977).

전래동화 속에는 '3'이라는 숫자가 많이 나온다. 예를 들면, 세 가지 소원, 세 아들, 곰 세 마리, 아기돼지 삼 형제, 세 마리 염소 등이 그러하다. 이와 같은 형태의 동화들은 작품 속에서 일어난 일의 하나하나가 서로 비슷하면서도 반복될 때마다 조금씩 변하는 것이다. 형식 면에서 볼 때 전래동화는 반복과 대립의 형식이 많다. 대립에는 선과 악의 대립, 힘과 꾀의 대립, 미(美)와 추(醜)의 대립, 빈과 부의 대립 등이 있다.

대립은 자세한 묘사를 하지 않고서도 현실의 문제를 선명하게 반영하는 방식이며, 또한 선이 승리하고 악이 패배한다는 신념을 나타내기 위한 수단이기에 형식적인 것만은 아니다. 반복은 비슷한 내용을 되풀이하는 것으로, 자세한 묘사나 서술은 생략하고서도 효과를 올릴 수 있는 강조의 수단이다(최운식, 김기창, 1995).

❺ 문체

전래동화의 또 하나의 멋은 문체에 있다. 옛이야기의 화술, 말의 울림과 리듬은 전래동화 문체의 특징이다. 전래동화는 대화형식의 문체가 두드러지며 대부분의 대화는 자연스러워서 등장인물들이 실제로 말하는 것처럼 느껴진다. 전래동화 문체의 또 하나의 특징은 운(리듬)을 사용하여 이야기 의미전달을 극화시킨다.

(3) 전래동화의 교육적 활용

전래동화는 상상력을 자극시켜 주고 유머가 포함되며, 어려운 문제도 해결할 수 있다는 희망을 준다. 또한 그 나라와 시대의 문화의 가치관을 보여 주고 강화시켜준다. 유아들의 정서적인 요구를 충족시켜 주고 주인공은 정형화되어 있기 때문에 이야기의 구성이 강조된다. 또한 전래동화 속에는 풍부한 행동이 담겨져 있고, 구연되어 전해지는 이야기로 단순하며 직접화법을 사용한다(이상금, 장영희, 1986). 이처럼 전래동화에 대한 흥미는 세계와 현실을 마음대로 넘나들 수 있고 온갖 시련도 쉽게 이겨내는 힘을 준다. 뿐만 아니라 환상성, 즉 의인화된 동물, 식물 및 무생물, 초현실적인 존재, 요술적인 장소, 신비한 물건, 신비한 동물, 변형의 요술 등 이야기에 끌리고 재미를 준다. 이야기 속의 가르침으로써 '착한 사람은 복을 받는다', '나쁜 사람은 벌을 받는다', '힘센 편에 맞서서 약한 편을 돕는다', '힘은 약하지만 꾀를 써서 이긴다'와 같은 주제들이 포함되어 있어 교육적 활용도가 높다.

전래동화가 가지고 있는 단순명쾌성은 역시 교육적 활용성을 높일 수 있다. '해와 달이 된 오누이'는 배경과 장소에 대한 자세한 설명으로 인해 이야기의 속도감을 떨어뜨려 유아의 흥미를 잃게 할 수 있다. 유아들에게 들려주는 전래동화는 단순하면서도 속도감 있는 전개 및 서술의 특징을 잘 살릴 수 있어야 할 것이다.

전래동화의 형식 면에서는 대립과 반복이 있다. 대립은 자세한 묘사를 하지 않고도 현실의 문제를 선명하게 반영하는 방식이며, 선이 승리하고 악이 패배한다는 신념을 나타내 준다. 전래동화는 문화에 대한 올바른 이해를 할 수 있는 문학적 가치가 있다. 전래동화는 우리 옛문화를 전달하는 좋은 매체가 된다. 옛문화를 전달하는 전래동화는 그 민족의 사상, 감정 및 생활과 역사가 일관되어 나타난다(손동인, 정동화, 1988), 즉, 전래동화 속에는 우리 민족의 이념적 가치 요소들이 투영되어 있는데, 낙천성, 성실성, 진실에 대한 신뢰, 운명 극복의 강한 의지, 화합적 인내와 끈기, 남성 위주의 가부장적 모습, 유교적 · 불교적 · 도교적 가치 등이 내재해 있다(김동일, 1999; 정대련, 1990).

(4) 전래동화의 패러디

패러디 그림책이란 많은 사람들이 익히 알고 있는 옛이야기나 문학작품의 주제, 인물, 플롯 등을 이용하거나 변형하여 현대 독자들의 감성에 맞게 새로 쓰고 그린 그림책이다. 패러디 그림책은 기본적으로 현재 작가의 창작물이며 특별히 아동을 위해 쓰인다기보다는 원래 이야기를 잘 알고 있는 성인을 위한 그림책이라고 할 수 있다. 최근 그림책의 독자 범위가 유아에서 성인으로까지 확장되면서 패러디 그림책의 출간도 늘어나는 추세이다.

유아들마다 개인 차이는 있지만 보통 이야기를 잘 아는 만 5세 이상이 되어야 패러디 그림책의 내용을 이해하고 즐길 수 있다. 하지만 유아들이 패러디 그림책에 담겨 있는 깊고 어려운 주제를 성인들만큼 이해하지 못한다 하더라도 원래 이야기의 변형이나 새로운 요소로부터 나오는 유머 때문에 즐거움을 얻을 수 있다는 사실은 분명하다. 나아가 교사나 부모가 패러디 그림책을 적절히 활용하면서 유아들을 잘 이끌어 준다면 유아들의 즐거움은 배가 될 수 있고 교육적 효과도 매우 크다.

❶ 즐거움과 흥미 유발

패러디 그림책은 대부분 이야기와 그림에 유머가 내재되어 있는 경우가 많다. 원작에서 볼 수 없는 새로운 유머를 접하면서 유아들은 독자로서 즐거움과 흥미를 얻을 수 있다. 유아들이 패러디 그림책으로부터 느낀 즐거움은 문학적 취향을 발달시키는 밑거름이 될 수 있다. 예를 들어, 《아기돼지 세 자매》(파랑새)는 《아기 돼지 삼 형제》를 패러디한 그림책으로 등장인물이 삼 형제에서 세 자매로 변화된 것이 가장 큰 특징이다. 이야기를 살펴보면 세 자매 중 첫째와 둘째는 돼지 가면을 쓴 늑대에게 잡아먹히지만 셋째 돼지는 지혜를 써서 늑대를 사로 잡는다. 셋째 돼지가 늑대를 속여 사로잡는 장면은 늑대가 돼지 가면을 쓰고 다른 두 자매를 잡아먹은 것에 대한 통쾌한 복수로 매우 유머스러운 그림으로 표현되어 있다. 늑대를 사로잡았다는 소문이 퍼져 셋째 돼지와 결혼하겠다는 남자돼지들이 문전성시를 이루는 마지막 장면 또한 웃음을 자아낸다.

원작인 《아기돼지 삼 형제》의 주제가 유비무환의 정신으로 튼튼한 집을 지은 돼지가 자신뿐만 아니라 다른 형제들도 구하게 된다는 것인 데 반해 이 패러디 그림책에서는 외모나 재력에 휘둘리는 여성보다는 지혜와 능력을 가진 여성상을 주제로 다룬다. 또한 남성에 의존하는 종속적인 결혼관에서 탈피하여 현대 여성들이 지향하는 여성이 주체가 되는 결혼관도 제시한다.

아기돼지 세 자매
프레데릭 스테르 저/주니어파랑새/1999

이러한 패러디 그림책으로부터 즐거움을 얻으려면 반드시 부모나 교사가 먼저 유아들에게 원작을 소개해야 한다. 원작의 내용을 아는 유아들만이 원작을 패러디한 부분에 대해 신선한 즐거움과 흥미를 느낄 수 있기 때문이다.

패러디 그림책을 함께 즐길 수 있는 또 한 가지 방법은 유아들이 문학적 경험이 풍부한 또래들과 패러디 그림책으로 이야기 나누는 시간을 갖는 일이다. 유아들끼리 서로 이야기를 나누며 자연스럽게 패러디 그림책의 내용과 그 의미를 파악하게 되며 다양한 생각을 하는 기회가 될 수 있다.

❷ 다양한 관점의 열린 시각

패러디 그림책을 통해 유아들은 다양한 관점의 열린 시각을 발달시킬 수 있다. 즉, 패러디 그림책은 유아들이 옛이야기의 고정된 인물관이나 운명적 세계관을 비판하고 새로운 인물관과 세계관을 접할 수 있도록 한다. 문학작품은 시대의 산물이므로 그 시대의 세계관과 가치관을 담는다. 옛이야기는 그것이 만들어진 시대의 가치관을 반영하고 현대에 만들어진 패러디 그림책은 과거와는 다른 현대사회의 가치관을 반영한다.

예를 들어, 《비단 치마》(느림보)는 《심청전》을 패러디한 그림책이다. 《심청전》에서 청이는 시종일관 세상에 순응하는 착한 효녀다. 하지만 《비단 치마》에서 청이는 아버지의 눈을 뜨게 하기 위해 상인들을 따라가지만 실제로는 비단 치마에 마음을 빼앗기는 철없는 아가씨로 묘사된다. 막상 인당수에 다다랐을 때는 죽고 싶지 않아 물에 몸을 던지기를 주저하는 모습까지 보인다. 연꽃 속에서 되살아나 별당아씨 대접을 받고 살던 청이는 거지가 된 아버지를 보고 처음에는 모른 척하지만 결국은 아버지의 눈을 뜨게 한 청이는 아버지와 고향으로 돌아갈 결심을 한다. 청이는 이제 비단 치마를 입지 못하고 매일 농사를 지어야 살 수 있는 집으로 즐겁고 씩씩하게 돌아온다. 《비단 치마》에서 청이는 수동적인 성격이 아니라 자신의 삶을 스스로 결정하고 애쓰는 현대 여성상을 보여 준다. 또한 비단 치마에 눈이 먼 아가씨 심청이가 어려운 여정을 통해 진정한 행복을 찾아가는 성장 이야기이기도 하다. 따라서 선악으로 고정된 인물관이 아니라 변화하고 성장하는 인물관을 보여 주기도 한다.

《종이봉지 공주》(비룡소)에서는 공주가 용에게 붙잡힌 왕자를 지혜로 구한다. 《종이봉지 공주》에는 현대사회가 반영되고 있는데, 과거에는 남성의 육체적인 힘이 강조되었다면 현대에는 그보다 지적인 능력이 더 요구되고 있음을 보여 준다. 즉, 위기상황을 용기와 실질적인 지혜로 대처해 나가는 씩씩한 종이봉지 공주 이야기는 새로운 여성상을 보여 준다. 패러디 그림책을 통해 유아들은 다른 사람의 관점에서 세상을 볼 수 있는 조망능력도 발달된다. 다른 사람의 개성을 인정하며, 선입견을 버리고 상대방의 이야기에 귀를 기울이고 다른 생각을 가진 사람을 받아들이는 폭넓은 사고방식을 배우게 될 것이다.

예를 들어, 《늑대가 들려주는 아기돼지 삼형제 이야기》(보림)에서는 늑대가 원작인 《아기돼지 삼 형제》에서 왜 아기돼지 두 마리를 먹어치우게 되었고 고약한 늑대라는 누명을 쓰게 되었는지 이야기한다. 이 그림책의 주제는 한번쯤 선입견을 버리고 다른 사람의 목소리를 고려해야 한다는 것을 보여 주고 있다.

늑대가 들려주는 아기돼지 삼형제 이야기
존 셰스카 글. 레인 스미스 그림/보림/2008

즉, 늑대의 의견도 경청할 필요가 있다는 주장이다. 나아가 신문기자들이 진짜 이야기를 숨기고 독자들의 흥미를 끄는 왜곡된 이야기를 퍼뜨릴 수 있는 경우가 있다. 하지만 유아들이 이런 수준의 주제까지 이해하기는 어려우므로 어떤 문제에 대해 다양한 관점을 가지는 습관을 가져야 한다는 데 아기돼지 삼 형제 이야기 초점을 맞추는 것이 더 낫다. 이와 같은 것은 포스트모더니즘의 다양한 관점에 대한 수용과 맥락을 같이 한다고 볼 수 있다.

❸ 창작적 글쓰기의 바탕

패러디 그림책의 교육적 활용법 중 또 하나로 유아들의 창의적 글쓰기로 유도할 수 있다. 패러디 그림책은 여러 원작을 조합하여 재창작하거나 예상할 수 없는 결말이나 열린 결말을 제공하고 시공간을 넘나드는 새로운 플롯 형식을 보여 준다. 예를 들어, 《제가 잡아먹어도 될까요?》(베틀북)는 옛이야기 《늑대와 일곱 마리 아기염소》, 《빨간 모자》, 《아기돼지 삼 형제》, 《피터와 늑대》, 《엄지 동자의 모험》을 조합한 패러디된 이야기이다. 늑대 루카스가 길을 가며 만나는 인물들을 보면 원작 옛이야기들을 떠올리게 된다. 한편, 옛이야기가 어떻게 다른 재미있는 이야기로 재창작될 수 있는지 잘 볼 수 있어 옛이야기를 이용하는 창의적 글쓰기를 유도할 수 있다. 즉, 원작의 인물이나 이야기를 이용하여 새로운 이야기를 만들어 볼 수 있다.

《개구리 왕자 그 뒷이야기》(보림)와 같이 옛이야기의 뒷이야기를 유아들이 직접 만들어 보게 하는 것도 재미있는 작업이다. 해피엔딩으로 끝나는 옛이야기에 비해 패러디 그림책은 열린 결말인 경우가 많다. 유아들이 열린 결말의 패러디 그림책을 보고 뒷이야기를 만들어보는 기회를 가짐으로써 창작의 즐거움을 맛볼 수 있을 것이다.

2) 신화

신화란 그리스어 'mythos'에서 나온 것으로 '이야기'를 의미한다. 신화는 신과 영웅들의 이야기이며, 과학이나 종교와 관련이 있기도 하고 사회학적 심리학적으로 관련이 있기도 한다.

신화는 궁극적으로는 세상과 인류의 기원을 설명한다. 실제로 가장 원시적인 문화집단에서 가장 진보적인 문화집단에 이르기까지 나름대로 어떤 창조신화를 가지고 있다. 신화는 사회적인 관습과 신념을 설명하는 데도 도움이 된다. 또한 신화는 자연적인 현상에 대해서도 설명한다(Russell, 1991).

신화는 신과 인간의 관계를 정의한다. 신화에는 갖가지 모험에 성공하거나 도망가거나, 배신을 당하거나, 죽거나, 다시 살아서 돌아오는 젊은 신들이나 영웅들이 많이 등장한다. 신화는 인간 세계와 비인간 세계와의 사이에 일치성을 이룩하려고 하는 상상력의 가장 단순하고도 기본적인 형태이다.

신화는 종종 창조 이야기(creation stories)라고 부르기도 한다. 신화 속의 인물은 주로 평범한 인간의 말을 하는 신이며, 지상의 높은 곳을 떠나 신들의 집이 배경으로 묘사된다. 신화는 인성의 거울이며, 때때로 1차적 정서, 본능, 욕망의 본질을 다룬다. 신화는 신들의 이야기로서 대개 서구의 전래동화의 근원이 되었다. 동화는 옛날 이야기에 뿌리를 내리고 있으며, 옛날 이야기는 신화에 뿌리를 내리고 있다. 신화는 모든 옛날 이야기의 근본이 된다. 신화는 많은 전래동화와 마찬가지로 저자가 없이 입에서 입으로 구전되어 내려온 것으로, 신과 여신 및 영웅들을 중심으로 사물의 근원, 인생의 슬픔 및 기쁨, 절망과 두려움 등을 그렸다(Tomilnson & Lynch-Brown, 1996).

현재까지 알려지고 있는 세계에서 제일 오래된 이야기는 기원전 약 2000년경이라고 추정되는 고대 이집트의 파피루스에 기록된 《난파된 사나이의 이야기》로 보고 있다.

이집트의 배가 홍해에서 난파되어 전원이 익사하지만 단 한 사람의 선원이 섬에 도착한다. 섬은 거대한 뱀이 지배하고 있었는데, 그는 친절한 뱀의 도움을 받아 4개월 후에 지나가던 배에 구조된다. 그동안 뱀의 임금님은 자신의 불행을 이야기하며, 섬이 바다에 가라앉을 운명에 있다는 것과, 이전에는 인간의 딸도 섬에 있었다고 일러준다. 선원은 이집트로 돌아와 왕에게 자신의 진귀한 체험을 이야기한다는 내용이다.

가장 잘 알려진 신화로는 그리스 · 로마 신화와 노르웨이 신화가 있다.

(1) 그리스 · 로마 신화

고대 그리스의 신화는 그 내용의 풍부함과 장엄함이 세계 다른 나라의 신화보다 뛰어났고, 북구나 켈트(Celts : 인도 게르만족에 속하는 한 민족) 등의 신화가 기독교의 신앙 때문에 멸망했는데도 불구하고, 신화만은 오늘날에도 전해진다. 그리스 신화의 근간을 만든 것은 호메로스(Homeros : 기원전 8세기경의 서사시인)의 《일리아드》와 헤시오도스(Hesiodos : 기원전 8세기경 서사시인)의 《신계부》이다. 근대에 와서 그리스 신화는 아동들에게 이야깃거리로 환영을 받고 있으며, 아동을 위해 쓰여진 그리스 신화 서적은 성경 이야기의 다음 자리를 차지할 만큼 많다.

또한 소재를 그리스 신화에서 따와 아동문학에 이바지한 것들도 많이 있다. 미국의 호오돈이 그리스 신화에 해석을 보태어 재화한 《원더 북》, 영국의 킹즐리가 그리스 신화의 정신과 고전적 웅대성을 충실히 재현한 《영웅 이야기》 등이 있다. 호오돈은 그의 《원더 북》에 《페르세우스의 원정담》, 《마이다스 왕의 이야기》, 《판도라의 상자》 등 6편을 수록했다.

《마이다스 왕의 이야기》는 인간의 속성 중 하나인 끝없는 부(富)에의 탐욕을 보여 주고 있다. 무엇이든 만지기만 하면 금이 되기를 바랐던 왕은 자기가 먹을 음식이 금으로 변하고, 사랑하는 딸마저 금으로 변하게 되자 자기의 잘못을 뉘우쳐 그 고통의 굴레로부터 벗어나 진정한 행복을 누리게 된다는 이야기다.

(2) 북구 신화

북구 신화는 그리스 신화와 나란히 유럽 2대 신화의 하나로서, 북구에 한정되지 않고, 영국·독일·네덜란드·프랑스 등을 포함한 게르만족 전체의 신화였지만, 다른 나라에서는 서서히 사라져 버렸고, 북구 아이랜드에만 남은 것이다.

북구 신화는 신화 시가집 〈엣다〉에서 후세에 전해내려 왔다. 북구 신화를 소재로 해서 만들어진 예술품 중 가장 뛰어난 것은 독일 작곡가인 바그너(Richard Wagner, 1813~1883)의 《니벨룽겐의 가락지》다. 이것은 엣다 및 볼슨가의 이야기를 바탕으로 해서 바그너의 사상에 의해 만들어진 것으로 근대적인 화려함과 극적 흥미가 있을 뿐만 아니라, 북구 고대의 특색을 잃지 않아서 존중할 만한 예술품이다.

북구 신화에 나오는 신들은 평범하지만 사납고 거칠며, 예쁘지도 않고, 고전적인 신성을 지니거나 우아하지는 않으나 영웅적인 기질을 가졌으며 웅장함이 있다. 북구 신화는 그리스 신화에 비해 장식성 없이 간결하게 극적으로 쓰여 있으며, 서술이나 묘사 없이 직접화법으로 되어 있는 동화가 갖는 특성과 상통한다.

(3) 유태 신화

유태 신화, 설화, 영웅 전설은 39권의 구약성서와 약 15권의 경외성전(經外聖傳) 및 마호멧교의 성전인 코란경에 의해 후세에 전해졌다. 이것들은 세계의 어떤 신화보다도 가장 종교적이며, 도덕적이라는 데 특색이 있다.

최초의 인간 《아담과 이브》, 《노아의 홍수》, 《솔로몬 왕 이야기》 등은 종교적 교훈과 동화적 흥미가 함께 있는 내용이다.

(4) 단군 신화

우리나라의 신화, 전설, 설화의 시작은 단군 신화나 가락국 신화를 비롯해서 기자(箕子)전설, 북 부여의 해모수(解慕漱), 동 부여의 금규(金蛙), 고구려의 동명왕, 주몽 신라의 박혁거세, 석탈해(昔脫解) 등의 전설 외에도 많이 알려져 있는데, 모두 원시씨족 사이에서 자연히 이어오던 이야기로서 아동문학으로 발전했다.

3) 전설

전설은 신화와 비슷해서 이 두 장르를 혼용해서 쓰거나 같이 묶어서 나누는 경우가 많다. 그러나 전설은 신화에 비해서 더 역사적 진실성을 가지며, 초자연적인 것에 덜 의존하고 신성성(神聖性)이 없으며, 증거물이 제시되는 경우가 많다.

전설은 실제의 개인이든지 필경 있었을 것이라고 가상하는 개인과 그들의 눈부신 행위에 기초를 두는 이야기이다.

'아더왕'과 같은 전설적인 인물과 '카멜레온'과 같은 전설적 배경은 실제와 환상이 혼용되어 묘사된다. 전설적 영웅의 공적을 비록 오늘날 사람들이 믿지 않는다고 할지라도 옛날에는 이러한 이야기를 사실이라고 생각했다.

〈표 4-2〉 전설과 민담의 차이

전설	민담
• 구체적인 사물과 관련이 있는 이야기이다. • 이야기를 증거할 만한 사물이나 사건을 가지고 있다(바위, 고목, 강, 절, 연못, 섬, 무덤, 고개 등). • 사람 등이 이야기 내용을 사실이라고 믿고 있는 경향이 있다. • 종교와도 관계가 있다. • 연대와 주인공이 있다. • 이야기의 전개법이 일정하지 않다. • 동화화되었을 경우 인물이나 내용이 반 정도는 사실에 근거하고 반 정도는 허구로 바뀐다. • 이야기를 할 때 이야기하는 사람에 따라 신축성 있게 할 수 있다.	• 근거가 없고 가공적이다. • 이야기의 시간과 장소가 애매하고 사실성이 없다. • 사람들이 이야기의 내용을 사실로 믿지 않는 경향이 있다. • 반드시 해피엔딩으로 끝난다.

출처: 김현희, 홍순정(1993).

4) 우화

우화는 매우 간단한 이야기인데, 보통 도덕이나 교훈을 명료하게 제시해 주며, 전형적으로 동물이 등장한다. 우화에 등장하는 동물들은 도덕적 교훈 또는 보편적 진리를 가르친다.

우화가 민담과 다른 점은 교훈적인 것이나 도덕적인 것을 가르치려는 것이다. 우화가 주는 교육적 의미는 지혜와 미덕을 빨리 습득할 수 있도록 해주며, 우화는 모든 인간의 강함과 나약함을 나타내고 있기 때문에 유아로 하여금 인간의 동기와 성격에 대해 이해하게 해준다. 반면, 우화는 비유나 풍자, 상징적인 방법을 사용하기 때문에 우화의 의도가 유아의 문학적인 이해를 돕기에는 다소 거리감이 있다.

어린 시절 이솝우화 모음집을 읽어 보지 않은 사람은 아마 드물 것이다. 어른이 되어 사고가 굳어지기 전에 이솝우화가 사물의 단 한 면만을 부각시키고 있지 않은지 한 번 더 생각해 볼 필요는 있다.

늘 상대방을 속이는 여우를 지혜로운 동물로 그리는 등 이솝우화 가운데 상당수가 혼자만을 위한 이기적이고 남에게 속지 않는 소극적인 지혜를 최선인 것처럼 미화하고 있는 부분이 많다. 지나칠 정도로 약삭빠른 데 비해 더불어 사는 지혜와 진취적인 사고가 부족한 요즘 어린이들에게 이솝우화의 교훈을 액면 그대로 받아들인 것은 어리석다는 것을 일깨워 줄 필요가 있다.

우화라 할 때는 우리는 《이솝우화》를 떠올린다. 이솝이 실존 인물이냐에 대해 의문을 제기하는 학자도 많지만, 약 2500년 전에 그리스에서 노예 신분으로 살았다고 한다. 이솝이 새 주인에게 팔려 갔을 때 마침 주인이 여행을 가게 되었다. 많은 노예들이 제각기 짐을 가지고 주인을 따라 갔는데, 남달리 이솝만은 가장 크고 무거운 양식 자루를 들고 갔다. 다른 노예들이 "지혜가 많다던 이솝도 저렇게 크고 무거운 짐을 지려는 것을 보니 어리석다"고 비웃었다. 그러나 하루, 이틀, 날이 지나가니까 양식 자루는 점점 줄어들어 마침내 다른 노예들이 무거운 짐에 지쳐 허덕일 때, 이솝은 빈 자루를 허리에 차고 경치 구경을 하고 다녔다고 한다. 이솝은 우화가 라틴어로 번역되어 중세에는 교과서로 사용되었고, 여러 나라의 언어로 번역되어 오늘에 이르렀다.

5) 전래동요

우리말 사전을 찾아보면 동요란 '아이들의 감정이나 심리를 나타낸 노래'라고 풀이되어 있다. 인류의 역사가 시작되면서부터 어린이들이 있는 곳에는 놀이가 있고, 놀이가 있는 곳에는 노래가 있기 마련이었다.

어린이들이 부르는 노래, 즉 아동 가요를 줄여서 만든 낱말이 동요(童謠)이다. 그러므로 동요란 문학과 음악의 두 영역에서 모두 쓰고 있는데, 음악에서는 '아이들의 노래'로 규정해 가사와 함께 곡까지를 통틀어 동요라 한 것이고, 문학에서는 가사만을 가지고도 동요라 하게 되었다.

동요의 기원은 원시종합예술에서 찾을 수 있으며, 문자 출현 이후 기록으로 정착되었다. 일정한 저자 없이 만들어진 전래된 동요를 '전래동요'라 하며, 전래동요 중 가장 오래된 동요가 〈서동요(薯童謠)〉로 추측하고 있는데, 아동들의 입을 통해 퍼져나간 구전 동요는 세월이 흐름에 따라 없어지기도 하고, 일부 수정되어 전해 내려오기도 한다.

전래동요는 시대의 흐름에 따라 첨삭 · 소멸되고 재발생하는 과정을 거치다가 현대에 이르러 수집 · 정리된 것이 대부분인데, 이를 '구전동요(口傳童謠)'라고 한다.

오늘날에도 즐겨 불리는 '달아 달아 밝은 달아 이태백이 놀던 달아'와 같은 '양친부모 모셔다가 천년만년 살고 지고'에서 보듯이 효의 사상이 담겨 있다.

현대에 이르러 개인 작가에 의해 동요가 만들어지게 되었는데, 이를 '창작동요'라고 한다. 우리나라의 창작동요는 1920년에 와서 나타나기 시작했다고 보는 견해가 지배적이다.

갑오경장(1984) 이후 1904년에 최남선의 〈경부선 철도가〉, 〈한양가〉 등의 작품이 나왔지만 어린이들을 위한 동요라기보다는 계몽적인 노래 가사로 보고 있다. 이어 소파(小派)의 출현은 아동문학을 꽃피웠으며, 당시 창간된 〈어린이〉지는 사람이 즐겁게 부를 수 있는 노래가 동요임을 알 수 있다.

특히, 전래동요 단동십훈(檀童十訓)은 우리나라 왕족들의 아기 교육을 위한 선조들의 지혜로운 육아법을 그리고 있다. 단동십훈(이상교 글, 최숙희 그림)은 단군왕적이면서 진보적이고, 활동적이면서 낙천적인 요소가 깃들어 있다. 아기는 재롱을 부리는 듯한 간단한 동작을 반복하면서 올바른 마음가짐을 기르고 육체적인 훈련을 할 수 있다. 단동십훈은 오늘날까지 이어져 내려오며 우리 아기들을 건강하게 자라게 한다.

불아불아 : 왕족들의 아기 교육법 단동십훈
이상교 글, 최숙희 그림/
언어세상/2007

제1훈 불아불아(佛牙佛牙)

- 동작 : 아기의 허리를 잡고 세워 오른쪽과 왼쪽으로 기우뚱 기우뚱 하면서 '불아불아'라고 말한다.
- 의미 : "우리 아기 착한 아기, 이 세상을 훤히 비칠 빛이 되거라!"라는 뜻

불아불아 불아불아
금을 주면 너를 살까
은을 주면 너를 살까
불아불아 불아불아
우리 아기 예쁜 아기
밝은 빛이 되어라
귀한 빛이 되어라

제2훈 시상시상(詩想詩想)

- 동작 : 아기를 무릎에 앉혀 놓고 앞뒤로 끄덕끄덕 흔들면서 '시상시상'이라고 말한다.
- 의미 : 부모를 공경하고 효도하며 조상을 섬기는 예의 바른 사람이 되라는 뜻

시상시상 시상시상
앞으로 나갔다
뒤로 물러났다
무엇 무엇이 보이니
시상시상 시상시상
윗사람을 섬기고
아랫사람을 아껴라

제3훈 도리도리(道理道理)

- 동작 : 머리를 좌우로 돌리며 '도리도리'라고 말한다.
- 의미 : 천지 만물이 하늘의 도리로 생겼듯이, 아기도 이러한 자연의 섭리로 태어났음을 잊지 말라는 뜻

도리도리 도리도리
왼편을 보아라
오른편을 보아라
도리도리 도리도리
그른 것을 버리고
옳은 것을 좇아라

제4훈 지암지암(持闇持闇)

- 동작 : 두 손을 앞으로 내놓고 손가락을 쥐었다 폈다 하며 손놀림을 가르치는 동작, 일명 '잼잼'놀이
- 의미 : 암은 어둡고 혼미하다는 뜻으로, 지암은 세상의 혼미한 것을 가려서 파악하는 뜻

잼잼잼잼 잼잼잼잼
쥐었다 폈다, 폈다 쥐었다
좋은 생각은 고이고
나쁜 생각은 버려라
잼잼잼잼 잼잼잼잼
두고두고 알아가라
살펴살펴 알아가라

제5훈 곤지곤지(坤地坤地)

- 동작 : 아기의 왼손을 펴게 한 다음 오른손 검지로 왼손바닥을 찧으며 '곤지곤지'라 말한다.
- 의미 : 십이라는 글자는 음과 양이 관통하는 모습으로 음양조화를 상징한다. 이를 알면 땅의 이치도 깨닫게 된다는 뜻

곤지곤지 곤지곤지
둥게둥게 얼뚱 아기
쑥쑥 자라 어서 자라
신랑 각시 되려무나
곤지곤지 곤지곤지
좋은 엄마 되려무나
좋은 아빠 되려무나

제6훈 섬마섬마(西摩西摩)

- 동작 : 어느새 다리에 힘이 생긴 아기가 엄마와 두 손을 잡고 한 발짝 두 발짝 걸음마를 하는 동작으로 '따로따로'라고도 한다.
- 의미 : 홀로서기, 자주독립을 하라는 뜻

섬마섬마 섬마섬마
방실방실 우리아기
잡지 않고 바로 서네
따로따로 따로따로
혼자서도 잘도 걷네
하늘 떠받칠 기둥 되겠네

제7훈 업비업비(業非業非)

- 동작 : 아기에게 해서는 안 되는 일을 말할 때 '에비에비' 겁을 주며 무서움을 가르친다.
- 의미 : 자연 이치와 섭리에 맞지 않은 생활을 하면 벌을 받게 될 것이라는 뜻

에비에비, 넘어질라
에비에비, 다칠라
에비에비, 사이좋게 놀아야지
우리 아기 착한 아기
우리 아기 튼튼 아기
벌써벌써 다 컸네

제8훈 아함아함(亞合亞合)

- 동작 : 손바닥으로 입을 막으며 소리 내는 동작이다.
- 의미 : 천지 좌우의 형국을 내 가슴 속에 모신다는 뜻

아함아함, 나무를 품어라
아함아함, 산을 담아라
아함아함, 하늘을 머금어라
세상이 아기 몸에 다 드네
우리 아기 온누리네
우리 아기 잘도 하네

제9훈 작작궁 작작궁(作作弓 作作弓)

- 동작 : 두 손바닥을 마주치며 소리 내는 동작으로, 일명 '짝짜꿍' 놀이이다.
- 의미 : 손뼉을 치며 기쁘게 노래하고 춤추자는 뜻

짝짜꿍 짝짜꿍
손뼉 치고 춤을 추어라
하나를 가르치니 열을 아네
열을 가르치니 백을 아네
짝짜꿍 짝짜꿍
우리 아기 잘도 하네

제10훈 질라아비훨훨의(羅阿備活活議)

- 동작 : 나팔을 불며 춤추는 동작이다.
- 의미 : 천지 우주의 모든 이치를 깨달았으니 땅의 기운을 받아 태어난 몸이 활활(活活)하게 잘 자라도록 즐겁게 살자는 뜻

질라아비훨훨의 질라아비훨훨의
두 팔을 크게 벌려 훨훨
가슴을 활짝 펴고 훨훨
하늘 끝까지 날아라
질라아비훨훨의 질라아비훨훨의

(1) 식물을 주제로 한 전래동요

참나무허구 뽕나무허구
대나무가 살았는데
뽕나무가 방구를
뽕뽕 끼게
참나무가 참으시오
참으시게 헝게
대나무가 대끼놈
대끼놈 허드라네

– 전북 부안 지방 –

가자가자 갓나무
오자오자 옻나무
칼로 찔러 배나무
따끔따끔 사시나무
방귀뀠다 뽕나무
마주섰다 전나무
오다가다 선나무
김치가지 꽃나무
맨드라미 봉선화
닭에 벼슬 꼬꾸댁

– 충청도를 비롯한 중부 지방 일대 –

(2) 자연을 주제로 한 전래동요

바람아 바람아 불어라
대추야 대추야 떨어져라
애들아 애들아 주워라
어른아 어른아 뺏어라
애들아 애들아 울어라

– 경상북도 –

달아달아 밝은 달아
이태백이 놀던 달아
저기저기 저 달 속에
계수나무 박혔으니
은도끼로 찍어내어
옥도끼로 다듬어서
초가삼간 집을 짓고
양친부모 모셔다가
천년만년 살고지고

– 함남 양산 지방 –

(3) 동물을 주제로 한 전래동요

두껍아, 두껍아, 헌 집 줄게
두껍아, 두껍아, 물 길러 오너라
두껍아, 두껍아, 너희 집 지어줄게
두껍아, 두껍아, 너희 집에 불났다.
솔이랑 가지고 뚤래 뚤래 오너라.

– 경기도 지방 –

이 노래는 어린이들이 모래놀이를 하면서 자신의 손 위에 모래를 쌓아올려 두드리며 모래집을 만들면서 부르던 노래다. 모래집을 다 만든 후에는 모래집이 망가지지 않도록 하기 위해 손을 살짝 빼야 한다.

새야 새야 파랑새야
녹두 밭에 앉지 마라
녹두 꽃이 떨어지면
청포 장수 울고 간다.
– 경기도, 전라도 지방 –

이 노래는 우리의 대표적 동요이다. 원래 이 동요는 동학란 때 녹두장군이었던 전봉준(1853~1895)을 흠모해 지어진 곡이라 하며, 청포 장수는 청군(淸軍)을 비유한 것이라고 한다.

(4) 놀림과 익살의 노래를 주제로 한 전래동요

앞니 빠진 갈가지
앞 도랑에 가지 마라
덧니 빠진 갈가지
뒷 도랑에 가지 마라
앞 도랑에 가며는
붕어 새끼 놀랜다
뒷 도랑에 가며는
잉어 새끼 놀랜다.
– 경북 상주 지방 –

꼬부랑 할머니가
꼬부랑 지팡이를 짚고
꼬부랑 강아지를 데리고
꼬부랑 길을 가다가
꼬부랑 나무에 올라
꼬부랑 똥을 먹으며
꼬부랑 지팡이로
꼬부랑 개를 때리니
꼬부랑 나무에 올라
꼬부랑깽 꼬부랑깽
– 함남 삼수 지방 –

(5) 전래동요의 교육적 가치

첫째, 유아에게 즐거움을 준다. 전래동요에 있는 여러 유형의 반복적 요소는 유아의 기억과 이해를 도우며 즐거움을 준다.

둘째, 유아의 언어발달을 돕는다. 전래동요는 의미를 모르면서도 쉽게 암기될 수 있으며, 어휘발달에 큰 자극제가 된다.

셋째, 간접경험의 폭을 넓혀 준다. 우리나라 전래동요에는 서양 전래동요에서 찾아볼 수 없는 조상들의 가족애, 우정, 효도, 형제애를 보여줌으로써 이것이 간접경험이 될 수 있다.

넷째, 유아의 사회성발달을 돕는다. 전래동요는 집단놀이를 증진시켜 사회성발달을 돕게 한다.

다섯째, 유아에게 음악적 경험을 제공한다. 전래동요의 음악성과 리듬감은 전래동요가 현대까지 구전되어 올 수 있었던 중요한 요건이다.

동적이고 경쾌한 속성을 가진 2음보율의 음률을 가지고 있는데, 이러한 박자와 리듬감은 유아에게 음악적 경험을 제공하는 교육적 가치를 갖는다(유아교육사전, 1997).

이상으로 살펴본 바와 같이 전래동요의 교육적 가치는 유아들에게 전통문화를 경험하게 함으로써 민족공동체 의식과 정체감을 형성할 수 있고 나아가서 전래동요 놀이와 함께 즐길 수 있기 때문에 유아의 음악성발달과 더불어 신체적 표현력과 사회성발달에도 많은 도움을 줄 수 있다는 데서 그 중요성을 찾을 수 있다.

3 환상동화

1) 환상동화의 정의

환상동화는 현실과는 다른 초자연적인 소재나 대상, 사건이 중심이 되는 이야기이다. 환상동화 안에서는 과학적인 설명이나 자연법칙은 일시 정지된다. 환상동화는 자연세계에서 발견되지 않는 어떤 요소들을 담고 있으며 그러한 요소는 마술, 말을 하는 동물이나 무생물, 공간과 시간의 제약으로부터 자유로움 등을 들 수 있다(Cullinan & Galda, 1994). 그러나 환상동화는 나름대로의 논리와 질서를 가지고 있으며 현실에서도 있음직한 것으로 받아들여질 수 있어야 한다. 환상동화와 전래동화는 현실에서 일어날 수 없는 환상적 요소와 초현실적인 요소를 포함한다는 점에서 비슷하다. 그러나 환상동화는 시간과 공간, 마술의 사용 면에서 전래동화와 구별된다.

환상동화는 불가사의하고 흥분되면서 만족감이 있는 색다른 세계, 즉 꿈의 세계, 환상의 세계로 유아들을 안내한다. 유아들은 환상동화를 통해서 자유로운 상상을 하고 창의적이고도 자발적인 사고를 하며 동시에 실재성을 체험하게 된다(Sutherland & Arbuthnot, 1991).

모리스 센닥의 《괴물들이 사는 나라》(모리스 센닥 글 · 그림/시공사)는 환상적인 이야기이지만 주인공 맥스가 환상의 세계로 들어가게 되는 계기가 되는 사건은 엄마 말씀을 듣지 않고 개구쟁이처럼 행동하다가 엄마로부터 "이 괴물딱지야!"라고 야단을 맞는 장면이다. 이 이야기에는 상상적인 동물이 많이 등장할 뿐만 아니라 현실 세계에서는 경험할 수 없는 일들이 유아의 일상적인 하루와 연결되어 있다. 맥스는 자신의 방에서 뛰어다니고, 천을 묶어 벽에 걸고, 텐트를 치며 놀이를 하다가 엄마로부터 야단을 맞은 이후부터 상상여행을 떠나고 상상적 동물을 만나 상상놀이를 확장시켜 나가게 된다.

이렇듯이 대부분의 환상동화는 유아들의 일상적인 현실생활에 기초하여 이야기가 전개되고 있다. 환상동화라고 할지라도 실재성과의 조화를 이루어야 하며, 고도의 마술적 요소가 나오는 환상동화에서조차 실재성과의 조화가 요구된다.

동화는 환상적 요소를 풍부히 가지고 있는데, 그 이유는 다음과 같다(장혜순, 1997).

- 유아기의 지적 · 정서적 특징이 곧 동화를 받아들이는 것이기 때문이다. 즉, 태양과 바위, 나무가 생명이나 정신을 가지고 있는 것으로 생각하는 물환론적인 원시적인 마음을 가지고 있기 때문에 동화가 가지고 있는 특성과 부합된다.
- 유아에게 나타나는 특징의 하나가 상상력이 풍부하다는 것이다. 그들의 상상력을 올바르게 키워 준다는 것은 곧 발견, 발명의 씨앗을 키우는 것이고 창작, 사상, 종교, 철학의 씨앗이 되는 것이다.
- 유아의 상상력은 혼자 힘으로 성장할 수 없기 때문에 판타지가 풍부한 문학과 예술을 유아에게 주어야 한다.

그러나 이러한 환상은 허황된 공상이나 부질없는 망상과는 구별되며, 환상동화가 터무니없고 기발하거나 단순히 유머러스한 이야기만은 아니다. 환상동화는 유아들의 동경이나 이상 또는 꿈을 상징하는 문학적 속성을 포함하고 있으며, 환상동화의 인물들은 유아의 물활론적 사고, 인공론적 사고에 부합된다.

좋은 환상동화는 이야기를 흥미롭게 전개하며 잘 묘사된 인물, 구성, 주제 등을 포함하여야 하며, 작가는 이러한 요소들을 다루되, 특히 환상세계를 창조하기 위한 배경, 인물, 시간 등에 주의하여야 한다.

2) 환상동화의 가치

유아기와 초등학교 저학년의 많은 어린이는 환상동화를 즐긴다. 특히, 인간처럼 행동하는 동물의 이야기를 즐긴다. 유아들은 환상동화에서 다루는 일상적인 삶의 문제들을 아무 어려움 없이 이해하기도 한다. 그러면 어린이들이 환상동화를 왜 좋아하는가? 환상동화의 인물들은 유아의 물활론적 사고, 인공론적 사고에 부합되므로 유아에게 다가서기 쉽다. 그러나 이러한 유아의 발달적 특성과의 관련성을 제외하고도 환상동화의 매력은 여러 면에서 발견될 수 있다.

판타지가 유아들의 삶에서 차지하는 위치는 다음과 같다.

- 많은 환상 그림책은 유아에게 기쁨을 준다. 글을 읽지 못하는 유아도 환상 그림책에서 기쁨과 즐거움을 발견한다. 유머러스한 책은 유아로 하여금 미소짓거나 폭소를 터뜨리게 한다.
- 판타지는 유아의 상상력을 발달시킨다. 환상동화는 유아로 하여금 자연, 사람, 사회를 새로운 방법으로 생각해 보게 함으로써 이에 대해 이전과는 다른 여러 다양한 관심을 갖게 한다.
- 좋은 환상동화는 자주 현재의 시공을 초월한 등장인물이 우리 사회의 관습과 제약으로부터 자유롭게 나타나 독자에게 대리 경험을 제공하여 삶을 풍요롭게 한다.
- 판타지는 인간의 행동과 문제에 대한 통찰력을 제공한다. 어떤 환상동화는 인간 내면의 보편적인 문제들을 통찰력 있는 방법으로 다룸으로써 삶의 의미와 인간과 자연, 인간과 인간 간의 관계를 이해하는 것을 도와준다. 그러나 의미는 그 책을 읽는 당시에 유아에게 전달될 수도 있으나 유아가 성장함에 따라 새롭게 다가올 수도 있다.
- 환상동화는 유아들의 모험하고자 하는 심리적 욕구를 채우기 위해 노력을 다하기 때문에 유아의 정서적 통합을 돕고, 유아의 맹렬한 감정을 투사하고 조정하며 다양한 사고를 촉진시킨다. 이러한 환상동화는 여러 측면에서 유아의 인성 발달에 중요하다.

3) 환상동화의 특성

환상동화는 실제 세계에서 발견할 수 없는 상상의 세계로의 문을 열어 준다. 환상동화는 매우 심오한 만물의 문제를 다루고 있다. 차가 공중으로 날아다니고, 동물이 말을 하는 등 초자연적인 사건들을 다루고 있다.

티터먼(Timmerman, 1983)은 문학작품을 환상동화로 특징짓기 위해서 6가지 특성이 필요하다고 하였는데, 이는 전통적인 이야기의 이용, 평범한 인물과 영웅적 자질의 묘사, 다른 세계의 환기, 마술과 초자연적인 것의 사용, 선과 악 사이의 갈등 표출, 탐색의 추적 등이다(현은자, 서정숙, 1999).

(1) 주제

환상동화는 사실 동화와 마찬가지로 여러 가지 다양한 주제를 다룬다. 유머와 같은 가벼운 주제에서부터 선과 악의 대결, 삶과 죽음의 의미 등의 무거운 주제 모두를 다 포함한다.

환상동화의 세계에서 주인공은 현실 세계에서 직면하는 모든 문제들과 만난다.

완다 가그의 《백만 마리 고양이》에서는 수많은 고양이 중에 할아버지, 할머니와 함께 살게 되는 고양이는 가장 연약하고 못생긴 고양이일 수 있다는 것이 주제이며 삶과 죽음의 문제를 다루고 있다.

《힐드리드 할머니와 밤》은 밤을 무서워하는 할머니가 밤을 몰아내기 위해 애를 쓰는 모습을 그리고 있다. 힐드리드 할머니가 밤을 싫어하기 때문에 빗자루로 밤을 싹싹 쓸고, 북북 문지르고, 박박 비비고, 탁탁 털어내며 밤을 자루에 똘똘 말아 넣어도 보고 꽉꽉 채워 넣어도 보고 끙끙 밀어 넣어도 보고 꾹꾹 눌어 담아 보고 그림자에게 살금살금 다가가 보는 모습에서 나오는 여러 의성어, 의태어들은 유아들이 재미있어 하는 용어들로 가득 차 있다. 그러다가 할머니는 아침이 오면 지쳐서 낮 동안 잠을 자고 다시 밤이 오면 잠을 이루지 못해 밤과 씨름한다.

나방, 별, 그림자와 잠자는 것도 싫어했습니다. 게다가 달빛까지 싫어했습니다. 힐드리드 할머니가 밤을 싫어했기 때문입니다.

힐드리드 할머니와 밤

첼리 두란 라이어 글, 아놀드 로벨 그림/시공주니어/1999

(2) 등장인물

환상동화에서는 인간을 비롯해 초현실적인 존재, 말하는 동물이나 무생물과 같은 특별한 유형의 인물이 등장한다. 특별한 유형의 인물은 그 자체가 환상적 느낌을 지니고 있기 때문에 이야기를 보다 쉽게 환상적으로 전개할 수 있게 한다.

초기 환상동화에 등장하는 초현실적 인물은 도깨비, 요정, 마녀같이 전래동화에서 쉽게 만날 수 있는 인물이었으나, 현대의 환상동화 작가는 《달 사람》과 같은 독창적인 환상적 주인공을 창안하거나, 우주공간 어딘가에 있을 법한 가공의 인물을 창안하기도 한다. 토미 웅거러의 《달 사람》은 달 속에서 갇혀서만 살던 사람이 지구 사람들이 즐겁게 지내는 모습을 동경하여 땅으로 내려왔으나 지구 사람들로부터 부당한 대접을 받고 자기가 있을 곳이 아님을 깨닫고 결국 자신이 속한 세계로 되돌아간다는 이야기이다. 달 사람이 지구로 오는 과정과 감옥에서 탈출하는 방법 등에서 느끼는 환상성과 모험이 어린 독자들에게 색다른 즐거움을 주고 있다. 주인공인 달 사람과 춤을 추는 지구인, 달 사람을 구경하러 몰려온 사람들, 사건을 수습하는 경찰, 소방관, 공무원들 그리고 달 사람을 다시 달로 돌려보내는 데 결정적인 역할을 하는 분젠 반 데르등켈 박사 등은 유아들에게 동일시하기 쉬운 인물들은 아니나 달 사람이 가지고 있는 어린이다운 성격과 행동이 이러한 낯설음을 사라지게 만든다.

윌리엄 스타이그의 《치과 의사 드소트 선생님》에서는 여우, 생쥐 등의 동물이 의인화되어 등장한다. 여우 한 마리가 이가 아파 생쥐 치과 의사 선생님에게 도움을 청하게 된다. 생쥐 부부는 여우가 다소 무섭게 느껴졌지만 불쌍하게 생각되어 도와주기로 결정한다. 생쥐와 여우가 사람처럼 말하고 행동할 뿐만 아니라 옷을 입고 사람들과 비슷한 집과 생활도구를 사용하고 있다. 또한 여우와 생쥐의 크기가 실제와 유사하게 묘사되어 있고 이를 치료하는 과정 또한 그럴듯한 도구를 사용하여 문제를 해결해 나가기 때문에 현실감을 느끼게 한다. 이 작품은 여러 의인화된 동물들이 살고 있는 마을, 등장인물과 드소트 선생님이 동물들을 치료하는 장면들이 주된 환상성이다.

존 버닝햄의 《검피 아저씨의 뱃놀이》는 현실세계에서는 사람과 동물이 서로 대화를 나눌 수 없으나 외적인 모습만 사람이고 동물이지 똑같은 인격적 존재로 등장하고 있다. 이 책은 동물들이 마치 사람인 것처럼 앉아서 차를 마시고 이야기하는 환상적 요소를 보여 주고 있다.

바바빠빠
아네트 티종 지음/시공주니어/2001

그러나 대부분의 환상동화에 등장하는 주된 인물은 인간이든지, 특별한 유형의 인물이든지, 우리 시대의 시간과 공간에 연계되어 있는 평범한 인물이다.

유아들은 환상동화에 나오는 평범한 인물을 자신과 쉽게 동일시한다. 환상동화의 인물들은 우리가 간접경험에 의해 성장할 수 있는 기회를 제공해 준다. 그러한 인물의 특징은 평범함, 순진함, 아이다움이 있고, 호기심이 풍부하며, 선한 본성을 지니고 있다.

《바바빠빠》의 주인공 바바빠빠는 엉뚱하기는 하지만 선한 목적을 위해 영웅적인 행동을 한다. 이들은 세상의 악과 용감하게 맞섬으로써 선을 추구한다. 따라서 환상 이야기 속의 평범한 주인공들은 영웅적인 행동을 하는 경우가 많다. 때로는 마법과 같은 초능력을 발휘하기도 하며, 엉뚱하고 대담하며, 기상천외한 행동을 하기도 한다.

(3) 배경

환상동화의 배경은 보통 시간적 · 공간적 제약을 받지 않고 자유롭기 때문에 아주 다양하다. 배경은 현실, 과거, 미래를 자유롭게 이동하며, 현실적 · 시간적 제약을 받지 않고 얼마든지 이야기의 전개가 가능하다. 즉, 환상동화는 복합적인 시 · 공간을 활용하기도 한다.

시간 여행이 자유롭고 광범위하기 때문에 자칫 터무니없는 이야기가 될 수도 있지만, 환상동화의 작가들은 현실과 환상의 세계를 연결하는 그럴듯한 장치나 통로를 사용함으로써 현실의 독자를 환상의 문턱 너머로 무리 없이 드나들게 만든다. 각각의 이야기의 특성에 적합 연결장치는 환상의 질서를 이끌어 내는 기능을 감당하고 있다.

《구름 나라》, 《괴물들이 사는 나라》, 《구름빵》에서 나타나는 환상세계로의 자연스러운 전이를 그 예로 들 수 있다.

《구름 나라》(존 버닝햄 글 · 그림/비룡소)는 초현실적인 공간이다. 앨버트는 이곳에서 구름 침대에서 잠을 자기도 하고 구름 나라 아이들과 구름 위에서 뛰어내리고 놀이를 하거나 공놀이, 수영, 구름 타고 달리기 등 재미있고 환상적인 놀이를 경험한다. 그리고 구름 나라 여왕님과 달 사람과 같이 초현실적 인물들도 만난다. 주인공 앨버트는 절벽에서 떨어짐으로써 환상의 세계로 가게 되면 나중에 구름 여왕의 주문을 통해 현실세계로 돌아오게 된다. 뿐만 아니라 앨버트가 현실로 돌아와서도 구름 나라에 다시 가고 싶어서 주문을 하려는 장면은 유아들에게 실제로 구름 나라가 존재한다는 생각을 갖게 한다.

《구름빵》(백희나 글 · 그림/한솔수북)은 2005년 볼로냐 국제 어린이 도서전에서 일러스트레이터 선정작품으로 뽑힌 국내 작가 도서로 비오는 날 잠이 오지 않는 남매는 밖으로 나가 구름을 따서 온다. 가벼운 작은 구름으로 엄마는 구름빵을 만들고 구름으로 만든 빵을 먹은 아이들은 구름처럼 두둥실 떠다니게 되고 이 빵을 아빠에게 갖다 주러 나가다가 콩나물시루 같은 버스를 타고 가는 아빠를 만나게 된다. 구름빵을 먹은 아빠는 구름처럼 떠서 회사에 지각하지 않게 되었다는 이야기이다. 주인공은 고양이 가족으로 사람으로 의인화되어 나오며 구름빵을 통해 현실의 문제 - 회사에 늦어 허둥대는 모습, 복잡한 교통상황, 콩나물시루 같은 버스를 타고 출근하는 아빠의 모습 -를 해결해 볼 수 있게 된다.

신기한 배경이 있는 환상그림책은 일상에서 경험하는 세계와는 또 다른 세계를 만나게 되고 등장인물은 실제의 세계와 환상 세계의 시간과 공간을 자유롭게 이동한다. 모리스 센닥의 《괴물들이 사는 나라》의 주인공 맥스는 저녁밥이 식기도 전 불과 몇 초, 몇 분 동안의 상상여행을 다녀왔음을 짐작하게 되며 이야기 전반에 걸쳐 현실적 시간은 거의 정지되어 있었음을 알 수 있다.

또한 이러한 유형의 환상그림책은 모두 집(방)을 떠남 - 환상세계 - 다시 돌아오는 회기적 플롯으로 되어 있다. 《괴물들이 사는 나라》의 경우를 살펴보자. 이야기의 전개는 맥스의 방 - 숲 - 바다 - 괴물들이 사는 나라 - 바다 - 맥스의 방으로 연결된다. 이때 맥스의 방은 현실의 세계이며, 나무나 숲 그리고 바다는 환상의 세계로 전환이 보다 자연스럽게 이루어지도록 환상의 세계로 향하는 길목이며, 바다는 통로 역할을 한다. 또한 배는 이 통로를 원활하게 드나들 수 있도록 하는 도구로서 기능을 한다. 존 버닝햄의 《구름 나라》에서도 등산 - 절벽에서 떨어짐 - 구름 나라 - 주문 - 자신의 방으로 진행된다.

(4) 플롯

환상동화의 플롯에서 독특한 것은 초자연적인 것의 사용이다. 초자연적 사건, 마술의 사용, 초자연적 문제해결 등이다.

환상동화의 플롯에 있어서 일련의 사건들은 논리성을 가지며, 줄거리를 믿을만하게 보여 준다. 즉, 환상적 리얼리티 혹은 환상의 질서는 중요한 요소다.

환상이 실제와 융합되어 자연스럽게 보이며 독자로 하여금 잘 몰입하도록 하는 것은 환상동화의 플롯의 요건이라고 할 수 있다. 우연적 사건의 남발이 없으며, 현실과 환상세계 사이의 전환이 자연스러운 것도 환상동화의 특징이다.

마법과 변형이 나타나는 윌리엄 스타이그의 《멋진 뼈다귀》에서는 학교, 가게, 집이라는 현실적인 배경을 갖고 있지만 주인공은 마귀할멈의 마술적 물건을 갖게 되어 어려움을 무사히 해결한다.

윌리엄 스타이그의 《당나귀 실베스터와 요술조약돌》에서 실베스터는 집으로 향하다 뜻하지 않게 사자를 만나게 되어 요술 조약돌을 사용해 자신을 바위로 만들어 버린다. 부모님들은 실베스터를 찾을 수 없어 슬퍼하다가 기적처럼 실베스터와 재회하게 된다.

4) 환상동화의 유형

환상동화의 여러 가지 유형 안에서도 어떤 이야기는 한 가지의 범주 이상으로 유형화(類型化)될 수 있다.

김세희와 임영심(1999)은 환상동화의 체계적인 연구를 위해 지금까지 정리되어 온 환상동화의 유형에 관한 이론을 일관된 분류기준에 따라 정리하였다. 즉, 말하는 동물이 등장하는 환상동화(Modern Stories of Talking Beasts)와 의인화된 동물과 무생물을 다룬 환상동화(Personified Toys and Other Inanimate Objects) 등은 그 분류기준이 '등장인물의 속성'이라 할 수 있고, 놀라운 세상의 환상동화(Extraordinary World), 소인국 환상동화(Small World Close Up) 등은 '배경의 속성'을 기준으로 분류되며, 초자연적 요소의 환상동화(Supernatural Elements), 전승문학 유형의 환상동화(Literary Lore / The Literary Tale), 마술이 있는 환상동화(Magic) 등은 대부분 마법적 사건을 일으키는 환상동화이므로 그 분류기준이 '사건의 속성'이라 할 수 있다.

등장인물을 기준으로 하는 환상동화는 초현실적 등장인물의 환상동화, 의인화된 동물의 환상동화, 의인화된 무생물의 환상동화, 현실적 인물의 환상동화로 나누고, 배경을 기준으로 하는 환상동화는 신비한 배경의 환상동화, 과학적 환상동화로 나누며, 사건을 기준으로 하는 환상동화는 비현실적 사건의 환상동화와 초현실적 사건의 환상동화로 나눈다.

(1) 등장인물에 따른 환상동화의 유형

❶ 초현실적 등장인물의 환상동화

모든 환상동화는 전래동화(The Literary Tale)에 그 뿌리를 두고 있지만, 특히 초현실적 등장인물의 환상동화는 전래동화와 유사한 면이 많다. 전래동화 속에는 요정, 난쟁이, 도깨비, 거인 등과 같은 초현실적 인물들이 자주 등장해 사람이 거주하는 집과 마을 근처의 보이지 않는 은밀한 곳에 숨어서 인간의 삶을 조정해 왔다. 초현실적 인물들은 신기한 행동과 사건으로 유아들을 이야기 속으로 몰입시킬 뿐만 아니라, 자주 마법을 사용하기도 한다.

유아들은 마법이 일어나면 자연의 법칙에 따라 조정될 수 없는 신비의 세계 속으로 들어갈 수 있음을 안다. 초현실적 인물이 마법을 사용한다는 신기한 이야기는 유아들의 호기심을 자아내기에 충분하다. 환상 작가들은 전래동화의 이러한 장점을 살려 초현실적 인물을 환상동화 속으로 끌어들이거나 전래동화에 나오는 초자연적 인물과 아주 유사하지만 조금 다른 독특한 인물을 창안해 내기도 한다. 인물들의 외모는 평범한 인간이라 할지라도 정상적인 인간의 행동을 벗어나거나, 상식을 초월해서 행동할 수 있는 마법의 능력을 가지고 있다.

이야기의 특징은 현실적 인물로 보이는 사람이지만 정상적인 능력 이상을 사용하고 있기 때문에 이야기 속에 과장이 많고 유머러스한 상황이 많다.

요코다 미노루의 《코가 늘어나는 임금님》 시리즈(1982)는 대표적 동화이다. 이 중의 하나인 《서커스단의 오르간》 이야기 속에 나오는 임금님은 코를 늘였다 줄였다 하는 마법을 사용해 다양한 묘기를 부림으로써 군중들을 열광시킨다.

임금님은 어느 날 음악 소리에 이끌려 서커스단의 마차를 타고 코 늘리기 묘기를 보이면서 구경꾼을 모은다. 숫자, 여러 가지 모양, 고래 등을 만들며 세계 여러 나라 사람들과 즐거운 시간을 보낸다.

❷ 의인화된 동물의 환상동화

동물이나 물건에게 사람처럼 옷을 입고 말을 하고 행동하게 하는 것을 의인화(擬人化 : anthropomorphic)라고 하며, 의인화된 동물이 등장인물로 나오는 이야기를 의인화된 동물의 환상동화라고 한다.

유아들이 최초로 접하게 되는 동화는 대부분 이런 유형일 경우가 많다. 이야기들은 인간의 사고, 감정, 언어를 동물에게 부여하는 물활론적 특성을 갖고 있기 때문에 유아들은 이야기를 재미있게 받아들일 뿐만 아니라 즐긴다. 유아를 위한 도서에 등장하고 있는 의인화된 동물의 이야기는 유아들에게 즐거움을 제공함으로써 유아기의 정서적 발달에 크게 기여하고 있다.

베아트릭 포터(Beatrix Potter)가 쓴 《피터 래빗 이야기(The Tale of Peter Rabbit)》(1902)나 《다람쥐 넛킨 이야기(The Tale of Squirrel Nutkin)》에 등장하는 동물은 축소된(writ small) 인간의 특성을 가지고 있다.

포터의 작품에는 유아들이 어린 시절에 만나게 되는 의인화된 동물이 주인공으로 등장한다.

《피터 래빗 이야기》에서 작가 포터는 등장인물들의 행동을 묘사하기 위해 토끼의 전형적인 행동과 인간의 행동을 혼합해 나타내고 있다. 피터는 맥그리그 할아버지 농장 텃밭의 채소를 먹으며 깡충깡충 뛰어다니는 전형적인 토끼의 행동을 한다. 동시에 엄마 토끼는 자녀에게 인간의 언어로 이야기하고, 피터와 엄마 토끼는 인간과 같은 옷을 입고 있으며, 토끼 가족은 카모밀 차를 마시는 등 사람처럼 행동한다.

의인화된 동물의 환상동화로는 존 버닝햄의 《검피 아저씨의 뱃놀이》, 베르너 홀츠 바르트(Waener Holzwarth) 글 · 울프 에를브루호(Wolf Erlbruch) 그림의 《누가 내 머리에 똥쌌어?》 등이 있다.

누가 내 머리에 똥쌌어
베르너 홀츠바르트 글, 볼프 에를브루흐 그림/
사계절/2008

❸ 의인화된 무생물의 환상동화

인간의 사고, 언어, 감정을 지닌 살아 숨쉬는 물체와 환상적 창조물이 등장하는 환상의 세계는 유아들에게 현실처럼 비춰진다. 유아들은 자신이 좋아하는 놀잇감과 동물인형이 자신과 같은 사람의 능력과 생명을 지니고 있다고 생각한다. 이 시기 동안, 유아들의 마음속에서 어떤 물건은 생명을 부여받아 환상, 희망, 공포 등을 투사하는 대상으로 살아나기도 한다.

유아기의 물활론적 사고는 유아들의 정상적 발달을 돕고 상상력과 사고력을 확장시켜 주며, 넓혀 주기 때문에 유아들에게 큰 반향을 불러일으킨다. 그들은 놀잇감이 살아 움직인다는 이야기를 듣거나 읽으면서 생명에 대한 물활론적인 자신의 견해를 신뢰하게 된다. 놀잇감 또는 소형의 존재에 관한 환상동화는 최소한의 작은 동작으로 자신의 존재를 드러내 보이는 것만으로도 유아의 정서를 고조시킬 수 있다.

유아들이 인형놀이를 할 때 인형들은 마치 사람인 것처럼 꾸며서 노는 것을 볼 수 있듯이, 이야기 속에서 인형들이 사람처럼 행동하고, 말을 하고, 생각하는 것을 자연스럽게 받아들인다.

콜로디의 《피노키오》 이야기에는 할아버지가 만든 나무토막 인형인 피노키오가 할아버지와 함께 생활을 하면서 여러 가지 말썽을 부린다. 콜로디는 말 못하고 움직이지 못하는 나무토막 인형에게 생명을 불어넣는다. 피노키오는 대부분의 유아들이 현실 속에서 억압되어 온 많은 제약을 뛰어넘어 활기차게 모험을 감행하는 개구쟁이로 탄생된다.

피노키오는 독립된 개체로 스스로 발전 성장하고자 하는 보편적인 유아의 모습을 대변해 주고 있다. 개구쟁이 피노키오는 많은 시행착오와 모험을 통해 스스로 변신을 거듭하고 그때마다 놀라운 성장을 하게 된다.

나무토막 → 당나귀 → 인간 소년의 변신 끝에 무생물인 나무토막은 생명이 있는 인간으로 탄생하게 된다. 이는 무기력해 보이는 유아들이 차츰 독립된 개인으로 성장·발달해 나간다는 상징적인 의미를 내포하고 있는 것이다.

김의숙(1991~1992)은 논문 〈피노키오와 그의 시각적 전달(Pinocchin & La Suacomunicazion Visiva)〉에서 피노키오의 변신을 "자기 자신의 극복, 악으로부터의 초월이며 종래는 인간세계로 변신되어 현실로 돌아오는 것, 즉 인간 존재의 존엄성과 선한 존재로서의 자기 완성을 뜻한다."고 설명한다.

의인화된 무생물의 환상동화로는 버지니아 리 버튼의 《말괄량이 기관차 치치》, 권정생의 《강아지 똥》, 돈 프리먼(Don Freeman)의 《꼬마 곰 코듀로이》 등이 있다.

❹ 현실적 인물의 환상동화

현실적 인물의 환상동화에 등장하는 주인공들은 사람은 사람처럼 동물은 동물처럼 행동한다. 이들은 엉뚱하고 괴짜처럼 보이거나 바보스럽기까지 한다.

이 이야기는 인간의 우둔함을 드러내기 위해 코미디 가면을 사용하기도 하며, 단어

놀이, 혀끝으로 볼 부풀리기, 익살, 야단법석, 재치를 사용해 환상적 요소를 자아내는 특성이 있다. 이를 컬리난(1991)은 낮은 수준의 환상동화(Light Fantasy)라고 분류한다. 이런 이야기는 환상동화가 반드시 환상적인 세계 속에서만 가능한 것이 아님을 보여 준다.

현실의 세계에서 현실적 인물이 현실적 사건을 만나고 그 사건을 해결하는 과정에서 풍자, 과장, 유머, 위트, 언어적 유희 등을 사용하므로 현실에서 전혀 일어날 수 없는 일들은 아니지만 실제로 일어나기 힘든 과장된 이야기이다. 이와 같은 이야기들은 유아들에게 유머와 카타르시스를 제공해 준다.

존 버닝햄의 《지각대장 존》은 현실 속에서는 선생님의 권위에 무기력하게 순종할 수밖에 없는 유아들이 이야기 속에서는 권위에 도전을 한다. 유아들은 이야기 속의 권위에 대한 풍자적 묘사를 통해 통쾌감을 맛본다. 어떤 교육자들은 이런 종류의 이야기를 교육적이지 못하다고 걱정할지도 모른다.

그러나 현실에서 억압된 유아의 정서를 순화시켜 주는 기능을 담당한다는 점에서 어린이의 정서발달을 돕는다고 할 수 있다. 이처럼 유아 환상 그림책에 등장하는 많은 동물들은 유아들의 여러 성격을 대변해 주고 있고, 유아들이 살아가면서 흔히 만날 수 있는 여러 유형의 문제를 제기시키며, 다양한 지혜를 동원해서 문제를 슬기롭게 해결해 나가는 것을 볼 수 있다.

현실적 인물의 환상동화로는 아스트리드 린드그렌(Astrid Linggren)의 《삐삐롱 스타킹》, 교코 마스오카 글 · 하야시 아키코 그림의 《목욕은 즐거워》 등이 있다.

(2) 배경에 따른 환상동화의 유형

❶ 신비한 배경의 환상동화

신비한 배경의 환상동화는 실제의 시간과 공간적 배경을 배제함으로써 초현실적 세계를 창조한다. 미래와 과거를 자유롭게 넘나들며, 현실적 시간 개념을 초월하는 시간 여행을 하기도 한다.

이야기 속의 시간은 현실의 시간과 비교해 볼 때 너무 길거나 너무 짧아서 현실적 시간과의 단절을 초래한다. 이처럼 환상 작가가 현실의 시 · 공간과는 다른 방식의 배경을 사용하는 이유는 모든 사람들이 경험하는 세계의 밖으로 안내함으로써 독자로 하여금 우리가 살고 있는 세상과는 전혀 다른 세상에 대한 이야기를 믿을 수 있도록 만들어야 하기 때문이다.

이와 같은 이야기를 시간여행 동화(Time Slip)라고 부른다. 이와 같은 유형의 이야기에서 작가는 시간을 상징적으로 사용함으로써 시간에 대한 의미를 새롭게 진술하고 있다. 이런 유형의 이야기에서 사용하는 시간 개념은 일상에서 경험하는 세계와는 또 다른 세계를 만나게 하는 요소가 된다. 등장인물들은 실제의 세계와 다른 시간과 공간 사이를 자유롭게 이동한다. 과거의 미래가 현재의 일부로 연결되는 이런 유의 시간 개념은 현실의 연속적 시간에 대한 일상적 이해를 넘어선다.

시간여행 환상동화의 작가들은 그들의 등장인물이 전통적인 시간의 안과 밖을 자유롭게 드나들 수 있도록 하기 위해 여러 가지 다양한 통로와 장치를 고안해 낸다.

존 버닝햄의 《구름 나라》 이야기에서는 절벽으로 떨어지는 사건으로 환상의 세계로 들어갔다가 주문에 의해 환상의 세계를 빠져 나온다.

모리스 센닥의 《깊은 밤 부엌에서》의 미키는 밀가루 반죽으로 비행기를 만들어 타고 은하수까지 갔다가 다시 반죽 그릇으로 돌아온다.

모리스 센닥의 《괴물들이 사는 나라》 이야기의 주인공 맥스는 어린이의 본성을 지니고 있는 개구쟁이다. 어머니는 계속 장난만 치고 있는 맥스를 향해 "이 괴물아!"라고 꾸짖는다. 이 말을 듣자 어머니에게 "엄마를 잡아먹을 거야"라고 대꾸하면서 괴물들이 사는 환상의 세계로 빠져든다.

시간여행 환상동화에서는 현실 세계와 환상 세계와의 연결이 매우 조심스럽고, 서서히 전개되기 때문에 유아들은 무리 없이 상상의 세계 속으로 몰입한다. 《괴물들이 사는 나라》에서 맥스의 방에는 차츰 나무 한 그루 두 그루가 생겨나기 시작하고, 방은 점점 숲으로 변한다. 이러한 반전은 서서히 상상의 세계로 빠져들도록 돕는다.

숲은 바다와 연결되어 있으며 바다는 미지의 세계에 대한 동경의 대상으로 맥스는 배를 타고 바다를 항해해서 괴물들이 사는 나라에 도착한다. 방 → 나무 → 숲(걸어서 여행) → 바다(배를 타고 여행) → 괴물들이 사는 나라로 전개되는 배경은 무리가 없어서 독자들은 이 이야기를 다 읽게 되면 맥스가 저녁밥이 채 식기도 전 불과 몇 초, 길어야 몇 분간의 상상여행을 다녀왔다는 것을 깨닫게 될 것이다. 아울러 이야기 전반에 걸쳐 현실적 시간은 거의 정지되어 있었음을 알 수가 있다.

모리스 센닥의 《깊은 밤 부엌에서》에서도 《괴물들이 사는 나라》와 유사한 방법으로 이야기 배경을 전개시킨다. 그러나 아이의 상상이 아닌 꿈의 여행을 통해 환상의 세계가 펼쳐진다. 이야기의 배경은 침대(꿈의 여행 시작) → 부엌 → 빵 반죽 그릇 → 하늘 여행(밀가루 반죽 비행기를 타고 여행) → 은하수로 점점 확대된다. 이 이야기는 주인공 미키의 꿈에서 전개되는 환상동화로 꿈속에서 미키는 환상의 부엌으로 떨어져 그곳의 밀가루 반죽 그릇으로 들어가게 된다.

빵을 굽는 요리사들이 미키가 들어간 반죽을 휘휘 젓자 미키는 자신이 밀크(우유)가 아니라 미키라고 이야기한다. 미키는 은하수로 가서 밀크(우유)를 가져오겠다고 하면서 밀가루 반죽으로 비행기를 만든다. 미키는 밀가루 반죽 비행기를 타고 은하수로 날아가 밀크를 가져와 요리사들이 밀가루를 반죽하고 있는 그릇에 부어 준다. 새벽이 오고 미키는 다시 침대로 되돌아온다.

레이먼드 브릭스의 《눈사람 아저씨》 그림 이야기 역시 현실과 환상의 세계를 꿈이 연결해 주고 있다. 이야기의 배경은 아이의 집(마당에서 눈사람을 만듦) → 침대(꿈의 여행 시작) → 꿈속의 아이 집 → 하늘 여행 → 낯선 항구로 전개된다. 아이는 집 앞마당의 현실에서 눈사람을 만든 후 자기 방에 들어가 잠을 청한다. 꿈속에서 아이는 눈사람 아저씨를 자기 집으로 초청해 집안을 구경시켜 주고, 식사도 함께 하면서 재미있는 시간을 보낸다.

눈사람 아저씨는 아이의 친절함에 보답하는 뜻으로 아이와 함께 하늘을 날아서 어느 항구에 도착한다. 그곳에서 건너편 바다를 바라보면서 눈사람 아저씨는 바다 반대편 나라(환상의 세계)에 관한 이야기를 해 준다.

새벽을 알리는 동이 트자 눈사람 아저씨는 다시 아이와 함께 하늘 높이 날아서 집으로 온다. 아이는 눈사람 아저씨와 작별 인사를 하고 잠자리에 든다.

다음날, 잠에서 깨어난 아이는 황급히 문 밖으로 나간다. 이미 그곳에는 아이가 어젯밤 꿈속에서 자신과 즐겁게 시간을 보낸 눈사람이 형체도 없이 녹아버린 것을 발견한다. 위의 세 환상동화는 모두 집(방) → 떠남 → 환상세계 → 다시 돌아옴의 플롯으로 되어 있다.

❷ 과학 환상동화

과학 환상동화는 기존의 공상과학동화(Science Fiction)와 밀접히 관련된다. 과학 환상동화는 환상동화(Fantasy)와 마술(Magic), 초심리학(parapsychology)의 초현실적인 것이 과학적 이론이나 원리와 결합된 것이다. 이를 흔히 공상과학동화(Science Fiction) 혹은 과학 환상동화(Science Fantasy)라 부르며, 현실에서의 복잡한 사건을 다루지만 현실 세계에는 없는 인물이 등장하며, 현실세계와는 다른 시·공간을 사용하고 지구의 미래와 행복을 위하거나 개인의 책임을 강조한다는 점에서 다른 유형의 환상동화와 비교될 수 있다.

과학 환상동화는 다른 세계, 다른 시대의 삶이 어떠한 것인지를 추측하는 내용의 줄거리가 주류를 이루며 대부분 기술공학의 경이로움을 극화하고 있다.

과학 환상동화는 다른 유형의 환상동화에 비해 이야기가 실현 가능성이 있다는 점에서 차이가 있다. 예를 들어, 줄 베르느의 동화에서 등장했던 비행기, 잠수함, 라디오, 텔레비전, 백열등, 우주 여행 등은 이미 현대 과학의 산물이 되었다(이상금, 장영희, 1986).

과학 환상동화는 영웅 환상동화와도 비슷한 면이 있다. 즉, 선인과 악인 간의 갈등을 다루고 결과에 따라 문명세계의 운명이 좌우된다(Russell, 1991)는 점에서 그러하다. 과학 환상동화의 대부분은 개개인의 범죄와 윤리적인 행동에 대한 문제를 다루면서 인류학적 · 사회학적 관점에서 미래사회를 조명하고 있다. 이런 유형의 이야기는 평화와 공존에 반한 침략과 억압의 결과가 인류에게 미치는 영향을 다루거나, 개개인의 특정한 목표와 지위를 추구하는 내용이 많다. 이는 미래 시대에 초점을 맞추고 있기 때문에 현존하는 실재성과 일치하지 않는 세계를 설정하게 되는데, 이러한 측면 때문에 과학 환상동화를 환상동화에 포함시키기도 한다.

그러나 이야기 속에 묘사되는 미래의 실재성은 종종 과학적 원리에 근거해서 이야기의 기초를 창안한다는 점에서는 다른 유형의 환상동화와 차이가 있다.

과학적 환상동화는 과학적 사실에 기초를 두며, 미래에 초점을 두고 기계공학적인 영향과 인간, 우주인, 또는 다른 창조물의 과학을 다룬다는 점에서 탐색 소설(speculative fiction)의 색채가 강하다(Cullinan & Galda, 1994).

시간여행이라는 아이디어도 모든 유형의 환상동화에서 자주 다루어지지만, 과학적 환상동화는 약간의 차이가 있다. 인물이 한 세계에서 다른 세계로 이동할 때 대부분 환상동화에서 사용되는 이동장치는 부적, 반지, 구멍, 바람, 잠, 변형, 어떤 특별한 장소인 반면, 과학 환상동화에서는 과학적인 또는 기술적 장치에 의존한다. 궁극적으로 공상과학동화는 과학이 인간에게 끼치는 영향에 관심을 둔다.

일부 과학 환상동화의 작가들은 생존을 다룬 문학(the literature of survival)에서 미래 세계를 암울하게 보고 있다. 비록 대부분의 핵 시나리오가 모두를 위협하고 있어서 극도로 암울한데도 불구하고 유아들이 핵전쟁에서 살아남는 것을 보여 주는 이야기도 있다.

인구 폭발, 오염, 동식물의 멸종, 식량 수급과 같은 생존의 문제는 공상과학 작가들에게 인류가 지구상에 살아 남을 수 있는 방안을 모색할 수 있는 기회를 제공해 주었다. 즉, 일부는 새로운 국경이 외계에 존재한다고도 했으며, 또 다른 이들은 우리가 지구상에 살아남는다면 새로운 국경을 만드는 것이 지구를 좀더 풍요롭게 만들 수 있는 것이라고도 했다(Cullinan & Halda, 1994).

레이먼드 브릭스 《바람이 불 때에》는 미래에 핵폭탄이 터지면 세상이 어떻게 될 것인지를 만화 풍으로 묘사하고 있다. 이 이야기는 삶에 대한 애착이 강한 노부부가 핵폭탄이 터진 뒤 방사능에 오염되어 기력을 잃어가는 모습을 그리고 있다. 주인공인 노부부는 현대문명에 피해를 입는 힘없는 시민이다. 이야기 전반에 걸쳐서 정부와 백인의 우월주의에 대한 비판과 핵의 위험성에 대한 고발을 내재하고 있다. 극한 상황에서 소망을 잃지 않고 기도하는 노부부의 모습을 통해 문명의 최대 희생양은 바로 선량하고 순진한 시민이라는 암시를 주고 있다.

(3) 이야기 구조에 따른 환상동화의 유형

❶ 비현실적인 사건이 있는 환상동화

현실적 주인공이 비현실적 사건을 만나게 되는 환상동화가 있다. 이는 전래동화에서 자주 등장하는 특이한 창조물이 마법이라는 초현실적 사건을 일으키는 이야기와 구별되며, 환상동화에는 전래동화와 달리 마법이 아닌 상상이나 꿈을 통해 현실적으로 일어날 수 없는 사건을 만나게 되는 이야기 구조를 갖는다. 시간여행 환상동화와 유사할 수 있지만 현실세계와 환상세계가 구별되지 않는 배경을 사용하고 있다는 측면에서는 시간 여행 환상동화와도 구별된다. 이러한 환상동화는 비현실적 사건이 발생하기 때문에 자칫 구성이 잘못 될 경우에는 터무니없는 이야기가 될 수도 있을 것이다.

존 버닝햄의 《지각대장 존》에는 존이 학교 가는 도중에 하수구에서 악어를 만나고, 덤불에서 사자를 만나고, 강에서 파도를 만나게 되는 비현실적 사건이 나온다. 이러한 사건들은 존의 상상에 의해 생겨나게 되는 비현실적 사건임에도 불구하고 독자는 터무니없는 이야기라는 느낌을 갖지 않을 정도로 현실적인 느낌을 주는 이야기이다.

존은 학교를 간다 → 존은 학교 가는 길에 상상의 사건(악어, 사자, 파도)을 만나 시간을 보낸다 → 학교에 지각한 존은 선생님으로부터 벌을 받는다는 일련의 에피소드가 반복되는 이야기들은 타당한 이유 없이 학생이 지각하는 것은 학교 규칙에 어긋나는 일이고, 규칙을 어겼을 때 학생은 벌을 받는다는 현실적 인과성에 기초해 이야기가 전개되었기 때문이다. 이러한 반복적 에피소드는 이야기의 전체 맥락을 전개시키는 데도 논리적인 전개로 환상동화라고 여겨지지 않는다. 특히, "존은 지각할 수밖에 없는 나름대로의 이유가 있었다 → 교사는 존의 지각에 대한 이유를 인정하지 않는다 → 존은 곤경에 처한 교사를 보았을 때 외면함으로써 교사와 맞선다"식의 이야기 전개는 어린이 독자들을 이해시키기에 충분히 논리적이다.

어린이 독자들은 지각대장 존 이야기의 이러한 인과성과 논리성을 충분히 이해하고 있기 때문에, 이야기 속에서 주인공 존이 현실과 상상을 빈번하게 드나들면서 만나는 비현실적 사건을 터무니없다는 시각으로 해석하지 않는다.

비현실적 사건이 있는 환상동화로는 사토 와키코의 《도깨비를 빨아버린 우리 엄마》, 토미 웅거러의 《크릭터》, 신지윤 글 · 유진희 그림의 《앵앵앵 날 잡아봐라》, 완다 가그(Wanda Gag)의 《백만 마리 고양이》 등이 있다.

❷ 초현실적 사건이 있는 환상동화

전형적인 전래동화에 나오는 마법과 변형이 나타나 초현실적 사건의 문제를 해결해 주는 환상동화가 있다. 이 이야기는 마법과 변형이 나타난다는 점에서 앞서 분류한 초현실적 등장인물의 환상동화와 유사하다고 볼 수 있다. 그러나 이야기의 초점이 인물에 있는지, 사건에 있는지를 살펴본다면 두 범주를 쉽게 식별할 수 있을 것이다.

초현실적 등장인물의 환상동화는 초현실적 인물이 직접 마법을 사용하는 이야기로 보다 인물 중심적인 이야기이다. 반면에 초현실적 사건이 있는 환상동화는 평범한 인물이 어떤 기이한 물체를 얻게 된 후 곤경에 처했을 때, 신귀물(神鬼沕)을 사용해 문제를 마법적으로 해결하는 이야기로 보다 사건 중심적 이야기이다.

윌리엄 스테이그의 《멋진 뼈다귀(The Amazing Bone)》에 등장하는 마귀할멈은 마술 뼈다귀를 잃어버린다. 이 뼈다귀는 말을 할 뿐만 아니라 마술적 힘을 발휘하기도 하는데, 펄이 방과 후 집으로 가는 도중 뼈다귀를 줍는다. 펄은 강도 여우를 만나 곤경에 처하게 되는데, 뼈다귀는 주문을 사용해서 강도 여우를 생쥐만큼 작게 만들어 버린다. 이야기는 학교, 가게, 집이라는 현실적인 배경을 가지고 있지만 주인공은 마법의 뼈다귀를 갖게 되어 어려움을 무사히 해결하게 된다. 이야기 속의 인물들은 마법을 사용해 크게 과장된 행동을 해서 때로는 터무니없어 보이기까지 한다.

그러나 이러한 부분이 오히려 유아들에게 즐거움을 가져다주기 때문에 유아들의 정서발달에 도움을 줄 수 있다.

어린이들은 윌리엄 스테이그의 《당나귀 실베스터와 요술 조약돌(Sylvester and the Magic Pebble)》에서는 마법을 즐긴다. 꼬마 당나귀 실베스터는 마법을 사용하는 요술 조약돌을 줍는다. 실베스터는 무서운 사자를 만났을 때, 자신을 바위로 만들어 버림으로써 곤경에서 피할 수 있게 된다.

5) 환상동화의 평가준거

유아들은 환상의 세계가 불가능하다는 것을 알고 있는 경우에도 그것이 가능한 것처럼 제기되기를 바란다. 환상작가가 환상의 세계 안에서 지켜지는 어떤 규칙을 세우고 그 규칙에 충실하기를 바라며 그러한 맥락에서 이야기 끝부분에 별안간 꿈이 되거나 아무것도 일어나지 않은 걸로 되는 식으로 터무니없이 무너지지 않기를 바라는 것과 같다고 볼 수 있다. 좋은 환상동화의 준거로 '믿을 만한가?'는 이러한 측면에서 이야기의 논리성을 강조한다고 볼 수 있다.

컬리넌과 갤다(1994)는 환상동화의 평가준거를 다음과 같이 제시한다.

- 환상의 세계는 이야기 맥락 내에서 상세하며 믿을 만한가?
- 사건은 상상 속에서 일어나면서도 이야기 내에서 논리적으로 일관성이 있는가?
- 등장인물은 다차원적이며 일관성 있고 논리적인 행동을 하는가?
- 생생한 이미지와 확고하고 이해할 만한 구조가 있는가?
- 주제는 독자에게 의미 있고 삶에 대해 생각하도록 하는가?

4 생활동화

1) 생활동화의 정의

생활동화는 사람과 동물에게 실제로 발생할 수 있는 이야기를 말하며 이는 사건들이 발생하거나 발생할 수 있다는 가능성의 범위 안에서 설정된다.

생활동화의 그림책의 주제와 갈래는 광범위하다. 유아기는 몸과 마음에 큰 변화를 겪는 시기로 유아는 이러한 변화에 때른 혼란을 겪고, 갈등하며, 적응해간다. 이러한 성장과정은 어른에게 의존적이었던 아동이 점차 자아를 인식하고 독립된 주체가 되는 것으로 생활도서의 주인공이 겪는 문제들은 어린 유아가 자아를 찾아가는 데 많은 도움을 준다.

생활동화의 이야기의 주인공은 저자가 창안한 사실적인 인물이며, 그들의 행위와 반응은 실제의 사람 또는 실제의 동물들의 행위와 반응들이 매우 유사하다.

유아들은 그들 자신 또는 그들과 같은 또래의 이야기를 좋아한다. 우리들에게 일어났거나 일어날 수 있는 이야기를 다룬 그림책으로 크게 두 가지 내용으로 분류될 수 있다. 하나는 일상생활에서 일어나는 문제를 다루는 것으로 가족, 친구나 학교, 유치원에서 일어나는 일 등을 다룬 것이고, 다른 하나는 현대사회의 문제를 다룬 책으로 성, 계층이나 계급, 장애, 소외, 차별, 폭력, 이혼 등을 다룬 것과 민족, 종교, 평화 등의 주제를 다룬 것이다.

2) 생활동화의 가치

생활동화는 동화를 읽는 유아보다 나이 든 어린이들의 시대에 관한 이야기일 수도 있지만, 현재 살고 있는 유아들에게 큰 가치를 지닌다. 좋은 생활동화는 어린 독자에게 현재 삶을 살아가는 다양한 방법을 제시하고, 삶에 대한 가치와 의미를 부여하며, 호소력과 감동을 자아낸다. 생활동화의 가치를 살펴보면 다음과 같다.

- 생활동화는 유아들로 하여금 쉽게 다가가도록 하며 즐거움을 준다. 유아들은 종종 자신의 삶 또는 자신과 아주 유사한 삶을 바라볼 수 있다.
- 생활동화는 다른 사람들이 어떻게 살아가고 자신들의 문제를 어떻게 해결해 가는지를 알도록 돕는다.

- 생활동화는 다른 문화권의 유아의 생활을 묘사한다. 이를 읽을 때 유아들은 문화를 통틀어 인간의 기본 가치에 대한 보편성을 탐색할 뿐만 아니라, 그들의 일상생활을 여러 가지 다른 방식으로 살아가고 있다는 것을 알게 된다.
- 모든 유아들의 삶이 반드시 따뜻하고 안전하지만은 않다는 사실을 알 수 있게 된다. 그 결과 다른 유아들이 경험하고 있는 문제에 대해 보다 민감해질 수 있다.

3) 생활동화의 특성

생활동화의 유아는 경험세계, 사실의 세계를 다루기 때문에 유아들에게 친숙하게 다가간다. 유아들은 생활동화를 통해 경험의 폭을 넓혀가고 호기심을 충족시키며, 미숙한 자아를 발달시켜 나간다.

생활동화의 특성을 문학의 요소별로 살펴보면 다음과 같다.

(1) 배경

생활동화의 배경은 실제의 상황이거나 실제로 있을 수 있음직하다고 믿을 만한 배경이다. 또한 배경은 장소와 이야기의 사건들 간에 논리적으로 연관성을 맺고 있어야 한다. 이처럼 생활동화의 배경은 작가가 작품을 쓴 당시의 상황과 일치하므로 우리가 아는 현대의 세계가 그려진다.

(2) 인물

일상생활 속에서 발견할 수 있는 일들을 반영해 주는 인물로서 그들은 실세계에서 실제 사람이 지닐 수 있는 타고난 능력을 지니고 있으며, 실패를 경험하기도 한다. 인간들의 다양한 능력과 약점을 다차원적으로 그리고 있으며, 시간이 흐름에 따라 인물들은 성장하고 변화를 겪는다.

인물들의 행동과 말에는 성격이 드러난다. 주인공은 신뢰감을 주고 이야기가 전개되면서 인간성은 변화되어 완전하게 발달된다. 이러한 변화와 발달은 대부분 인물이 어떤 문제를 해결하는 동안 발생하는 사건을 통해 이루어진다.

등장인물은 과장되지 않고 실제 사람의 성격대로 행동하며 평범한 사람으로 묘사된다. 동물이나 짐승들도 실제 동물처럼 행동하기는 하나 이야기의 재미를 더하기 위하여 환상적 요소가 가미되기도 하며, 의인화된 동물이 등장하기도 한다.

(3) 구성

생활동화에는 믿을 만한 문제, 목적 또는 갈등이 있기 때문에 독자가 흥미를 갖고 이야기를 이해할 수 있다.

생활동화의 갈등상황은 주인공이 직면하는 문제들을 처리하고 해결해 가면서 발전된다. 주인공은 직면한 문제를 해결하기 위하여 빠른 속도로 행동을 취한다. 생활동화는 전래동화처럼 항상 행복한 결말로 끝나지는 않으며 결말 부분에는 현실이 반영되거나 유머를 지니기도 한다.

(4) 주제

생활동화 그림책의 주제와 소재는 유아가 실제 경험하는 여러 문제를 다루는만큼 매우 다양하지만, 시대에 따라 변하는 문화사회적 가치도 반영한다. 이러한 시대성의 반영은 판타지 그림책과는 다르게 현실세계에 존재하는 시간과 장소를 선택할 수밖에 없는 생활동화 그림책의 배경에서도 적용된다.

이와 같은 측면에서 생활동화는 사회적인 변화요인을 가장 다양하고 민감하게 다룰 수 있는 장르이다. 특히, 급변하는 사회 속에서 커다란 변화와 다양성이 시도될 수 있는 주제나 형식이 가능하다(Sutheland & Arbuthnot, 1991). 현대사회에서 증가하고 있는 이혼율, 미혼모, 편부모가정 등 가족제도의 변화, 환경재해 및 오염 문제, 폭력과 범죄,

종교적 · 민족적 갈등 등 수많은 문제들이 현대를 살고 있는 유아에게도 직접적인 영향을 미치고 있으며, 이러한 주제들이 생활동화에서 폭넓게 다루어지고 있다.

주로 다루어지는 생활동화의 주제는 알코올 중독, 인종차별, 가난, 불행 등과 같은 사회적 문제들에 초점을 맞추고 있다. 이들 도서는 어린이의 삶 속에 행복하고 재미있는 시간을 이야기하지만 유아들의 생활의 일부가 되는 불행한 시간에 대한 것도 포함하고 있다. 또래 간의 문제, 이혼, 약물남용, 신체적 · 정신적 무능력, 사회적 흐름으로부터 오는 다양한 문제들이 생활동화의 주제가 된다.

또한 유머스럽고 가족 내에서 잘 적응하는 유아들의 일상적 사건들, 실제적으로 묘사하고 있는 동물에 관한 이야기들 역시 생활동화의 주제가 된다. 이 외에도 미스터리, 모험, 로맨스, 스포츠 이야기, 다른 나라 유아들에 관한 주제를 갖는 이야기들도 있다.

4) 생활동화의 유형

생활동화에 나오는 사건이나 인간관계는 유아에게 있음직한 이야기로 다가온다. 생활동화는 주제별로 유형을 분류할 수 있는데, 이는 다음과 같다.

(1) 성장에 관한 이야기

유아들은 성인이 되는 과정에서 동화 속의 주인공이 겪는 일련의 사건과 유사한 사건이 삶 속에서 재현되는 경우가 많다. 생활동화는 많은 부분들이 성장에 관한 문제들을 다루고 있다. 유아들은 어른들로부터 점차로 독립해야 하며, 독립으로 인한 두려움과 기쁨을 느끼게 된다. 또한 좀 더 나이가 든 아이들은 독립을 원하고 있으며 도덕적 선택을 두고 갈등한다. 유아들은 자신들이 누구이며, 자신이 좋아하는 것과 좋아하지 않는 것, 하고 싶은 것과 하고 싶지 않은 것 등에 대해 알려고 한다.

성장에 관한 그림 이야기책을 소개하면 다음과 같다.

- 《이슬이의 첫 심부름》 쓰쓰이 요리코 지음/한림출판사/1996
- 《어른이 되고 싶은 두레》 보리 글, 김환영 그림/웅진출판사/1991
- 《코끼리의 발견》 한국아동문학가협회 글 · 그림
- 《장화가 좋았어요》 편집부 글, 차정인 그림/웅진출판사
- 《베개아기》 김현주 글 · 그림/깊은샘 옹달샘

장화가 사라졌어요

(이다 예센 글 · 한나 바르톨린 그림 오미숙 외 옮김, 현북스)

비 오는 날 형 코비와 놀러 나왔다가 새로 산 장화를 진흙탕에서 잃어버린 동생 맥스, 아무리 위로해줘도 그저 울기만 하는 동생을 위해 코비는 자기 장화 한 짝을 물속에 던져버리는데… 슬픔에 빠진 동생을 위해 희생하는 형의 따뜻한 마음이 느껴지는 그림책. 장화를 한 짝씩 신고 신나게 노는 형제의 모습이 미소를 자아낸다.

(2) 가족관계

가족은 유아가 처음으로 접하게 되는 사회적 세계로 그곳에서 가족들과 사랑을 나누며 인생을 시작한다. 유아는 이 시기에 확립된 신뢰감과 안정감을 기초로 하여 점차 사회 성원으로 자라게 된다. 《씩씩해요》(사계절)에는 아버지를 잃은 편모가정의 아이와 엄마가 등장한다. 이혼이나 미혼모의 증가 추세는 그림책에서도 새로운 가족 개념이 도입되어야 함을 제시해준다. 《우리 가족입니다》(보림)는 노인 문제 같은 사회적 문제에 부딪힌 가족이 어떻게 대응하고 살아나가야 하는지에 대한 고민을 던져준다. 가족은 현대인이 사회적 존재로서 취할 수 있는 최소 단위이며, 그림책은 글과 그림의 조합을 통해 현대 사회 속 가족이 처한 문제나 지향점을 설득력 있게 드러내는 매체가 될 수 있다.

《오렌지 말》은 제목 그대로 오렌지색을 띤 말의 이야기이다. 이 책은 대만의 그림책 작가 리우쉬공의 작품으로 타이완의 아름다운 항구 도시 가오슝의 모습을 담고 있다.

표지에 그려진 오렌지 말을 본 유아는 "와! 귀엽다."라고 감탄할 만큼 단순한 듯 하면서도 귀여운 느낌의 그림이 어린 유아의 마음을 사로잡을 수 있다. 책을 펼치자마자 앉은 자리에서 그림을 따라 한 장 한 장 넘기며 오렌지 말의 사연을 눈으로 좇아간다.

오래전에 도시로 온 오렌지 말은 헤어진 형을 그리워하며 외롭게 살고 있었다. 형을 기억할 만한 단서는 찢어진 반쪽짜리 사진 한 장뿐, 날마다 형을 그리워하며 사진을 안고 잠이 드는 오렌지 말. 그러다 문득 "나머지 사진 반쪽을 찾는다면 형도 찾을 수 있지 않을까?"라고 생각해 신문에 광고를 내게 된다.

처음에는 자신의 몸 색깔과 똑같은 '오렌지색'을 단서로 광고를 낸다. 그런데 엉뚱하게도 오렌지색 집이 찾아오고 다음번에 오렌지색 자동차가, 또 그 다음번에 오렌지색 사자가 찾아온다. 매번 형이 아니라는 사실에 온몸에 힘이 쭉 빠진 오렌지 말은 "형을 영원히 못 찾을지도 몰라."하며 슬퍼한다. 그러던 어느 날 오렌지 말은 우연히 초콜릿 말을 만난다. 둘은 이야기도 잘 통했고 먼 곳에서 온 초콜릿 말 역시 동생을 잃어버렸다는 공통점이 있었다. 오렌지 말은 초콜릿 말과 이야기하는 동안 마음이 따뜻하고 편안해진다. 과연 초콜릿 말은 오렌지 말이 애타게 찾던 그 형일까?

오렌지 말이 이야기한 단서들과 찢어진 사진을 맞춰보는 그림을 통해 이야기의 재미를 더해 간다. 초콜릿 말과의 만남을 통해 반쪽짜리 사진 속 형에 대한 그리움을 극복하고 '핏줄'이라는 전통적 가족의 개념으로 진정한 형제를 찾게 되는 이야기이다.

그 외 가족관계를 이해할 수 있는 그림 이야기책을 소개하면 다음과 같다.

- 《바닷가에 간 해리》 진 자이온 글, 마거릿 블러이 그레이엄 그림, 이상길 옮김/선진여성
- 《비누거품 도깨비》 최영재 글, 김미아 그림/선화교육사
- 《오늘은 소풍 가는 날》 쓰쓰이 요리코 글, 하야지 아키코 그림/한림출판

부루퉁한 스핑키
윌리엄 스타이그 지음/
비룡소/2000

- 《부루퉁한 스핑키》 윌리엄 스타이그 지음/비룡소
- 《아빠 돼지의 멋진 방귀》 에이코 카도노 글, 사사키 요코 그림/지경사
- 《엄마가 좋아》 마도 미치오 글, 마지마 세스코 그림/한림출판
- 《엄마 잃은 아기 참새》 루스 에인워스 원작, 호리우찌세이찌 그림/한림출판

- 《순이와 어린 동생》 쓰쓰이 요리코 글, 하야시 아키코 그림/한림출판
- 《쉿! 엄마 깨우지마!》 에일린 크리스텔로우 글 · 그림/사계절
- 《엄마와 나의 소중한 보물》 사이토우 에미 지음/크레용하우스/2000

(3) 또래와의 관계

유아는 활동과 탐험을 즐기는 동안 자신의 능력을 발견하게 되며 또래를 필요로 하게 된다. 또래와 함께 게임이나 놀이를 진행하기 위해 서로 양보하거나 조정하고 규칙을 만들면서 차츰 또래집단에 적응해 나간다. 유아는 자기가 속한 집단의 구성원으로서 적절한 행동을 함으로써 집단으로부터 인정받게 되고 자신도 만족을 느끼며 집단에 더 적극적으로 참여하게 된다. 뿐만 아니라 다른 사람과 더불어 사이좋게 지내는 방법, 집단생활에 적극적으로 참여하기, 협동하여 문제 해결하기 등을 체험하게 된다.

또래와의 관계를 이해할 수 있는 그림 이야기책은 다음과 같다.

- 《구리와 구라의 손님》 나카가와 리에코 글, 야마와키 유키로 그림/한림출판
- 《고양이와 쥐의 사랑》 네이너트 뉴먼 글, 마이클 포먼 그림, 김원석 옮김/보림
- 《나무와 나비 애벌레》 보리 글, 노정덕 그림/웅진출판사
- 《니나와 나누》 노베르트 란다 글, 한네 퇴르크 그림/중앙교육연수원
- 《무지개 물고기》 마르쿠스 피터스 글 · 그림, 공경회 옮김/네버랜드

- 《외톨이 사자는 친구가 없대요》 나카노 히로카주 글 · 그림/한림출판
- 《까마귀 소년》 야시마 타로 지음/비룡소/1996

(4) 동식물에 관한 애정

유아들이 3세경에 좋아하는 동식물에 대해서 친근감을 느끼게 되고, 그것을 기르고 가꾸는 사람을 돕는 놀이를 하기 시작한다. 이 시기 유아들은 사랑하는 방법을 잘 알지 못하여 괜히 동식물을 건드려서 괴롭히기도 하고 귀찮게 껴안으려 하기도 한다. 동식물을 좋아하고 싫어하는 감정, 공포심 등과 같은 감정들을 표출할 수 있는 출구가 필요하다.

5세경이 되면 유아는 타인에 대한 입장을 이해하는 능력을 발달시키면서 동물들의 처지를 알게 되므로 그들에게 잘 대해 주려고 한다. 이와 같이 하는 동안 동물이나 식물에 대한 애정을 기르게 되고 그들을 소중히 여길 수 있게 된다.

동식물에 관한 애정을 다루고 있는 그림 이야기책으로는 다음과 같다.

- 《세상에서 제일 힘센 수탉》 천즈위엔 글 · 그림, 박지민 옮김/재미마주
- 《개구쟁이 해리》 진 자이온 글, 마가레 그레엄 그림/다산기획
- 《나도 강아지 돌볼 수 있어》 로렌 차일드 글 · 그림/TV방송
- 《개가 무서워요》 울프 에를브루흐 글 · 그림/사계절

《개가 무서워요》 이야기에서 개를 좋아하는 레오나르드는 개 흉내를 내는 것을 좋아한다. 그러다 개가 무서워서 크고 용감한 개가 되게 해달라고 부탁한다. 개가 된 레오나르드는 이제 개가 무서운 것이 아니라 조그만 사내아이들이 무서워지기 시작한다. 레오나르드는 요정에게 부탁하여 다시 원래의 모습으로 돌아가서 다시는 개처

럼 으르렁거리지도, 짖지도 않는다. 이 동화를 통해 유아들은 개의 입장을 이해하게 되고 어떻게 하는 것이 진정으로 개를 사랑하는 방법인지를 체득하게 된다.

(5) 자연에 대한 흥미의 발달

유아는 태어나면서부터 자연에 대한 흥미와 호기심을 갖게 된다.

3세경부터 자연에 대한 흥미와 관심이 많아지게 되는데, 이 시기의 유아들은 사물과 접촉하며 사물을 체험하고, 사물의 이름을 명명하게 된다. 동물, 식물, 장난감, 기상, 천체들 중에서 변화가 현저하여 눈에 띄기 쉬운 것들을 잘 기억한다.

4세경부터는 자연현상과 사물의 연관성에 대한 인식도 활발해져서 직접 경험할 수 있는 것 이외에도 간접적으로 경험할 수 있는 그림책이나 여러 가지 다른 매체에 대해서도 흥미와 관심을 가지게 된다. "왜?", "어째서?"라고 하는 식의 인과관계, 직접 체험하기 어려운 사실 등에 대해서도 흥미와 관심을 갖게 된다. 또한 동물과 사람과의 생활태도에도 차이가 있고 동물들 사이에도 그 생활상의 차이가 있다는 것을 깨닫게 된다.

5세경이 되면 차츰 객관적인 관찰력과 사고력이 생겨서 지금까지의 관찰법이나 사고방법이 줄어들고 자연현상을 그대로 받아들 수 있게 된다.

자연현상에 대한 흥미를 발달시킬 수 있는 그림 이야기책으로는 다음과 같다.

- 《누가 내 머리에 똥쌌어?》 베르터 홀츠바르트 글, 울브 에를브루호 그림/사계절
- 《작은 집 이야기》 버지니아 리 버튼 글 · 그림, 박정선 옮김/네버랜드

(6) 상상과 모험

인간은 미지의 세계를 극복함으로써 현재의 삶의 방향을 바람직하게 설정하며 미지의 세계를 극복하기 위한 다양한 체험을 통해서 구체적으로 배우고 성장한다. 유아들 역시 미지의 세계에 대해 간접적으로나마 체험을 하게 될 미지의 세계를 효과적으

로 알게 되며 자신의 삶의 방향을 잘 찾게 된다.

문학은 일상생활이나 현실세계에서는 도저히 체험할 수 없는 세계로 유아들을 안내하며 여러 가지 신기한 체험을 경험하게 해준다. 유아는 놀이를 통해 학습하고 실험하며 탐색한다. 놀이는 유아의 성장에 중심이 되는 매개체이자 세상을 탐구하는 핵심적인 도구인 것이다. 《고양이》(길벗어린이)에는 고양이 흉내 내기 놀이를 즐기는 유아의 모습이 잘 표현되어 있다. 목적도 계획도 없이 놀이 그 자체에 몰입하고 즐기는 주인공 노마와 친구들은 유아의 모습을 그대로 반영하고 있다. 《나는 누구일까요?》(웅진주니어)는 정체성의 문제를 경쾌하고 가볍게 풀어놓았다. 나라는 존재는 다른 사람들과의 관계 속에서 규정된다는 사회적 존재로서의 나를 담고 있어 더 의미가 있다. 정체성을 다룬 책들은 자신에 대한 긍정성과 세상에 대한 자신감을 가질 수 있게 한다.

상상과 모험에 관한 내용을 다루고 있는 그림 이야기책은 다음과 같다.

- 《까막나라에서 온 삽사리》 정승각 글 · 그림/통나무
- 《꽃씨나라 난쟁이의 선물》 오코타 미노루 글 · 그림/한림출판
- 《도깨비와 굴렁새》 김병규 글, 김태란 그림/선화교육사
- 《꿈속의 다락방》 하윈오람 글, 기타무라 사토시 그림, 장영숙 옮김/선진여성
- 《달나라에 간 임금님》 메르세 콤파니 골질레스 글, 아구스터 아센시오 사우리 그림/한국 안데르센
- 《미키와 밀크》 모리스 센닥 글 · 그림, 홍성심 옮김/선진여성
- 《우리 친구 파란 말》 한국아동문학가협회 글 · 그림/드림랜드 출판
- 《코가 늘어나는 임금님》 요코타 미노루 글 · 그림/한림출판

(7) 유머

성인이나 유아 모두 웃는 것을 좋아한다. 유머는 유아들이 일상생활로부터 갖게 되

는 스트레스를 완화시켜 주고 그들의 정서적 · 사회적 · 지적 발달을 지지하는 데 중요한 역할을 한다. 유머의 소재로는 기발한 착상, 예기치 않은 일의 발발과 해결, 과장 등이 있으며 그 이야기는 결국 행복한 결말을 갖게 된다.

《모자들의 축제》에서는 아주 작은 모자의 등장과 그것을 쓰고 가는 무당벌레의 모습이 익살스럽게 그려져 있어 유아들에게 놀라움과 동시에 즐거움을 맛보게 한다.

유머를 다루는 그림 이야기책은 다음과 같다.

- 《검피 아저씨의 뱃놀이》 존 버닝햄 글 · 그림, 김용애 옮김/선진여성
- 《비누거품 도깨비》 최영재 글, 김미아 그림/선화교육사
- 《달나라에 간 임금님》 메르세 콤파니 곤질레스 글, 아구스터 아센시오 사우리 그림/한국 안데르센
- 《모자들의 축제》 한국아동문학인협회 글 · 그림/양우당
- 《코가 늘어나는 임금님》 요코타 미노루 글 · 그림/한림출판
- 《누가 내 머리에 똥쌌어?》 베르너 홀츠바르트 글, 울프 에를브루흐 그림/사계절

(8) 다문화

환경, 전쟁, 평화, 빈곤, 기아, 문화적 다양성 등의 문제가 세계적으로 대두되면서 더 이상 단일국가나 민족 차원에서 해결할 수 없다는 인식이 확산되고 있다. 이러한 흐름에 발맞추어 그림책에도 세계시민교육에 필요한 내용들을 담고 있다. '다문화'를 다룬 도서에서 가장 지양해야 할 부분은 '다문화'적 체험을 '아, 다양하구나'하고 느끼는 것에만 머무르게 하는 것이다. 최근에는 가치관의 변화와 문제를 개선하기 위한 태도를 지니는 데까지 나아가고 있다. 《내 이름이 담긴 병》(마루벌)이나 《함께 걷는 길》(웅진주니어)의 경우 문화적 갈등, 다른 문화에 대한 적응과 수용을 아동의 시선으로 과장되지 않게 그려냄으로써 잔잔한 울림을 주며, 《거짓말 같은 이야기》(시공 주니어)는 아

동 인권의 문제가 나와 관련 없는 것이 아니라 현재 자신이 살고 있는 지구촌의 동일 한 시·공간 속에서 발생하는 문제라는 자각을 불러일으킨다.

5 역사동화

1) 역사동화의 정의

현재로부터 먼 과거에 설정된 현실동화를 말한다. 비록 이야기에 상상력이 발휘되었다고 할지라도 사건들은 과거에 발생했음직한 가능성의 범주 안에서 설정된다. 역사적 사실은 상상력이 풍부한 등장인물들과 플롯에 따라 진술된다. 그 사실들은 역사적으로 실제의 사건들이며, 믿을 만한 시기의 배경과 실제 역사적 모습들을 밝히고 있다. 상상력이 풍부한 이야기는 이러한 사실들로 구성된다.

역사동화는 작가가 역사라는 천에다 스토리라는 작물을 짜는 것이다. 작가의 솜씨에 따라 책의 내용에 있어 그 무늬의 밀도가 있을 수 있기도 하고, 엉성해지기도 하고, 반듯하게도 되고, 그냥 더덕더덕 붙인 것 같이 되기도 한다.

역사동화의 성과는 작가의 상상력과 역사적 자료와 필력이 융합되어 독자들의 상상력을 강하게 불러일으키며, 독자로 하여금 다른 시대에 살고 있다는 느낌을 주기도 한다.

역사동화 작가는 독자에게 역사적 사실을 단순히 재미있게 읽도록 늘어놓는 것이 아니라 사적 자료(史的資料)를 바탕으로 이야기를 재미있게 전개함으로써 과거를 바라보는 관점을 제시하지 않으면 안 된다. 역사동화는 역사적 사실이 중요하면 할수록 독자에게 그 시대적 정신과 감정을 이해시키면서 동시에 감명을 줄 수 있어야 한다.

역사동화는 여러 형태가 있다. 작가가 구성, 인물, 사건 등을 자신이 생각해 내는 경우도 있고, 실제의 구성에 역사적 인물을 등장시키는 경우도 있으며, 때로는 이 두 가지의 방법을 서로 짜맞추어 이야기 속에 가공의 인물과 역사적 인물을 함께 등장시키기도 한다. 따라서 역사동화는 역사적 구성을 따르기도 하고, 역사적 구성으로부터 어느 정도 떨어지는 경우도 있다.

역사동화 작가는 가끔 역사적 사실을 그대로 썼기 때문에 그 시대의 분위기를 잃어버릴 수 있지만 사건을 선택하고 다시 바꿔 놓음으로써 이야기를 효과적으로 전달할 수도 있다.

2) 역사동화의 가치

역사동화는 과거를 다루는 하나의 방법이며, 동화로 구성될 만한 과거의 세계가 있었다는 것을 독자들의 마음에 분명하게 알릴 때, 그 가치가 더해지는 것이다. 역사동화를 읽거나 듣는 동안 유아들은 과거의 사람들 역시 현재와 마찬가지로 적나라한 인간으로서 살았고, 그 사람들의 슬픔과 희망과 모험 역시 현실에서도 일어나고 있는 것들이며, 그들의 시간도 우리들의 시간과 마찬가지로 소중한 것이었음을 알게 된다.

역사동화는 유아에게 역사에 대한 감각을 익히게 한다. 즉, 이 세상은 오래된 것으로서 과거의 시대에도 많은 이야기가 있다는 사실을 인식시키며, 과거로부터 오랜 세월이 계속되어서 현대에 이르렀다는 것을 자각시킨다.

역사동화는 역사를 우리들의 개인적 경험의 연장으로 변화시키는 것이지, 단순하게 지식의 양을 불어나게 하는 것은 아니다(Smith, 1997).

이 외에도 역사동화를 읽음으로써 얻게 되는 가치는 다음과 같다.

- 어린 독자들은 자신의 현재의 삶은 과거 살았던 사람들로부터 영향을 받아 왔음을 알게 된다. 또한 자신의 삶이 미래의 사람들의 삶에 영향을 끼치게 될 것임을 깨닫게 된다.
- 역사적으로 일상적인 측면의 인간을 느낄 수 있게 된다. 역사는 자신들과 유사한 사람들이 만든 것임을 이해하게 된다.
- 역사적으로 과거의 다른 시간 동안 인간들이 어떻게 살았고, 자신의 삶을 어떻게 즐겼는지를 이해하게 된다.
- 인간 욕구의 보편적 진가는 역사를 거쳐서 발달되었음을 안다.
- 고유의 민족적 유산에 대해 배운다.
- 독자는 시간 감각을 획득함으로써 점차적으로 역사가 과거에 생겼던 것에 대한 이야기로 구성된다는 의미를 알게 된다.
- 독자는 역사, 지리, 인류학 등과 같은 사회학 연구에 큰 흥미를 갖게 된다.

3) 역사동화의 특성

역사동화의 특성을 문학, 요소별로 살펴보면 다음과 같다.

(1) 배경

특정 역사적 시기라고 믿음이 가는 배경이다. 즉, 스토리가 재미있게 잘 되어 있을지라도 그 배경 설정이 시대적 고증을 잘못 전하지 않아야 한다. 등장인물에 신발이나 말투와 옛 의상만 입혀 놓고, 역사적 사건을 사이에 끼워 단순히 배경 화면을 그리는 정도에 그쳐서는 안 될 것이다. 우수한 역사동화는 역사, 편집, 시대감각, 그 시대를 규정하는 문제에 대한 직감 등이 균형을 이루어야 한다.

(2) 인물

역사동화에는 역사적으로 실제 있었던 인물이면서 현재 살고 있는 사람과 유사하게 행동하고, 말하는 인물이 등장한다. 유아는 역사동화를 듣거나 읽는 동안 이야기 속에 나오는 사람들이 옛날 실제로 살았다는 것을 알게 되면서 생명의 영속성을 깨닫게 된다.

즉, 눈앞에 비치는 현실의 세계를 넘어서서 인간의 생활은 끊임없이 계속되어 왔다는 것을 알고 감동한다. 과거에 대해 막연하고 이상하게만 생각한 것이 현실감을 띠기 시작하고 옛날에 살았던 영웅 등에 대해 큰 매력을 느끼게 되며 풍부한 상상력을 일으키면서 과거를 생각하게 된다.

(3) 구성

역사동화 속에는 독자가 믿을 만한 역사적 문제, 목적, 갈등 등이 있다. 유아를 위한 역사동화의 이야기 속에는 모험적 요소가 우선되어야 한다. 모험적 요소가 풍부한 역사 이야기는 등장인물들의 행위로 얽혀 있어야 한다. 행위가 계속해서 빠르게 전개되면 될수록 역사동화 속에 담겨 있는 스토리는 유아들의 마음을 더욱더 사로잡을 수 있게 될 것이다.

역사적 사건의 주변 이야기에만 행위가 발생하게 된다면 어린 독자들에게 결코 만족을 줄 수가 없다. 때문에 스토리와 역사는 한 덩어리가 되어야 하며, 분리될 수 없는 부분으로서 결합되고 조직되어야 한다.

(4) 주제

역사동화는 충성심, 우정, 용기 등과 같은 것을 나타내는 보편적 진리의 주제를 갖는 것이 대부분이다.

6 정보동화

1) 정보동화의 의의

〈표 4-3〉 사실과 환상의 정도에서 본 아동문학 장르

사실 ←							→ 환상
– 지식 그림책	– 자서전	– 전기	– 생활 동화	– 공상과학 동화	– 모험을 다룬 동화 – 환상동화	– 전설 – 서사시	– 설화 – 민담 – 신화

〈표 4-4〉 환상동화와 사실동화의 차이점

문학요소	환상동화	사실동화
주제	• 작가는 이야기의 불신을 없애기 위해 많은 노력을 기울임	• 작가는 매일 일어나는 사건이나 진짜 이야기 같은 명백한 주제에 근거
구성	• 갈등은 초자연적인 힘에 대항하는 것 • 문제는 마술적 힘을 통해 해결	• 갈등은 성징, 생존, 가족문제, 사회적 환경 같은 문제들에 인물이 대항함으로써 나옴 • 중재자는 자신, 다른 가족 구성원, 사회, 자연
인물	• 의인화된 장난감들, 작은 사람들, 초자연적인 존재, 상상 경험을 가진 실제 사람, 사람처럼 행동하는 동물들	• 인물은 실제 사람처럼 행동 • 동물은 동물일 뿐임
배경	• 과거, 현재, 미래, 상상 세계, 시·공간을 자유롭게 다님	• 우리가 알고 있는 현실세계

어린 독자들을 위해 그림책의 형식을 빌린 정보책의 유형을 정보그림책이라 정의하며 정보그림책은 정보책의 여러 형태 중 하나라고 할 수 있다. 우리나라에서 '정보그림책'에 대한 정의는 매우 혼란스럽다. '지식그림책', '지식·정보그림책', '사실그림

책', '논픽션그림책' 등 매우 다양한 말로 사용되고 있다.

국어사전을 찾아보면, '논픽션(nonfiction)이란 꾸민 이야기가 아닌, 사실에 근거하여 쓴 작품, 수기, 자서전, 기행문 따위'라고 되어 있다. 상상으로 지어낸 이야기가 아니라 실제의 사건, 인물 등 사실에 관한 내용을 다룬 책이라는 것이다. 특정한 정보를 다룬 책을 포함하여 나치의 유대인 학살사건이나 위안부 문제 같은 역사적 사건을 다룬 책, 혹은 위인의 삶을 다룬 인물 이야기 같은 책이 그 예가 될 것이다. 따라서 일부 학자들은 논픽션 안에 정보그림책과 위인전을 포함하기도 한다.

'사실(fact)'이란 정보를 처리하기 위해 제공되어야 하는 '원자료'다. 따라서 같은 정보라도 어떤 사실을 통해 정보를 전달하기 위해 어떤 사실을 선택하고 버릴 것인가를 결정하게 된다. 또한 '지식'이란 인간이 정보를 취함으로써 그 영향을 받아 만들어지는 것이다. 따라서 사실, 지식과 정보는 구분해서 쓸 필요가 있다.

이처럼 '정보그림책'이란 말이 혼동을 일으키는 이유 중 하나는 정보그림책들이 내용을 효과적으로 전달하기 위해 다양한 이야기(narratice)나 허구적인 가정을 사용하기 때문이다. 역사적 사건을 전달하기 위해, 마치 주인공이 역사 속의 한 인물인 것처럼 가정하여 이야기를 들려준다면 독자들은 당연히 이것이 사실인지 상상인지 구분하기 어렵다.

2) 정보그림책의 종류

정보그림책의 종류는 매우 다양하다. 내용을 기준으로 성 역할, 탄생 혹은 철학 같은 인간에 대한 것, 자연과학에 대한 것, 음악이나 미술 등 예술에 대한 것, 우리 사회나 세계에 대한 지식을 다룬 책 등으로 나눌 수 있다.

(1) 개념 책(concept book)

주로 나이 어린 독자를 대상으로 하며, 크기, 색깔, 형태, 공간적 관계, 시간 정서적 느낌, 자신, 가족과 같은 개념을 다루고 있다.

《두드려보아요》 책은 구조가 반전이 된다. 변화의 기대에 대한 호기심, 방마다 살고 있는 다양한 대상의 종류나 숫자나 행동이나 아기자기한 방의 상황이 나타나면 잠깐 잊고 즐기다가 벽에 있는 다른 색의 문의 의미를 알고 다음 문의 색깔을 맞추며 책의 흐름을 즐길 수 있게 한다.

《나의 색깔나라》(마거릿 와이즈 브라운 글, 로레타 그루핀스티 그림/랜덤하우스) 책은 책을 읽어 주는 이와 듣는 영아의 의사소통이 적극적인 전략으로 책 읽기를 공유할 수 있도록 만들어졌다. 《나의 색깔나라》는 복잡한 배경과 많은 사람들이 등장하고 그림책의 그림의 특성이 영아의 흥미에 영향을 미친다. 또한 색 이름에 대한 변별능력과 색 이름에 대한 어휘의 구조화를 이룰 수 있도록 만들어졌다.

《나의 색깔나라》의 도입부는 호기심을 유발하는 역할을 하고 "그래, 파란 문으로 들어가면 무슨 일이 벌어질까?"와 같은 의문을 가지고 책을 한 장 한 장 넘기면서 글자의 생김새와 소리의 울림, 그 단어들이 가리키는 사물, 시간, 장소 등을 떠올리며 심상을 익힐 수 있게 만들어졌다.

빨간색에서 빨간 장미가 피어 있는 정원에 앉아 있는 빨간 눈의 토끼를 연상하고 간 세계로 들어간다. 첫 제시어로 나온 장미처럼 아름답고, 싱싱하고, 정열적이고, 향기로운 어떤 것을 상상하게 만든다.

그 외에 자연에 대한 지식정보를 제공해주는 도서는 다음과 같다.

갯벌이 좋아요
유애로 지음/보림/1995

배고픈 애벌레
에릭 칼 지음/한국 몬테소리/1997

(2) 알파벳 책

국내에서는 '글자 책' 혹은 'ㄱㄴㄷ책'으로도 불린다.

박은영의 《기차 ㄱㄴㄷ》은 ㄱ부터 ㅎ까지 우리나라 한글 자음 14자를 재미있게 표현한 창작 그림책이다. 이야기를 통해 한글 자음을 자연스럽게 익히도록 하는 신선한 발상으로 국내에서는 최초로 시도된 글자 책이다. 같은 작가가 지은 《준영 ㄱㄴㄷ》은 한글 자음을 가지고 어린이들이 일상적으로 자주 접하고 좋아하는 사물들을 재미있게 그렸다. 이 책들은 이야기를 통해 한글 자음을 자연스럽게 익히도록 시도된 그림책이다. 이 글을 읽는 유아들은 딱딱한 암기식 설명 대신 이야기를 따라가면서 자연스런 연상작용으로 한글을 배우게 된다.

그 외 한글을 배울 수 있는 도서는 다음과 같다.

기역은 공
조미자 지음/마루벌/2002

화물 열차
도널드 크루즈 지음/시공주니어/1995

(3) 수 책

수책은 유아의 발달적 특성을 먼저 고려해야 한다. 전조작기 유아들에게는 상징과 그림을 함께 제시하는 것으로 학문적 개념 – 일대일 대응, 양, 서열, 덧셈과 뺄셈, 0의 개념, 부분과 전체 등 – 이 포함되어야 한다. 《아기 양 울리의 저녁 산책》(키타무라 사토시 글 · 그림/베틀북)은 아기 양 울리가 산책을 나와 잠들기까지 경험하고 만나는 대상들을 수로 연결지어 이야기를 엮어가고 있는 도서이다. '하나', '둘', '셋'과 같은 한국 고유 수 단어는 2세 이전에 획득하기 시작하나 '일', '이', '삼'과 같은 수 단어는 2세 이후에 획득하기 시작한다. 유아가 대상을 정확하게 헤아리기 위해서는 세 가지 기술이 필요한데, 수 이름 말하기, 각각의 대상물을 한 번씩 고려하기와 일대일 대응하기 등이 있는 이 도서는 이야기 형태로 이어지면서 수 세기 기술을 익혀가는 도서이다.

《장바구니》(존 버닝햄 글 · 그림/보림) 동화는 이야기의 첫 장면은 주인공 꼬마가 엄마 심부름으로 장바구니를 들고 현관문을 나서는 것이고, 마지막 장면은 장바구니를 들고 현관문을 들어서는 장면이며, 중간 장면들은 장을 보는 거리의 풍경들이다. 장바구니를 들고 집을 나서면서 25호집 – 울타리 – 쓰레기통 – 공사 중인 길 – 사나운 개가 사는 집을 지나 가게로 가서 물건을 사야 한다. 물건을 사기 위해서는 정확하게 기억해야 하는데, 기억을 돕기 위해 사야 할 물건들을 나열해 보면 역삼각형 형태가 된다. 이 도서는 연령이 높은 유아기 및 학동기 아동들의 기억력과 서열화를 도울 수 있는 도서이다. 유아가 수 학습을 할 때 수를 말할 수 있는 능력이 있다고 해서 사물들의 집합을 정확하게 헤아리는 능력이 있음을 의미하지는 않는다. 수 세기 원리는 효과적으로 헤아리는 기술이 발달하기 위해서는 사물을 헤아리는 반복적 경험이 있어야 하며, 실제로 이러한 기술은 어떠한 환경 속에서도 획득될 수 있는데, 《장바구니》 동화는 이와 같은 요소를 충족시켜 준다(이순형, 권영례, 1995).

《유령의 집에서》 이야기는 수의 순서를 알도록 하기 위해 역으로 세어 보는 방법을 보여 주는 도서이다. 또한 '0'을 소개해 주기 위해 무리가 없는 도서이기도 한다. '0'의 소개에 있어서도 견해에 따라 다르나, 일반적으로 1~4의 수 개념이 형성되었을 때, 0을 소개해 주어야 무리가 없다는 의견이 수용되고 있다. 6~9의 개념이 형성되는 때에도 0은 계속해서 소개해 주어야 하는 추상적 개념이다.

수의 순서 알기는 하나의 기계적 형식의 학습이며, 어느 정도는 기억하는 과업이다. 이것은 수학에 있어서 기억이 필요한 부분이지만 언어발달과 경험의 일부분이라고 할 수 있다(이순형, 권영례, 1995). 수활동 관련 도서로는 《함께 세어 보아요》(안노 미쓰마사)도 수를 재미있게 알 수 있도록 하는 도서이다.

함께 세어 보아요
안노 미쓰마사 지음/마루벌/1975

(4) 질문과 답책

질문하고 답을 하는 식의 형식에 내용을 담은 책이다. 질문에 대한 답은 바로 옆에 제시할 수도 있고 페이지를 넘겨 뒷면에 자리잡을 수도 있다. 야부우치 마사유키의 《어떻게 잠을 잘까요》(야부우치 미사유키 글 · 그림/한림출판사)가 이 부류의 책이다. '다람쥐는 어떻게 잠을 잘까?', '박쥐는?', '홍학은?' 등을 묻고 그 동물이 잠자는 모습과 그에 대한 간단한 설명이 제시된 단순한 구조의 그림책이다. 어린 유아들은 책장을 넘기는 재미를 맛보면서 동물들의 생김새와 생태를 배울 수 있다. 질문 방식으로 정보를 제시하는 것은 독자에게 긴장감과 호기심을 유발하여 답에 대한 기대를 높이므로 학습에 효과적이다.

《우리 엄마 어디 있어요?》(기도 반 게너흐텐 글 · 그림/한림출판사)는 대상영속성 개념이 형성되는 1~2세 영아를 위한 도서로 자신과 타인의 구별이 완전하지 않은 상태로 하양이가 엄마를 찾아가는 과정을 통해 엄마에게 마음을 의지하는 영아의 정서상태를 대화적 기법을 통해 잘 나타내고 있다. 영아들에게 친근감을 느낄 수 있도록 주인공 모습 동그라미라는 기본형으로 안정되고 평온함을 느끼게 해 주며 엄마를 찾아가는 하양이의 심리적 상태를 물리적인 무게로 균형을 이루고 있다.

(5) 지식정보책의 평가기준

설명적인 정보 제공의 형식을 취하고 있는 정보그림책의 경우 유아들이 글보다 그림의 영향을 크게 받는다. 정보책은 '사실'을 전면에 내세우기 때문에 책에 제시한 내용을 진실이라고 확신할 수 있어야 할 것이다.

좋은 지식정보책의 평가기준을 제시하면 다음과 같다.

첫째, 책에 쓰인 사실이 정확한가를 살펴보아야 할 것이다.

둘째, 책에 쓰인 사실과 이론이 명확하게 변별되고 가설이 검증되었나를 보아야 할 것이다.

셋째, 다른 중요한 사실이 생략되지 않았나를 살펴보아야 할 것이다.

넷째, 만약 최신 정보를 다루는 책이라면 그 정보가 무엇보다도 최신의 것인지를 살펴보아야 할 것이다.

다섯째, 주제가 되는 정보의 범위를 얼마나 단순화했는지를 살펴보아야 할 것이다. 본문의 내용이 아무리 정확해도 너무 많은 정보는 영유아들을 혼란시킬 수 있기 때문이다.

여섯째, 제본상태와 책을 써 내려간 형식을 고려해야 할 것이다. 책의 크기와 페이지, 사진이나 그림, 글자가 적절히 배치되었는지를 살펴야 할 것이다. 정보그림책 또한 책의 미적인 관점에서 손색이 없어야 할 것이다.

7 동시

1) 동시의 정의

동시라는 말은 '동(童)'과 '시'의 결합으로 되어 있다. '童'은 '아이'라는 뜻이며, '시'는 '귀글' 혹은 '생각'이란 뜻이다. 또는 동시는 어린이다운 심리와 감정을 제재로 혹은 성인이 어린이를 위해 쓴 시를 말하기도 한다. 따라서 동시를 쓰는 사람이 시인임은 물론이다. 동시가 시인과 아동과 심리적 교섭이라는 기능을 가진 언어의 한 특수 형태로 전달되는 영역이라는 점에서는 동요와 마찬가지다. 동시는 시가 갖는 조건 이외에 또 하나의 부대조건이 있다.

시인이 유아에게 새로운 경이와 호기심을 불러일으키고, 상상력의 세계를 전할 수 있어야 한다. 한 편의 동시는 어린이가 읽어도 어린이대로의 반사적인 시적 체험을 느낄 수 있어야 하고, 또 성인이 읽어도 성인대로의 감상과 해석을 시적 감흥 속에 전달받을 수 있어야만 한다. 이것이 문학로서의 가치이며, 이 시적 감흥을 전달하는 전달체가 시가 감상자를 연결시키는 시적 체험이다.

2) 동시의 교육적 의미

동시의 역사는 동요의 역사로 설명할 수 있다. 동요는 우리 근대 아동문학의 특수한 환경에서 태어난 독특한 갈래로 전래동요는 옛날부터 내려오는 어린이의 노래이다. 즉, 오랜 세월 전승되어 온 공동작, 구비문학의 특성을 지니고 있다는 의미이다.

근대적 동요는 최남선의 창작동요로

- 동요 전 시대에 성행했던 시로는 신체시와 창가가 있다.
- 동요는 창가의 후속적 양식이며
- 창가는 초기 애국적이고 계몽적 내용을 담고 있다. 일본식 율격과 정서, 감상으로 소파 방정환이 새로운 형식으로 동요를 만들어 〈어린이〉(1923) 잡지에 보급하였다.

동요는 1923년 소파에 의해 일반문학에서 아동문학으로 분화, 아동문학의 주류가 되있다. 한국 아동문학사상 초기 장르는 1920~30년대 동요황금시대로 윤극영, 최순애, 이원수 등이 있으며, 작품으로는 〈반달〉, 〈따오기〉, 〈오빠생각〉, 〈고향의 봄〉, 〈퐁당퐁당〉 등이 있다.

동요는 창가가 어린이에게 줄 수 없었던 문학적 즐거움을 선사하며 동요는 소리 내어 부를 것을 전제로 지어진 시(詩)이기에 가락에 맞추어 부르기 쉽게 정형률의 형태로 3 · 4조, 4 · 4조, 7 · 5조, 7 · 4조 등으로 이루어져 있다. 그러나 정형률의 형태로는 깊이 있고 복잡한 주제를 표현하는 데 한계가 있었다. 이에 1930년대 자유동시운동들이 활발히 이루어졌으며 1940년대 이후에는 동요가 차차 쇠퇴하였다. 1931년 윤석중이 우리나라 최초 개인 동시집 〈잃어버린 댕기〉(1931)를 출판하였으며 동요가 소리 내어 부르는 반면, 동시는 사색적 특성을 지니고 있고, 동요에서와 같은 음수율이 없이 자유로운 형태이며 독자적이고 개성적인 특성을 지니고 있다.

동시는 비유나 상징을 통해 우리의 경험과 정서를 집약적으로 표현하여 그것들을 효과적으로 환기시켜 준다. 적절한 어조와 운율, 감각적 어휘의 사용으로 아동에게 청각적인 즐거움과 감각적 즐거움, 언어적 감수성을 길러줄 수 있다. 또한 우리말의 아름다움을 느끼게 해주는 좋은 문학의 장르이기도 하다.

아부스닛과 스더랜드(1972)는 시는 어린이의 상상력을 여러 방법으로 확장시켜 주면서 내면적으로는 새로운 희망을 주며 또한 단순한 시구의 반복, 운율은 시를 가깝게 함으로써 언어의 아름다움에 대한 가사와 더불어 시의 분위기, 정서, 장면 등의 아름다움 등을 구체적으로 느끼게 해준다.

동시의 교육적 의의를 살펴보면 다음과 같다.

- 우리말의 아름다움을 느낄 수 있게 한다.
- 언어적 감수성을 세련되게 한다.
- 풍부하고 섬세한 감성을 길러준다.
- 자유로운 상상을 고무시킨다.
- 삶과 세상에 대한 통찰력을 길러준다.
- 인간과 자연을 사랑하는 마음을 길러줄 수 있다.

동시의 생활주제별 종류를 살펴보면 다음과 같다.

(1) 가족, 자연, 동식물, 일상생활 주제

동시의 주제와 소재는 다양하지만 아동이 이해하고 공감할 수 있는 것으로 가족, 자연, 동식물, 일상생활의 경험과 관련된 것이 많다.

꽃씨 - 서정숙 -

꽃씨야 어디 있니? 여기
꽃씨야 나오너라 아직도
해님 오면 나갈게
코자고 나갈게
쏘옥, 꽃싹/ 노랑 꽃싹
요기도 나왔다. 조기도 나왔다.

공룡의 나들이 - 이숙희 -

귀여운 아기 공룡들이 친구를 찾는대요
그래요 그래요 우리 함께 다같이 찾아봐요
목이 긴 브라키오사우루스는 기린하고 친구하고
날개달인 프테라노돈은 새랑 친구하고
가시돋친 스테고사우루스는 누구랑 친구하죠
맞아요 맞아요 고슴도치랑 놀지요.

잠꾸러기 - 어효선 -

참새들이 몰려와서 짹짹거려도 그대로 잠만 자는 잠꾸러기
까치가 찾아와서 깍깍거려도 그대로 잠만 자는 잠꾸러기
엄마 밥해놓고 흔들어 깨워도 그대로 잠만 자는 잠꾸러기
해님이 높다랗게 오른 뒤에야 배가 고파 일어나는 잠꾸러기

(2) 의인법을 활용한 동시

이슬 - 윤석중 -

이슬이
밤마다 내려와
풀밭에서 자고 가지요.
이슬이
오늘은 해가 안 떠
늦잠이 들었지요.
이슬이 깰까봐
바람이 조심조심 불고
새들은 소리 없이 날지요.

이 시에서는 의인법의 사용으로 빨래집게를 고집이 센 꼬마처럼 그리고, 바람을 짓궂은 어른처럼 비유해 고집이 센 어린 꼬마가 어른의 고집을 꺾고 자기의 것을 주장하는 모습을 연상케 한다.

빨래 집게 – 민형숙 –

한번 입에 물면
놓아주지 않는다.
개구쟁이 바람이
바짓가랑이를 잡고 늘어져도
꽉 문 빨래
놓치지 않는다.
조그만 게
고 조그만 게
덩치 큰 바람을 이긴다.

(3) 의태어와 의성어를 사용한 동시

아기와 나비 – 강소천 –

아기는 술래 나비야 달아나라
조그만 꼬까신이 아장아장 나비를 쫓아가면
나비는 훨 얼 훨 ~
요걸 못잡아?

아기는 숨이 차서 풀밭에 그만 주저 앉는다.
아기야 내가 나비를 잡아줄까?
길섶에 민들레가 방긋 웃는다.

이 시는 동심의 속성에 걸맞게 단순하고 명쾌하다. 각 연들로 전개될 때 형식들이 반복되어 재미를 더해주며, 의성어와 의태어를 반복해서 사용하고 3연에서는 대위법을 썼다.

눈 – 박정식 –

밟으면
뽀드득 뽀드득
아프지?
굴리면
둥글둥글
눈 주면
반짝반짝
반갑지?

(4) 서정성이 잘 드러난 동시

노랑 나비

나비	나비	나비
나비	나비	나비
노랑나비	노랑나비	노랑나비
길손 따라	소뿔에서	꽃잎에서
훨훨 갔네	한잠 자고	한잠 자고

푸른 날개 훨훨(김영일 글, 최중식 그림/대교/1987)

3) 동시 감상하기

- 유아는 동시를 감상함으로써 시의 음악성, 언어의 아름다움, 시가 함축하고 있는 메시지를 파악하게 된다. 또한 주제와 관련되는 동시를 감상함으로써 동시에 대한 문학적 감각을 기를 수 있다.
- 유아들은 청각적 즐거움을 느끼게 하는 감상활동을 좋아한다. 시는 음악적 요소를 내포하고 있다.

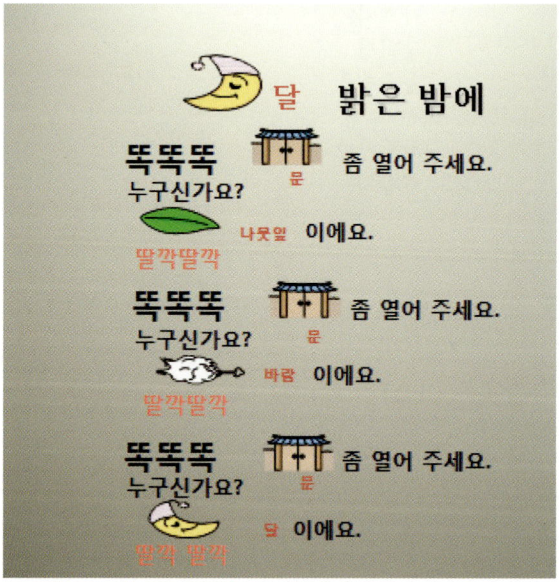

- 동시를 듣고 떠오르는 이미지, 상상, 느낌을 말로, 그림으로, 동작으로 표현해보는 활동은 유아들의 문학적 감각을 길러준다. 동시 감상하기, 동시 표현하기, 동시 짓기 등의 활동이 이에 해당한다.

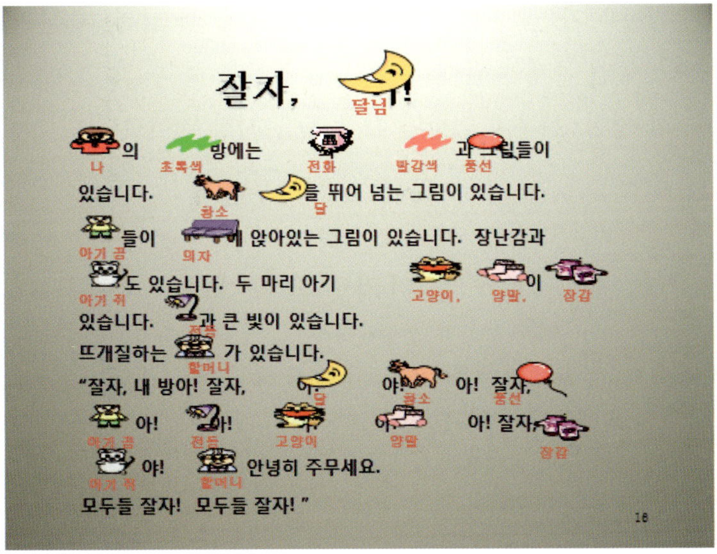

• 동시 감상하기와 동시 표현하기는 함께 이루어질 때가 많다. 유아들은 짧은 동시를 듣고 손이나 몸동작으로 시의 내용을 표현할 수 있으며, 신체를 사용하여 시를 표현하는 것은 시에 대한 의미를 잘 파악할 수 있도록 도와주기 때문이다.

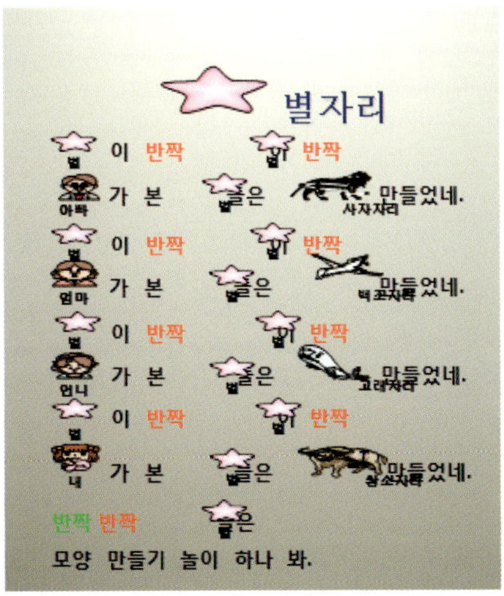

• 동시 짓기 활동은 자연과 관련되는 현장학습을 하거나 날씨, 계절, 행사 등의 활동을 하거나, 일일 주제와 관련되는 다양한 활동을 한 후, 자연 발생적으로 느낀 감정, 신선한 경험, 새롭게 알아낸 사실 등을 시적 언어로 표현하는 방법이다.

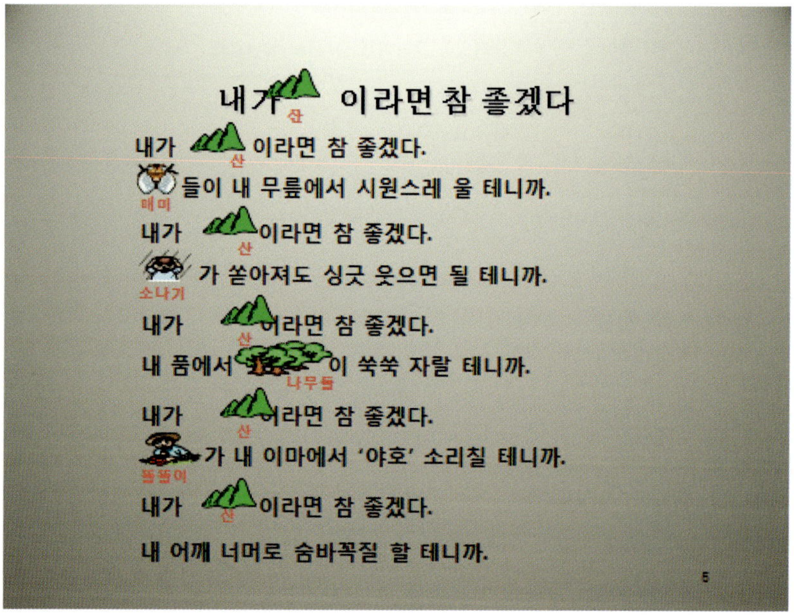

5장

아동문학과 개정누리과정

5장 아동문학과 개정누리과정

토론

- 개정누리과정의 각 영역별에 적합한 그림책을 선정해 보세요.
- 그림책을 활용한 개정누리과정 통합활동을 구성해 보세요.

문학은 유아교육기관 교육과정의 여러 영역들과 상호 밀접하게 연결되어 있으며, 특히 놀이와 흥미 중심의 유아교육현장에서는 적절한 문학경험이 통합적이고 유기적인 관계 속에서 활용되어야 할 것이다.

본 장에서는 개정누리과정과 관련지어 각 영역의 특성을 간단하게 살펴보고 영역과 관련하여 문학이 어떻게 활용될 수 있는지 알아보려고 한다.

1 신체운동 · 건강과 아동문학

1) 신체운동 · 건강영역의 목표

개정누리과정의 신체운동 · 건강영역의 목표는 '실내외에서 신체활동을 즐기고 건강하고 안전한 생활을 한다'의 목표를 두고 다음과 같은 하위목표가 설정되었다. 첫째, 신체활동에 즐겁게 참여한다. 둘째, 건강한 생활습관을 기른다. 셋째, 안전한 생활습관을 기른다.

2) 신체운동 · 건강 영역의 내용범주 및 내용

〈표 5-1〉 신체운동 · 건강영역의 내용체계

내용 범주	내용
신체활동 즐기기	신체를 인식하고 움직인다.
	신체 움직임을 조절한다.
	기초적인 이동운동, 제자리 운동, 도구를 이용한 운동을 한다.
	실내외 신체활동에 자발적으로 참여한다.
건강하게 생활하기	자신의 몸과 주변을 깨끗이 한다.
	몸에 좋은 음식에 관심을 가지고 바른 태도로 즐겁게 먹는다.
	하루 일과에서 적당한 휴식을 취한다.
	질병을 예방하는 방법을 알고 실천한다.
안전하게 생활하기	일상에서 안전하게 놀이하고 생활한다.
	TV, 컴퓨터, 스마폰 등을 바르게 사용한다.
	교통안전 규칙을 지킨다.
	안전사고, 화재, 재난, 유괴등에 대처하는 방법을 알고 행동한다.

개정누리과정의 신체운동 · 건강영역은 기존의 3~5세 연령별 누리과정에서 '신체활동 즐기기'를 강조하였다. 아울러 '감각능력 기르고 활용하기'는 자연탐구의 과정 즐기기로 편성하였고, '건강하게 생활하기'에 즐겁게 먹기 내용을 새롭게 포함되었다. 그리고 개정누리과정 신체운동 건강 영역에서 '안전교육'을 더욱더 강조하였다(교육부, 2019). 이러한 개정 중점에 기반을 두고 아동문학을 활용한 신체운동 건강영역을 구성하는 것이 요구된다.

개정누리과정의 놀이중심 교육과정 운영에서 교사의 역할은 다음과 같다(교육부, 2019).

첫째, 교사는 유아들이 하는 놀이나 활동, 작업에서 그들이 유능감을 경험하도록 돕는 역할을 한다.

둘째, 교사는 유아들이 놀이에 참여하면서 도전을 시도하고, 선택을 결정하고, 삶의 규칙을 발견하고, 사회적 상황을 창조하고 재창조하는 능력을 발달시키도록 충분한 시간과 환경을 제공해야 한다.

셋째, 누구보다도 교사는 교육전문가로서 놀이중심의 교육과정을 운영하는 실천적 능력을 발휘해야 한다.

3) 그림책을 활용한 신체운동·건강 영역의 관련 활동구성 예

(1) 누리과정 '안전하게 생활하기' 중 동화를 활용한 놀이 중심 교육과정 예

'풍덩 수영장' 그림책을 읽고 어떤 놀이를 할 수 있을가? 한번 생각해 보세요.	박소정 글·그림 출판사: 보리 

(2) '풍덩 수영장' 그림책으로 이렇게 놀아 보아요.

(3) '풍덩 수영장' 그림책의 아래 삽화에서 어떤 놀이를 할 수 있을가요? 구상해 보세요.

4) 그림책을 활용한 신체운동 · 건강영역의 관련 활동 구성 예

(1) 생활주제 '건강과 안전' 《꿀꺽꿀꺽 나라》 동화를 활용한 활동 구성의 예

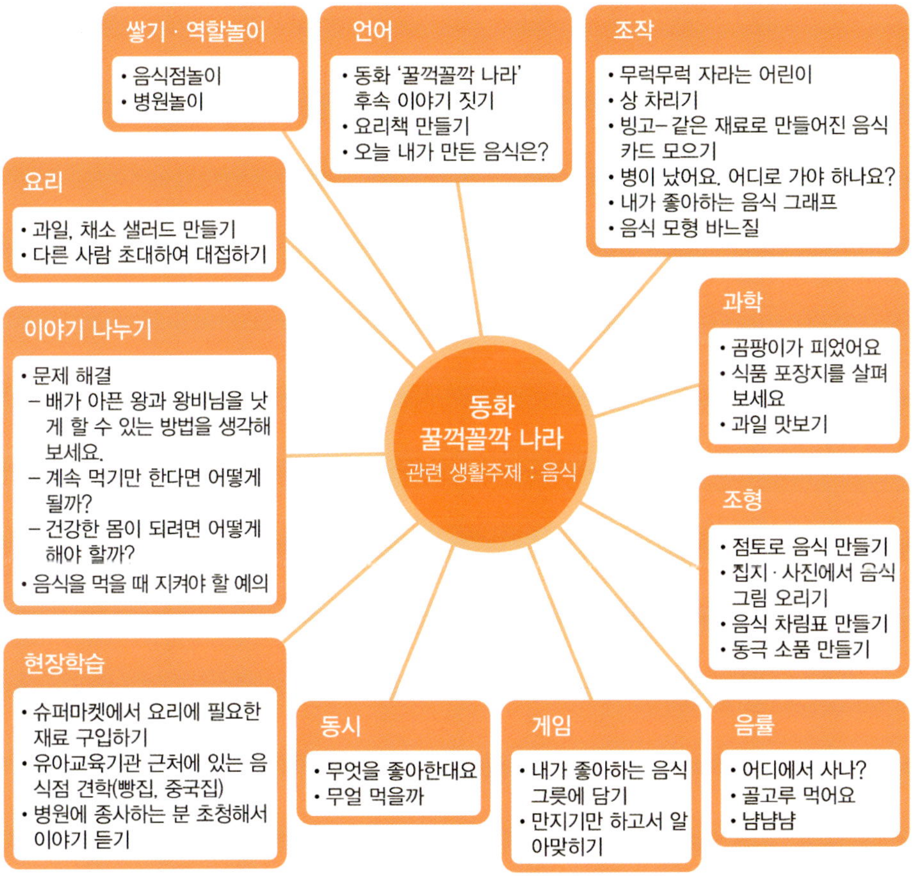

(2) 동식물과 자연 주제전개에 《커다란 무》 동화를 활용한 통합적 전개의 예

우리 몸에 좋은 음식에 대해 알아보기, 무로 요리하기 등의 활동을 할 수 있다.

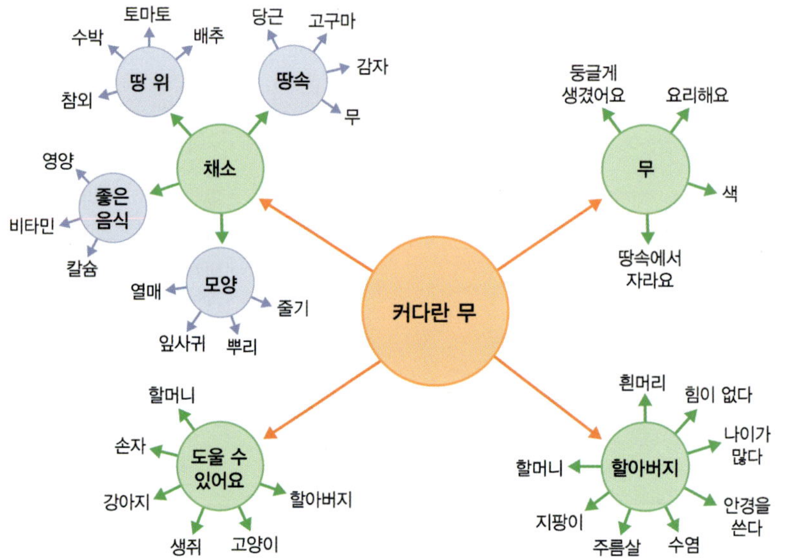

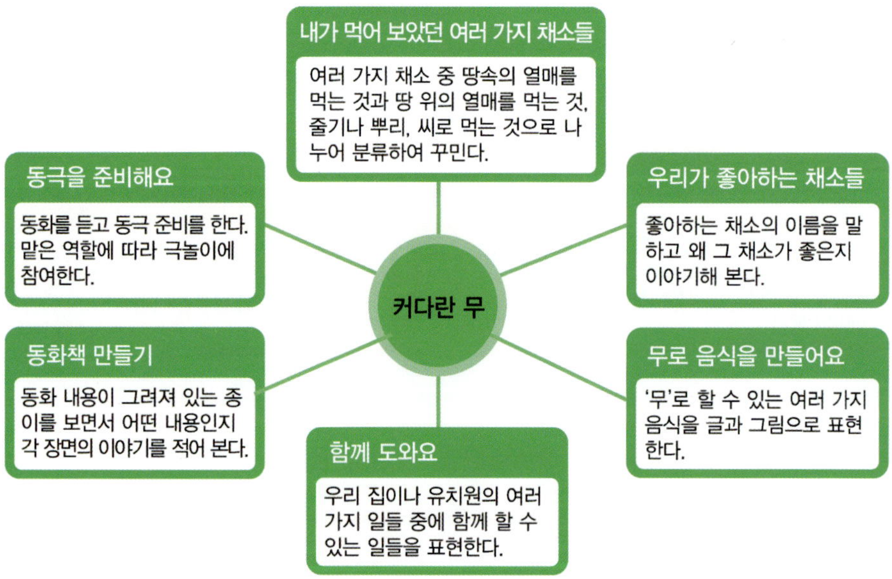

신체운동 · 건강영역을 적절하게 지도하기 위한 도서활용의 예는 다음과 같다.

❶ 난 토마토 절대 안 먹어

바른 식생활을 위해 《난 토마토 절대 안 먹어》(로렌 차일드 글 · 그림, 국민서관)를 읽고 주인공처럼 싫어하는 음식이 있는지, 왜 그 음식을 싫어하는지, 어떤 음식을 좋아하는지 등에 대해 이야기 나누고, 건강해지기 위해 먹어야 하는 음식에 관한 이야기를 나눌 수 있다.

2 의사소통과 아동문학

〈표 5-2〉 2019개정누리과정 의사소통영역과 아동문학

내용 범주	내용
듣기와 말하기	말이나 이야기를 관심있게 듣는다.
	자신의 경험, 느낌, 생각을 말한다.
	상황에 적절한 단어를 사용하여 말한다.
	상대방이 하는 이야기를 듣고 관련해서 말한다.
	바른 태도로 듣고 말한다.
	고운 말을 사용한다.
읽기와 쓰기에 관심 가지기	말과 글의 관계에 관심을 가진다.
	주변의 상징, 글자 등의 읽기에 관심을 가진다.
	자신의 생각을 글자와 비슷한 형태로 표현한다.
책과 이야기 즐기기	책에 관심을 가지고 상상하기를 즐긴다.
	동화, 동시에서 말의 재미를 느낀다.
	말놀이와 이야기 짓기를 즐긴다.

의사소통 영역의 목표와 내용범주는 유아가 일상생활에서 다른 사람의 말이나 이야기를 듣고 말하기를 즐기며, 주변의 상징을 읽고 글자와 비슷한 형태로 써보기에 관심을 가지며, 다양한 책과 이야기를 통해 상상하기를 즐기는 내용으로 구성한다. 유아의 듣고 말하는 경험이 분리되지 않음을 고려하여 기존 누리과정의 '듣기'와 '말하기'를 '듣기와 말하기'로 제시하고, 유아의 읽고 쓰는 경험이 분리되지 않음을 고려하여 기존 누리과정의 '읽기'와 '쓰기'를 '읽기와 쓰기에 관심가지기'로 제시한다. 유아가 동화와 동시, 말놀이와 이야기 짓기 등 일상에서 자연스럽게 문학을 즐기는 경험에 중점을 두어 '책과 이야기 즐기기' 내용범주를 새롭게 제시한다.

'듣기와 말하기'는 유아가 다른 사람의 말이나 이야기를 관심 있게 듣고, 자신의 경험, 느낌, 생각을 상황에 적절한 단어를 사용하여 말하고, 고운 말을 사용하는 내용이고, '읽기와 쓰기에 관심가지기'는 유아가 말과 글의 관계에 관심을 가지고, 주변의 상징, 글자 등을 읽으며, 자신의 생각을 글자와 비슷한 형태로 표현해 보는 내용이며, '책과 이야기 즐기기'는 유아가 다양한 책에 관심을 가지고 상상하며, 동화, 동시에서 말의 재미를 느끼고, 말놀이와 이야기 짓기를 즐기는 내용이다.

'듣기와 말하기'의 내용을 유아경험의 실제와 연결지어보면 다음과 같다.

내용 이해	유아경험의 실제
말이나 이야기를 관심 있게 듣는다. 유아가 다른 사람이 하는 말과 흥미로운 주제, 익숙한 경험이 담긴 이야기에 관심을 가지며 듣는 내용이다. **자신의 경험, 느낌, 생각을 말한다.** 유아가 상대방에게 자신의 경험, 느낌, 생각을 자유롭게 말하는 내용이다. **상황에 적절한 단어를 사용하여 말한다.** 유아가 때와 장소, 대상과 상황을 고려하여 적절한 단어와 문장을 선택하여 말하는 내용이다.	유아가 친구들에게 동물원에 이야기를 신나고 재미있게 들려준다. 유아는 "나는 호랑이다. 어흥!" 하며 눈을 크게 뜨고, 목소리를 굵고 거칠게 한다. 이어 원숭이에 대한 이야기를 할 때는 가늘고 날카로운 음성으로 바꿔 말한다. 옆에서 이야기를 듣던 유아들이 원숭이 동작과 목소리를 흉내 내며 웃는다. 유아들이 병원 놀이를 한다. 의사 역할을 하는 유아가 "어디가 아파서 오셨어요?" 라고 묻자 환자 역할을 하는 유아가 "의사 선생님, 배가 너무 아파요."라고 말하며 배를 움켜쥔다. 의사가 진찰을 한 후 옆에 있던 간호사 역할을 하는 유아가 "이쪽으로 오세요.주사 맞아야 합니다." 라고 말한다.

내용 이해	유아경험의 실제
상대방이 하는 이야기를 듣고 관련해서 말한다. 유아가 다른 사람이 이야기하는 내용을 듣고 말하는 사람의 생각, 의도, 감정을 고려하여 말하는 내용이다. **바른 태도로 듣고 말한다.** 유아가 말하는 사람에게 주의를 기울이며 듣는 내용이다. 말을 끝까지 듣고, 자신의 의견을 말하는 내용이다. **고운 말을 사용한다.**	유아가 일상생활에서 자주 쓰는 유행어, 속어, 신조어, 상대방을 비난하는 말을 사용하지 않고, 우리말을 바르게 사용하는 내용이다. 유아들이 자신이 가장 좋아하는 음식에 대해 서로 이야기를 나누고 있다. 수정이가 “나는 아이스크림이 좋아. 왜냐하면 시원하고 달콤...”하고 말을 끝내기도 전에 옆에 있던 우진이가 “나는 짜장면!”하며 끼어든다. 그때 수정이가 “야! 내가 말하고 있잖아. 내 말 아직 안 끝났거든. 기다려봐.” 라고 말하며 “아이스크림은 달콤해. 딸기아이스크림이 제일 좋아. 넌 ?” 유아가 선생님에게 웃음 참기 놀이를 하자고 제안한다. 선생님이 유아에게 웃음 참기 놀이의 방법을 물어보자, 유아는 자신이 생각한 웃음 참기 놀이의 방법을 또박또박 설명한다. 유아 : 그건... 음... 서로 웃기게 해서 안 웃으면 되는 거예요. 교사 : 어머. 정말 재미있겠는데! 여기 친구도 함께 해도 될까? 유아 : 네. 같이 하면 더 재밌어요. 교사 : 그럼 동생에게 웃음 참기놀이를 어떻게 하는지 설명해 줄래 유아 : 준서야, 서로 웃기게 해서 안 웃으면 되는 거야. 웃음을 참아야 돼. 알겠지? 선생님, 이제 우리 시작해요.

‘읽기 쓰기에 관심 가지기’의 목표는 ‘읽기와 쓰기에 관심을 가진다.’ 내용은 ‘말과 글의 관계에 관심을 가진다.’, ‘주변의 상징, 글자 등의 읽기에 관심을 가진다.’, ‘자신의 생각을 글자와 비슷한 형태로 표현한다.’이다. 이를 유아경험의 실제와 연결지어보면 다음과 같다.

내용 이해	유아경험의 실제
말과 글의 관계에 관심을 가진다. 유아가 일상에서 말이 글로, 글이 말로 옮겨지는 것에 관심을 갖는 내용이다. **주변의 상징, 글자 등의 읽기에 관심을 가진다.** 유아가 일상에서 자주 보는 상징(표지판, 그림문자 등)이나 글자 읽기에 관심을 가지는 내용이다. 유아가 상징이나 글자에는 사람들의 생각과 감정, 정보가 담겨있다는 것을 이해하는 내용이다. **자신의 생각을 글자와 비슷한 형태로 표현한다.** 유아가 자신의 생각이나 말을 끼적거리거나 글자와 비슷한 선이나 모양, 글자와 비슷한 형태로 표현하는 내용이다.	유아들이 음식점놀이를 하고 있다. 유아가 "선생님, 우리 지금 가게 만들 건데 '김밥가게' 어떻게 적어요?" 하며 선생님에게 도움을 요청한다. 선생님은 유아가 잘 볼 수 있도록 보드판에 천천히 '김밥가게' 글자를 크게 적는다. 유아는 보드판의 글자를 보며 천천히 따라 적는다. 유아가 교실 입구의 비상구 표시등을 가리키며 "저것 봐! 사람이 초록 색깔이야. 이렇게 하고 있어. 하며 비상구 사람의 모습을 흉내 낸다. 함께 이야기를 나누던 유아는 "나 저거 알아. 저거는 불 날때 저쪽으로 빨리 피하라는 말이야." 라고 말한다.

'책과 이야기 즐기기'의 목표는 '책이나 이야기를 통해 상상하기를 즐긴다.'이고 내용은 '책에 관심을 가지고 상상하기를 즐긴다.', '동화, 동시에서 말의 재미를 느낀다.', '말놀이와 이야기 짓기를 즐긴다.'이다.

이를 경험의 실제와 연결지어보면 다음과 같다.

내용 이해	유아경험의 실제
책에 관심을 가지고 상상하기를 즐긴다. 유아가 책에 흥미를 가지며 책 보는 것을 즐기고 상상하는 즐거움을 경험하는 내용이다. **동화, 동시에서 말의 재미를 느낀다.** 유아가 동화와 동시를 자주 들으며 우리말의 재미와 아름다움을 느끼는 내용이다. **말놀이와 이야기 짓기를 즐긴다.** 유아가 끝말잇기, 수수께끼, 스무고개 등 다양한 말놀이를 즐기는 내용이다. 자신의 경험, 생각, 상상을 기초로 새로운 이야기를 만드는 과정을	유아가 여러 책을 한꺼번에 쌓아 두고 읽는다. 다른 유아가 와서 "내가 좋아하는 공룡 책 여기 있어?" 하며 책을 찾는다. 유아가 책장을 넘기며 공룡 이름 맞추기를 하다가 브라키오사우루스가 나오자 "와! 정말 길다. 여기서 여기 끝까지 미끄럼타면 진짜 재미있겠다.", "그런데 여기까지는 어떻게 올라가지?" 하며 낄낄낄 웃는다. 서은이가 친구들에게 이야기를 한다. 서은 : 그 공주님이 사는 성에는 아~주 유명한 사다리가 있어. 그런데 그 사다리는 하늘까지 올라가고, 또 하늘을 넘어 가지고~

즐기는 내용이다.	하영 : 우주도 넘어? 서은 : 어. 우주에 우주까지도 넘는대. 유아들 : 헤에~~ 3세 반에서 교사가 동시를 읽어 주자 유아들이 서로 "꼬불꼬불?" 이라고 말하며 까르르 웃는다. 그리고 유아들은 리본 막대를 휘두르며 "꼬불고불"하며 서로 까르르 웃는다.

2019개정누리과정은 각 영역별 내용을 타영역간의 통합적 이해를 강조한다. 의사소통 영역의 통합적 이해를 위해 유아들이 경험한 '말놀이'를 사례로 제시해보면 다음과 같다.

말놀이- 끝없이 이어지는 아이들의 이야기

유아들이 모여 솔비가 풍부한 상상력을 발휘하여 지어낸 이야기를 듣고 있다. 솔비는 운율과 리듬을 실어 자신이 상상으로 지어낸 이야기를 신나게 펼쳐내고, 친구들은 서로 맞장구를 치며 재미있게 듣고 있다.

솔비: 어떤이이기 엄~청 엄청 부잣집에 살고 있었는데↗, 그 집은...엄~청 밥도↘ 많고↗ ~ 징닌김도↘ 많고↗ 돈도↘ 많고↗ 쌀도 많고↗ 가구도 엄청 좋은 거고~

지호: 변기통도↘많고↗~ 바가지도↘ 많고↗~

아이들: 하하하하

솔비: 근데방이... 만~개가 되는 거야.

정훈: 옛날집인데도

솔비 (속삭이며) 옛날 집 아니야. 근데 그 옆에는 엄~~~청 가난한 집이 있었어.

쌀도 한 개도↘ 없고 집에 방도 하나도↘ 없고~ 아예 집에~ 코딱지 한 개도 없는 거야.말놀이

지호 : 벌레 하나도 없어 가지고~~~ 하하하

솔비 : 그런데거기는아~~주 유명한 공주 장난감이 있었는데, 그 공주 장난감에는 사다리가하늘까지하늘을넘어가지고우주를넘어가지고저어~~~~~우주를 넘는 사다리가 아주 긴~~사다리가 나오는데, 그게....만 원도↘ 넘고↗ 그 다음 백만원도↘넘고↗너~무 비싼 거야~~

현민 : 일억도넘어

솔비 : (고개를 끄덕임) 너~~무 비싸 가지고… 억만 백천구백 원이었대.
아이들 : 헤엑~~~
지호 : 만원백개로살수있겠다.
현민 : 만원백개있으면백만원인데
솔비 : 그래서~ 나무를 팔아 가지고 책상도↘ 만들고↗~ 의자도↘ 만들고↗~ 해서, 그 가난한 집은 금방 부자가 됐대~~.

2019개정누리과정에서 유아문학교육은 의사소통영역 속에서 유아언어교육과 통합되어 구성되어 있다. 유아문학교육은 유아언어교육으로 대치될 수 있는 외적 조건, 즉, 언어를 매개로 이루어지는 교육활동이 많기 때문에 교육 자료가 밀접한 연관성을 갖는 경우가 많다.

의사소통영역에서 문학과 관계 있는 교육내용범주는 '책과 이야기 즐기기'에 구체화되어 있다. 구체적 내용으로는 책에 관심을 가지고 상상하기를 즐긴다. '동화, 동시에서 말의 재미를 느낀다.', '말놀이와 이야기 짓기를 즐기다.'이다. 책 읽기에 관심을 가지고 상상하기를 즐기기 위해 교사는 유아들이 책과 친해질 수 있는 환경을 제공하는 것이 선행되어야 할 것이다. 편안한 분위기 속에서 책과 친해질 수 있도록 만나는 환경 속에서 즐겁게 생활하는 동안 유아들은 책 속에서 자신이 알고 있는 글자를 찾아보거나 생각이나 느낌을 글로 적어 보는 활동을 마치 놀이를 하듯이 수행할 수 있다. 이와 같은 자연스런 책놀이 활동은 유아로 하여금 친해지게 만들고 책을 좋아하는 성향을 기르게 할 것이다. 책에 대한 개념을 형성하기 시작하는 초기 책 읽기 경험은 자연스럽고, 부드럽고, 따뜻하고, 즐거운 느낌으로 시작되어야 할 것이다.

문학을 통한 언어교육을 살펴보면 다음과 같다.

여러 학자들(Stlickland, 1997)은 언어는 모든 학습의 중심 위치에 있으며 통합적 접근이 가능한 문학적 자료, 즉 그림책 사용을 권장한다. 특히, 어린이는 좋은 그림책을 통해 본문에 대해 생각을 몰두하게 된다. 즉, 그림책을 읽으며 생각하고 읽은 것을 반영하여 쓰면서 생각하게 되는 관계를 갖게 된다는 것이다. 그러므로 그림책은 듣기는 물론 말하기, 읽기, 쓰기, 생각하기와 밀접한 관계가 있다. 즉, 그림책을 언어교육자료로 사용하는 중에 유아들은 듣기, 말하기, 읽기, 쓰기(짓기), 생각하기가 통합적으로 발달한다.

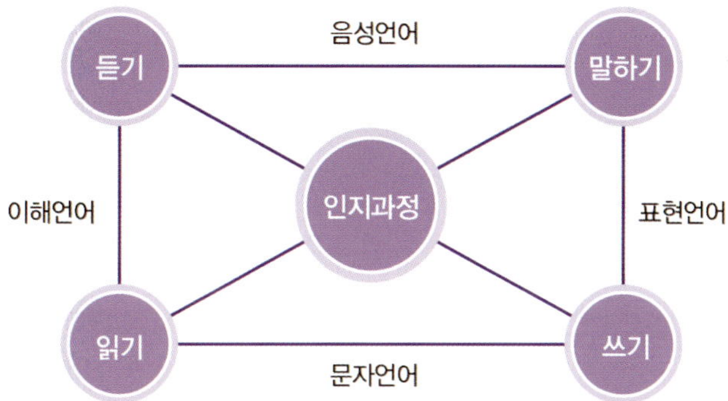

[그림 5-1] 언어의 네 가지 측면 간의 관계

1990년 이후 미국에서 가장 먼저 총체적 언어를 적극적으로 도입한 캘리포니아 주의 읽기 성취도 검사가 하위권을 기록한 결과에 대해 총체적 언어의 실패를 논의하게 되었다. 이러한 과정에서 등장한 것이 '균형 잡힌 접근법(balanced approach to literacy instruction)'이다. 균형 잡힌 접근법에서는 그림책과 같은 문학적 경험과 동시에 개별 유아의 요구에 초점을 둔 직접적인 교수를 병행한다. 그러나 균형 잡힌 접근법은 무작위적 교수 전략의 결합이 아니라 개별 유아의 학습양식에 잘 맞는 차별화된 언어학습 전략을 선택하는 것을 의미한다.

1) 그림책을 활용한 의사소통영역 활동구성의 예

유아는 들은 이야기를 말이나 글로 다시 재현해 보거나 표상해 봄으로써 이야기 지식을 발달시켜 나간다. 언어발달이 아직 미성숙한 유아는 처음에는 이야기 사건이 서로 관련없거나 단편적 에피소드만을 나열하다가 점점 이야기의 전후가 논리성과 인과성을 갖추게 되고, 에피소드의 순서를 짜임새 있게 구사할 수 있게 된다. 그림책에는 특히 유아들이 재미있어 하는 장면이 많다. 유아들은 재미있는 이야기를 오랫동안 기억하면서 즐기려고 한다. 재미있는 장면을 단서로 이야기의 전후 맥락을 회상하면서 재구성하는 경험은 이야기 구성능력과 상상력을 키워준다. 어린시절부터 자연스럽게 문학을 자주 접해온 유아들은 이야기 지식을 다양하게 사용할 수 있게 된다. 이야기 지식이란 유아가 경험해 온 이야기에 대한 모든 것이라고 볼 수 있다. 예를 들면, 이야기는 등장인물이 있고, 사건이 있으며, 시작과 끝이 있음을 아는 것 등, 이야기를 구성하는 모든 것이 될 수 있다. 이야기 꾸미기 활동은 문해발달뿐만 아니라 유아의 사고발달을 돕는다.

다음은 유아교육기관에서 적용해 본 "책과 이야기 즐기기"와 관련되는 활동을 소개한다. 활동 1은 소집단 형식으로 그림책을 활용하여 책만들기 활동을 전개한 내용이며, 활동 2는 열린 결말의 그림책을 활용하여 '뒷이야기 짓기를 창의적으로 상상해 보는 활동을 전개한 내용이다.

활동의 예 1

책과 이야기 즐기기 I

글없는 그림책 〈나무〉는 봄, 여름, 가을, 겨울의 사계절의 변화를 섬세하게 관찰할 수 있다. 글을 쓸 수 있는 유아들은 나무의 변화에 대한 자신의 이야기를 글로 표현하지만, 글쓰기가 서툰 유아들은 잘 쓸 수 있는 또래나 교사의 도움을 받아 그림이야기를 상상하여 이야기짓기를 즐긴다. 나무 주변의 자연에 대한 소통을 상상하는 일은 즐겁고 흥미롭다. 어떤 꽃과 풀들을 그리고 기록할 것인지, 나무가 좋아하는 새, 나비, 곤충에 대한 이야기, 태양, 바람, 비에 대한 자연의 소통을 어떻게 할 것인지를 친구들과 함께 나누어 보고 인간과 나무의 관계에 대해서도 생각하면서 무한한 이야기짓기를 즐길 수 있다.

이처럼 유아들이 〈나무〉 그림책을 한 장면 한 장면 관찰하면서 자신만의 이야기를 꾸민 후 소집단 유아들의 이야기를 모두 모아 이야기 순서를 정하고, 표지를 만들고, 그림작가, 글작가를 기록하고, 책방에 비치해두고는 더 많은 친구들과 생각을 공유해 보는 활동이다.

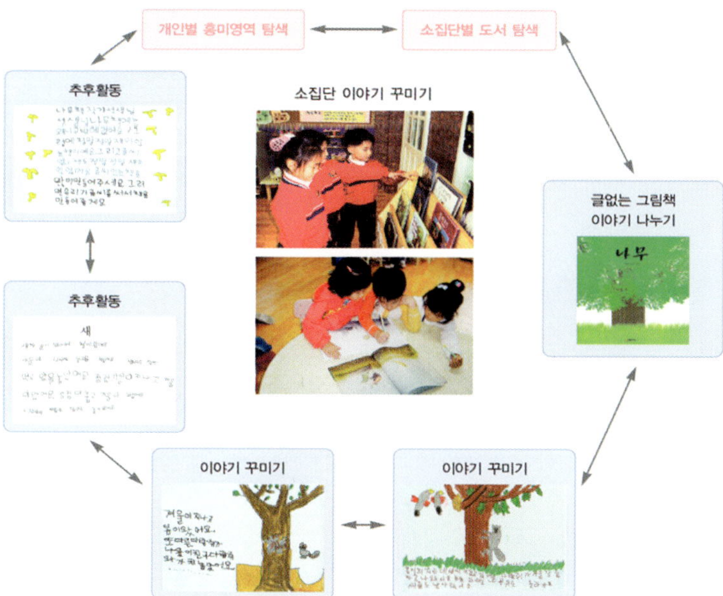

활동의 예 2

책과 이야기 즐기기 2

그림책에는 특히 유아들이 재미있어 하는 장면이 많다. 유아들은 재미있는 이야기를 오랫동안 기억하면서 즐기려고 한다. 재미있는 장면을 단서로 이야기의 전후 맥락을 회상하면서 재구성하는 경험은 이야기 구성능력과 상상력을 키워준다.

열린 결말의 이야기는 뒷이야기를 창작하게 동기유발한다.

「내 친구 커트니」의 열린 이야기 결말을 단서로 유아들이 뒷이야기를 꾸민 예

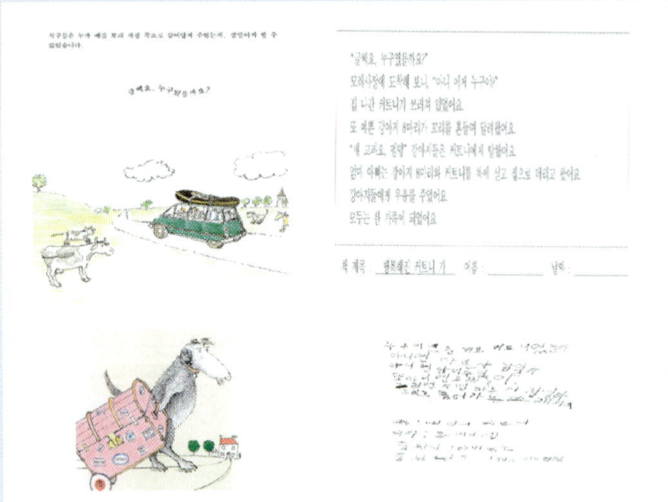

3 사회관계와 아동문학

개정누리과정의 사회관계 영역의 목표와 내용범주는 유아가 자신을 이해하고 존중하며, 친구와 가족 또는 다른 사람들과 사이좋게 지내며, 유아가 속한 지역사회와 우리나라, 다양한 문화에 관심을 갖는 내용으로 구성되어 있다.

1) 목표

자신을 존중하고 더불어 생활하는 태도를 가진다.

(1) 자신을 이해하고 존중한다.

(2) 다른 사람과 사이좋게 지낸다.

(3) 우리가 사는 사회와 다양한 문화에 관심을 가진다.

2) 내용

〈표 5-3〉 사회관계영역의 내용체계

내용 범주	내용
나를 알고 존중하기	나를 알고 소중히 여긴다
	나의 감정을 알고 상황에 맞게 표현한다.
	내가 할 수 있는 것을 스스로 한다
더불어 생활하기	가족의 의미를 알고 화목하게 지낸다.
	친구와 서로 도우며 사이좋게 지낸다.
	친구와의 갈등을 긍정적인 방법으로 해결한다.

	서로 다른 감정, 생각, 행동을 존중한다.
	친구와 어른께 예의바르게 행동한다.
	약속과 규칙의 필요성을 알고 지킨다.
사회에 관심 가지기	내가 살고 있는 곳에 대해 궁금한 것을 알아본다.
	우리나라에 대해 자부심을 가진다.
	다양한 문화에 관심을 가진다.

개정 누리과정의 사회관계 영역은 나를 알고 존중하기, 더불어 생활하기, 사회에 관심가지기 내용으로 구성되어 있다. 사회관계 영역의 교육활동은 유아들에게 친근한 생활소재를 중심으로 유아들의 적극적인 참여와 토의, 역할놀이, 감정이입 등의 다양한 방법을 통해 유아의 자율성, 독립성, 정직성, 책임감, 감정이입 등의 다양한 방법을 통해 유아의 자율성, 독립성, 정직성, 책임감, 수용력, 공동체의식 등을 기르도록 하며, 다른 영역과도 통합하여 다룰 수 있다.

그림책은 영유아들의 발달수준을 고려한 내용과 주인공의 감정을 잘 드러내는 이야기로 영유아들이 쉽게 등장인물에 감정이입을 할 수 있으며 역할모델의 대상이 되기도 하며 다양한 간접경험의 장을 마련해 주는 장점을 가지고 있다. 따라서 다양한 문학작품을 활용하는 것은 영유아의 사회적 발달을 돕기 위해 바람직하다.

영유아기에 습득되어야 할 '기본생활습관'으로 예절, 질서, 절약과 같은 개념은 반복적인 경험을 통해 습관화되어야 하는 것으로 문학을 활용해 제시한다면 문학작품 속의 등장인물의 모습으로 보면서 자연스럽게 모델링 효과를 볼 수 있다. '집단생활'에서도 마찬가지로 협력하기 같은 '남을 도와주어야 한다.', '나누어 가져야 한다.'와 같은 친사회적 개념은 추상적인 것으로 문학작품 속의 주인공의 구체적인 행동을 통해 유아들이 더욱 이해하기 쉽다.

3) 그림책을 활용한 사회관계 영역의 활동구성의 예

사회관계 영역의 '나의 감정을 알고 상황에 맞게 표현한다' 내용을 '화내지 말고 말해요' 도서로 창의적 문제해결과정 프로그램으로 활동을 진행해 보았다(김무련, 2017).

	그림책	《화내지 말고 예쁘게 말해요》	집단형태	대집단 · 소집단
활동목표	• 화를 조절할 수 있는 여러 가지 방법에 대해 안다 • 친구들 앞에서 나의 의견을 말할 수 있고, 주의 깊게 친구이야기를 듣는다.			
활동자료	《화내지 말고 예쁘게 말해요》 그림책(안미연 글, 서정희 그림/상상스쿨), 교사용 4절지 스케치북, 유아용 스케치북, 연필, 지우개			
누리과정 관련 요소	사회관계요소 - 나의 감정을 알고 상황에 맞게 표현한다.			
그림책의 내용	고슴도치 '도치'는 화를 내며 말하는 버릇이 있다. 친구들은 물론 엄마, 동생에게도 소리를 버럭하고 질러 도치의 별명은 '버럭쟁이'이다. 어느 날 화를 낸 도치 머리 위에 손바닥만 한 구름이 생겼다. 화를 낼수록 구름이 점점 커지자 친구들하고 더욱 놀 수 없게 되었다. 이때 양할머니가 구름을 없애는 방법, 예쁘게 말하는 방법을 알려주시고 도치가 예쁘게 말하면서 구름은 점점 없어지게 되었고 가족, 친구들과 사이좋게 지낸다는 이야기이다.			

단계		활동내용
단계 1	그림책 제시	'화내지 말고 예쁘게 말해요' 읽어주기
단계 2	관심 영역 발견	교사 : 재미있었던 것 또는 이상한 부분 이야기하기 유아 1 : 싫어, 안 먹어 했던 것 유아 2 : 동생 놀아준 것 유아 3 : 할머니께서 구름 없애주는 것 가르쳐 주는 것 유아 4 : 작은 구름 저리 가 하는 것 유아 5 : 친구들이 모르는 척 하는 것 유아 6 : 예쁘게 말하는 것 유아 7 : 구름이 엄청 커져서 천둥, 번개가 치면서 비 오는 것 유아 8 : 동생 장난감 뺏는 것

<table>
<tr><td></td><td></td><td>• 분류된 질문은 다수결 원칙에 따라 토론 문제로 선정한다.
오늘의 토론 주제로는 '구름이 엄청 커져서 천둥, 번개가 치면서 비 오는 것'이 선정되었습니다.</td></tr>
<tr><td>단계 3</td><td>자료 발견</td><td>교사 : 언제 번개가 치고 천둥이 쳤나요?
유아 2 : 구름이 종이상자만큼 커졌을 때
교사 : 어디서 천둥, 번개가 쳤죠?
유아 7 : 집 안에서
교사 : 왜 천둥, 번개가 쳤나요?
유아 2 : 도치가 화를 내서 구름이 점점 커졌어요.
교사 : 도치는 왜 자꾸 화를 냈나요?
유아 10 : 버럭쟁이에요.
교사 : 도치가 계속 화를 냈다면 어떻게 되었을까?
유아 9 : 지구가 구름으로 덮여서 비가 계속 와요.
교사 : 비가 계속 오면 어떻게 될까요?
유아 2, 3 : 홍수가 나요.</td></tr>
<tr><td>단계 4
단계 5</td><td>문제 발견,
아이디어 발견</td><td>교사 : 도치의 어떤 행동 때문에 천둥, 번개가 쳤을까?
유아1 : 버럭 화를 내요.
교사 : 화를 내지 않기 위한 좋은 방법은 무엇이 있을까?
유아8 : 노래를 불러요.
유아7 : 참아요.
교사 : 노래를 부르면 화가 나지 않을까?
유아6 : 노래를 부르면 기분이 좋아요.
교사 : 도치가 어떻게 했을 때 구름이 사라지게 되었나요?
유아2 : 예쁘게 말하자, 구름이 차츰차츰 사라졌어요.</td></tr>
<tr><td>단계 6
단계 7</td><td>해결,
수용 발견</td><td>교사 : 친구들이 화를 내면 다른 친구들 기분은 어떨까?
유아3 : 친구도 화가 나요.
유아2 : 속상해요.
유아5 : 지난번에 호윤이가 나한테 화내서 기분이 나빴어요.
교사 : 그랬구나! 그럼 화내지 않고 친구에게 부드럽게 말해 준다면 친구 기분이 어떨까?
유아들 : 좋아요.
교사 : 화날 때 어떻게 말해야 될까?
유아4,7 : 나는 너가 ~주면 좋겠어.
교사 : 그래요 친구들이 "나는 너가 장난감을 뺏어가지 않으면 좋겠어."라고 말하면 좋겠다.</td></tr>
</table>

4) 사회정서와 관련된 도서

정서 어휘란 정서 관련 어휘로 '기쁘다, 즐겁다, 슬프다, 화난다, 두렵다' 등이 해당된다. 개정누리과정 내용 중 '나의 감정을 알고 상황에 맞게 표현한다' 내용으로 다양한 정서를 정확하게 표현할 수 있는 어휘력은 자신의 정서에 대한 이해와 타인의 정서에 대한 공감 능력과도 직접적으로 연관된다. 유아들의 정서 어휘 사용은 또래와의 관계에 중요한 영향을 미치기 때문이다(한주희, 박찬옥, 2016; Denham, 1998; Saarni, 1999). 많은 그림책들에 정서적 어휘가 포함되어 있지만 그 중에서도 다양한 정서와 관련 어휘를 소개하고 있는 그림책으로는 《기분을 말해 봐》(토드 파 글 · 그림/보물창고), 《기분을 말해 봐!》(앤서니 브라운 글 · 그림/웅진주니어), 《기분을 말해 봐요》(디디에 레비글, 파브리스 튀리에 그림/다림) 등이 있다. 예를 들어, 《기분을 말해 봐!》(앤서니 브라운 글 · 그림/웅진주니어) 도서에는 '재미있다, 행복하다, 슬프다, 화나다, 걱정하다, 궁금하다, 놀라다, 자신만만하다, 부끄럽다' 등의 다양한 정서 또는 감정 관련 어휘들이 생생한 표정 및 동작과 함께 소개되고 있어 다양한 정서 또는 감정 관련 어휘들에 대한 영유아의 이해를 돕는다. 이야기를 들려 준 후 천천히 책장을 넘겨가며 유아들이 책 내용에 대해 이야기해 볼 수 있도록 함으로써 정서어휘 습득을 더욱 촉진할 수 있다(김민진, 2018).

5) 애착형성과 관련된 도서

부모와의 애착이 불안정하거나 놀이 친구 사귀기가 어려울 때 유아들은 쉽게 불안해하거나 분노나 좌절, 두려움 등의 부정적 정서를 쉽게 느낀다. 유아의 부정적 정서는 무시되고 억제될수록 더 커지고 낮은 자존감으로 이어져 적응의 어려움을 초래하기 때문에 관련 그림책 읽기를 통해 카타르시스를 경험할 수 있도록 할 필요가 있다. 유아는 주변 사람들, 특히 부모로부터 사랑을 받고 사랑을 나누고자 하는 욕구가 매우 강하며 충족되지 못할 경우 심한 스트레스를 받을 수 있다. 부모와 갈등을 겪는

또래 주인공이 처한 상황에 유아 스스로를 대입하고 실제 자신이 부모로 인해 느꼈던 부정적 정서에 대해 이야기를 나누고 분출해 보는 과정은 부정적 정서 완화를 위해 많은 도움을 줄 수 있다. 어린 자녀와 부모간의 사랑을 긍정적 시각에서 다루고 있는 그림책은 부모의 사랑에 대한 확인과 확신 등 긍정적 정서 유발을 도울 수 있다.

관련 도서로는 바쁜 아빠와 동물원에 가고 싶은 소망을 가진 유아의 이야기를 담고 있는 《고릴라》(앤서니 브라운 글 · 그림/비룡소), 목욕탕에서의 물장난 등 장난스러운 행동에 화가 난 엄마에 대한 유아의 두려움을 다룬 《엄마가 화났다》(최숙희 글 · 그림/책 읽는 곰), 엄마의 고함소리에 너무 놀라 온몸이 사방으로 날아가 버린 아기 팽귄의 이야기를 다룬 《고함쟁이 엄마》(유타 바우어 글 · 그림/비룡소), 아빠 토끼와 애기 토끼가 서로 얼마를 사랑하는지 자랑하는 《내가 아빠를 얼마나 사랑하는지 아세요》(샘 맥브래트니 글, 아니타제람 그림/베틀북), 유치원에서 바뀐 토끼를 아빠들의 도움을 받아 이른 새벽에 찾아가는 두 소녀의 이야기를 다룬 《내 토끼 어딨어》(모 윌렘스 글 · 그림/살림) 등이 있다.

6) 자존감 관련 그림책

정서적 문제를 가진 유아의 주요 특징의 하나로 낮은 자존감을 꼽을 수 있다. 자존감은 자신의 가치와 능력에 대한 평가로서 자존감이 낮은 유아는 자신을 무능하다고 생각하며 무능함으로 인해 다른 사람들로부터 거부당할 것에 두려움을 가지기 때문에 우울, 불안 등의 부정적 정서를 보이며 다른 사람들과 거리를 두는 등 반사회적 행동을 보인다.

사회관계 영역 중 '나를 알고 존중하기' 내용을 다루어줌으로써 반사회적 행동을 친사회적 행동으로 바꾸게 할 수 있다.

5세 이후 유아들은 신체, 외모, 학습능력, 친구 관계 등을 통해 자신과 타인을 비교하고 자신에 대해 좀 더 비판적인 태도를 취한다. 특히 유아들은 자신의 취향, 외모 등이 다른 유아들과 많이 다를 때 열등하거나 부족하다는 의미로 해석하는 경향이 높다. 남과 다름은 열등한 것이 아니라 자신만의 개성으로 인정하고 긍정적으로 받아들일 수 있도록 지속적으로 격려할 필요가 있다. 남과 다른 자신의 외모, 능력 또는 처한 환경을 수용하고 긍정적으로 대처하는 주인공의 이야기는 유아들에게 위로와 격려를 제공할 수 있다.

관련 그림책으로는 일상생활 속 모습에서 자신감을 찾아보도록 격려하는 《나는 내가 좋아요》(윤여림 글, 배현주 그림/웅진주니어), 크게 웃을 수 있는 것만으로도 충분히 존재의 가치를 인정받을 수 있음을 강조하는 《괜찮아》(최숙희 글 · 그림/웅진주니어), 구부러진 한 쪽 귀를 가진 토끼가 자신의 독특한 외모를 수용하게 되는 과정을 담고 있는 《내 귀는 짝짝이》(하위도 판 헤네흐턴 글 · 그림/웅진주니어), 깃털 없이 태어나 가족 그리고 동료들과 헤어져야 하는 기러기가 새로운 친구들을 만나 행복한 삶을 꾸려가는 《깃털 없는 기러기 보르카》(존 버닝햄 글 · 그림/비룡소), 콩을 좋아하는 자신을 친구들이 이상하게 여길까봐 극도로 불안해하는 주인공의 이야기를 다룬 《줄무늬가 생겼어요》(데이빗 섀논, 비룡소) 등이 있다.

7) 친사회적 행동에 대한 지도와 관련된 그림책

'도움 주기, 위로하기, 배려하기, 협력하기' 등의 친사회적 행동을 빈번하게 행하는 유아들일수록 또래관계가 원만하다. 개정누리과정의 사회관계 영역 중 '서로 다른 감정, 생각, 행동을 존중한다' 내용들이 친사회적 행동과 관련이 있다. 사회적 경험이 적은 유아들로서는 어떤 상황에서 어떤 친사회적 행동을 하는 것이 적절한지에 대한 이해가 낮을 수밖에 없다. 그림책 주인공이 보여주는 친사회적 행동을 통해 부모, 친구와의 갈등을 해결해나가는 것은 유아에게 좋은 롤모델(role-model)과 실천에 대한 동기를 부여할 수 있다(김명화, 2013).

친사회적 행동에 관한 그림책으로는 키우던 새를 잃게 된 주인공의 슬픔에 적극적으로 공감하고 위로하는 친구들의 모습을 담은 《이럴 수 있는 거야》(페터 쉐소우 글 · 그림/비룡소), 약속을 어긴 아이들과 동물 친구들의 건강을 걱정하며 따뜻한 차로 배려하는 《검피 아저씨의 뱃놀이》(존 버닝햄 글 · 그림/시공주니어), 자신의 꽃잎이 필요한 친구들에게 모두 나누어 준 후 씨앗으로 새로 태어나는 무지개꽃의 이야기인 《무지개꽃이 피었어요》(마이클 글/국민서관) 등이 있다.

8) 다문화와 관련된 도서

다문화, 반편견 교육에서의 문학의 활용은 개정누리과정 사회관계영역의 '다양한 문화에 관심을 가진다' 내용에 해당한다. 전래동화에는 각 민족의 고유한

출처 : [《엄마 내가 자전거를 탔어요》 이노우에 미유키 지음. 베틀북. 2002]

특성, 사상, 문화 등 문화적인 배경을 포함하고 있으므로 그 나라를 이해하는데 도움이 된다. 각 나라의 문화를 알려 주는 전래 동화를 유아들에게 소개할 수 있다. 또 다문화와 반편견과 관련된 도서들을 소개함으로써 다양하게 경험할 수 있다.

반편과 다문화 도서들을 소개하면 다음과 같다.

《피플》 도서는 세계에는 다양한 모습을 한 사람들이 있고 다양한 모습으로 아기를 양육하며 다양한 모습으로 취미를 즐기는데 똑같은 색깔을 한 사람들이 산다면 얼마나 단조로운지를 보여준다.

《내귀는 짝짝이》(글 · 그림 히도 반 헤네흐텐, 옮긴이 장미란) 도서에서 리키는 귀가 짝짝이라는 이유로 친구들에게 놀림을 당했다. 리키는 친구들의 놀림을 받을 때면 귀를 가려도 보고 억지로 세워도 보지만 해결책이 없었다. 특해 자신의 외모를 인정하게 되는 모습에서 다른 모습을 가졌더라고 놀림감이 아니라는 사실을 알게 해 주는 도서이다.

《윌리엄의 인형》(저자 샬로트 졸로토|역자 이은화|다음세대/1999.08.25.) 도서는 남자아이지만 인형을 좋아하는 윌리엄에게 부모님은 농구공을 사준다. 윌리엄의 마음을 안 윌리엄의 할머니는 윌리엄에게 인형을 선물한다. 남자노 농구공보나 인형을 좋아할 수 있다는 것을 보여주는 도서이다.

《내게는 소리를 듣지 못하는 여동생이 있습니다》(J. W.피터슨 글, D.K. 래이 그림/중앙출판사(JDM))에서 청각장애인인 동생을 바라보는 언니를 통해 장애인의 삶을 엿볼 수 있다. 장애인을 따뜻하게 감싸고 이해하도록 하는 그림책이다.

4 예술경험과 아동문학

〈표 5-4〉 예술경험영역과 아동문학

내용 범주	내용
아름다움 찾아보기	자연과 생활에서 아름다움을 느끼고 즐긴다.
	예술적 요소에 관심을 갖고 찾아본다.
창의적 표현하기	노래를 즐겨 부른다.
	신체, 사물, 악기로 간단한 소리와 리듬을 만들어 본다.
	신체나 도구를 활용하여 움직임과 춤으로 자유롭게 표현한다.
	다양한 미술 재료와 도구로 자신의 생각과 느낌을 표현한다.
	극놀이로 경험이나 이야기를 표현한다.
예술 감상하기	다양한 예술을 감상하며 상상하기를 즐긴다.
	서로 다른 예술 표현을 존중한다.
	우리나라 전통 예술에 관심을 갖고 친숙해진다.

예술경험 영역의 목표는 '아름다움과 예술에 관심을 가지고 창의적 표현을 즐긴다.'이고, 구체적으로, 첫째, 자연과 생활 및 예술에서 아름다움을 느낀다. 둘째, 예술을 통해 창의적으로 표현하는 과정을 즐긴다. 셋째, 다양한 예술 표현을 존중한다.

예술경험영역의 내용은 유아가 자연, 생활, 예술에서 아름다움을 느끼고, 음악, 움직임과 춤, 미술, 극놀이 등의 예술에서 자신의 느낌과 생각을 창의적으로 표현하는 과정을 즐기며, 다양한 예술 작품을 감상하며 다른 사람의 예술 표현을 존중하는 것으로 구성되었다.

예술경험영역은 유아가 자연과 생활, 예술에서 아름다움을 느끼고 즐기는 경험을 반영하여 '아름다움 찾아보기'를 새롭게 편성되었고, '창의적으로 표현하기'에서는 유아가 자신의 느낌과 생각을 음악, 움직임과 춤, 미술, 극놀이 등을 통해 자유롭게 표현하는 과정을 즐기는 내용으로 구성되었으며, ' 예술 감상하기'에서는 유아가 다양한 예술을 통해 상상하기를 즐기고, 우리나라 고유의 전통 예술에 친숙해지는 경험을 강조하고 있다.

'아름다움 찾아보기'는 유아가 자연과 생활에서 아름다움을 느끼며 예술적 요소에 관심을 가지고 찾아보는 내용이고, '창의적으로 표현하기' 유아가 노래를 즐겨 부르고, 간단한 소리와 리듬을 만들어 보며, 자유롭게 움직이며 춤추고, 다양한 미술 재료와 도구를 활용하여 표현하며, 경험과 이야기를 극놀이로 표현하는 내용이다. '예술 감상하기' 유아가 자신과 또래의 작품뿐만 아니라 다양한 예술을 감상하며 상상하기를 즐기고, 서로 다른 예술 표현을 존중하며, 우리 고유의 전통 예술에 친숙해지는 내용이다.

아동문학의 중요 매체는 언어와 그림의 조합이 만들어 낸 시각예술품으로서의 그림책이다. 그림을 통해 미술적 요소를 탐색하기도 하고 느낌을 미술활동으로 표현하기도 한다. 그림책의 허구적 이야기를 놀이상황으로 전환하는 극놀이로 표현하기도 가능하다. 특히, 극놀이를 준비하는 과정에서 분장하기는 미술활동의 표현하기와 연결되고, 리듬과 반복이 있는 이야기는 운율을 살릴 수 있는 음을 사용하여 음악을 표현하기도 가능하며, 이야기 속 인물의 역할수행을 동작이나 춤으로 표현하기도 하면서 통합적으로 표현할 수 있도록 도와준다.

그림책 연구가들은 글과 그림이 유기적으로 결합하여 이루어진 새로운 예술 형식으로 그림책을 보고 있다. 러셀(Russell, 1991)은 글과 그림이 함께 이야기를 전달한다는 점에서 그림책은 '글과 그림의 행복한 결혼'이라고 표현하였다. 영유아들은 문자습득이 이루어지지 않은 경우는 물론이며 문자 습득이 된 경우라 할지라도 그림 이야기책을 볼 때, 글보다는 그림을 우선적으로 보게 되고 그림을 통해 그 책이 전달하고자 하는 내용을 이해한다. 그림책 작가는 글과 그림이 서로 상호작용하며 만들어 내는 여러 관계를 통해 독자에게 메시지를 전달한다. 그림책에서 글과 그림이 전달하는 의

미뿐만 아니라 글과 그림의 관계를 잘 이해하면 그림책을 보는 즐거움이 훨씬 커질 수 있다. 아는 만큼 보이고 아는 만큼 즐길 수 있다.

유아들에게 예술적 경험을 돕는 좋은 그림책의 예들을 살펴보자.

〈표 5-5〉 **미술교육내용을 포함하고 있는 문학작품**

구분	도서명	글/그림	출판사	출판연도
자연과 사물을 감상하기	• 생각하는 미술 시리즈 中		마루벌	1997
	• 이야기	필립 예나인/필립 예나인	마루벌	1997
	• 우리 미술	김정/김혜숙	마루벌	1997
	• 색	필립 예나인/필립 예나인	마루벌	1997
다양한 조형작품 감상하기	• 형	필립 예나인/필립 예나인	마루벌	1997
	• 선	필립 예나인/필립 예나인	마루벌	1997
	• 루브르	끌로드 드라포스/토니로스	꼬마샘터	1991
전통예술에 친숙하기	• 내가 처음 가본 그림박물관 시리즈 中 • 봄날 호랑나비를 보았니? • 새야 새야 • 옛날 옛적 호랑이 담배피던 시절에 • 이 소리 들리니? • 아재랑 공재랑 동네한바퀴 • 산골짝 이야기	조은수/문승연	길벗어린이	1995

1) 그림책을 활용한 예술경험영역 도서

(1) 갈색 곰아, 갈색 곰아, 무엇을 보고 있니?

'반복되는 말들, 리듬감 있는 문체, 시원스런 동물들의 그림이 매혹적인 현대의 고전'이 되다시피 한 책으로 얼핏 보면 아주 단순하고 의미부여가 쉬워 보인다. 펼친 페이지마다 큼직하고 선명한 형체, 화려한 색감의 동물들이 한 마리씩 등장한다. 곰, 새, 오리, 말, 개구리, 고양이, 개, 양, 물고기 등 유아들이 쉽게 친근해지고 익숙해질 수 있는 동물들이 나온다. 동물들의 생김새와 색깔에 대해 알려 주는 데 제격인 도서이다. 여기 나오는 아홉 마리의 동물들 중 절반에 가까운 네 마리는 비현실적 동물이다. 파란 말과 보라 고양이는 세상에 없다. 오리는 노란색이 아니라 흰색이다. 양도 돌연변이가 아닌 한 하얀 양이 정상이다.

이 책은 화려하고 선명하면서도 다양한 색감과 질감이 미술적 감각을 계발해 줄 수 있으며 파란색 말이나 보라색 고양이 같은 비현실적 존재를 상상력을 자극하는 데 도움이 될 듯하다.

• Brown Bear, Brown Bear	갈색 곰아, 갈색 곰아
• What do you see?	무엇을 보고 있니?
• I see a red bird	나를 바라보는
• looking at me	빨간 새를 보고 있어
• Red Bird, Red Bird	빨간 새야, 빨간 새야
• What do you see?	무엇을 보고 있니?
• I see a yellow duck	나를 바라보는
• looking at me	노란 오리를 보고 있어

질문은 유아들의 주의를 끌어당기는 데 효과적인 전략이다. 첫 페이지부터 질문이 던져지면 유아들은 긴장한 채 책에 집중할 가능성이 높다. 그림은 매력적이고 다채로운 질감의 색깔과 역동적인 표정의 곰을 대담하게 배치함으로써 인상적으로 전달한다. 그 뒤로는 같은 패턴의 질문과 대답이 반복되면서 다음 페이지에 어떤 동물이 나올지는 이미 대답에 제시되어 있기 때문에 유아들은 누구를 부르면서 질문을 던질지 이미 알고 있으며, 따라서 자신 있

갈색 곰아, 갈색 곰아, 무엇을 보고 있니?
빌 마틴 주니어 글, 에릭 칼 그림/한국몬테소리

게 외쳐 부를 수 있다. 어른들이 보기에는 지루하고 따분한 구조일 수 있지만 좋아하는 일을 반복하는 것을 좋아하는 유아들에게는 역동적이고 생산적인 구조로 된 도서이다.

동물들이 계속 등장하면서 지속되던 강렬하고 단순한 리듬이 변화되는 순간은 선생님이 등장하고 언제나 단수 인물만 나오던 화면에 복수 인물, 즉 유아들이 등장하고 마지막 페이지에는 앞에 나왔던 동물들이 모두 함께 제시되면서 클라이맥스를 이룬다.

(2) 두드려 보아요

파란 문을 열고 들어가면 어질러 놓고 북을 치는 아이, 빨간 문 뒤에는 당근과 상추를 먹고 있는 토끼, 초록 문 뒤에는 방석을 던지며 노는 원숭이, 노란 문 뒤에는 꽃에 물을 주는 난쟁이와 밥을 먹는 고양이, 하얀 문 뒤에는 이를 닦거나 침대에서 자는 곰… 이 책에서 색깔은 결정적인 모티브로 작용하고 있다. 이 책에는 익숙한 구조의 서사가 없다. 눈앞에는 몇 개의 서로 동떨어진 풍경만이 펼쳐지고 있다. 몇 개의 풍경들을 하나로 잇는 연결고리가 바로 문이다. 문을 열면 방이 나오고, 또 문을 열면 또 방이 나온다. 그 문은 어딘가 바깥에서 뚝 떨어진 것이 아니라 방 속에는 빨간 문이 있고, 다음 장면에서는 빨간 문이 열리게 되어 있다. 빨간 문 뒤 방안에는 초록 문이 있고, 다음 장면에서는 초록 문이 열린다. 방 속의 문 속의 방 속의 문, 마치 러시아 인형 마트료시카처럼 계속 튀어나오는 방 속의 문 속의 방은 현실과는 아주 다른 공간 감각을 일깨운다. 그림에서는 문 → 방 → 문 → 방의 순서로 이어지는 리듬이 형성되는데, 두 박자의 빠르고 경쾌한 리듬은 공간 간에 안정적이면서도 역동적인 활기를 부여하는 배경음악 역할을 한다. 이 그림들은 논리적인 서사를 갖춘 이야기를 듣는 즐거움이 아니라 빠르게 전환하는 광고 화면을 보는

두드려 보아요
안나 클라라 티돌름 글/사계절

듯, 놀이공원의 마술방에 들어가 낯선 공간 속으로 계속 침투해 가는 듯한 감각적인 즐거움을 준다(한성옥, 2005).

5 자연탐구과 아동문학

1) 목표

탐구하는 과정을 즐기고, 자연과 더불어 살아가는 태도를 가진다.

(1) 일상에서 호기심을 가지고 탐구하는 과정을 즐긴다.

(2) 생활 속의 문제를 수학적, 과학적으로 탐구한다.

(3) 생명과 자연을 존중한다.

2) 내용

〈표 5-6〉 자연탐구영역의 내용체계

내용 범주	내용
탐구과정 즐기기	주변 세계와 자연에 대해 지속적으로 호기심을 가진다.
	궁금한 것을 탐구하는 과정에 즐겁게 참여한다.
	탐구과정에서 서로 다른 생각에 관심을 가진다.
생활 속에서 탐구하기	물체의 특성과 변화를 여러 가지 방법으로 탐색한다.
	물체를 세어 수량을 알아본다.
	물체의 위치와 방향, 모양을 알고 구별한다.
	일상에서 길이, 무게 등의 속성을 비교한다.
	주변에서 반복되는 규칙을 찾는다.

	일상에서 모은 자료를 기준에 따라 분류한다.
	도구와 기계에 대해 관심을 가진다.
자연과 더불어 살기	주변의 동식물에 관심을 가진다.
	생명과 자연환경을 소중히 여긴다.
	날씨와 계절의 변화를 생활과 관련짓는다.

유아는 호기심이 넘치는 과학자다. 궁금한 것에 대해 답을 찾기 위해 적극적으로 탐색하고 탐구하며 이를 즐긴다. 자연탐구 영역은 유아가 물질, 사물, 자연현상, 동식물 등의 특성과 변화를 수학적, 과학적으로 탐구하는 다양한 경험과 관련된 내용을 포함한다. 교사는 유아가 호기심을 가지고 주도적으로 탐구하는 과정을 즐기며, 스스로 궁금증을 해결해 가도록 돕는다. 또한 유아가 주변의 동식물, 생명, 자연환경에 관심을 가지며 생명을 소중히 여기고 사람과 자연이 더불어 살아가는 방법을 실천하도록 지원해야 한다.

문학을 통한 과학적 탐구를 전개할 때에는 어떤 순서가 있는 것은 아니다. 그러나 영유아의 흥미, 발달 정도 및 유아교육기관의 특성 등에 따라 융통성 있게 적용시키는 것이 중요하다. 단원 또는 생활주제를 과학과 관련된 주제로 선정한 뒤 하루 일과 전체 활동을 이러한 과학활동 중심으로 전개할 수 있으며, 기존의 생활주제를 유지해 가면서 부분적 · 지속적으로 전개할 수도 있다.

문학을 과학교육에 통합하는 다양한 방법을 다음의 다섯 개 유형으로 나누어볼 수 있다.

첫째, 교육주제와 관련된 과학활동을 제시하기 전에 그와 관련된 과학적 개념이나 과정을 담고 있는 문학작품을 영유아들과 함께 읽고 토의함으로써 계획한 과학활동과 관련된 개념에 대한 흥미를 유발하고 탐구질문을 구성하여 사전 정보를 제공한다. 예를 들어, 《비 오는 날》(유리 슐레비츠 글 · 그림/시공주니어)에서 '하늘은 왜 파랄까?', '비 오기 전 하늘색은 왜 이럴까?' 등의 질문으로 자연현상에 관심을 가지고 탐구하도록 한다. 둘째, 과학활동을 진행한 후 그와 같은 과학적 탐구과정이나 결과에 대한 내용을 제시한 문학작품을 선정하여 실제 활동의 결과와 문학 속에 묘사된 탐구결과를 비교해 볼 수 있다. 예를 들어, 《뼈》(호이우치 세이치 글 · 그림/한림출판사)는 우리 몸의 뼈와 관련된 실험을 한 후 참고할 수 있는 그림책이다.

셋째, 우발적으로 영유아들이 발견한 사물이나 현상에 대한 호기심을 충족시키고 주제에 관해 제기되는 유아의 질문에 대한 대답을 제공하기 위해 적합한 문학작품을 활용할 수 있다. 《눈 오는 날》(에즈라 키츠 글 · 그림/비룡소) 도서는 '왜 눈이 녹을까?'란 질문에 대한 답을 제공받을 수 있는 도서이다.

넷째, 문학작품 가운데 여러 가지 과학적 과정 기술(관찰, 분류, 가설 설정, 실험하기, 의사소통하기 등)의 경험을 담고 있는 것을 활용하여 영유아의 탐구 기능의 발달을 도울 수 있다.

다섯째, 영유아들이 특정한 사물이나 현상에 대해 이미 알고 있는 과학적 지식과 그에 대한 문학작품에 제시된 사실을 비교해 보는 활동을 통해 영유아의 지식과 문학 속에 제시된 과학적 사실에 대해 평가해 볼 수 있다.

3) 그림책을 활용한 자연탐구영역 활동 구성의 예

(1) 배고픈 애벌레

《배고픈 애벌레》(에릭 칼 글 · 그림)는 나비의 일생, 나비의 서식지, 색 등과 관련하여 유아들의 호기심을 해결할 수 있다. 개정 누리과정 자연탐구영역의 '주변의 동식물에 관심을 가진다' '생명과 자연환경을 소중히 여긴다' 내용이 해당된다.

애벌레가 "퐁" 하고 태어나 먹을 것을 찾아다닙니다. 월요일에는 사과 하나, 화요일에는 배 두 개, 목요일에는 딸기 네

개를 먹어도 계속 배가 고파요. 토요일에는 아이스크림, 케익, 바나나 등을 먹고 배탈이 납니다. 그 다음날 싱싱한 나뭇잎을 먹고 나아지네요. 애벌레가 먹고 지나간 자리가 구멍이 나 있어서 유아가 손가락을 넣어보며 재미있게 읽을 수 있다. 또 튼튼해진 애벌레가 번데기가 되고 나비로 변하는 아름다운 과정이 나타난다. 숫자와 요일, 과일 이름들과 나비의 생애를 함께 배울 수 있는 도서이다.

(2) 아주 바쁜 거미

《아주 바쁜 거미》(에릭 칼 글 · 그림)는 거미에 관해 유아들이 일반적으로 알고 있는 지식과 문학작품 속에 나타나 있는 정보를 비교해 볼 수 있다. 개정 누리과정 자연탐구영역의 '주변 세계와 자연에 대해 지속적으로 호기심을 가진다' 내용과 관련지어 볼 수 있다.

작은 거미 한 마리가 농장의 동물들이 아무리 놀자고 해도 열심히 거미줄만 친다. 거미줄이 신나게 노는 일보다 더 중요한 걸까요? 거미는 이런 의문을 깨끗이 해소시켜 주며 자신의 거미줄이 얼마나 아름답고 쓸모 있는 것인지 보여준다. 이 그림책의 가장 신기한 부분은 바로 입체적으로 처리된 거미줄이다. 단순한 선에서 복잡한 거미줄이 완성되기까지의 과정을 손가락으로 하나하나 느낄 수 있다.

(3) 갯벌이 좋아요

갯벌에 사는 꽃발게는 바다 끝 흰구름을 잡으러 간다. 집게발을 흔들면서 씩씩하게 떠나는 꽃발게를 본 친구들은 웃으면서 놀려댄다. 꽃발게는 갯벌에 사는 여러 친구들을 만난다. 한참 후에 파란 바닷물이 갯벌에 가득하다. 꽃발게는 갯벌이 해초, 말미잘 등의 다양한 생물들이 사는 바닷속으로 변한 것을 보고 놀란다. 꽃발게는 작은 암초 밑에 사는 꼬마 게와 새우, 작은 물고기 등도 만난다. 그때 가시가 삐죽한 물고기가 오자 작은 물고기들은 무서워한다. 꽃발게는 큰 집게발을 펴서 살려준다. 꽃발게는 많은 친구를 만나는 동안 지친다. 꽃발게는 구름보다 갯벌이 좋다고 생각하고 갯벌로 조용히 돌아온다.

《갯벌이 좋아요》(유애로 글 · 그림/보림) 도서 속의 등장인물에 관심을 가지고 '게' 모양의 종이에 갯벌에 사는 생물의 모양을 그리거나 이름을 적어볼 수 있다. 자연탐구영역의 '주변의 동식물에 관심을 가진다' 내용에 해당된다 .

(4) 깊은 밤 부엌에서

《깊은 밤 부엌에서》(모리스 샌닥 글 · 그림/시공사) 도서를 활용한 과학활동 전개는 다음과 같다.

《깊은 밤 부엌에서》를 중심으로 한 과학활동

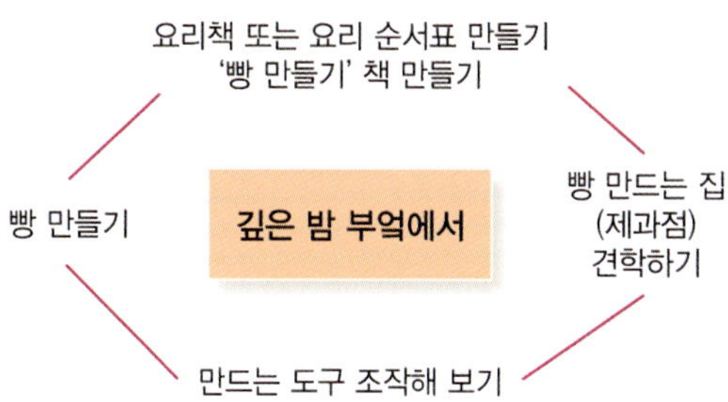

모리스 샌닥 글 · 그림/시공사

(5) 티치

티치는 식물이 자라지 않고 크기가 다른 세 사람을 보여주는 이야기로 식물성장과 유아들의 신체적 성장과 관련지어 적용해 볼 수 있는 도서이다. 개정누리과정 자연탐구영역의 '일상에서 길이, 무게 등의 속성을 비교한다' 내용에 해당한다.

이야기 속의 그림에는 인물들의 특징들이 뚜렷하게 나와 있으나 동화를 유아들에게 들려준 후 그리기 활동, 쓰기, 토론 등을 통해 책에 대한 반응을 알아보았다. 유아들은 바퀴가 하나 있는 큰 홍당무를 넣은 손수레를 미는 그림으로 주로 빨강, 푸른색, 초록, 오렌지, 고등색 가게 등으로 주제가 비슷한 책을 비교해서 그림을 그리고 설명을 덧붙였다. "새를 심어요. 당근으로 자라요." 유아들은 책의 줄거리에 관심이 있었으며 그림에 반응하고 책에 대해 이야기를 나누기도 했는데 유아들은 성장한다는 것에 관한 다소 혼란스러워 했으며 책에 대한 복잡한 반응과 이해를 나타내기도 했다.

《티치》 이야기를 듣고난 후 유아들의 그림을 연구해 본(Lehr, 1991) 결과 유아들은 다음과 같이 반응했다. "사람들이 이건 자라지 않는 거야 절대로."와 같은 반응을 보였다. 성장에 대한 이해가 어렵다는 점을 알 수 있다. 그러나 유아가 이야기를 이해하고 있으며 책의 줄거리와 그림을 통해 자신의 흥미를 보였다.

티치

팻 허친즈 글 · 그림/시공주니어/2002

4) 그림책을 활용한 수학적 탐구 영역 활동

수학적 탐구의 내용으로는 2019 개정누리과정의 자연탐구영역 중 '일상에서 길이, 무게 등의 속성을 비교한다', '물체의 위치와 방향, 모양을 알고 구별한다'로, 유아가 생활 속에서 다양하게 수를 경험하면서 수에 대한 이해를 발달시키고, 기초적인 수와 연산의 개념을 형성할 수 있다. 유아는 생활 속에서 수가 여러 가지 의미로 사용된다는 것을 알게 되고, 물체 세기를 통해 수량을 인식한다. 또한 구체물을 사용하여 수들 간의 관계를 알아보며, 더하고 빼는 경험을 하면서 수와 연산에 대한 기초개념을 형성한다.

수학교육내용을 포함하고 있는 도서는 다음과 같다.

〈표 5-7〉 수학교육 내용을 포함하고 있는 유아문학작품

구분	도서명	글/그림	출판사	출판연도
분류	• 개구리와 두꺼비는 친구 中 단추찾기	아놀드 로벨/아놀드 로벨	비룡소	1996
	• 한이와 해님농장	신혜경/신혜경	바오로딸	1996
	• 한이야 시장갈래	신혜경/신혜경	바오로딸	1996
	• 큰 다람쥐와 작은 코뿔소	이스차 담안/한스 데 베르	중앙미디어	1995
	• 나랑 같이 놀자	에릭 홀 예츠	시공사	1994
순서	• 배고픈 애벌레	에릭 칼	한국몬테소리	1997
	• 마들린느와 쥬네비브	루드비히 베멀먼즈/루드비히 베벌먼즈	시공주니어	1994
	• 우리끼리 가자	윤구병/이태수	보리	1997
	• 커다란 순무	알릭셰이 톨스토이/헬린 옥슨버리	시공주니어	1996
	• 누가 내 머리에 똥쌌어?	베르너 홀츠바르트/볼프 에를부르흐	사계절	1993
	• 장갑	우크라이나 민화	다산기획	1994
	• 야, 우리 기차에서 내려	존 버닝햄/존 버닝햄	비룡소	1995
	• 나무숲속	매리호올엣츠	한림출판	1996
	• 여섯 사람	데이비드 미키/데이비드 미키	비룡소	1997
	• 바람이 불었어	팻 허친스/팻 허친스	시공주니어	1995
	• 함께 세어 보아요	안노 마쓰마사/안노 마쓰마사	마루벌	1997

수	• 두드려 보아요	안나클로르 티돌룸	사계절	1994
	• 이상한 나라의 숫자들	크라안부부	분도	1990
	• 사냥꾼 하나	팻 허친스/팻 허친스	시공사	1996
	• 앤디와 사자	제임스 도허티/제임스 도허티	시공사	1995
	• 멋진 뼈다귀	윌리엄 스타이그/윌리엄 스타이그	비룡소	1995
	• 14마리의 추운 겨울	이와무라 가즈오/이와무라 가즈오	보림	1996
	• 장바구니	존 버닝햄/존 버닝햄	보림	1997
전체와 부분	• 반쪽이	이미배/이억배	보림	1997
	• 똑같이 나누어요	한국어린이육영회/권문희	한국어린이육영회	1997
측정	• 한 걸음 한 걸음	레오 리오니	보림	1996
	• 손 큰 할머니의 만두 만들기	채인선/이억배	길벗어린이	1998
	• 꼬마 요리사 팬더 리리	편집부/박영욱	하림	1995
시간	• 시간	앙드레 베르데/셰린 부르-숄레 외 2인	꼬마샘터	1991
	• 작은 집 이야기	버지니아 리버튼/버지니아 리버튼	시공사	1994
	• 달구지를 끌고	도날드 홀/바바라 쿠니	비룡소	1997
	• 뻐꾸기 아저씨의 시계	베키 블룸/베키 블룸	음연	1998
	• 십이월의 친구들	미샤 담얀/두산 칼라이	마루벌	1996
공간	• 비교해 보세요	갈리마르 출판사/앙리 갈르롱	꼬마샘터	1991
	• 똑바로 똑바로	쓰보이 이쿠미/히야시아 키코	보림	1996
기본 도형	• 바바빠빠	탈루스 테일러/아네트 티종	시공사	1994
	• 형태	삐에르 마리발라/삐에르 마리발라	꼬마샘터	1991
	• 비눗방울을 탄 임금님	요코타 미노루/요코타 미노루	한림	1974
	• 전통 칠교놀이	인병선/인병선	현암사	1998

《크릭터》(토미 웅거러 지음/시공사) 도서를 수학활동에 적용한 예는 다음과 같다.

자연탐구 내용 중 '물체를 세어 수량을 알아본다', '주변에서 반복되는 규칙을 찾는다'에 해당한다.

《크릭터》 중심으로 한 수학활동

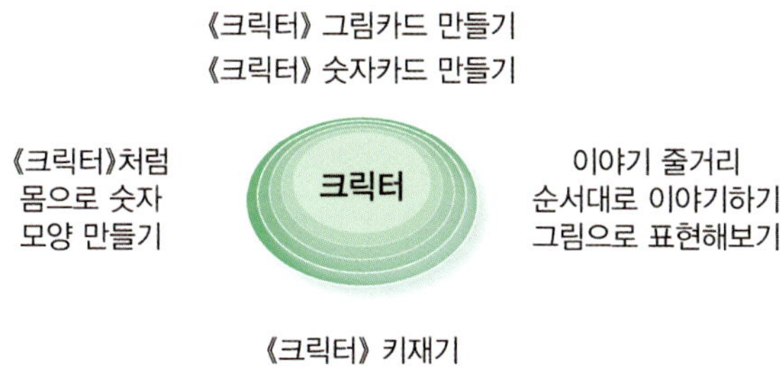

토미 웅거러 지음/시공사

6 그림책을 활용한 누리과정 통합활동

문학을 통한 통합적 접근법은 동화나 동시 같은 문학을 기반으로 하여 동화 이야기에서 나오는 주제, 사물, 사람, 상황, 환경 등을 자연스럽게 통합 및 확대할 수 있는 장점이 있다. 어떤 한 주제를 중심으로 한 주제 중심 접근법보다는 일상적인 삶 자체에서 경험되는 여러 측면들이 맥락적으로 자연스럽게 연결되어 경험될수 있어 다른 교육방법의 접근법보다 통합성이 매우 높다고 할 수 있다. 또한 문학을 통해 생활주제와 관련하여 교육과정을 계획할 수도 있다.

그림책을 활용한 누리과정 통합활동 예를 제시하면 다음과 같다.

1) 《구름 공항》 그림책을 생활주제 '가을'에 적용한 활동의 예

문학을 이용한 통합적 접근방법에 대한 예로, 2000년 칼데콧 아너상을 수상한 데이비드 위즈너의 《구름 공항》(원제: SECTOR 7)을 주간계획안에 의해 다음과 같은 활동으로 전개할 수 있다. 또는 생활주제 '가을'과 관련하여 진행할 수도 있겠다.

도서 선정 이유는 유아들과 가을 하늘을 관찰하면서 구름에 대해 흥미를 보여 다양한 구름에 대해 알아보고자 구름의 모양을 잘 형상화한 《구름 공항》 동화책을 선정했다. 《구름 공항》 동화책은 글 없는 그림책으로서 동화 속 주인공이 구름과 친구가 되어 구름 공항으로 떠나게 되는 내용이다. 유아들이 글자 없이 그림만으로 동화의 내용을 상상해봄으로써 유아의 창의적 사고능력을 증진하고자 하였다.

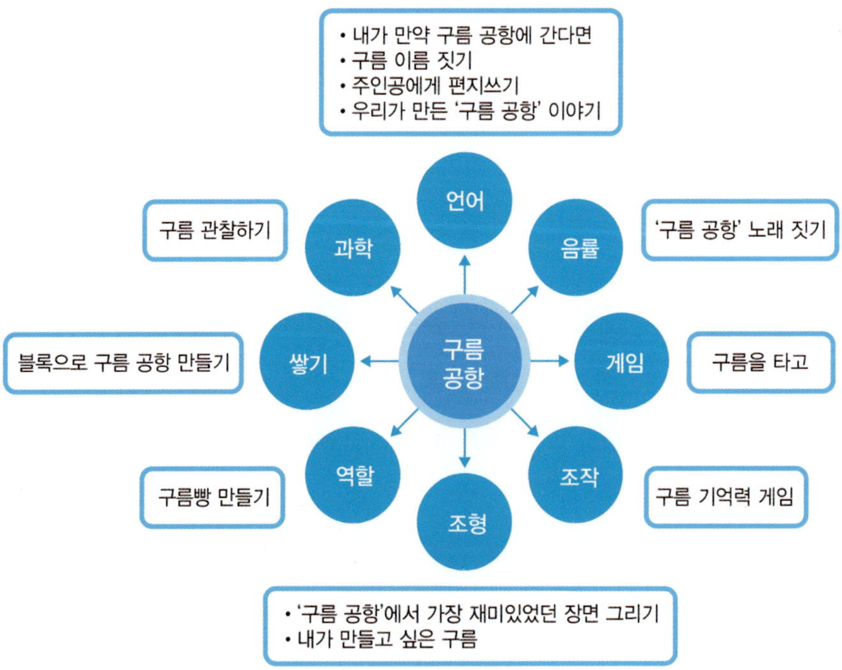

활동계획안

활동명	구름공항 만들기
활동목표	블록을 이용하여 구름 공항을 창의적으로 꾸며볼 수 있다.
활동자료	벽돌 블록, 솜, 《구름 공항》 책
활동방법	1. 《구름 공항》 동화책 내용을 회상하며 이야기 나눈다. • 구름 공항은 무슨 일을 하는 곳이니? • 구름 공항에 무엇이 있었니? 2. 쌓기 영역에서 구름 공항 만들기를 해본다. • 구름 공항을 만들려면 어떻게 해야 할까? • 어떤 블록을 사용하여 구름 공항을 만들면 좋겠니? • 구름은 무엇으로 할까? 3. 유아들과 의논하여 필요한 소품을 정한다. 4. 유아들이 구름 공항을 만들고 놀이하는 과정을 사진으로 찍어 평가시간에 보여 준다. • 구름 공항 만들기에 누가 참여했니? • 구름 공항에서 무엇을 하는 장면이니? • 구름 공항 만들기를 해보니 무엇이 재미있었니? • 구름 공항을 또 다른 방법으로 만들어 볼 수 있을까? 
유의점	• 유아들과 함께 정한 블록으로 활용한다. • 솜에 먼지가 많이 묻지 않도록 유의한다.

<table>
<tr><td>활동명</td><td>구름빵 만들기</td></tr>
<tr><td>활동목표</td><td>구름빵을 만들어 극놀이를 경험할 수 있다.</td></tr>
<tr><td>활동자료</td><td>천사 점토, 여러 종류의 그릇</td></tr>
<tr><td>활동방법</td><td>1. 구름과 관련된 내용으로 《구름빵》 동화책을 들려준다.
• 구름빵을 어떻게 만들었니?
• 구름빵을 먹고 어떻게 되었니?
• 너희들은 어떤 구름빵을 먹고 싶니?

2. 구름빵을 만들려면 어떻게 해야 할지 이야기를 나눈다.
• 구름빵을 무엇으로 만들면 좋을까?
• 구름빵을 어떤 모양으로 만들고 싶니?
• 구름빵을 만들어서 무엇을 하고 싶니?

3. 천사 점토를 활용하여 구름빵 만들기를 해본다.
</td></tr>
<tr><td>유의점</td><td>• 유아들과 구름 공항에서 하고 싶은 일에 대해 이야기하는 과정에서 구름빵을 만들어 먹고 싶다는 의견이 나와 활동을 진행하게 되었다.
• 천사 점토 사용 후 마르지 않도록 뚜껑을 닫아서 보관한다.</td></tr>
</table>

활동명	구름을 타고
활동목표	• 구름 게임에 관심을 가질 수 있다. • 게임활동에 즐겁게 참여할 수 있다.
활동자료	구름 모양(흰색 부직포로 만든 것), 목적물
활동방법	1. 두 편으로 나누어 앉아 양편의 인원수를 확인한다. 2. 구름에 대해 이야기를 나누고, 게임자료를 소개한다. • 만약 구름을 타면 기분이 어떨까? • 구름을 타고 무엇을 하고 싶니? • (부직포로 만든 구름 모양을 보여 주며) 이건 무엇일까? • 이 구름을 어떻게 탈 수 있을까? 3. 게임방법을 유아들과 의논한다. • 구름 속에 들어가서 무엇을 할 수 있을까? • 구름을 타고 어떤 게임을 할까? 4. 게임을 할 때 지켜야 할 약속을 유아들과 함께 정한다. • 팀 이름 정하기 • 구름을 떨어뜨리지 않고 타기 • 출발선 지키기 • 목적물을 돌아올 때 쓰러뜨리지 않기 • 자기 자리에 앉아서 응원하기 5. 게임을 한다. 6. 게임에 대해 전체 평가를 한다. • 약속을 잘 지키면서 빨리 돌아온 편은 어느 편일까? • 응원을 열심히 한 편은 어느 편일까? • 어떤 점이 재미있었니? • 힘들었던 점은 무엇이니?
유의점	게임할 때 유아들이 구름 옷을 혼자서 입고 벗을 수 있도록 시간적인 여유를 준다.

활동명	만약 내가 구름 공항에 간다면···
활동목표	문제상황에 대해 다양하게 생각해 볼 수 있다.
활동자료	구름 모양 종이, 필기 도구
활동방법	1. 전날 유아들이 《구름 공항》 동화 내용 꾸민 것을 회상해 본다. 2. '만약 내가 구름 공항에 간다면···' 무엇을 하고 싶은지 생각해 본다. 3. 유아들이 구름 공항에 가서 하고 싶은 것을 자유롭게 말로 표현해 본다. • 구름 공항에서 무엇을 하고 싶니? 4. 구름 공항에서 하고 싶은 것을 그림이나 글로 표현해 본다.
유의점	유아의 생각을 그림이나 글로 표현할 수 있도록 격려해 준다.

활동명	《구름 공항》에서 가장 재미있었던 장면 그리기
활동목표	자기가 생각한 것을 자유롭게 그림으로 표현할 수 있다.
활동자료	구름 모양 종이, 색연필 등
활동방법	1. 《구름 공항》 동화책 내용을 회상해 본다. 2. 동화 내용에서 가장 재미있었던 내용에 대해 말로 표현해 본다. • 어떤 장면이 가장 재미있었니? • 왜 그 장면이 재미있었니? 3. '구름 모양' 도화지를 준비해 주고 가장 재미있었던 장면을 자유롭게 표현해 본다. 4. 유아들이 그린 그림을 모아서 평가 시간에 다른 유아들과 함께 감상해 본다. 
유의점	《구름 공항》에 대한 충분한 활동이 이루어진 후 마무리 활동으로 전개한다.

<table>
<tr><th>활동명</th><th>내가 만들고 싶은 구름</th></tr>
<tr><td>활동목표</td><td>내가 만들고 싶은 구름을 다양하게 표현할 수 있다.</td></tr>
<tr><td>활동자료</td><td>천사 점토, 활동지, 필기도구 등</td></tr>
<tr><td>활동방법</td><td>1. 《구름 공항》에서 만들고 싶은 구름에 대해 생각해 본다.
• 주인공은 어떤 구름을 만들었니?
• 너희들은 어떤 구름을 만들고 싶니?

2. 검은 도화지 위에 천사 점토로 내가 만들고 싶은 구름을 만들어 붙인다.

3. 언어활동과 연계하여 활동한다.
• '그것은 ~같아요' 책 속의 말을 꾸며본다.
• 그것은 ~같아요. 그러나 그것은 ~가 아니에요.
• 그것은 하늘에 떠 있는 구름이에요.

</td></tr>
</table>

<table>
<tr><td>활동명</td><td>구름 이름 짓기</td></tr>
<tr><td>활동목표</td><td>• 하늘에 있는 구름의 모양, 색, 움직임을 관찰할 수 있다.
• 관찰한 구름에 어울리는 이름을 지어볼 수 있다.</td></tr>
<tr><td>활동자료</td><td>여러 가지 구름 사진, 유아 활동 사진, 구름 이름 짓기 활동지</td></tr>
<tr><td>활동방법</td><td>1. 유아들과 구름을 관찰한 사진을 보며 활동을 회상해 본다.
• 운동장에서 구름을 관찰해보았던 기억나니?
• 구름의 모양, 색, 움직임이 어땠니?

2. 유아들과 구름 이름 짓기 활동을 해본다.
• ㅇㅇ는 가장 기억에 남는 구름은 어떤 모양이니?
• 구름의 이름을 붙여볼 수 있을까?
• 왜 ㅇㅇ구름이라고 이름을 지었니?

3. 유아들이 구름 이름짓기 활동한 것을 함께 감상하며 이야기 나눈다.
</td></tr>
<tr><td>유의점</td><td>사전 활동으로 유아들과 여러 가지 구름의 종류에 대해 충분히 알아본다.</td></tr>
</table>

활동명	구름 관찰하기
활동목표	• 하늘에 떠 있는 구름에 관심을 가질 수 있다. • 구름을 다양한 방법으로 관찰할 수 있다.
활동자료	돗자리, 구멍 뚫린 여러 가지 모양 종이, 사진기
활동방법	1. 하늘을 보며 구름에 대해 이야기 나눈다. • 우리 함께 하늘을 보자. 구름이 보이니? • 구름은 어떤 색이니? • 구름의 모양은 어떠니? • 구름을 관찰하니까 어떤 기분이 드니? 2. 유아들과 다양한 방법으로 구름을 관찰해 본다. • 돗자리에 누워서 구름을 관찰해보자. • 우리가 만든 종이 모양을 눈에 가까이 대고 구름을 보자. • 동그라미 모양 종이로 구름을 관찰했을 때 구름이 어떤 모양이니? 3. 유아들과 구름을 관찰해본 경험을 회상해 본다. • 구름을 본 느낌이 어땠니? • 구름을 그냥 보았을 때와 종이를 대고 구름을 보았을 때 어떤 점이 달랐니? • 우리가 구름을 보았던 느낌을 표현해볼 수 있는 방법은 무엇이 있을까? 
유의점	• 하늘을 바라볼 때 유의해야 할 점에 대해 이야기를 나눈다. • 하늘을 관찰할 때 필요한 물건을 유아들이 직접 만든 모양 종이, 액자, 망원경 등을 활용할 수 있다.

활동명	구름 공항 노래 짓기
활동목표	•《구름 공항》 동화에 대한 생각과 느낌을 말로 표현할 수 있다. •'하늘 나라 동화' 노랫말을 바꾸어 불러볼 수 있다.
활동자료	하늘 나라 동화 가사판, 큰 종이판, 사인펜
활동방법	1. '하늘 나라 동화' 노래를 부르며 모여 앉는다. 2. 《구름 공항》 동화의 내용을 회상해 본다. •《구름 공항》 동화책에서 어느 부분이 가장 재미있었니? •동화 속의 주인공이 왜 구름 공항으로 가게 되었니? •구름 공항에 도착하였을 때 누구를 만났니? •주인공이 집에 돌아왔을 때 어떤 기분이었을까? •동화 속 주인공에게 하고 싶은 이야기가 있니? •만일 ㅇㅇ가 동화 속 주인공이라면 어떤 구름을 만들고 싶니? 3. 유아들과 함께 동화의 내용을 이용하여 노래를 만들어 보기로 한다. •우리도 노래를 만들어 볼까? •어떤 노래를 이용하여 노랫말을 만들어 볼까? 4. 《구름 공항》 동화에 대한 느낌을 적어 노래를 만들어 본다. 5. 유아들과 완성된 노래를 다 함께 불러본다. 6. 완성된 노래에 대한 느낌을 이야기해 본다. •우리가 만든 노래를 불러보니깐 어떤 느낌이 드니? •혹시 노랫말 중에 고치고 싶은 부분이 있니? **구름의 여행** 흰구름에 올라가서 구름공항 바라보며 흰구름과 비구름과 만나서 놀았습니다 구름들과 함께 요술총이 놀이하고 구름 들과 헤어져서 너무 너무 보고싶어요
유의점	•유아들이 《구름 공항》 동화책의 내용을 충분히 이해한 후 활동이 진행한다. •유아들이 《구름 공항》에 대한 느낌을 이야기할 때 적어두어서 노래 개사할 때 활용한다.

활동명	주인공에게 편지 쓰기
활동목표	주인공에게 하고 싶은 말을 그림이나 글로 표현할 수 있다.
활동자료	편지지, 필기도구
활동방법	1. 동화 속 주인공에게 하고 싶은 말이 무엇인지 이야기해 본다. • 《구름 공항》 동화책 주인공에게 무슨 일이 있었니? • 궁금한 점이 있니? • 동화책 주인공에게 무슨 말을 하고 싶니? • 편지 내용을 글과 그림으로 표현해 보자. 2. 유아들이 편지 쓴 것을 함께 감상한다. • 주인공에게 편지를 써보니 어땠니? • 어떤 점이 재미있었니? 어려운 점도 있었니? 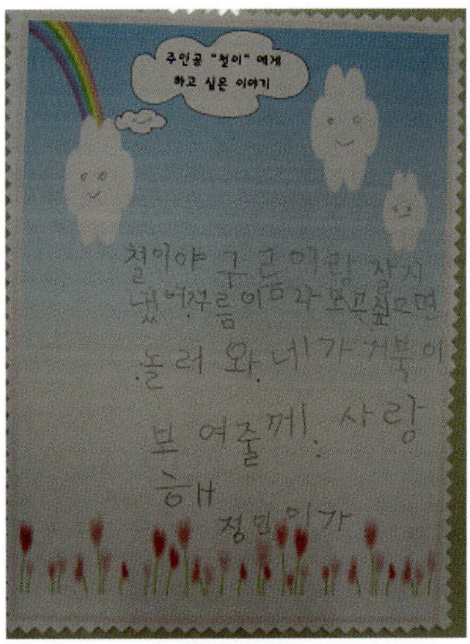
유의점	글을 모르는 유아는 그림을 그리거나, 유아의 생각을 교사가 받아 적어준다.

활동명	구름 기억력 게임
활동목표	사물의 위치를 기억하며 집중력을 향상할 수 있다.
활동자료	구름 기억력 게임판, 구름 모형, 컬러할핀 등
자료제작 방법	① 구름 밑판에 놓는 그림을 하늘에 있는 것과 날씨와 관련된 그림으로 함석판을 대어 구성한다. ② 구름 모형이 움직이지 않도록 우드락을 잘라서 틀을 완성한다. ③ 각 그림들을 코팅하여 고무자석에 붙인다. ④ 천사 점토로 구름 모양을 만들고 컬러 할핀으로 손잡이를 만든다.
활동방법	1. 순서를 정한다. 2. 순서대로 구름 카드 두 장을 동시에 뒤집는다. 3. 같은 그림이 나오면 구름 카드를 가져간다. 같은 그림이 아니면 다시 제자리에 놓는다. 4. 구름 카드를 많이 가져간 유아가 이긴다. 
유의점	구름 밑판의 그림이 익숙해지면 그림의 위치를 바꾸어 제시해 준다.

6장

연령별 환경 구성 및 아동문학지도법

6장 연령별 환경 구성 및 아동문학지도법

토론

1. 유아기 문학환경을 구상해 보세요.
2. 유아용 도서 1권을 선정하여 이야기 지도 그리기 및 망짜기 학습을 계획해 보세요.

아동문학지도는 감상하기, 이해하기, 표현하기, 창작하기로 나눌 수 있다. 본 장에서는 아동문학활동을 전개하기 위해 우선 연령별 아동문학 환경 구성의 특성을 살펴보고 다음으로 아동문학지도법에 대해 구상해 보았다. 환경 구성은 영아기, 유아 전기, 유아 후기로 나누고, 감상하기의 방법으로는 그림책 감상하기, 동시 감상하기가 있다.

1 연령별 환경 구성

영유아는 문학환경에 따라 문학활동을 활성화시켜 나간다. 문학환경은 영유아기의 읽고 쓰기의 행동을 탐구하도록 돕고 자신을 둘러싼 세상에 대한 의미를 발견한다. 문학교육을 위한 환경 준비는 유아들의 연령, 이야기책의 특성, 언어, 유머, 흥미 등을 파악해야 한다.

1) 0~2세 영아기 환경

환경은 영아로 하여금 문학에 대한 동기를 유발시킨다는 측면에서 중요하다. 0~2세 영아들은 이야기 듣기를 좋아하며, 이야기를 듣는 동안 동작적으로 표상하며 즐거워한다. 책 읽기를 할 때 영아들의 몸놀림이 활발한 것은 책 보기가 즐겁다는 것을 의미한다. 0~2세 영아들은 책을 읽을 때 책을 만져 보고 싶어 한다. 모든 경험을 온몸으로 실제로 느끼고 싶어 하기 때문이다. 따라서 영아기 문학적 경험은 친근하고도 따뜻한 환경에서 출발하는 것이 좋다. 교사는 영아들을 위한 책을 선정할 때 이러한 영아들의 특성을 잘 알아야 한다. 영아를 위해 그림과 함께 언어를 제공해야 하고 인내심을 갖고 이야기를 통해 언어를 창안할 수 있도록 도와야 한다.

(1) 영아를 위한 도서영역

영아교사는 영아를 무릎에 앉혀서 다양한 위치 및 다양한 장소에서 이야기를 듣도록 해야 한다. 색상 있는 베개, 누비이불, 매트는 영아의 마음을 사로잡고 편안함을 준다. 솜 완구를 함께 비치하는 특별한 장소를 마련하여 모빌, 벽걸이, 부드러운 인형들을 환경에 비치할 수 있다. 두꺼운 종이상자는 이야기와 관련되는 차, 보트, 기차를 만들어 사용할 수 있다. 이러한 도구는 이야기에 대한 상상력을 자극하고 동작적 표상을 창안하도록 돕게 될 것이다. 처음에는 저자와 독자의 언어를 모사할 것이지만, 차츰 상상놀이를 통해 이야기를 재창조하면서 말과 그림, 글과 그림, 말과 글의 관계를 이해하면서 언어를 사용할 수 있게 된다. 도서영역에 비치된 그림책 속에 등장하는 인물과 같은 인형이나 물건들을 함께 비치해 두면 좋다. 이러한 소품은 그림책과 친숙하도록 만드는 기능을 한다.

0~2세 영아를 위한 도서영역은 그들의 흥미를 끌 수 있는 곳이어야 하며 안전해야 한다. 재미있는 탈 것이나 곰인형 등을 비치해 영아들의 호기심을 끌어내면 좋다. 움직임이 부드러운 안전의자를 비치해 성인과 영아가 함께 이야기를 읽을 수 있으면 더욱 좋다.

도서영역에 비치할 때 고려해야 할 영아기 그림책의 특성

① 영아는 본문의 내용은 짧지만 분명하고, 아름다운 색상의 그림이 있는 도서
② 짧고 단순한 리듬과 시가 있는 도서
③ 큰 그림과 친숙한 장면의 그림이 있는 도서
④ 친숙한 말을 많이 포함하고 있는 사물의 이름 부르기, 철자와 수 이름 부르기를 격려하는 도서
⑤ 곰인형과 같이 부드러움을 느끼게 하는 헝겊으로 만든 책, 비닐로 만든 책, 여러 도구나 동물의 모양을 본뜬 모양책, 소리 나는 책, 물체가 튀어나오는 책 등 감각운동을 통하여 놀이스럽게 그림 이야기를 만나게 하는 도서에 관심을 갖는다.

(2) 영아기 언어

1세쯤 되면 영아에게 단어는 의미를 지니게 된다. 언어발달이 빠른 영아들은 8개월부터 이러한 경험을 할 수 있다. 영아는 자신의 욕구를 만족시키기 위해 말을 하고 자신과 세상을 이해하기 위한 수단으로서 말을 하기 시작한다. 영아는 단어, 문장, 구를 말할 수 있기 전에 많은 언어들을 이해할 수 있다. 뿐만 아니라 이미 알고 있는 언어의 규칙에 기초해 다른 언어를 사용하면서 지적 일반화를 이루어 나간다. 영아들은 종이에 크레용으로 그리기 시작한다. 영아들은 무슨 언어이든지 유용한 것을 그리

며, 소리와 리듬을 즐긴다. 영아는 시각적 형태로 의미 있는 무엇인가를 그리기를 시도하는 행동을 시작함으로써 쓰기 능력을 발달시켜 나간다.

영아들은 누군가로부터 자신이 창안한 그림의 의미가 무엇인지 듣는 것을 좋아한다. 성인은 영아와 함께 상호작용하는 시간을 갖고 도서를 감상하는 좋은 모델을 보여 주어야 한다. 격려하고 수용하는 태도를 보여 주면서 좋은 언어 모델과 폭넓은 경험을 제공해 줄 필요가 있다.

2세 이후 유아들은 아주 빠른 속도로 언어를 획득하게 된다. 일반적으로 3세까지의 유아는 단순 질문과 언어 사용에 200단어를 사용한다. 성인은 유아가 자신의 환경을 경험할 용기와 기회를 제공해야 한다. 이러한 탐색은 언어를 조사하고 사용하도록 만들 것이다. 유아들은 언어를 어떻게 소리 내고 언어로 무엇을 하고 어떻게 사용될 수 있는지를 탐색할 것이다.

(3) 영아기 문학활동

영아들이 출생에서부터 그림책과 친숙해진다면 그림책은 자연스럽게 영아 삶의 중요한 부분이 될 것이다. 두터운 그림책이나 플라스틱 그림책은 훌륭한 초기 그림책이 된다. 그림책은 먹는 것이 아니라 특별히 소중한 어떤 물건으로 다루면서 그 책을 아끼는 마음을 지속적으로 모델로 보여 주어야 한다. 이 시기 책을 읽을 때는 이야기속의 퍼펫, 장난감 차, 다른 물건들을 효과적으로 사용하면 영아들의 읽기 경험을 높일 수 있다. 물체는 긍정적이고 직접적 방식으로 이야기와 영아를 연결시킨다. 그림은 단순하고 밝아야 한다. 왜냐하면 영아는 한번에 많은 그림에 초점을 맞출 수가 없기 때문이다.

영아들은 어린 시절부터 유머 감각을 발달시켜 나간다. 대부분의 그림책 속에는 유머로 가득 차 있다. 영아를 위한 동요는 쉽게 즐길 수 있는 극화적 표상을 가능하게 만든다. 영아는 반복적인 부분을 여러 번 반복해 보는 활동을 무척 즐긴다. 영아들은 자신을 둘러싸고 있는 사물과 사건 모두에 관심을 가지고 있다. 모든 사물에 대해 알고자 하며, 사물의 소리를 탐색하고자 한다. 그들은 주변 사람들 모두가 누구인지, 무엇을 하는 사람인지를 알고 한다. 이러한 요구에 가장 좋은 방법은 영아가 탐색하기 위한 적절한 도서를 선정하는 것이다.

영아들이 매일 보고 행하는 것이 무엇인지 생각하게 하고, 영아에게 필요한 기본적인 단어를 알려 주는 도서를 좋아한다. 이러한 도서에서 사용하고 있는 사물들은 명료하고 단순하다.

노래 부르기, 이야기 읽기, 단순한 손가락 놀이하기, 성인-유아 상호작용이 많은 게임하기 등은 영아기 문학으로 연결하도록 돕는 좋은 방법들이 된다.

2) 유아 전기(3~4세)의 환경

3~4세 유아들은 '왜'라는 질문을 끊임없이 한다. 이들은 자신과 가족에 대해 아주 관심이 많으며, 주변 세상에 대해서도 호기심이 많다. 또한 그들은 자신의 주변 환경이 다른 외부 환경 속에 포함되어 있다는 것을 차츰 깨닫기 시작한다. 이 시기는 믿을 수 없을 만큼의 많은 지식을 습득해 나가는 시기다. 이들은 마치 스펀지가 물을 흡수하듯이 정보를 흡수해 나간다. 따라서 어떻게, 왜, 어디서 생겨났는지 등에 대해 끊임없이 알고자 한다.

(1) 3~4세 유아를 위한 도서영역

도서영역에서 3~4세 유아들은 이야기를 읽고 난 후 이야기를 재창조하거나 재구성하기도 한다. 따라서 이곳에는 유아들이 스스로 문학활동을 할 수 있는 간단한 소품을 비치해 두는 것이 바람직하다. 교사는 유아들이 이러한 책과의 창조적 상호작용을 지속적으로 할 수 있도록 도와야 한다. 때문에 도서영역은 유아들이 자연스럽게 문학활동을 할 수 있도록 환경을 쉽게 바꿀 수 있는 융통성을 발휘해 구성하는 것이 바람직하다.

3~4세 유아들은 이야기 감상 후 이야기를 재창조하거나 재구성한다. 문학적 표상활동에 필요한 간단한 소품을 비치해 두는 것이 바람직하다. 교사는 유아들이 책과의 창조적 상호작용을 할 수 있도록 한다. 도서영역의 환경은 유아들이 필요로 할 때는 언제든지 그들의 활동에 적합하도록 쉽게 변화를 시킬 수 있도록 융통성 있게 꾸며야 한다.

3~4세 유아와 그림책

- 3~4세 유아는 구조가 있는 이야기를 들을 준비가 되어 있다.
- 예측 가능한 반복이 많은 도서를 좋아하며 반복되는 문장이 나올 때마다 그 부분을 따라하는 듯 행동을 하면서 반복과 리듬의 느낌을 즐긴다.
- 유아들은 자신과 유사하거나 관련이 있는 등장인물의 그림책을 좋아한다.
- 등장인물들의 장난스럽고 익살맞은 행동을 무척 즐긴다.

(2) 3~4세 유아들의 언어, 유머, 흥미

3~4세 유아들은 언어적 기술이 급성장하고 어휘 획득이 많은 시기다. 이 시기의 유아들은 이제 자신과 환경을 이해하기 위한 도구로서의 언어를 사용할 수 있다. 많은 어휘를 획득하며 언어적 기술은 급성장한다. 언어를 자신과 환경을 이해하기 위한 도구로 사용하며 문법적 구조와 문장을 정확하고 다양하게 사용할 줄 안다. 그림에 기초한 쓰기를 시작하면서 서서히 자기표현을 한다. 이 시기 동안 교사는 듣기 형태, 질문하고 받는 형태 등의 언어 모델을 제공하여야 한다. 또한 유아들과 상호작용을 하면서 그들의 다양한 경험을 공유하고자 노력해야 한다.

3~4세 유아들의 유머감각은 단순한 단어 이상으로 많아지게 된다. 환상 이야기는 아직 중요하며, 유아들은 소꿉놀이와 역할 놀이를 하면서 환상 이야기에 대한 재미를

느낀다. 이 시기 유아들은 약간의 소품을 사용하면서 이야기를 진지하고도 재미있게 극화해 나갈 수 있다. 3~4세 동안 유아들의 유머감각은 재미있는 어휘를 즐기는 것 이상으로 많아지게 된다.

이야기 속에는 많은 가치가 내재되어 있다. 이 시기의 유아들은 자신과 자신의 감정에 대해 관심을 갖는다. 그림과 언어에 재미를 느끼며, 성(性), 크기, 무능력, 여러 가지 사물에 대한 차이점 등에 대해 서로 흥미를 느낀다. 또한 유아들은 공포심을 느끼는데, 이는 다른 사람들도 비슷한 공포심을 가지고 있음을 깨달음으로써 공포에 대한 스트레스를 감소시킬 수 있다. 혼자 있는 공포, 화, 좌절, 어둠 등에 대한 공포가 바로 그것이다.

이진수의 《혼자 집을 보았어요》의 이야기는 이 시기 유아들이 집에 혼자 남게 되어 공포를 느끼는 심리를 잘 그리고 있다. 유아들로 하여금 누구나 혼자가 되는 것에 대한 불안감을 가지고 있다는 것을 알게 해 안도감을 심어 준다.

3~4세 유아들은 자신에 대해 또 자신의 감정에 대해 관심을 갖는다. 또한 그림과 언어, 성, 다양한 사물 간의 차이점 등에 대해서도 많은 흥미를 갖는다. 이 시기 유아들은 공포심을 갖기도 하는데, 이는 혼자 있다는 공포, 화, 좌절, 어둠에 대한 공포와 같은 것이다. 그러나 이러한 감정은 다른 사람들도 비슷하게 느끼고 있다는 사실을 깨달음으로써 공포에 대한 스트레스를 감소시키게 된다.

3) 유아 후기(5~6세)의 환경

(1) 도서영역

5~6세 유아들을 대상으로 한 도서영역 구성은 영역을 계획하고 구성하고 바꾸는 모든 활동을 교사와 유아가 함께 수행하는 것이 좋다. 도서영역에 어떤 그림책을 어

디에 어떻게 비치할 것인지에 관해 토의를 하면서 결정하면 유아들은 환경에 관심을 갖게 될 것이다. 예를 들어, 환상 이야기 감상활동이 끝나면 교사와 유아는 토의를 통해 환상적 배경인 숲, 우주선, 이상한 세계 등을 함께 꾸밀 수 있다. 이러한 배경은 도서영역이 매력적이고 창의적이 되도록 하여 문학활동을 활성화시키는 중요한 기능을 하게 될 것이다.

5~6세 유아를 위한 그림 이야기책의 특성

- 유아들은 플롯과 더 넓은 범위의 주제를 내포하는 도서를 읽을 준비가 되어 있다.
- 유머 책은 아주 좋은 도서이다. 예를 들어, 아놀드 로벨(Arnold Lobel)의 《개구리와 두꺼비는 친구》라는 도서의 유머가 보다 풍자적이고 책 전반에 걸쳐 인간성이 빛나는 세상을 묘사하고 있다.
- 이 시기 유아들은 모험 이야기를 좋아한다.

(2) 유아 후기의 언어, 유머, 흥미

5~6세 유아들은 언어가 생각과 감정을 표현하도록 하고 이야기와 의미를 창조하고 생활을 경험하도록 한다는 것을 이해하게 된다.

5~6세 유아들은 호소력이 강하고 신비로운 이야기에 많은 흥미를 보인다. 대부분의 전래동화가 여기에 속하며 전래동화 형식을 띠는 환상 이야기도 무척 즐긴다. 이야기 속에서의 영웅이 악을 물리치는 서사적 모험에 잘 반응한다. 또한 반복적인 언어, 문장, 사건을 여전히 좋아한다.

5~6세 유아들은 그림책에 대한 다양한 흥미를 가지고 있다. 그림책을 통해 개인적 신체를 탐구하기도 하지만 또래관계에 대해 이해하고자 한다. 뿐만 아니라 생활 속에

서 발생하는 모든 사건과 관련이 있는 이야기 주제가 담긴 그림책을 좋아한다. 유아들은 그림책을 혼자서 보고 즐기기도 하지만 집단 속에서 함께 공유하는 활동을 무척 즐긴다. 즉, 그림책을 매개로 또래 간 상호교류하는 다양한 방법을 체득하고 싶어 한다. 특히, 큰소리로 함께 그림책을 읽는 활동을 좋아한다. 따라서 교사는 대집단 그림책 감상하기, 소집단 그림책 감상하기, 개별 그림책 감상하기 활동을 다양하게 조직하여 유아들에게 여러 유형의 사회적 상호작용의 방법을 체득할 수 있도록 도와야 할 것이다.

도서에 대한 흥미는 책을 읽고자 하는 동기를 유발시킨다. 교사는 유아 개인의 흥미를 충족시키는 주제에 적합한 좋은 도서를 선정해 지도함으로써 유아들의 문학활동에 대한 동기를 효과적으로 유발시킬 수 있으면 좋다.
유아와 함께 나눌 수 있는 대화의 예를 살펴보자.

- 네가 가장 좋아하는 것은 무엇이니?
- 너는 무엇을 하는 것을 아주 좋아하니?
- 무엇에 대해 더 배우고 싶니?
- 자유시간 동안 무엇을 하면서 지내고 싶니?
- 동화와 정보 전달 책 중에 어느 것이 더 좋으니?
  (두 가지 예가 되는 책을 구체적으로 제시하면서, 이 책과 이 책 중 어느 책이 더 좋으니?라고 물어볼 수 있다)
- 어떤 유형의 이야기를 듣고 싶니?
- 어떤 유형의 도서를 읽고 싶니?
- 너의 가족은 누구니? 가족 각각에 대해 이야기해 줄 수 있니?

2 아동문학지도법

1) 감상하기

유아들은 교사가 읽어 주는 이야기를 감상하거나 친구들과 함께 이야기를 읽으면서 감상하게 된다. 감상은 유아들의 문학적 자질을 길러 주는 기초 활동이 된다. 감상하기 활동에서 교사는 유아들에게 그림책에 관심을 갖도록 동기유발하는 일이 중요하다. 유아들이 문학활동에 친근해지고 관심을 갖도록 유아교사들은 동기유발의 다양한 전략을 가지고 있으면 좋다.

(1) 그림 이야기책 감상하기

교사가 이야기책을 펼쳐 놓고 어린 유아들에게 소리 내어 읽어 주면 유아들은 그것을 듣고 이야기를 감상하게 되는데, 그러한 일은 아기 때부터 시작되어야 한다. 친근감 있는 목소리와 리듬감 있는 언어는 유아들에게 편안함을 심어 준다. 이렇게 어린 시절부터 이야기를 듣고 자란 아이들은 책 보기가 평범한 삶의 일부라는 생각을 가지고 성장하게 된다.

언어의 의미를 습득함에 따라 유아들은 그들 앞에 펼쳐져 있는 세계를 새롭게 바라볼 수 있다. 교사가 들려주는 이야기는 유아들의 상상력을 자극하고 책 속의 다양한 지식을 구축하게 된다.

언어의 의미를 습득함에 따라 유아들은 그들 앞에 펼쳐져 있는 세계를 새롭게 바라볼 수 있다. 교사가 들려주는 이야기는 유아들의 상상력을 자극하고 책 속의 다양한 지식을 구축하게 된다.

유아들은 이야기를 들으면서 청각적 즐거움을 느끼게 되고, 이야기의 지식을 습득하게 된다. 성인이 이야기를 들려주는 태도와 방법은 유아들의 문학적 감상능력에 영향을 미치게 된다. 성인은 이야기 속에 내재한 작가의 의도를 잘 파악할 필요가 있다. 또한 이야기의 분위기에 적합한 속도, 빠르기, 음성의 강 · 약, 억양을 조절해 가면서 들려주면 도움이 된다.

유아는 교사가 들려주는 이야기를 통해 작품의 분위기를 알게 되고, 문학적 감수성을 키우게 된다. 교사는 모든 유아들이 심리적으로 안정된 분위기 속에서 이야기를 경험할 수 있도록 배려해야 한다. 유아들은 성인이 읽어 주는 이야기를 들음으로써 읽기를 배운다. 이는 조기 문해학습의 중요한 출발점이 되는데, 이는 읽기 학습을 위한 '보면서 듣기' 접근법이다. '읽기 준비도'와 '읽기 준비 기술'이라는 용어는 읽기를 위한 학습이 필요하다고 해석한 결과 생겨난 용어이다. 동화 듣기, 그림책 감상하기, 책 읽기와 같은 활동은 모두 감상하기 문학활동의 범주에 해당하는데, 이는 인생 전반에 걸쳐 지속되는 긴 여정의 과정이다. 영유아기 동안의 동화 듣기 활동은 즐거운 생활의 일부가 되며, 이후 독서활동에 참여하는 능력을 키워 준다.

교사가 유아들과 함께 소리 내어 이야기를 읽어 보자. 그 자체가 재미있는 읽기 활동이 될 것이다. 유아는 책을 읽어 주는 교사이 손가락을 따라가면서 그 페이지에 수록된 단어의 소리와 철자 사이를 자연스럽게 연결시킨다. 이는 유아들이 강요받지 않고서 자연스럽게 언어를 습득하는 훌륭한 방법이 된다. 유아들은 자연스럽게 발생하는 소리와 철자 간의 관계를 깨닫는다. 뿐만 아니라 감상하기는 즐겁고, 흥미롭고, 호기심과 긴장감으로 흥분되는 매력적인 문학활동이라고 느낀다. 유아와 교사가 함께 이야기를 읽는 활동은 유아들의 읽기 능력을 키워 준다. 유아들은 교사와 함께 이야기를 읽는 동안, 오른쪽에서 왼쪽으로 읽어야 하며, 맨 위에서 아래로 읽어 내려가야 하며, 책은 한 장씩 넘겨서 보아야 한다는 것을 알게 된다. 또한 이야기에서 글과 그림의 기능이 무엇인지에 관해 터득하게 된다.

교사와 함께 그림 이야기책을 감상함으로써 유아가 획득할 수 있는 교육적 가치

① 새로운 단어를 접하게 된다.
② 재미있는 문장 형태를 경험하게 된다.
③ 다양한 언어 형식을 알게 된다.
④ 문어에 대한 다양한 양식을 경험한다.
⑤ 이야기에 대한 지식을 발달시킨다.
⑥ 읽기에 대한 동기가 유발된다.
⑦ 쓰기에 대한 아이디어가 생긴다.
⑧ 상식이 풍부해진다.
⑨ 좋은 읽기 모델의 본보기를 배운다.
⑩ 즐거움을 얻는다.

교사가 그림 이야기책을 읽어 줄 때 글을 모르는 유아들은 그림을 통해 이야기를 이해하게 된다. 예술성이 뛰어난 그림은 본문의 내용을 잘 나타내고 있을 뿐만 아니라, 미술을 감상하는 안목을 길러 준다. 좋은 그림책을 다양하게 경험함으로써 유아들은 그림을 감상하는 방법, 미술적 표현양식의 다양성, 그림에 사용된 소재 등과 같은 미술적 감각을 기르게 된다. 교사는 유아들이 미적 아름다움을 느낄 수 있는 좋은 그림 이야기책을 선별하는 안목이 있어야 할 것이다.

(2) 동시 감상하기

유아는 동시를 감상함으로써 시의 음악성, 언어의 아름다움, 시가 함축하고 있는 메시지를 파악하게 된다. 또한 주제와 관련되는 동시를 감상함으로써 동시에 대한 문학적 감각을 기를 수 있다. 유아들은 청각적 즐거움을 느끼게 하는 감상활동을 좋아한다. 시는 음악적 요소를 내포하고 있다. 때문에 '시'는 유아에게 언어의 리듬감을 키워 주고 동시에 아름다운 시어(詩語)를 만나게 한다. 동시를 듣고 떠오르는 이미지, 상상, 느낌을 말로, 그림으로, 동작으로 표현해 보는 활동은 유아들의 문학적 감각을 길러 준다. 동시 감상하기, 동시 표현하기, 동시 짓기 등의 활동이 이에 해당한다.

동시 감상하기와 동시 표현하기는 함께 이루어질 때가 많다. 유아들은 짧은 동시를 듣고 손이나 몸동작으로 시의 내용을 표현할 수 있으며, 신체를 사용하여 시를 표현하는 것은 시에 대한 의미를 잘 파악할 수 있도록 도와주기 때문이다. 동시 짓기 활동은 자연과 관련되는 현장학습을 하거나, 날씨, 계절, 행사 등의 활동을 하거나, 일일 주제와 관련되는 다양한 활동을 한 후, 자연 발생적으로 느낀 감정, 신선한 경험, 새롭게 알아낸 사실 등을 시적 언어로 표현하는 방법이다.

동시 감상하기 활동 전개 예

① 동시를 듣는다.
② 동시에 대한 정서적 반응을 할 수 있도록 한다.
- 재미있는 부분이 어느 부분이니? 왜 재미있는지 말해 보자.
- ○○가 ○○했을 때 기분이 어땠을까?

③ 동시에 나타나는 의성어, 의태어, 동작어 등과 관련되는 상황을 정서적으로 표현한다.
- 동작과 관련된 어휘(예 : '꽝', '눈물이 핑', '울 줄 알았더니 하하하' 등)를 다양한 방법으로 표현한다.

④ 동시에 등장하는 인물의 역할을 정하여 창의적으로 표현한다.
⑤ 활동을 마친 후 느낌에 대하여 이야기 나눈다.

(3) 유아의 표현적 소통을 도와주는 책 읽기

《분홍줄》(백희나 글 · 그림/시공주니어/2007)은 책 자체가 놀이적 속성이 강하면서 책 읽기 과정에서 충분히 놀이를 경험할 수 있도록 안내해 주는 도서이다. 탐색과 놀이를 통해 그림책 속의 소재를 자연스레 경험하게 함으로써 그림책 읽기에 관심을 높이고 그림책 읽기 과정에서 장면, 장면마다 유아와 함께 이야기 만들기에 참여할 수 있다. 동네를 지나가는 장면에서 유아교육기관 부근의 거리

뚱땅목수 아저씨

풍경을 이야기해 주며 여기 ○○ 아파트 지나서, ◇◇마트 지나서 △△ 유치원 지나서… 유아들도 함께 참여할 수 있게 할 수 있는 도서이다.

《그건 내 조끼야》 도서는 영아용 조끼를 제시하고 입어보며 '조금 끼나?'라는 그림책 속 주요 표현과 개념을 소개할 수 있다.

《뚱땅목수 아저씨》 도서는 문, 화장실, 부엌, 거실 등 집안 음향을 사용하여 집을 구성해 볼 수 있다.

《뚱땅목수 아저씨》 활동 예

(4) 교사의 역할

❶ 구연가로서의 교사

역사적으로 볼 때, 문학 이전의 시기에는 구연가의 역할이 매우 중요했다. 그들은 문화를 전수하는 사람들이기도 했으며, 과거를 현재와 연결짓는 매개 역할을 하였다. 좋은 구연가는 이야기를 듣고 있는 사람을 흡입하는 매력을 지니고 있다. 좋은 구연가는 사람들을 웃게도 울게도 만들면서 우리 삶을 반추하는 거울 역할을 한다. 구연가는 문학을 실천하는 예술가이자 문학을 연구하는 연구가이다. 구연가는 표상의 유형을 전문화시키고, 자신이 개발한 자신만의 독특한 스타일을 새롭게 창작한다.

교사가 좋은 구연가가 되기 위해 준비한다면 유아와 함께 그림책 감상하기 활동을 보다 흥미롭게 전개할 수 있을 것이다. 유아들에게 효과적으로 이야기를 들려주고자 하는 교사는 스스로 구연에 대한 관심을 가져야 할 것이다. 교사 스스로 자신의 목소리를 연습해 이야기를 효과적으로 들려주는 기술을 개발한다면 도움이 될 것이다. 자신의 목소리를 개발하기 위해 유아들과 함께 그림책을 감상하거나 이야기를 들려주기 전에 다음과 같은 준비를 할 필요가 있다.

첫째, 유아문학의 선정기준에 따라 연령, 발달, 흥미를 고려하여 적합한 작품을 선정한다. 유아와 교사가 모두 좋아하는 책을 선정하는 것이 가장 좋다.

유머가 있는 책은 계획의 초기에 선정하는 것이 좋다. 유머는 동화 듣기에 대한 동기유발을 제공하기 때문에 동화 듣기의 첫 출발에서부터 동화에 대한 유아들의 관심을 고조시켜 줄 수 있다. 또한 교사 스스로 이야기에 매료되고 열정을 갖는다면 교사의 감정은 유아들에게 자연스럽게 전이될 것이다. 교사의 이러한 노력은 유아들에게 문학의 재미를 경험시켜 주는 좋은 역할 모델을 제공하게 된다.

- 흥미로운 내용 : 씩씩한 주인공 등장, 반복, 점층, 유머, 구체적인 행동이 표현된 것
- 교훈이 있는 내용 : 동화의 주제가 살아 있는 것
- 어린이 연령에 맞고 계절과 절기에 맞는 이야기
- 이야기를 듣는 인원수, 환경 등 분위기에 맞는 동화 선택
- 구연으로 일인 다역을 할 수 있는 작품
- 작품성이 있는 동화를 선택 : 희극적 변화, 점진적 흥미감과 예술성이 있어야 함

둘째, 교사는 구연을 하기 전에 들려 줄 문학작품을 해석할 줄 알아야 한다. 이는 자신이 구연할 이야기가 영유아들에게 어떤 의미를 갖는지, 문학작품이 어떤 방식으로 전달될 때 흥미로울 것인지 등을 파악할 수 있게 만든다.

셋째, 구연에 사용할 의상, 목소리, 행위와 같은 등장인물이 표상하게 될 제반 관련 사항을 예측하여 환경 속에 미리 비치해 준다.

넷째, 유아들의 주의집중 한계 또는 이야기에 대한 유아들의 흥미에 맞게 이야기의 길이를 조절한다. 동시에 이야기에 대한 유아들의 흥미와 가치를 높일 수 있는 방법을 결정한다. 또한 필요할 때는 이야기를 개작해서 들려줄 수도 있다.

동화 개작

- 어린이 발달단계에서 이해할 수 있는 범위에서 삭제(削除), 보존(保存), 첨가(添加)가 요구된다.
- 불필요한 내용이나 등장인물은 없앤다(삭제).
- 그러나 동화가 지닌 기본적인 주제를 살린다(보존).
- 어린이에게 꼭 들려주고 싶은 바람직한 내용을 보완할 수 있다.
- 동화의 삼분의 이가 대화체로 개작되는 것이 구연하기에 알맞다.

(1) 내용 개작

① 동화의 내용은 희망적으로 바꾸어 준다.
② 동화의 전편을 상상하여 만들어 본다.
③ 동화의 후편을 만들어 본다.
④ 주인공과 관련된 주요 사건을 바꾸어 이야기를 꾸민다.
⑤ 부분적인 요소를 긍정적인 요소로 바꾼다.

(2) 전체의 개작

① 시대에 뒤떨어지거나 사회가 요구하는 경우에는 전체적인 개작이 요구된다.
② 외국 작품을 우리나라 어린이에게 들려 줄 경우에 우리 어린이들의 생활과 정서에 맞게 개작해서 사용한다.

(2) 전체의 개작

① 시대에 뒤떨어지거나 사회가 요구하는 경우에는 전체적인 개작이 요구된다.
② 외국 작품을 우리나라 어린이에게 들려 줄 경우에 우리 어린이들의 생활과 정서에 맞게 개작해서 사용한다.

(3) 부분적인 개작

① 동화의 길이는 구연할 시간에 맞게 긴 이야기는 짧게 줄이고, 짧은 이야기는 길게 만들어서 이야기를 전개한다.
② 주인공의 상황을 바꾸어 설정함으로써 사건의 변화를 통하여 새로운 이야기로 탄생시킬 수 있다.
③ 외국어는 우리 표준어로 바꾸어 구연한다.
④ 비교육적인 내용, 저속한 것, 공포적인 것, 거짓된 것 등은 교육적인 내용으로 바꾼다.
⑤ 교훈은 주입식으로 강요하지 말고 어린이가 마음껏 상상할 수 있도록 한다.

(4) 형태적 개작

① 말 어미를 이야기하듯 다양하게 구사한다(문어체, 구어체).
② 설명체가 많은 부분은 대화체로 고친다.
③ 어린이의 연령에 맞는 쉬운 단어와 문장으로 고친다. 어려운 말이나 한자어는 쉬운 말로 고친다.
④ 친숙한 내용으로 개작한다.
⑤ 시대와 환경에 맞게 고친다.
⑥ 평면적인 언어를 활동적인 언어로 바꾼다.
⑦ 긴 문장은 알아듣기 편하게 호흡을 짧게 나누어 만든다.
⑧ 이해하기 막연한 말은 구체적으로 바꾼다.

■ 개작의 실례 《여우와 포도》

오랫동안 배가 주려서 목이 타오를 지경이 된 여우 한 마리가, 마침 포도나무 밑을 지나가게 되었습니다.
"이것 아주 잘됐군, 맛이 있겠는걸!"
여우는 펄쩍 뛰어올랐으나 포도송이를 딸 수 없었습니다.
"저쪽에서 달려오면서 깡충 뛰어보면 될 거야."
여우는 몇 번이나 힘껏 뛰어 보았으나 헛수고였습니다.
마침내 여우는 단념하고 말았습니다.
"쳇, 저 따위 포도는 애초부터 없었어. 게다가 포도가 모두 벌레 먹은 것뿐이군 그래. 저걸 누가 먹어!"

[개작된 동화]

여우 한 마리가 있었어요. 여우는 몹시 배가 고팠어요.
"어디 먹을 것이 없을까?"
"야. 포도다! 맛있겠는 걸!"
여우는 포도를 따려고 팔을 뻗었어요.
"어 안 되겠는 걸"
여우는 포도를 따려고 발돋음을 하였어요.
"어 안 되겠는 걸"
여우는 포도를 따려고 힘껏 뛰어 보았어요.
"어 안 되겠는 걸"
여우는 포도를 따려고 나무 위로 기어 올라갔어요.
"어 안 되겠는 걸"
"흥! 저런 신 포도를 누가 먹는담."
여우는 큰소리를 치고 돌아가 버렸답니다.

다섯째, 선정한 이야기가 이야기를 듣게 될 유아의 수, 발달수준, 기대수준 등에 적합한지 검토한다.

여섯째, 이야기 사건의 진행을 논리적인 순서로 구성해 본다. 유아에게 들려줄 이야기를 머릿속으로 그림을 그리듯 이미지를 떠올려 본다. 이때 이야기의 인물과 사건을 그리면서 그러한 인물·장소·사건들을 명확하게 떠올릴 수 있는 어휘나 문장을 선택하고, 반복 어휘, 아름다운 문장 등을 적절한 순간에 사용한다.

일곱째, 이야기의 내용에 적절한 목소리를 사용하여 이야기의 분위기를 효과적으로 표현한다. 즉, 교사는 자신의 목소리의 억양, 고저, 크기의 수준을 다르게 변화시키면서 다양한 음성을 사용한다. 예를 들면, 긴장감이 감도는 부분에서는 속삭이듯 낮은 목소리를 사용한다. 또 긴장감의 효과를 얻기 위해 이야기를 들려주는 것을 잠시 멈춘 후 유아들과 눈을 짧게 마주친다. 이런 방법은 유아들에게 긴장감을 늦추지 않으면서 다음 이야기가 어떻게 전개될 것인지 궁금증을 유발시키며 지속적으로 이야기에 몰입하도록 만든다. 또한 유아들의 상상력을 발휘해 이야기를 따라가도록 만들고 싶은 경우에 교사는 이야기를 천천히 들려주거나 긴박한 상황을 느끼게 하기 위해 빠르게 들려줄 수 있다.

정확한 발음을 위하여

① 입 모양을 바르게 한다.
② 끝마무리를 확실히 한다.
③ 군소리를 하지 않는다.
④ 자신감 있게 말한다.

유의할 발음

■ **틀리기 쉬운 예**

- 너희들 조용히 해라. · 너이들 조용히 해라.
- 즐거운 음악시간이에요. · 절거운 엄악시간이에요.

• 잘 고쳐서 쓰면 되겠네.	• 잘 고쳐서 써면 데겠네.
• 상추가 정말 싱싱하구나.	• 상치가 증말 싱싱하구나.
• 영미는 아주 깍쟁이구나.	• 영미넌 아주 깍정이구나.
• 누구든지 다 와봐.	• 누구던지 다 와바.

■ **목소리(음성)**

• 가장 작은 소리
"아이 졸려", "나는 네가 좋아"

• 가장 큰 소리
"늑대가 나타났다.", "야-호"

우리는 아주 작은 소리부터 큰 소리까지 여러 크기로 말을 할 수 있다. 천천히 소리를 내어 아래의 단어들을 읽어 본다.

하나, 둘, 셋, 넷, 다섯, 여섯, 일곱, 여덟, 아홉, 열

■ **목소리의 빠르기**

"엄마, 나 좀 보세요!"

① 느리고 힘이 없는 소리를 내면
아프다, 졸린다, 잘못했다 등의 느낌이 들지요.

② 보통 소리를 내면
할 말이 있다, 안심이다 하는 느낌이 들고

③ 크고 빠른 소리를 내면
급한 일이 생겼다, 무섭다는 느낌이 든다.

■ **목소리로 흉내 내기**

어린아이 : 목에다 힘을 주면서 어리광스러운 목소리로 표현한다.

순영아 나하고 놀자 웅?

누나, 아주머니 : 자기가 그 사람이라고 생각하며 부드럽고, 높고, 맑게 그리고 여성스러운 다정한 목소리로 표현한다.

"얘들아 ! 어서 와서 밥 먹자"

오빠, 아빠, 아저씨 : 어깨와 배에 힘을 주고 턱을 약간 아래로 내려서 굵은 목소리로 씩씩하게 표현한다.
"여보, 당신이 수고가 많구려!"

할아버지, 할머니 : 입에 힘을 빼고 말하거나 입술을 옆으로 잡아당기며 턱을 앞으로 내밀어 이가 빠진 듯하게 소리를 낸다.
"아이고! 다리야 순이 이리 온, 다리 좀 주물러 주려무나."

이제 동물소리를 표현해 보면, 먼저 이야기 속의 동물들이 말을 할 때

〈강아지〉
코맹맹이 소리로 조금 굵게 표현해야 한다.
"우리 주인님이 왜 나만 귀여워하시는지 아니?"

〈고양이〉
가늘고 높은 소리로 표현한다.
"생선을 주면 나는 이 은구슬을 주마."

〈닭〉
수다스런 느낌이 들도록 빠르게 표현한다.
"아니, 아니 얘들아, 엄마를 따라 오너라."

〈여우〉
깜찍하고도 간사스러운 목소리로 표현한다.
"네네 호랑이님 잘 알겠습니다요."

〈돼지, 소〉
굵고 투박한 소리로 한다.
"나는 왜 이렇게 밥만 먹으면 잠이 올까 아 -함."

〈사자, 호랑이〉
쉰 듯한 목소리로 크게 말한다.
"너희들이 동물의 왕인 나에게 문안인사를 왔다고?"

여덟째, 불필요한 설명과 묘사를 피하고, 이야기의 대화는 직접화법을 사용하며 유아들의 주의집중을 위한 효과적인 도입방법을 계획한다.

아홉째, 일상 회화체로 천천히 분명하게 말한다. 과다한 얼굴표정과 몸짓 등을 피한다. '그리고', '에', '또' 등의 사용을 가급적 피한다.

동화 구연 시 동작 표현

(1) 자세

- 편안하게 선 상태에서 약간 구부린다.
- 양손은 달걀을 가볍게 쥔 듯 내리고 발은 벌려서 안정감 있게 선다.

(2) 손과 팔

- 정확하게 강조되어야 할 부분에 사용한다.
  (포옹/머리 쓰다 듬기/주먹 불끈 쥐기/약속 등)
- 비교 개념에 사용한다.
  (크고 작음/길고 짧음/높고 낮음/넓고 좁은/깊고 얇음)

(3) 손가락

- 방향 - 지시 - 모양 차례/수

(4) 시선

- 얼굴의 방향과 눈의 방향을 일치시킨다.
- 내용에 따라 시선을 움직여 준다.
- 뒤돌아보지 않도록 유의한다.
- 눈은 이야기를 듣고 있는 사람들과 마주치면서 아주 천천히 골고루 쳐다보아야 한다.
- 너무 많이 움직이면 산만해 보인다.

(5) 얼굴

- 가장 노출이 많은 부분은 폭넓은 범위의 감정을 표현하는 수단이다.
- 밝은 표정과 미소 띤 얼굴로 시작한다.

① **표정**

- 화냄 : 눈 내리깔기/입 내밀기/코 실룩이기/숨 크고 빠르게 쉬기/노려 보기 등
- 기쁨 : 방글방글 웃기
- 슬픔 : 우는 듯 찌푸린 얼굴
- 기다림/그리움 : 안타까운 양 미간을 찌푸리며 동공을 넓혀 멀리 보기

(6) 기타

① **어깨**

- 움츠림 : 추움, 무서움, 긴장, 아픔, 준비동작
- 으쓱임 : 뽐냄, 의아함, 민망함
- 처짐 : 실망, 괴로움, 피곤함
- 올렸다, 내렸다 함 : 흥겨움, 의문

② **허리** : 허리를 잘 다루다 보면 관능적이고 생동감과 역동성을 느낄 수 있다.

- 굽힐 경우 : 노인 흉내/인사/용서를 구할 때/부탁할 때
- 젖힐 경우 : 부자 영감/거만함

③ **발** : 될 수 있는 한 고정된 채 많이 움직이지 않도록 한다.

■ **동작 표현 시 유의점**

① **자연스럽게 할 것**

② **꼭 필요한 부분에 할 것** : 몸짓을 하면 동화구연에 도움이 된다 해서 말을 하면서 자꾸 움직이면 좋지 않다. 이야기를 하는 사람이 계속 움직이면 그것을 보고 듣는 사람은 마음이 어수선해지고 산만하게 느껴져 덜할 수 있으니 내용에 따라 적절히 표현한다. 예를 들어, 5분쯤 동화를 들려준다면 몸짓은 5~6번 정도가 좋다.

③ **내용에 맞는 몸짓을 할 것** : 내용에 잘 맞는 움직임이어야 자연스러운 이야기가 된다. 만약 내용과 다른 몸짓을 한다면 웃음거리가 되기 쉽다. 그리고 몸짓을 할 때 눈의 움직임도 같이 해 주어야 한다. 예를 들어, 하늘을 가리키며 말을 하면서 눈을 반대로 땅을 쳐다 보거나 엉뚱한 곳을 보면 어울리지 않을 것이다.

이상과 같이 구연을 위한 교사의 노력은 유아들과 함께 동화 감상하기 활동을 잘 수행할 수 있도록 도울 것이다. 교사는 유아와 그림 이야기책을 함께 감상하는 동안

에 교사가 생각하지 못했던 유아들의 반응에 대해서도 세심한 배려를 아끼지 말아야 할 것이다.

❷ 반응자로서의 교사

그림 이야기책 감상하기 활동을 진행하는 동안 유아들에게 나타나는 자연스러운 반응에 민감한 교사는 다음과 같은 역할을 잘 수행할 것이다.

- 이야기를 들려주는 동안 이야기를 듣고 있는 유아들에게 골고루 시선을 보내면서 유아들이 이야기를 듣고 있는지 살피고 확인한다.
- 유아들의 반응을 관찰한다. 유아들과 함께 이야기와 그림을 감상한다.
- 유아들이 이야기를 듣는 동안 질문을 하면 짧게 설명할 수는 있다. 만일 유아들의 질문이 이야기의 흥미를 저하시키거나 전체 유아에게 방해가 된다면 이야기를 들려준 후 토의시간에 질문할 것을 제안한다.

❸ 동화를 감상한 후 교사의 역할

그림책 토의하기 방법은 교사가 어떠한 관점에서 토의를 안내하는가에 따라 유아들의 반응이 다양해질 수 있다. 교사는 심미적 관점의 토의를 우선적으로 유도할 필요가 있다. 정보추출적 관점의 토의를 먼저 안내할 경우, 유아들은 시험을 보고 있다는 느낌을 가질 수 있다. 유아기 책 읽기는 무엇보다도 즐거워야 하는데, 심미적 관점의 토의는 문학에 대한 유아들의 정서적 반응을 유도하여 문학예술적으로 감상하는 방법과 태도를 갖게 해줄 것이다.

만일 유아들이 교사의 이야기에 귀를 기울이지 않았다면 교사는 다음과 같은 질문을 스스로에게 던져 봄으로써 그림 이야기책 감상하기 활동이 실패하게 된 원인을 찾아볼 수 있을 것이다.

그림책 감상하기

그림책 토의하기 방법은 교사가 어떠한 관점에서 토의를 안내하는가에 따라 유아들의 반응이 다양해질 수 있다. 교사는 심미적 관점의 토의를 우선적으로 유도할 필요가 있다. 정보추출적 관점의 토의를 먼저 안내할 경우, 유아들은 시험을 보고 있다는 느낌을 가질 수 있기 때문이다. 유아기 책 읽기는 무엇보다도 즐거워야 하는데, 심미적 관점의 토의는 문학에 대한 유아들의 정서적 반응을 유도하여 문학예술을 감상하는 방법과 태도를 갖게 할 수 있다.
그림책 감상하기의 단계는 다음과 같다.

단계 1. 초기 준비집단의 연령, 흥미에 기초하여 그림책 선정, 그림책 분석 및 탐색
단계2. 환경구성 집단의 크기에 적합한 편안한 환경
단계 3. 그림책에 대한 동기유발 대화 만들기(실기)
단계 4. 그림책 읽어 주기 전 교사의 태도는 집단유아의 눈높이에 적합하게
단계 5. 그림책 읽는 동안 교사의 태도는 유아들의 눈과 만나기, 유아를 끊임없이 관찰하기, 교사 스스로 이야기를 즐기기
단계 6. 그림책 읽는 동안 유아들 반응에 대한 교사의 태도는 전체 유아의 흥미수준에 따라 그때그때 반응하기, 방해가 될 경우 나중에 토의를 유도한다.
단계 7. 그림책 읽기 후에는 개방적 토의하기, 인지적 질문보다 감성적 질문(어떤 느낌이니?) 즐거웠던 부분에 관한 질문을 개방적으로 하는 것이 좋다.

① 이야기를 교사 스스로 좋아하였는가?
② 짜임새가 좋으며, 재미가 있는 이야기인가?
③ 유아들의 주의를 집중시키기에 적당한 속도로 책을 읽었는가?
④ 유아들이 이야기를 잘 이해할 수 있었는가?
⑤ 교사는 유아들에게 이야기를 읽어 주기 전에 충분한 준비와 계획으로 그 이야기와 친숙해 있었던가?
⑥ 목소리를 잘 조정하여 이야기 분위기를 잘 전달하였는가?
⑦ 적절한 얼굴 표정을 사용했는가?
⑧ 학급 환경이 이야기 감상하기 활동에 적합하고 편안한 분위기인가?

■ 심미적 관점의 토의를 위한 질문의 예

- 이야기 속에 나오는 등장인물 중에 누가 마음에 드니?
- 네가 이야기 속의 주인공이라면 너는 어떤 기분이었을까?
- 이 이야기를 듣고 무슨 생각이 들었니?
- 이야기 속에서 네가 가장 오래 생각하고 싶은 것은 무엇이니?
- 이야기 중에 가장 재미있는 부분이 어디였니?

- 만약 동화 속에 나오는 어떤 사람이 될 수 있다면 누가 되고 싶니?
- 이 이야기를 다르게 만들어 볼 수 있을까?
- 이 이야기를 읽고 그 느낌을 표현해 볼 수 있겠니? 글로 표현하고 싶니? 그림으로 표현하고 싶니? 몸으로 표현하고 싶니?

■ **정보추출적 관점 토의를 위한 질문의 예**

- 이야기 속에 누가 누가 나왔니?
- 이야기 속에서 제일 중요한 사람은 누구니?
- 그것을 어떻게 알았니?
- 이 이야기는 언제, 어디서 일어난 이야기일까?
- 이야기 속에서 어떤 일들이 일어났지?
- 몇 가지 일이 일어났니?
- 주인공이 그 일을 어떻게 해결했니?
- 이야기가 어떻게 끝이 났니?
- 이 동화를 통해 우리는 무엇을 알 수 있었니?
- 동화의 주인공처럼 행동할 수 있겠니?

2) 이해하기

짜임새가 있는 구조를 지닌 이야기는 유아들의 이야기 이해능력을 증진시킨다. 이러한 이야기를 어릴 때부터 많이 경험한 유아들은 이야기 스키마가 발달하게 되고, 이야기가 스키마가 잘 발달한 유아들은 이야기를 보다 잘 이해하게 된다(Mandler & Johnson, 1977).

(1) 이야기 지도 그리기

짜임새가 있는 구조의 이야기를 선정하여 이야기 지도 그리기 활동을 전개함으로써 유아들에게 문학을 이해하도록 돕는다. 이야기 지도는 문해 및 학습의 반응을 격려해 주는 도구로서 아이디어와 정보를 표현하고 조직하기 위한 방편이 된다. 이를 위한 한 가지 전략은 기억을 돕는 도표를 창안하거나 이야기의 표상을 도표화하는 방법이다. 교사는 유아들과 이야기를 함께 나누는 시간에 이 방법을 적용할 수 있다. 이야기 기억을 돕는 도표는 특별한 형식을 갖추어야 하는 것은 아니지만 다음의 몇 가지 정보를 이야기 나누어 봄으로써 시도해 볼 수 있다.

이야기 기억을 도와주는 정보

- 책 제목, 작가, 출판연도, 출판사
- 등장인물
- 이야기 시작
- 플롯
- 기억을 돕는 그림
- 특징적 어구나 유머(재미있는 단어, 사건)
- 이야기 결말

교사는 유아들에게 이야기의 처음과 마지막 부분, 즉 이야기의 시작과 결말 부분을 도표에 포함시키도록 지도한다. 특징적 구에는 반복적 어휘나 이야기를 아름답게 만드는 특별한 언어 등을 포함시킨다. 기억을 돕는 도표 만들기는 유아들로 하여금 단어를 창안하도록 하고 상상의 이야기 속으로 이끌어 준다.

교사는 "많은 언어를 사용하지 않고 이야기를 나타낼 수 있는 방법을 찾아보자."라고 유아들에게 제안하면서 기억을 돕는 도표 창안하기를 시작할 수 있다.

등장인물의 이해

- **저자와 삽화가에 대한 이해**

  동일한 등장인물이 나오는 그림책에 대한 저자에 대해 토의하기

  예 : 《개구리와 두꺼비는 친구》와 《사랑에 빠진 개구리》

■ **벤다이어그램 만들기**

두 권의 그림책이나 등장인물에 대해 읽은 후 각 원에 그 책에 해당하는 특징을 적는다. 두 원의 겹쳐진 부분에는 공통되는 점을 기록한다.

(2) 망짜기

망짜기는 교사와 유아들이 정보의 범주를 시각적으로 창안해 전시한 것으로 유아들의 학습을 돕는 유익한 방법이다. 이는 여러 가지 다양한 아이디어나 정보들을 조직적인 관계들로 조화롭게 구성하는 과정이며, 망이나 도표로 표현할 수 있다. 망짜기는 지식을 나타내는 하나의 방식으로서(Bromley, Irwin-Devitis, & Modlom, 1995), 망의 가운데는 보통 핵심 개념이나 핵심 아이디어를 나타낸다(Freedman & Reynolds, 1980). 망짜기에서 지식은 위계 형식 속에서 중요한 개념 또는 지식의 하위 개념으로 묘사되며, 이는 구체적인 시작과 끝을 지닌 일련의 순서가 있는 사건을 순열적으로 묘사하게 한다. 또는 일련의 순환과정 속에서 사건의 계속적인 시리즈를 그리는 것이다.

문학활동시간에 사용하는 망짜기는 두 가지 의미로 해석된다. 첫째, 망짜기로 거미줄을 짜는 세련된 직조 망을 뜻한다. 이 망은 기미기 먹이를 잡는 수단인 복잡한 구조를 형성하며, 다양한 거미줄의 형상을 가지고 있다. 둘째, 망짜기는 사람이 그들 사이에 지각하는 대상, 개념 및 관계를 나타내는 마음의 복잡한 움직임을 나타낸 것이다.

❶ 망짜기 학습의 가치

학습은 조직화된 방식 안에서 발생한다(Novak & Gowin, 1984). 아이디어와 정보를 조직하기 위해 사용하는 망과 같은 도표화된 자료는 어휘력, 이해력 및 학습능력의 발달을 돕는다.

망과 같은 시각적 교재를 다루는 연구문헌을 보면 학생들은 시각적 도표들을 사용할 때보다 더 잘 이해하고, 학습능력이 높아졌다고 한다. 도식을 창안하는 것은 유아들로 하여금 이야기에 대한 아이디어와 사건들 간의 관계를 함께 이야기 나누고, 정보를 교환하고, 토의하고, 분석하도록 격려해, 그 결과 이야기에 대한 지식을 함께 구성해 문해 중심의 학습이 되도록 격려한다.

교사는 망짜기 활동을 통하여 유아들이 문학에 대해 이야기 나누는 것을 활성화시키고 그들이 공유한 의미를 구조화하도록 도와서 문학에 대한 이해, 반응 및 학습을 확장시켜 나갈 수 있다.

망짜기 문학활동은 다음과 같은 교육적 가치를 지니고 있다.

- 망짜기는 유아들에게 이야기를 나누고 싶도록 만드는 자극과 내용을 제공하여 문학을 구조화하고자 하는 유아들의 반응을 격려한다. 유아들이 함께 읽은 이야기에 반응할 때, 그들의 반응은 서로 다를 수 있다는 것을 인식하게 되고, 타인의 아이디어를 함께 나누고 즐길 수 있게 된다.
- 망짜기는 이야기에 대한 지식, 이야기 스키마(story schema)를 발달시킨다.
  이야기 스키마는 이야기에 대한 새로운 정보를 잘 알려진 정보와 관련짓도록 돕기 때문에 이야기에 대한 이해의 폭을 넓혀준다. 이야기 스키마가 잘 발달한 유아는 이야기를 보다 쉽게 이해한다. 유아는 망짜기를 통하여 이야기에 등장하는 인물, 사건, 저자에 대한 이해력을 기르게 된다.
- 망짜기는 문학을 체계화시키고 의미를 구조화하기 위한 과정을 제공한다.
  망짜기는 사고하고, 말하고, 읽고, 쓰는 등 문학활동을 향상시킨다. 유아와 교사가 함께 망을 창안할 때 유아들은 작가들이 학습하는 방식으로 언어를 사용하면서 자연스럽게 읽기 활동과 쓰기 활동에 참여한다. 이야기를 읽기 전, 읽는 동안, 읽은 이후에 망을 창안할 때, 또 짜여진 망에 구어를 기록할 때, 다른 친구가 기록한 것을 볼 때, 유아들은 언어의 형태를 배우고 단어를 기록하는 방법을 배운다. 이처럼 망짜기는 읽기, 쓰기, 사고하기를 연결지어 주고 확산적 사고를 격려할 뿐만 아니라 쓰기에 대해 연습하도록 하며 쓰기를 계획할 수 있도록 기회를 제공해 준다.

- 망짜기는 문학적 통찰을 조직화하고 시각화할 수 있게 만들어 줌으로써 학습을 증진시킨다.

  망짜기는 시각적으로 구조화된 형식, 개념과 개념들 간의 관계를 게시판에 진열하여 유아들이 읽고 이야기한 것을 지속적으로 관찰하고, 의견을 나누고, 생각하고, 학습하도록 한다. 때문에 망짜기를 통하여 유아들은 풍부한 반응을 하게 되고, 통찰력을 갖게 되며, 이야기를 비평적으로 해석하고 분석할 기회를 갖게 된다.

- 망짜기는 문학활동에 대한 유아들의 참여와 상호작용을 활성화시켜 주고 유아들 간의 긍정적 상호작용의 기회를 제공한다.

  망짜기를 통하여 유아들은 이야기 지식을 서로서로 나누어 가짐으로써 타인의 관점을 학습하게 되고, 자신과 타인의 서로 다른 이야기의 다양한 의미와 정서를 만들어 낼 수 있다는 사실을 알게 된다. 뿐만 아니라 서로의 의견과 통찰을 함께 나누어 갖는 태도를 기르게 된다.

❷ 망짜기 지도법

문학의 요소에 대한 학습은 교사가 의도적으로 가르치려고 하기보다 문학활동에 대한 자연스러운 반응의 결과로 이루어지는 것이 바람직하다. 망짜기는 문학교육의 한 가지 방법이며, 이를 남용할 경우에는 그 효과를 떨어뜨릴 수 있다. 그러나 적절하게 사용한다면 문학활동의 계획하기와 평가하기를 위한 유용한 도구가 되며, 유아와 교사가 함께 문학을 공유하고 반응할 수 있는 탁월한 방법이 된다.

망짜기 학습은 유아에게 즐거움을 주어야 하며, 이야기를 효과적으로 감상하도록 한다. 또한 이야기 요소나 구조에 대한 분명한 지식을 가지고 있지 않는 유아들도 이야기를 회상하고 이해하고 반응할 수 있다. 그러나 유아들이 문학의 요소를 잘 알고 있으면 이야기를 더 잘 이해하게 되고 보다 세심한 반응을 하게 된다. 망짜기는 유아들의 이야기 경험과 반응에 대한 구조를 시각적으로 드러낸다. 유아들에게 이야기에 대한 많은 지식을 그림으로 그려봄으로써 문학의 요소에 대해 이야기해 볼 기회를 제공한다.

〈표 6-1〉 문학적 접근의 전략 적용

구분	듣기 전략	작가적 전략	게임 전략	작가적 전략 게임 전략	작가적 전략 이해를 위한 전략
활동	벌거벗은 임금님	• 내가 만약 재단사라면… • 무슨 옷이 있나요? • 문장 완성하기	• 반대말 찾기 • 단어 입양하기 • 단어 가지 만들기 • 글자 꾸미기	• 생각 나는 단어 찾아 쓰기 • 등장인물에게 편지 쓰기 • 반복되는 자음 찾아 단어 쓰기	책 꾸미기
언어생활 하위내용	듣기	말하기	읽기	쓰기	책에 관심 가지기

❸ 망짜기 계획하기 : 벌거벗은 임금님

단어 가지 만들기

1. 생각 나는 단어 쓰기
   - 동화 속에 나오는 주인공과 주인공이 살고 있는 '성'에 대해 생각해 본다.
   - 주인공과 배경에 대한 생김새, 옷차림, 특성에 대해 이야기 나눈다.
     어떤 등장인물이 나오니?(임금님, 신하, 백성들, 재봉사…)
   - 도화지 가운데에 임금님과 성을 그림으로 표현한다.
   - '임금님'과 '성'에 대해 생김새, 옷차림, 느낌, 연상되는 단어를 써 놓는다.
   - 완성 후 기록된 단어를 읽으면서 표현된 생각들을 소개해 본다.

2. 반대말 찾기
 – 새 옷의 반대말은 무엇일까?
 – '길다, 뚱뚱하다'는 어떤 뜻일까? '벌거벗은'의 반대되는 말은 무엇일까?
3. 동화책 속에서 'ㅎ, ㅇ'이 들어 있는 단어를 찾아본다.
 – 'ㅎ'이 들어 있는 단어에는 무엇이 있을까?
 – 임금님의 '임'은 어떤 자음으로 시작되니?
 – 'ㅎ'과 'ㅇ'으로 시작되는 동물 이름, 사물 또는 생각나는 단어들을 글과 그림으로 표현한다.
4. 자신이 가지고 있는 옷의 종류에 따라 표현한다.
 – 너는 오늘 어떤 옷을 입고 왔니?
 – 친구들은 어떤 옷을 입고 있니?
 – 옷의 종류에는 어떤 옷들이 있을까?
 – 그 옷은 언제, 누가 입는 것일까?
5. 글자 꾸미기
 – 재봉사, 신하들, 옷감 등 동화내용에 나오는 2~3글자의 단어들이 쓰여져 있는 카드를 보면서 읽어본다.
 – 재봉사, 신하들, 옷감 등 단어들의 낱자가 들어 있는 단어를 생각하여 찾아본다.
6. 등장인물에 대한 자신의 느낌과 생각을 이야기한다.
7. 동화 속에 나오는 단어를 중심으로 연상되는 단어를 표현해 본다.
8. 책 꾸미기
 – 동화 속 임금님의 옷에 대해 이야기 나눈다.
 – 내가 만약에 옷을 만드는 재단사라면 어떨지 생각해 본다.
 – 내가 만약에 재단사라면 임금님에게 어떤 옷을 만들어 줄 것인지 그림을 그리고 글로 써 본다.

- 자신이 그려 놓은 옷의 특징에 대해 설명해 본다.

10. 등장인물에게 편지 쓰기
    - 임금님은 무엇을 좋아하셨니?
    - 임금님은 어떤 옷을 만들라고 명하셨을까?
    - 임금님이 새 옷을 입었을 때는 어떤 느낌이 드니?

7장

그림책을 활용한 아동문학 프로그램

7장 그림책을 활용한 아동문학 프로그램

토론

1. 도서 1권을 선정하여 문학을 활용한 일과운영계획표를 작성해 보시오.
   - 그림책을 활용한 창의적 문제해결과정 일과운영계획표
   - 주제환상극놀이를 통한 그림 이야기책 만들기
   - 동화 중심의 표상활동 일과운영계획표

문학을 활용한 유아교육기관의 일과운영과 관련한 프로그램인 [인성 그림책을 활용한 창의적 문제해결 프로그램], [주제환상극놀이에 기초한 협동적 그림 이야기책 만들기 프로그램], [동화 중심의 표상활동 프로그램], [생태 그림책을 활용한 철학놀이 프로그램]에 대해서 소개하고자 한다.

1 인성 그림책을 활용한 창의적 문제해결 프로그램

현대사회의 과학기술 발전은 경제적 성장에 많은 도움을 제공하였지만, 다른 측면으로 볼 때 구성원들이 서구 중심의 물질주의 가치관에 영향을 받아 인간성의 상실과 같은 인성의 문제에 부딪히면서 인성의 중요성이 대두되면서 인성교육의 시기에 대한 관심이 증가하고 있다. 뇌 과학 연구에서는 인성은 생애 초기 전두엽의 발달과 함께 이루어짐을 밝히고 있다(김영옥, 장명림, 유희정, 2009). 따라서 인성교육은 인격이 형성되는 유아기부터 지속적이고 반복적으로 실시하여 그 내용을 내면화하는 것이 효과적인 것으로 본다(교육과학기술부, 육아정책연구소, 2012). 이러한 맥락에서 유아기 때부터 감정조절과 긍정적인 태도, 인내, 겸손, 타인 배려 등과 같은 바른 성품을 길러주기 위한 교육이 필요하다(김경희, 천인옥, 2009; 김나원, 류경희, 심성경, 2014; 김명희, 2012; 이승은, 이영석, 2004; Lickona, 1998).

3~5세 누리과정에서도 타인을 배려할 수 있는 마음과 태도를 기르는 데 중점을 두었다. 그러므로 유아기의 바른 인성을 길러줄 수 있는 프로그램 개발에 관심이 모아지고 있다. 따라서 다양한 인성 관련 문제가 제기되는 그림책을 활용한 창의적 문제해결 프로그램을 소개하면 다음과 같다.

1) 그림책을 활용한 창의적 문제해결 프로그램 구성 및 과정

그림책을 활용한 창의적 문제해결과정은 트레핑거(Treffinger, 1995)의 창의적 문제해결과정을 창의적 문제해결과정의 특성과 유아의 발달특성 등을 고려하여 재구성하였다. 그림책을 활용한 창의적 문제해결과정을 제시하면 〈표 7-1〉과 같다.

〈표 7-1〉 그림책을 활용한 창의적 문제해결과정

구분		창의적 문제해결과정
활동시간		40분
활동형태		소집단
활동단계		활동 전개과정
단계 1	그림책 제시	그림책의 내용을 설명, 해석 없이 들려준다.
단계 2	관심 영역 발견	• 재미있었던 것이나 흥미 있는 것을 모두 탐색한다. • 탐색한 것을 같은 유형끼리 분류한다. • 같은 유형끼리 분류한 것을 다수결의 원칙에 의거 토론문제로 선정한다.
단계 3	자료 발견	• 선정된 문제에 대해 6하 질문(누가, 언제, 어디서, 무엇을, 어떻게, 왜) 기법을 사용해서 전후 관계, 쟁점을 검토한다.
단계 4	문제 발견	• 선정된 문제에 대해 "만약 내게 이러한 문제가 생긴다면, 어떤 기분일까?"를 중심으로 생각하며 이야기 나눈다.
단계 5	아이디어 발견	• 창의적 아이디어의 속성인 독창성, 유창성, 융통성, 정교성의 기법으로 유아들에게 많은 아이디어를 산출하게 한다(쓰기 활동이 가능한 아동은 산출된 아이디어를 개인적으로 A4용지에 쓰게 하는 시간을 10분 정도 주어 쓰기 활동으로 이끈다. 쓰기를 하면서 유아들이 쓰고자 하는 내용에서 단어나 문장 등을 교사가 도와줄 수 있다. 쓰기가 안 되는 유아는 그림으로 표현하게 하고, 쓰기 활동이 끝난 후 자신의 아이디어를 발표하는 시간을 가진다). • 산출된 아이디어는 유사한 유형끼리 묶는다.
단계 6	해결 발견	• 유사한 유형의 아이디어를 적용하였을 때 일어날 수 있는 일들에 대해 발견한다. • 해결책을 선택한다. • 보완을 위한 검증 · 평가한다.
단계 7	수용 발견	• 득실의 검토 및 적용의 실제에 대한 것을 고려한다. • 구체적인 실천계획을 작성한다.

2) 인성 그림책을 활용한 창의적 문제해결 프로그램 과정

만 5세 유아를 대상으로 실시한 인성 그림책을 활용한 창의적 문제해결과정(김무련, 김수향, 2017)을 제시하면 다음과 같다.

(1) 인성 그림책 선정

인성 그림책은 이경우 외(2001)의 '그림책 선정기준'과 김미정(2010)과 교육과학기술부(2012)의 3~5세 연령별 누리과정 '인성 관련 6가지 덕목요소(배려, 존중, 협력, 나눔, 질서, 효)'를 전제하여 다음과 같은 절차에 의해 선정되었다. 우선적으로, 인성교육 관련 요소(존중, 배려, 나눔, 협력, 효, 질서), 교육적 요소(유아의 연령, 흥미, 발달적 특성, 감동, 긍정적이고 선한 내용), 문학적 요소(유아의 흥미, 경험, 문장의 간결성, 정확하고 사실적 표현), 예술적 요소(그림과 글의 기준, 그림의 효과, 그림의 정확성과 사실성, 유아의 상상력과 창의력 표현)가 포함된 그림책 16권이 선정되었다. 선정된 16권의 인성교육 덕목은 나눔과 존중 6건, 배려 5건, 협동 4건, 질서 3건, 효 1건이다. 이는 3~5세 연령별 누리과정에서 추구하는 유아 인성교육의 덕목(교육과학기술부, 2012)과 유아 인성교육은 유아들이 스스로 실천할 수 있는 내용이어야 한다는 이론적 토대(이윤옥, 2000) 위에 〈표 7-2〉와 같이 선정하였다.

〈표 7-2〉 선정된 인성 그림책 목록

no	제목	인성 덕목	지은이(글/그림)	출판사(출판연도)
1	팥죽 할머니와 호랑이	협력, 존중	조대인 글/최숙희 그림	보림(1997)
2	화가 나!	질서, 존중	강경수 글/그림	소담주니어(2013)
3	행복한 의자나무	나눔, 배려	량 슈린 글/그림	북뱅크(2002)
4	화내지 말고 예쁘게 말해요	존중, 배려	안미연 글/서정희 그림	상상스쿨(2008)
5	까마귀의 소원	나눔	하이디 홀더 글/그림	마루벌(1996)
6	길 아저씨, 손 아저씨	배려, 협력	권정생 글/김용철 그림	국민서관(2006)

7	말 먹는 괴물	존중	김수옥 글/그림	소담주니어(2014)
8	언니가 생겼어	나눔, 존중	이유정 글/김수옥 그림	아르볼(2013)
9	돼지책	배려, 효	앤서니 브라운 글/그림	웅진주니어(2001)
10	으뜸 헤엄이	협력	레오 리오니 글/그림	마루벌(1997)
11	이모의 결혼식	존중	선현경 글/그림	비룡소(2004)
12	선인장 호텔	나눔	브렌다 기버슨 글/메건 로이드 그림	마루벌(1995)
13	날 좀 도와줘! 무지개 물고기	나눔, 협력	마르쿠스 피스터 글/그림	시공주니어(1999)
14	푸메꾸메와 함께 마트에 가요	질서	서보현 글/안아영 그림	상상스쿨(2010)
15	동수야 어디 가니?	질서	오시은 글/김효은 그림	문학동네(2010)
16	겁쟁이 빌리	배려, 나눔	앤서니 브라운 글/그림	비룡소(2006)

(2) 인성그림책을 활용한 창의적 문제해결 프로그램 과정

주 2회 8주 동안 각 그림책에 따라 소요시간은 차이가 났지만 평균 40분 정도 소요되었다. 16권의 그림책을 활용한 창의적 문제해결과정에서 각 그림책에서 선정된 문제와 해결책은 〈표 7-3〉과 같이 나타났다.

〈표 7-3〉 16권 그림책의 선정된 문제와 창의적 문제해결 책

no	그림책	선정된 문제	해결책
1	팥죽 할머니와 호랑이	호랑이에게서 할머니를 도와줄 수 있는 방법은?	호랑이는 불을 무서워하니 불을 가지고 호랑이를 쫓아버려요/어려운 일이 생길 때 협력하여 해결하면 훨씬 쉬워져요.
2	화가 나!	화가 난 솔이를 도와줄 수 있는 방법은?	부서진 장난감을 고쳐줘요/사이좋게 놀아요/친구에게 농담을 하고 웃게 해줘요.
3	행복한 의자나무	외톨이 의자나무에게도 친구가 있으려면?	친구에게 짜증내지 않아요/친구를 때리지 않아요/친구들과 사이좋게 놀아요/친구를 도와줘요.

4	화내지 말고 예쁘게 말해요	화내지 않고 예쁘게 말하려면?	"나는 너가 ~주면 좋겠어"라고 말하면 돼요. 예) 네가 장난감을 뺏어가지 않으면 좋겠어.
5	까마귀의 소원	만약에 나에게 까마귀 별가루가 있다면?	불쌍한 사람들에게 나누어 줘요.
6	길 아저씨, 손 아저씨	길아저씨와 손아저씨(장애를 가진 사람)를 만나면 어떻게 할까?	길을 가르쳐줘요/지팡이를 쥐어줘요/바다에 갈 때 배를 탈 수 있도록 도와줘요/집에 가서 같이 놀아줘요.
7	말 먹는 괴물	나의 말을 먹어 치우는 괴물을 없애려면 어떻게 해야 할까?(다른 사람의 의견 존중하기)	다른 사람 말을 바르게 앉아서 들어요/말하는 사람의 눈을 보면서 들어요.
8	언니가 생겼어	만약 나에게 외국인 언니가 생겼다면?	머리핀을 언니에게 선물해요/저금을 하여 언니를 도와줘요.
9	돼지책	엄마가 집을 나가지 않기 위해 우리가 할 수 있는 일은?	설거지를 도와줘요/어머니 말씀 잘 듣기/빨래 통에 빨래 넣기/신발 정리하기
10	으뜸 헤엄이	내가 만약 으뜸 헤엄이라면 다랑어를 어떻게 하면 좋을까?	"다랑어야 배고프고 기분 나쁘다고 약한 친구 괴롭히면 안 돼!"라고 약속받고 다랑어 좋아하는 것을 주어야 해요.
11	이모의 결혼식	만약 나에게 외국인 이모부가 있다면?	친절하게 해요/사이좋게 놀아요/맛있는 것도 나눠줄 거예요.
12	선인장 호텔	내가 만약 선인장이라면 동물들이 선인장 호텔에 오면 어떻게 했을까?	몸에 구멍 나는 것은 아프지만, 다른 동물들을 편안하게 쉬게 할 거예요.
13	날 좀 도와줘 무지개 물고기	내 친구가 줄무늬 물고기(외모가 다른)라면 나는 어떻게 했을까?	따돌림 당하는 친구랑 같이 놀아줘요/놀리는 친구에게 놀리지 말라고 말해요.
14	푸메꾸메와 함께 마트에 가요	만약 마트에서 엄마를 잃어버린 동생이 있다면 어떻게 할까?	우리 엄마한테 도와달라고 말해요/마트에서 일하시는 분께 엄마 찾아주라고 이야기할 거예요.
15	동수야 어디 가니?	만약 내가 동수처럼 시장에서 길을 잃었다면 어떻게 할까?	사람들에게 길을 물어요/사람들이 많이 있는 곳으로 가요/어른들에게 도와달라고 말해요.
16	겁쟁이 빌리	만약 빌리처럼 친구가 걱정이 있다면 어떻게 할까?	친구의 걱정을 들어줘요/친구의 걱정을 같이 도와줘요.

(3) 16권의 그림책의 창의적 문제해결과정 중 《으뜸 헤엄이》 창의적 문제해결과정 예시를 제시하면 〈표 7-4〉와 같다.

〈표 7-4〉 《으뜸 헤엄이》 창의적 문제해결과정 활동계획안 예시

<table>
<tr><th colspan="2">그림책</th><td>으뜸 헤엄이</td><th>집단 형태</th><td>대집단 · 소집단</td></tr>
<tr><th colspan="2">활동목표</th><td colspan="3">• 다른 사람을 배려하고 존중하는 방법에 대해 안다.
• 협동의 의미를 한다.
• 물고기들이 함께 사는 방법에 대해 안다.</td></tr>
<tr><th colspan="2">활동자료</th><td colspan="3">그림책 《으뜸 헤엄이》(레오 리오니 글 · 그림/마루벌)
교사용 4절지 스케치북, 유아용 스케치북, 연필, 지우개</td></tr>
<tr><th colspan="2">단계</th><th colspan="3">활동내용</th></tr>
<tr><td>단계 1</td><td>그림책 제시</td><td colspan="3">• 그림책의 내용을 설명, 해석 없이 들려준다.</td></tr>
<tr><td>단계 2</td><td>관심 영역 발견</td><td colspan="3">• 재미있었던 것이나, 흥미 있는 것을 탐색한다.
교사 : 책 내용 중에서 가장 재미있었던 것이나 이상한 것은 어떤 것이 있었는지 이야기해 볼까요?
유아 1 : 큰 물고기가 빨간 물고기 떼를 한입에 꿀꺽 삼킨 것
유아 2 : 으뜸 헤엄이가 생각하고 생각한 것
유아 3 : 아주 큰 물고기 모양을 만들어서 헤엄치는 것
유아 4 : 작은 물고기가 힘을 합쳐 큰 물고기들을 쫓아버린 것
유아 5 : 작은 물고기들이 서로 가까이 붙어서 헤엄치는 것

• 흥미 있어 하는 내용을 같은 유형끼리 분류하고 다수결 원칙에 따라 토론 문제를 선정한다.
오늘의 토론 문제는 '작은 물고기가 힘을 합쳐 큰 물고기들을 쫓아버린 것'이 선정되었습니다.</td></tr>
<tr><td>단계 3</td><td>자료 발견</td><td colspan="3">• 선정된 문제에 대해 6하 원칙 질문(누가, 언제, 어디서, 무엇을, 왜, 어떻게)의 전후 관계와 쟁점을 검토한다.
교사 : 누가 큰 물고기를 쫓아버릴 수 있는 방법을 말했나요?
유아 9 : 으뜸 헤엄이요.
교사 : 왜 큰 물고기를 쫓아버려야 했나요?</td></tr>
</table>

		유아 4 : 큰 물고기가 작은 물고기들을 잡아먹었어요. 유아 2 : 작은 물고기들은 힘이 없어요. 교사 : 힘이 없는 작은 물고기들이 큰 물고기를 쫓아버리기 위해서 무엇을 했나요? 유아 1 : 작은 물고기들이 큰 물고기 모양을 만들어서 헤엄쳤어요. 교사 : 작은 물고기들이 큰 물고기 모양을 만들어서 헤엄쳐 다니자 어떻게 되었나요? 유아 7 : 큰 물고기들을 쫓아버렸어요. 유아 8 : 작은 물고기들이 힘을 합치니까 힘이 세졌어요.
단계 4	문제 발견	• 선정된 문제로 "만약 나에게 이런 문제가 생긴다면, 기분이 어떨까?"를 중심으로 이야기를 나눈다. 교사 : 만약 힘이 센 친구가 나를 괴롭힌다면 내 기분이 어떠할까? 유아들 : 속상해요, 어린이집에 오기 싫어요. 유아 7 : 민호가 힘세다고 괴롭힐 때 있어요. 교사 : 그랬구나.
단계 5	아이디어 발견	• 창의적 아이디어의 속성인 독창성, 유창성, 융통성, 정교성의 기법으로 유아들에게 많은 아이디어를 산출하게 한다. 교사 : 내가 만약 으뜸헤엄이라면 다랑어를 어떻게 하면 좋을까? (쓰기 활동이 가능한 아동은 산출된 아이디어를 개인적으로 용지에 쓰게 하는 시간을 10분 정도 주어 쓰기 활동으로 이끈다. 쓰기를 하면서 유아들이 쓰고자 하는 내용에서 단어나 문장 등을 교사가 도와줄 수 있다. 쓰기가 안 되는 유아는 그림으로 표현하게 하고, 쓰기 활동이 끝난 후 자신의 아이디어를 발표하는 시간을 가진다) 유아 1 : 선생님께 도와달라고 말해요. 유아 3 : 다랑어야 "하지 마"라고 말해요. 유아 4 : 친구들과 힘을 합쳐서 다랑어를 물리칠 거예요. 유아 5 : 다랑어를 죽여요. 유아 7 : 엄마한테 말해서 도와달라고 해요. 유아 10 : 핵폭탄을 쏴요. 유아 11 : 같이 사이좋게 지내자고 다랑이를 찾아갈 거예요.
		• 유아들이 제시한 아이디어 중 유사한 것을 묶고 해결 가능한 아이디어인지 검증하고 평가한다. 교사 : 우리 친구들이 많은 아이디어를 내었구나? 우리 친구들이 낸 아이디어가 어떤지 하나씩 이야기 나누어 볼까요?

단계 6·7	해결·수용 발견	먼저 "선생님이나 엄마한테 도와달라고 한다고 했는데?" 어떻게 도와달라고 하지? 유아 1 : 그냥요. 도와달라고 하면 돼요. 교사 : 선생님, 엄마 도와줘! 라고 말하면 될까? 유아 7 : 아니오. 헤엄이가 위험해요, 도와주세요, 라고 말해야 해요. 교사 : 그렇구나. 그럼 헤엄이를 어떻게 도와줄지 선생님과 엄마랑 의논해야겠네. 유아 1, 7 : 네 의논해야 돼요. 로봇과 천재들이 모여야 돼요. 교사 : 그렇구나. 그럼 친구들과 힘을 합쳐서 다랑어를 물리친다는 것은 어떻게 하는 거야? 유아 4 : 친구들이랑 다랑어가 싫어하는 것을 찾아야 해요. 교사 : 다랑어가 싫어하는 것을 찾아서 어떻게 해? 유아 4 : 다랑어가 싫어하는 것을 찾아서 다랑어에게 주어요. 그럼 다랑어가 싫어서 헤엄이를 괴롭히지 않아요. 유아5 : 다랑어는 더러운 물을 싫어해요. 더러운 물은 공장에서 나오는 폐수예요. 책에서 봤어요. 교사 : 아! 그렇구나. 다랑어가 더러운 물을 싫어하는구나. 또 다랑어가 싫어하는 것을 우리가 책이나 인터넷에서 찾아보자. 유아 4 : 맞아요. 내가 그거 말하려고 했어요. 교사 : 그래, 생각 잘했네. 그리고 다랑어를 죽인다. 핵폭탄을 쏜다고 했는데 그럼 어떻게 될까요? 유아 10 : 다랑어가 죽어요. 교사 : 만약에 바다에 핵폭탄을 쏘면 다랑어만 죽을까요? 유아 1, 3 : 모두 죽어요. 유아 5 : 작은 물고기 헤엄이도 죽는다. 안 된다. 새우도 죽고, 멸치도 죽고. 교사 : 아! 그렇네. 헤엄이를 도와주려고 바닷속에 사는 모든 것을 죽게 하는 것은 좋은 방법일까요? 유아 10 : 아니다. 핵폭탄 안 된다. 교사 : 핵폭탄과 다랑어를 죽이는 방법은 좋은 방법은 아닌 것 같아요. 그럼, 다랑어랑 사이좋게 지내자고 다랑어를 찾아간다고 하였는데 어떻게 하는 거예요? 유아 11 : 다랑이에게 찾아가서 과자도 주고, 게임도 같이 하고 사이좋게 지내자 하고 말할 거예요. 유아 10 : 다랑어 게임 못한다. 유아 11 : 다랑어 좋아하는 것 주면서 사이좋게 지내자고 할거다.

단계 6·7	해결·수용 발견	교사 : 그런데 왜 다랑어가 헤엄이를 잡아먹으려고 하고 못살게 구는 거예요? 유아 10 : 배가 고팠어요. 기분이 안 좋았어요. 교사 : 배고프고 기분이 안 좋으면, 나보다 약한 친구를 괴롭혀도 될까요? 유아 10 : 안 돼요. 그런데 민호는 자꾸 나 괴롭혀요. 유아 15 : 이제 안 그런다. 교사 : 네, 우리 반 친구들은 모두 사이좋게 지내야 해요. 작고 힘이 없다고 해서 괴롭히면 안 되겠죠. 그리고 자기가 기분 나쁘다고 다른 사람을 괴롭히는 것도 비겁한 행동이에요. 유아 15 : 네. 이제 안 괴롭힐 거예요. 교사 : 그래! 아마 우리 민호는 이제 다른 친구 괴롭히지 않을 거예요. 그럼 우리 다랑어가 좋아하는 것이 무엇인지 찾아보고 다랑어가 사는 곳에 보내면 되겠다. 유아 10 : 그런데 선생님 다랑어에게도 말해야 되요. 다랑어야 배고프고 기분 나쁘다고 약한 친구 괴롭히면 안 돼! 라고 약속받고 다랑어 좋아하는 것 주어야 해요. 교사 : 그래! 꼭 그 이야기를 먼저하고 다랑어 좋아하는 것을 주자. 헤엄이를 도와주는 좋은 방법은 헤엄이와 다랑어가 사이좋게 살 수 있도록 다랑어 먹이를 많이 주어서 헤엄이를 잡아먹지 않고 괴롭히지 않도록 하는 방법을 생각해 보는 것이 가장 좋은 방법인 것 같아. 그럼, 우리도 우리반 친구들이 협동하여 다랑어 물고기가 좋아하는 것들을 찾아보도록 하자. 유아 11 : 네! 우리반 친구들이 모두 함께 하면 천재머리가 나와요. 선생님. 교사 : 그래, 우리 반 친구들이 모두 같이 협력하면 더 좋은 아이디어를 찾아낼 수 있을 것 같지? 유아들 : 네! 선생님.

2 주제환상극놀이를 기초로 하는 협동적 그림 이야기책 만들기 프로그램

주제환상극놀이를 통한 협동적 그림 이야기책 만들기 프로그램은 다음과 같다.

1) 프로그램 소개

주제환상극놀이는 유아에게 상징적 표상을 다양한 방식으로 사용할 기회를 제공한다. 이야기 속의 인물이나 사건의 특징을 표상하려면, 구어, 음성, 몸짓 등의 표상의 도구를 사용할 수 있어야 한다. 피아제(Piaget)는 표상을 내적 과정으로서의 표상과 외적 표현으로서의 표상으로 구분한다. 내적 과정으로서의 표상은 지식, 사고, 개념적 표상을 일컬으며, 외적 표현으로서의 표상은 좁은 의미의 표상으로 상징화, 기호, 모형을 보고 실물이나 상황을 떠올리는 능력, 언어를 제스처로 전환 표출하는 능력을 말한다. 유아기 놀이에서 발생하는 외적 표현으로서의 표상의 사용 빈도를 살펴보면, 연령이 어린 유아일수록 표상의 방법을 몸짓과 같은 동작적 표상에 의존하지만, 성장해갈수록 유아들은 언어를 보다 강력한 표상의 도구로 사용하게 된다(Benson, 1990). 따라서 내적 표상, 외적 표상을 다양하게 사용할 기회를 제공하는 놀이가 발달될수록 유아들의 언어발달은 증진된다.

극적 이야기를 창안하는 주제환상극놀이는 형식적 이야기 짓기가 구성되도록 돕는 훌륭한 수단이 된다(Paley, 1990). 주제환상극놀이를 하는 동안 유아들은 환상 이야기에 등장하는 인물의 목소리를 흉내 내거나 이야기 속 사건을 놀이 에피소드로 재창조한다. 예를 들면, 주제환상극놀이 상황에서 유아들은 자발적으로 자신의 이야기와 책을 통해 읽은 이야기를 통합적으로 연기한다. 어린이들은 엄마, 아빠, 아기와 같은 현실적 인물을 연출하기도 하고 도깨비, 마녀와 같은 상상적 인물을 연기하기도 한다. 그러한 주제환상극놀이 환경 속에서 어린이들은 놀이환경 또는 소품 창안을 위해 목록을 작성하거나, 놀이 순서와 역할을 기록하는 등과 같은 문해 관련 활동을 자연스럽게 수행하게 된다. 놀이상황에서 '…척하는' 모든 가장하기는 어린이들의 이야기 구술능력을 필요로 하고, 유아들은 또래와 상징놀이에 참여하여 에피소드를 어떻게 구성해갈 것인지에 관한 서로의 생각을 자연스럽게 교류한다. 극놀이에서의 이러한 반응들은 구어로 된 협동적 쓰기 놀이, 즉 극놀이를 통한 이야기 짓기가 된다는 점에서 의미 있는 문해창작활동이 될 수 있다.

주제환상극놀이를 기초로 하는 협동적 그림 이야기책 만들기 프로그램은 극놀이의 효과와 동화 짓기 효과의 시너지를 결합하여 적용한다. 유아들은 그림 이야기책을 감상한 후 자신들이 이해한 내용을 또래들과 협동적으로 극놀이하면서 문어를 구어로 변환하여 에피소드를 재구성해보고, 이를 다시 그림 이야기책 만들기를 통해 구어를 문어 형식으로 변형시켜 또래들과 협력적으로 새로운 이야기로 재창안해 낸다. 그리하여 유아들의 극놀이 에피소드는 그림 이야기책 원본과는 또 다른 하나의 생동감 넘치는 그림 이야기책으로 새롭게 탄생하게 된다.

주제환상극놀이는 협동적으로 이루어지는 놀이이므로 여기서 발생하는 구술적 이야기 짓기는 자연스럽게 협동적 창작물로 생성되어 지식의 공유가 일어나며, 동시에 발생적 문해의 의미와 가치를 지닌다. 유아들은 주제환상극놀이를 통한 협동적 이야기 짓기 활동에 참여함으로써 책 속의 이야기를 새롭게 재구성해 나간다. 따라서 환상적 이야기를 기본으로 하는 주제환상극놀이는 유아들의 이야기 구조발달에 많은 영향을 미친다. 일반적으로 유아들은 다른 책 읽기를 할 때보다 유아가 작가가 되어 쓴 도서를 읽을 때 더 잘 이해하고 추론할 것이기 때문에 이 활동은 유아기 문해발달에 보다 유익할 것이다.

주제환상극놀이를 기초로 하는 협동적 그림 이야기책 만들기 활동을 전개과정은 [그림 7-1]과 같다.

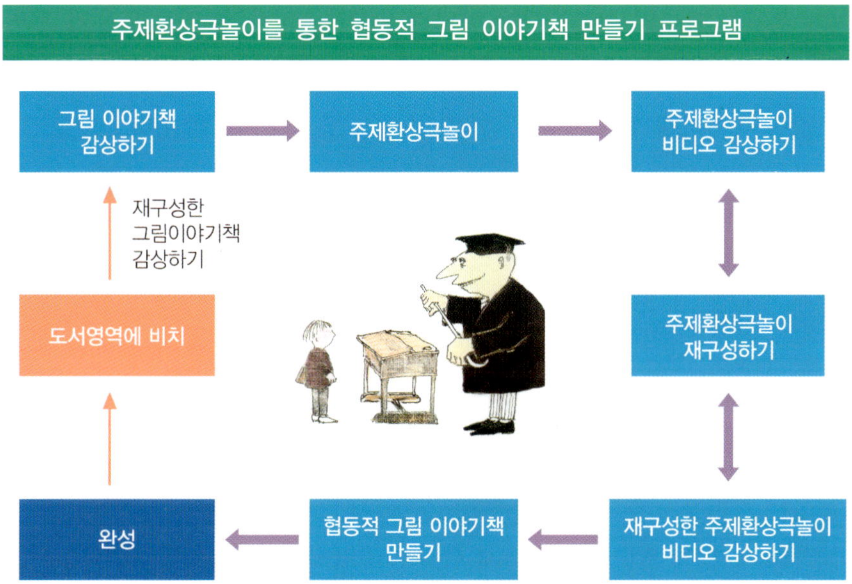

[그림 7-1] 주제환상극놀이를 기초로 하는 협동적 그림 이야기책 만들기 순환과정
(* 양방향 화살표는 유아들이 재미있어 할 경우 여러 번의 변형활동으로 상호교류하면서 진행했음을 나타냄)

2) 주제환상극놀이를 통한 협동적 그림 이야기책 만들기

(1) 유아 반응에 기초한 그림책 감상하기

주제환상극놀이를 통한 협동적 그림 이야기책 만들기는 유아 반응에 기초한 그림책감상하기 활동에서 출발된다. 유아들의 자발적 그림 이야기책 감상하기는 자유선택활동시간에 도서영역에서 관찰 가능하다. 교사는 도서영역에 이야기 구성요소를 분명히 내포하는 좋은 그림 이야기책 《지각대장 존》을 비치해두고 유아들이 그림 이야기

책을 감상하는 상황을 관찰한다. 교사가 《지각대장 존》을 열심히 감상하는 유아들을 발견하게 되면, 유아들이 그림책을 감상하는 동안 어떠한 반응을 보이는지 관찰한다. 예를 들면, 유아들이 주인공 존이 지각을 할 때마다 선생님이 존을 혼내는 부분과 선생님에게 혼나는 부분의 장면을 감상하면서 유아들이 손짓 발짓으로 펄쩍 뛰면서 표현하거나 음성을 변형시키는 모습이 관찰된다면 이 모습은 주제환상극놀이를 통한 협동적 그림 이야기책 만들기 활동을 위한 좋은 동인이 될 수 있다. 또는 유아들이 《지각대장 존》의 그림 이야기책을 들고 와 "다시 한번 더 읽어주세요."라고 요청한다면 그 책은 주제환상극놀이를 통한 협동적 그림 이야기책 만들기 프로그램 적용을 위해 적합한 도서로 선정될 수 있다.

(2) 주제환상극놀이하기

극놀이 유형은 집단의 크기별로 소집단활동과 대집단활동으로 나눌 수 있다. 소집단 극놀이는 오전에 이루어지는 자유선택활동시간을 활용하는 극놀이와 오전반 유아들이 귀가한 후 주로 종일반 유아들에 의해서 이루어지는 극놀이가 있다. 자유선택활동시간을 활용하는 극놀이는 유아들이 극놀이방에 자유롭게 출입하면서 자연스럽게 이루어지기 때문에 별도의 시간대를 마련하지 않아도 된다. 오후 시간에 주로 이루어지는 극놀이는 주로 2~8명 정도의 소집단으로 이루어지며, 특히 종일반 유아들은 극놀이를 하면서 오후를 보내기 때문에 극놀이 에피소드가 풍부해지는 장점을 지닌다.

교사는 유아들의 자연스러운 반응을 살핀 후 반 유아들의 반응에 기초하여 자연스럽게 주제환상극놀이와 그림책이 연결되도록 도울 수 있다.

(3) 주제환상극놀이 비디오 감상하기

유아들이 《지각대장 존》 이야기를 주제환상극놀이로 표현한 내용을 비디오 촬영한 후 비디오 감상하기 시간을 갖는다. 이 시간에는 극놀이에 참여했던 유아와 참여하지 않았던 유아 모두가 교사가 함께 비디오를 감상한다. 극놀이에 참여했던 유아들은 자신들의 놀이 에피소드를 TV 화면을 통해 감상하면서 주제환상극놀이에 대해 유아 스스로 평가하는 시간을 갖는다. 참여하지 않았던 유아들은 친구들이 놀이한 내용을 관찰함으로써 타인의 극놀이를 공유하는 시간을 갖게 된다. 이는 극놀이에 참여한 유아들이 그렇지 못한 유아들에게 극놀이에 대한 동기를 유발시켜 전 학급의 유아들이 극놀이에 참여하도록 하여 극놀이를 활성화시키는 효과가 있다. 비디오 감상하기에 자극을 받은 유아들은 자유선택활동시간에 소집단 극놀이활동에 참여하게 된다.

(4) 주제환상극놀이를 기초로 하는 협동적 그림 이야기책 만들기

주제환상극놀이를 기초로 하는 협동적 그림 이야기책 만들기 활동은 유아들이 극놀이방에서 놀이한 내용을 비디오 촬영해두었다가 유아들과 함께 본다. 비디오를 감상한 후 그림 이야기책을 만드는 데 필요한 스케치북, 크레파스, 필기도구 등을 준비해 두고, 그림 이야기책 형식 갖추기(이야기 제목, 출판사, 저자 약력에 관한 내용 및 쓰는 방법)를 위한 토의를 유도한다. 교사는 문어 사용에 어려움이 있는 유아들을 돕는다. 유아와 교사가 함께 진행한 주제환상극놀이에 기초한 그림 이야기책 만들기 과정을 순서별로 정리하면 다음과 같다.

첫째, 그림 이야기책의 형식을 갖추기 위해 무엇이 필요한지 이야기 나눈다. 교사는 극놀이를 통해 만든 그림 이야기책의 제목과 지은이, 출판사, 출판 날짜에 대한 소개를 어떻게 할 수 있는지 의논한다.

둘째, 유아들은 각자 주제환상극놀이과정을 떠올리면서 생각나는 장면을 그림으로 그린다.

셋째, 그림 이야기책의 표지 만드는 방법에 대해 교사는 유아들과 토의를 통해 표지 만드는 방법을 정한다.

넷째, 주제환상극놀이에 기초한 그림 그리기가 끝나면 이야기의 순서를 정하여 그림 이야기책 페이지를 결정한다.

다섯째, 유아들이 꾸민 각각의 장면을 묶어 그림 이야기책을 완성한다. 그림책이 완성되면 도서영역의 책꽂이에 꽂아두고 자유선택활동시간에 읽을 수 있도록 안내한다.

3) 교사의 역할

(1) 그림책 선정 : 《지각대장 존》

첫째, 《지각대장 존》은 독자에게 어린이의 상상놀이에 대한 교사의 이해부족으로 교사는 어린이를 잘못 대하게 되고 그 결과 교사와 어린이의 관계는 점점 부정적으로 설정될 수 있음에 대한 경각심을 고취시켜준다. 이러한 주제는 선생님과 어린이 모두에게 강한 메시지를 던져주기 때문에 독자층은 어린이와 성인 모두가 될 수 있다. 존과 선생님 두 사람의 인물이 등장하는 이야기 흐름은 간결하면서도 주의를 집중하게 만드는 장점을 지니고 있다. 배경은 선생님을 대면하는 현실세계와 학교 가는 길이라는 상상의 세계가 절묘한 조화를 이루고 있어 유아들로 하여금 마음껏 상상의 나래를 펼 수 있도록 한다. 이야기의 짜임새인 플롯은 시작과 중간, 결말로 구성되어 있으며, 주인공이 학교 가는 길에 경험하는 상상적 사건과 그로 인한 지각, 선생님과의 불편한 대면이 반복되고 있어 유아들이 이야기의 흐름을 예상하는 것이 가능하다. 이러한 현실 - 상상 - 현실의 반복구조는 주제환상극놀이로 연결되기 쉬우며 유아로 하여금 새로운 이야기를 만들어 낼 수 있는 여지를 제공한다. 지금까지 살펴본 바와 같이 《지각대장 존》은 이야기 구성요소를 분명히 포함하고 있는 좋은 책에 해당하므로 선정하였다.

(2) 전문가 협력집단 구성

❶ 전문가 협력집단 구성

전문가 집단은 교사와 연구자의 협력집단으로 구성하였고 매주 1~2회 협의를 하였다. 협의의 내용은 주제환상극놀이 프로그램을 운영하기 위한 제반사항에 대한 것들이었으며, 전문가 집단의 상호작용 순환과정을 알기 쉽게 나타내어 보면 [그림 7-2]와 같다.

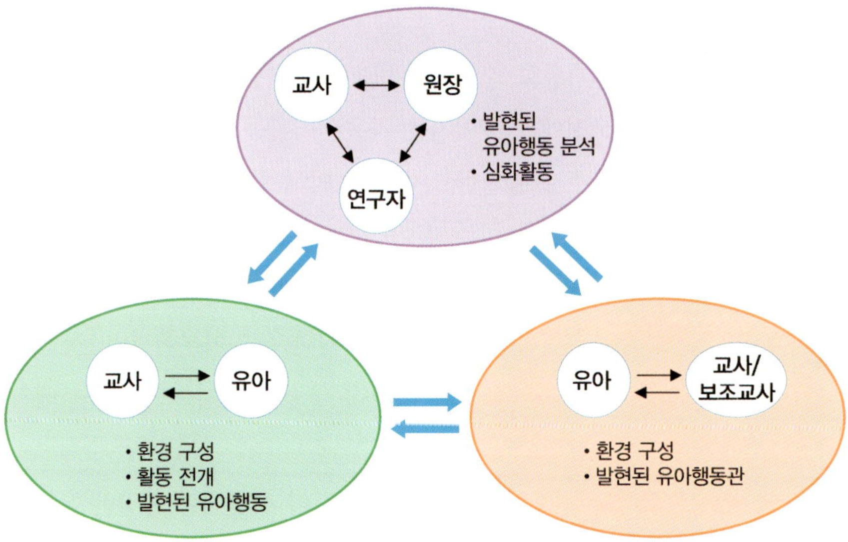

[그림 7-2] 활동 전개를 위한 참여자 상호작용 순환과정

전문가집단은 연구자, 원장, 교사로 이루어지며 유아들이 발현한 놀이행동을 분석하거나 심화활동을 계획하기 위해 모임을 갖는다. 이는 협력적 전문성을 발달시켜나가는 집단으로, 이 집단의 모임은 교사와 유아, 원장과 교사 및 보조교사와 상호작용이 활발해지도록 돕는 효과가 있다. 매번 모임에서 교사-유아 간 또는 원장-교사 및 보조교사 간의 상호작용내용을 분석하고 환경 구성과 다음에 전개될 심화활동에 대해 토의한다. 이 외에도 협의과정에서 제기된 내용은 극놀이방 설치, 비디오 촬영, 극

놀이를 위한 환경 구성과 이야기를 재구성하는 시기와 방법에 대한 교사의 역할에 관한 것들이다.

❷ 전문가 협력집단의 교사역할을 위한 지원내용

전문가 협력집단의 지원을 통해 강조된 교사의 역할은 다음과 같다.

■ 극놀이 유형 및 성격

극놀이 유형은 집단의 크기별로 소집단활동과 대집단활동으로 나눌 수 있다.

첫째, 소집단 극놀이는 오전에 이루어지는 자유선택활동시간을 활용하는 극놀이와 오전반 유아들이 귀가한 후 주로 종일반 유아들에 의해서 이루어지는 극놀이가 있다. 자유선택활동시간을 활용하는 극놀이는 유아들이 극놀이방에 자유롭게 출입하면서 자연스럽게 이루어지기 때문에 별도의 시간대를 마련하지 않아도 된다. 오후 시간에 주로 이루어지는 극놀이는 주로 2~8명 정도의 소집단으로 이루어지며, 특히 종일반 유아들은 극놀이를 하면서 오후를 보내기 때문에 극놀이 에피소드가 풍부해지는 장점을 지닌다.

둘째, 대집단활동으로는 비디오 감상하기가 있다. 이 시간에는 종일반 유아들의 극놀이를 비디오로 촬영해 둔 것을 극놀이에 참여했던 유아와 참여하지 않았던 유아 모두가 교사와 함께 비디오를 감상한다. 극놀이에 참여했던 유아들은 자신들의 놀이 에피소드를 TV를 통해 감상하면서 놀이에 대해 유아 스스로 평가하는 시간을 갖는다. 참여하지 않았던 유아들은 친구들이 놀이한 내용을 관찰함으로써 타인의 극놀이를 공유하는 시간을 갖게 된다. 이는 극놀이에 참여한 유아들이 그렇지 못한 유아들에게 극놀이에 대한 동기를 유발시켜 전 학급의 유아들이 극놀이에 참여하도록 하여 극놀이를 활성화시키는 효과가 있다. 비디오 감상하기에 자극을 받은 유아들은 자유선택활동시간에 소집단 극놀이활동에 참여하게 된다.

■ **평가**

그림책 원본의 이야기 구조와 주제환상극놀이에 기초하여 유아들이 재구성한 그림책의 이야기 구조는 주제, 인물, 배경, 플롯의 네 가지 이야기 구성요소를 중심으로 비교, 분석하고자 한다. 분석의 자료로 사용된 그림책 원본의 이야기와 주제환상극놀이를 기초로 창안한 협동적 그림 이야기책 만들기에서 유아들이 재구성한 이야기는 〈표 7-5〉와 같다. 〈표 7-5〉는 두 가지 이야기를 알아보기 쉽게 이야기의 장면별로 나누어 구성하였으며 번호는 이야기책의 쪽수에 해당한다.

〈표 7-5〉 **원본의 이야기와 주제환상극놀이에 기초한 협동적 그림책 만들기에서 재구성한 이야기**

원본의 이야기		유아들이 재구성한 이야기
존 패트릭 노먼 맥헤너시는 학교에 가려고 집을 나섰습니다.	1	존과 여자친구가 들판 길을 걸어가는데, 바람이 불고 있어요./존과 여자친구는 집 앞에서 만나 같이 학교에 갑니다.
한참을 가는데, 하수구에서 악어 한 마리가 불쑥 나와 책가방을 덥석 물었습니다.	2	존과 여자친구가 걸어가는데, 하수구에서 악어가 나타났어요./하수구에서 악어가 나왔어요.
존은 책가방을 있는 힘껏 잡아당겼지만 악어는 놓아 주지 않았습니다.	3	존이 악어를 보고 나 잡아봐라 했는데 앞에서 여자친구가 존 여기 장갑이 있어 그랬어요.
존은 할 수 없이 장갑 하나를 휙 던졌습니다. 악어는 책가방을 놓고 장갑을 물었습니다. 존 패트릭 노먼 맥헤너시는 허겁지겁 학교로 달려갔습니다. 하지만 악어 때문에 늦고 말았지요.	4	존 여자친구가 존에게 장갑을 주어서 존이 장갑을 던지고 있어요./악어가 존의 여자친구 치마를 물어뜯었어요. "내 치마 물어뜯지마!, 속바지 다 보인단 말이야" 하면서 '잉 잉 잉 잉' 울었어요.
"존 패트릭 노먼 맥헤너시. 지각이로군. 그리고 장갑 하나는 어디다 두고 왔지?", "학교에 오는데 하수구에서 악어 한 마리가 나와서 제 책가방을 물었어요. 제가 장갑을 던져 주니까 그제서야 놓아 주었어요. 장갑은 악어가 먹어 버렸고요. 그래서 지각했어요. 선생님."	5	학교에 갔는데 지각을 했어요. 그래서 존과 여자친구가 선생님께 혼나고 있어요. 선생님이 "왜 거짓말을 하냐" 그래요.

"이 동네 하수구엔 악어 따위는 살지 않아! 넌 나중에 학교에 남아서 '악어가 나온다는 거짓말을 하지 않겠습니다. 또 다시는 장갑을 잃어버리지 않겠습니다.'를 300번 써야 한다. 알겠지?"	6	존과 여자친구는 학교에 지각을 해서 선생님이 "다시는 악어가 나온다는 거짓말을 하지 않겠습니다" 300번 말하라고 해서 구석에 서서 300번 외치고 있어요.
그래서 존은 늦게까지 학교에 남아서 300번 썼습니다. "악어가 나온다는 거짓말을 하지 않겠습니다. 또 다시는 장갑을 잃어버리지 않겠습니다."	7	
존 패트릭 노먼 맥헤너시는 서둘러 학교에 갔습니다.	8	존이 학교에 가려고 엄마 다녀오겠습니다. 인사하니까 엄마가 "학교에 지각하지 말고 잘 다녀와라" 그래요. 존이 학교에 가다가 여자친구를 만났어요.
그런데 덤불에서 사자 한 마리가 나오더니 바지를 물어뜯었습니다.	9	여자친구가 사자를 보고 무서워서 "야 사자다" 하고 무서워하니까 존이 사자꼬리를 잡고 "나 잡아봐라" 했어요.
존은 간신히 나무 위로 기어 올라갔습니다. 존은 사자가 심드렁해져서 돌아갈 때까지 나무 위에서 기다렸습니다. 존 패트릭 노먼 맥헤너시는 허겁지겁 학교로 달려갔습니다. 하지만 사자 때문에 지각하고 말았지요.	10	존이 여자친구를 안고 나무 위에 올라갔어요. 그런데 사자가 여러 마리가 나타나 나무를 흔들었어요. 그래서 여자친구가 무서워했어요.
"넌 또 지각이야. 존 패트릭 노먼 맥헤너시. 게다가 바지까지 찢었군!", "학교에 오는데 덤불에서 사자가 튀어나와 제 바지를 물어뜯었어요. 나무 위로 올라가 사자가 갈 때까지 한참 기다렸어요. 그래서 지각했어요. 선생님."	11	덩불 속에서 사자가 튀어나와서 존 여자친구가 무서워서 기절을 했어요. 존이 여자친구를 안고 "야 정신차려봐!" 그랬어요.
"뭐라고? 이 동네 덤불에는 사자 따위는 살지 않아! 저 구석에 돌아서서 큰 소리로 400번 외쳐라. '다시는 사자가 나온다는 거짓말을 하지 않겠습니다. 그리고, 다시는 바지를 찢지 않겠습니다.' 알았냐?	12	사자가 나타나 존과 여자 친구는 늦게 왔는데 지각을 했다고 선생님이 400번 쓰라고 했어요. 옷을 찢지 않겠습니다.
존은 구석에 돌아서서 400번 외쳤습니다. "다시는 사자가 나온다는 거짓말을 하지 않겠습니다. 그리고, 다시는 바지를 찢지 않겠습니다."	13	존과 여자친구는 선생님께 야단만 맞지 않고 존이 여자친구를 구해주었다고 칭찬을 받고 있어요. 사자 때문에 학교에 지각을 했는데 집에 오니까 캄캄한 밤이 되었어요./사자가 나타나 사자가 갈 때

		까지 나무 위에 있다가 학교에 늦게 갔는데 집에 오니까 깜깜한 밤이 되어 늦게 왔다고 엄마에게 혼나고 있어요.
존 패트릭 노먼 맥헤너시는 서둘러 학교에 갔습니다.	14	존과 여자 친구가 만나서 학교에 같이 가고 있어요. 존 여자친구는 존을 좋아해요.
다리를 건너는데, 갑자기 커다란 파도가 밀려와 존을 덮쳤습니다.	15	파도가 나타나서 존과 여자친구가 점점 물에 빠지려고 해요. 여자친구가 "살려줘"라고 했어요.
존은 파도가 가라앉고 물이 빠질 때까지 난간을 꼭 붙잡고 매달려 있었습니다. 존 패트릭 노먼 맥헤너시는 허겁지겁 학교로 달려갔습니다. 하지만 어마어마한 파도 때문에 또 늦고 말았지요.	16	파도 때문에 존 여자친구가 난간을 붙잡고 "살려줘" 그래요. 존 여자친구가 헤엄쳐가고 있어요. 여자 친구가 물에 빠져 입에서 거품이 뽀글뽀글 나오는데 존이 여자친구를 구해주려고, 여자친구가 물에 빠져서 존이 구해주었어요.
그리고 " 넌 또 지각이야. 존 패트릭 노먼 맥헤너시. 게다가 옷까지 흠뻑 젖었군!", "학교 오는 길에 다리를 건너는데, 산더미 같은 파도가 덮치는 거예요. 흠뻑 젖었어요. 그리고 물이 빠져나갈 때까지 난간에 간신히 매달려 있었어요. 그래서 지각했어요. 선생님."	17	존과 여자친구가 파도 때문에 지각을 했어요.
"내 살다살다 별소리를 다 듣겠다. 이 동네 강에서 신더미 같은 파도가 사람을 덮치다니, 말도 안 되는 소리! 갇혀 봐야 정신을 차리겠군. 이 안에서 꼼짝말고 이렇게 500번 써라. '다시는 강에서 파도가 덮쳤다는 거짓말을 하지 않겠습니다.' 그리고 다시는 옷을 적시지도 않겠습니다. 한번만 더 거짓말을 하고 지각을 했다간, 이 회초리로 때려 줄 테다. 알겠냐?"	18	선생님이 화가 나서 "다시는 옷을 젖지 않겠습니다. 다시는 지각을 하지 않겠습니다."를 500번을 쓰라고 했어요.
그래서 존은 교실 안에 갇혀서 이렇게 500번 썼습니다. "다시는 강에서 파도가 덮쳤다는 거짓말을 하지 않겠습니다. 그리고 다시는 옷을 적시지도 않겠습니다."	19	
존 패트릭 노먼 맥헤너시는 서둘러 학교에 갔습니다.	20	

가는 길에 아무 일도 일어나지 않았습니다. 그래서 존은 제 시간에 학교에 갈 수 있었지요.	21	
"존 패트릭 노먼 맥헤너시. 난 지금 커다란 털복숭이 고릴라한테 붙들려 천장에 매달려 있다. 빨리 날 좀 내려다오."	22	털복숭이가 선생님을 붙잡고 있는데 존과 여자친구, 존의 엄마가 와서 힘을 합쳐서 선생님을 구해주고 있어요.
"이 동네 천장에 커다란 털복숭이 고릴라 따위는 살지 않아요. 선생님."	23	악어, 파도, 사자, 털복숭이가 존과 여자친구에게 달려들어 괴롭히고 있어요.
다음 날에도 존 패트릭 노먼 맥헤너시는 학교에 가려고 길을 나섰습니다.	24	존과 여자친구는 나중에 어른이 되어 반지도 끼워주고 결혼을 했어요.

3 동화 중심의 표상활동 일과운영 프로그램

동화 중심의 표상활동 프로그램 운영을 위해 이야기 선정, 내용 결정, 환경 구성에 대한 체계적 계획이 끝난 후, 표상활동을 실시한다. 유아들이 등원하면 교사는 일과운영을 소개하고 그날의 문학활동 중 중심이 되는 이야기를 하나 들려준다. 그 다음 교사는 새롭게 변한 환경과 교재를 유아들에게 소개해 준다.

각 영역의 특성, 비치해 둔 자료, 교재를 다루는 방법 및 규칙을 알려준 후 유아들에게 영역별 표상활동을 자유롭게 선택하도록 격려한다. 일과운영, 새로운 환경 및 교재 소개가 끝나면 유아들은 교사의 안내에 따라 다양한 동화 표상활동을 자유롭게 선택하며 활동하도록 한다.

그때부터 유아들은 주도적으로 교재를 선택하며 활동에 임한다. 대부분 유아들이 자유롭게 참여하면 교사는 관찰자의 입장이 되어 유아들의 활동상황을 관찰한다. 유아들이 도움을 청하거나 소극적 유아를 위해 도움이 필요하겠다는 판단이 설 때 교사는 적절히 개입을 해서 또래 간의 상호작용이 활발히 이루어질 수 있도록 도와주고, 창의적으로 교구를 사용하도록 격려한다.

또래 간에 발생한 문제와 갈등은 또래 간의 협의를 거쳐 해결하도록 격려하고, 환경을 주도적으로 골고루 사용하도록 격려함으로써 표상의 방법을 다양하게 실험할 수 있도록 하며, 새로운 방법을 창안하도록 격려한다.

동화 표상활동이 끝나면 각 영역에서 말, 글(그림), 목소리 녹음, 분장, 노래 이야기 등의 방법으로 표상활동한 결과물을 갖고 유아와 함께 평가하는 시간을 갖는다.

1) 이야기 선정 및 특성 분석

동화 표상활동을 전개하기 전 교사는 이야기를 우선 선정해야 하며, 이야기를 선정할 때 교사는 유아의 연령과 이야기의 특성을 충분히 고려해야 한다. 이야기 대상 유아의 연령에 적합한 것이어야 하며, 짜임새가 좋은 구조, 흥미의 요소 등과 같은 이야기 특징을 내포하는 것이어야 한다. 《장갑》(에우게니 M. 라초프 그림/김중철 옮김) 이야기의 내용은 다음과 같다.

장갑

장면 1
할아버지가 숲속을 걷고 있었습니다.
강아지가 뒤를 따르고 있었어요.
할아버지는 숲속을 걷다가 장갑 한 짝을 떨어뜨린 채 그냥 가버렸어요.

장면 2
그러자 생쥐가 달려와 장갑 속으로 쏙 들어가 말했습니다.
"여기서 살아야지."

장면 3

장갑 있는 곳으로 개구리가 팔짝 팔짝 뛰어 왔습니다.
"장갑 속에 누가 살고 있니?"
"먹보 생쥐, 누구니?"
"팔짝 팔짝 개구리야, 나도 들어갈게."
"그래."

장면 4

자, 이제 둘이 되었어요.

장면 5

토끼가 달려 왔습니다.
"장갑 속에 누가 살고 있니?"
"먹보 생쥐와 팔짝 팔짝 개구리, 누구니?"
"빠른 발 토끼야. 나도 들어갈게."

장면 6

이제 셋이 되었어요.

장면 7

여우가 찾아왔습니다.
"장갑 속에 누가 살고 있니?"
"먹보 생쥐, 팔짝 팔짝 개구리, 빠른 발 토끼, 누구니?"
"멋쟁이 여우, 나도 들어갈게."

…

중략

…

장면 13

"장갑 속에 누가 살고 있니?"
"먹보 생쥐, 팔짝 팔짝 개구리, 빠른 발 토끼, 멋쟁이 여우, 잿빛 늑대, 송곳니 멧돼지, 누구니?"
"워워, 느림보 곰이다. 나도 들어갈게."

"안 돼요. 안 돼요. 꽉 찼어요."
"아니야. 들어갈 수 있어."
"그럼, 한쪽 구석으로 들어오세요."
이제 일곱이 되었어요.
장갑은 곧 터질 것만 같았습니다.

장면 14

그런데 숲속을 걷던 할아버지가 장갑 한 짝을 잃어버린 것을 알아차렸습니다.
할아버지는 장갑을 찾으려고 되돌아섰습니다.
강아지가 앞장서서 달려갔습니다.
한참 달려가자, 장갑이 보였습니다.
장갑은 꿈틀 꿈틀 움직이고 있었습니다.
강아지가 '멍 멍 멍' 짖었습니다.
동물들은 깜짝 놀라, 장갑에서 빠져 나와 숲속 이쪽 저쪽으로 도망쳤습니다.
곧이어, 할아버지가 오셔서 장갑을 주웠습니다.

이야기 구성을 준비하기 위해 《장갑》 이야기를 소재로 하는 표상활동 내용을 이야기에 내재된 흥미의 요소를 파악해 보자.

이야기 속 내재된 흥미의 요소를 학습내용으로 조직한다면 유아는 학습을 흥미롭게 할 수 있게 되어 교육적인 효과가 커진다.

하루를 '문학의 날'로 정해 전반적인 일과 운영을 동화 표상활동에 초점을 맞추는 이유는 창의적인 문학활동을 활성화시키는 데 그 궁극적인 목표가 있다.

유아들이 이야기 내용을 충분히 이해하고 있고, 자신의 역할 수행을 다양한 방법으로 표현할 수 있다면 문학 표상활동을 무리 없이 수행해 나갈 것이다.

문학의 날 유아들은 충분한 시간적인 여유를 갖고 서로 상호작용하게 되는데, 이는 그들의 의사소통능력을 키워주게 되었고, 이야기의 주제에 대해 개개의 유아가 알고 있는 정도를 상호 교류하면서, 이야기 내용에 대한 이해의 폭을 넓힐 수 있는 기회를 제공해 준다.

유아들은 자신의 역할에 적합한 교재를 선택하면서 역할을 인식하게 되고, 자신이 맡은 역할을 여러 가지 방법으로 표상하면서 창의적인 표현력을 증진시키게 된다.

〈표 7-6〉에서 분석한 《장갑》 이야기에 내재해 있는 이야기의 흥미의 요소를 표상활동내용에 적극 반영해서 조직한 동화 표상활동계획안의 예는 〈표 7-7〉과 같다.

〈표 7-6〉 《장갑》 이야기에 내재되어 있는 흥미의 요소

요소	유머/ 카타르시스	의성어/ 의태어/수식어	리듬/ 반복	반복적 · 누적적 구성 형태
내용	• 장갑이 팽팽해진 모습 • 강아지가 멍멍멍 짖자 모든 동물이 달아남	• 멍멍멍, 팔짝팔짝, 킁킁킁 • 먹보, 멋쟁이, 느림보는 등장 인물의 특징을 잘 나타내어 주고 있다.	• 장갑 속에 누가 살고 있니? 먹보 생쥐, 누구니? 팔짝팔짝 개구리 나도 들어갈게. 그래 들어와.(7번 반복)	• 장면이 바뀔 때마다 동물의 수 증가 • 장갑의 모습 점진적 변화

〈표 7-7〉 동화 표상활동지도를 위한 계획안의 예 1

이야기 제목	장갑	주제	함께 지내기, 좁은 공간을 활용하는 지혜
목표	《장갑》 이야기 속에 나오는 여러 동물의 특징과 극적인 상황을 알고, 분장, 목소리, 동작, 말 등으로 표상해 본다.		
줄거리	할아버지가 숲속을 걷다가 장갑 한 짝을 떨어뜨린다. 생쥐 한 마리가 장갑 속으로 들어가 살게 되고 그 뒤를 이어 개구리, 토끼, 여우, 늑대, 멧돼지, 곰이 차례로 장갑 속에 들어가 모두 일곱 마리 동물들이 함께 살게 된다. 할아버지가 장갑 한 짝을 잃어버렸다는 사실을 알게 되어 장갑 있는 곳으로 찾아온다. 할아버지 뒤를 따르고 있던 강아지가 장갑을 발견하고 '멍멍멍' 짖자 장갑 속에 살던 동물들이 깜짝 놀라 숲속으로 달아난다.		
이야기 특성	• 누적적 구성 형식이다. • 리듬, 반복, 의성어, 의태어 등의 흥미로운 문장이 많다. • 유머와 카타르시스가 있다.		

<table>
<tr><td>활동내용</td><td>〈동작 표상〉
• 먹보 생쥐, 팔짝 팔짝 개구리, 빠른 발 토끼, 멋쟁이 여우, 잿빛 늑대, 송곳니 멧돼지, 느림보 곰, 할아버지, 강아지의 특징을 몸으로 표현한다.
• 동물의 수가 많아짐에 따라 변해 가는 장갑의 모습을 몸으로 표현한다.
• 터질듯한 장갑의 모습, 강아지가 멍멍멍 짖자 장갑 속의 동물들이 모두 달아나는 모습을 몸으로 표현한다.

〈분장 표상〉
• 여러 가지 자료(머리띠, 시트지, 머루, 분장 페인트 등)를 사용해 먹보 생쥐, 팔짝 팔짝 개구리, 빠른 발 토끼, 멋쟁이 여우, 잿빛 늑대, 송곳니 멧돼지, 느림보 곰, 할아버지, 강아지의 특징을 나타낼 수 있도록 온 몸에 분장해 표현한다.
• 분장이 끝나면 친구들끼리 어떤 등장 인물을 분장했는지 알아맞히기 게임을 해 다른 사람이 알아볼 수 있도록 분장을 했는지 평가한다.

〈목소리 표상〉
• 먹보 생쥐, 팔짝 팔짝 개구리, 빠른 발 토끼, 멋쟁이 여우, 잿빛 늑대, 송곳니 멧돼지, 느림보 곰, 할아버지, 강아지의 실제 소리를 듣고 그 분위기에 어울리는 목소리를 내어본다.
• 동물의 수가 많아짐에 따라 일곱 마리의 동물들의 음성이 어떻게 달라지는지 목소리로 표현한다.
• 강아지가 '멍멍멍' 짖자 장갑 속의 동물들이 모두 달아날 때 어떤 소리를 내었는지 생각해 목소리로 표현한다.

〈이야기 꾸미기〉
• 등장 인물의 퍼펫을 이용해 자유롭게 이야기를 꾸민다.
• 동화 내용 속에는 없지만 더 재미있는 생각을 첨가하거나 창안해 이야기를 꾸민다.

〈노래 이야기 표상〉
• 동물들의 대화내용을 노랫말로 만든다(장갑 속에 누가 살고 있니?/먹보 생쥐 너는 누구니?/팔짝팔짝 개구리, 나도 들어갈게/그래 들어와).
• 유아들이 아는 노래, 또는 우리나라 전래동요(예 : 꼬마야 꼬마야)에 노랫말을 붙여 노래로 이야기 나눈다.</td></tr>
<tr><td>환경 구성</td><td>• 공간 분할은 활동내용으로 구체화된 분장, 목소리, 노래극, 이야기 꾸미기 등의 영역으로 한다.
• 각 영역에서의 그 영역의 표상내용에 적합한 교재를 비치한다.</td></tr>
</table>

교재	**〈동작표상영역〉** 거울, 동작을 나타낼 수 있는 각종 동물들의 특징과 이야기의 극적 상황의 그림 **〈분장표상영역〉** 시트, 각종 머리띠, 창모자, 머루, 고무줄, 벨트, 분장용 페인트 등 분장을 할 수 있는 재료와 소도구 **〈목소리표상영역〉** 녹음기, 공테이프, 7마리의 동물그림 **〈노래 이야기 영역〉** 등장 인물들의 대화내용이 담긴 노랫말, 악보, 여러 가지 악기류

활동방법

1. 일과 진행과정

활동명	극화활동을 위한 동화 듣기
활동목표	이야기를 듣는다.
활동자료	동화책 《장갑》(우크라이나 만화)
활동 방법	① 동화를 들은 느낌에 대하여 간단하게 이야기 나눈다. • 재미있었니? 어느 부분이 재미있었니? • 가장 생각나는 부분은? • 이야기 속에는 어떤 인물들이 등장하였니?

활동명	영역별 활동 소개하기
활동목표	일과 진행과정과 교재 사용방법을 안다.
활동자료	영역별 활동에 소개할 교재
활동방법	① 영역별 활동의 교재와 놀이방법을 소개한다. • 문학활동을 재미있게 하려면 자신이 맡은 역할을 어떤 말로 어떻게 표현할 것인지를 잘 생각해 보아야 한다. 자기가 맡은 역할의 목소리, 말, 표정, 동작 등을 자유롭게 사용해 보는 시간을 가진 후 다 함께 모여 극화활동을 한다.
참고사항	영역별 활동을 할 때는 한 가지 활동이 끝날 때마다 활동에 대한 유아의 참여도와 흥미도를 표기하도록 한다(이는 유아 개인의 평가자료로 활용할 수 있다).

2) 영역별 활동하기

(1) 이야기 꾸미기 영역

언어적 표상활동은 이야기 줄거리를 언어적 방법으로 표현해 보는 활동이다. 활동 내용은 《장갑》 이야기에서 장면이 바뀌면서 등장인물의 수가 하나씩 증가하고, 장갑의 모습에 변화가 일어나는데, 이러한 변화를 발견한 후 이를 말이나 글(글을 모르는 유아는 그림)로 표현해 보는 것이다. 이 활동내용은 긴장감을 유발하는 사건의 단서 또는 차츰 긴장감을 더해 주는 사건 변화의 요소 등을 활용해 유아들로 하여금 이야기 줄거리를 회상하도록 하는 데 도움을 준다.

활동방법은 유아들이 이러한 요소가 담긴 이야기 그림 카드를 보면서 그림 속에 내재되어 있는 사건의 단서를 발견해 이를 순서대로 이야기를 꾸며서 녹음해 두었다가 자신의 이야기를 다시 한 번 듣게 한다. 여러 명의 유아들이 서로 역할을 나누어 이야기 꾸미기를 하기도 한다.

친구들이 꾸민 이야기와 자신의 이야기를 들어 보고 어떤 점이 다른지, 왜 다른지 평가해 보고, 자신들이 만든 단편적인 이야기가 서로 연결되는 하나의 이야기로 되도록 하는 공동 이야기 꾸미기 활동을 한 후 유아들의 단편적 이야기를 하나가 되도록 재구성해 준다.

활동명	퍼펫 이야기
활동목표	등장인물의 대사를 기억해 언어(말하기)로 표현한다.
활동자료	등장인물의 퍼펫(……), 이야기의 그림 장면(한 장씩 넘길 수 있도록 만듦), 녹음기, 공테이프 환경 구성 이야기의 그림 장면과 퍼펫을 비치해 둔다.
활동방법	① 각각의 유아가 어떤 역할을 할 것인지 결정한다. ② 맡고 싶은 역할의 퍼펫을 갖는다. ③ 공테이프가 담긴 녹음기를 작동시킨다. ④ 이야기의 그림 장면을 한 장씩 보면서 자신이 택한 등장인물의 퍼펫을 이용하여 이야기 속의 대화를 나눈다. • 대사가 생각나지 않을 경우는 친구끼리 서로 도와줄 수 있으며, 이야기 속의 대사가 아니어도 역할에 적합한 대사를 마음대로 재미있게 창안해 내어도 좋다.
참고사항	녹임기와 공테이프를 마련해 주어 유아들끼리 자유롭게 이야기한 것을 녹음해 이야기 꾸미기에 대한 유아들의 능력을 평가할 수 있다. • 너희들이 꾸민 이야기를 들어 보자. 재미있니? • 어떤 부분이 재미있니? 원래의 이야기와 다른 부분은 없니? • 왜 이야기를 다르게 꾸몄니?

활동명	깡통인형 놀이
활동목표	① 이야기에 내포된 사건을 이야기로 꾸며 본다. ② 이야기의 순서를 이해한다.
활동자료	깡통 8개, 시트지, 동물 그림 카드 7장, 이야기책, 장갑, 그림 카드
만드는 방법	① 깡통의 표면에 시트지를 붙인다. ② 각각의 깡통에 그림 카드를 한 장씩 붙인다. ③ 장갑 그림이 붙은 카드의 옆면에 송곳으로 구멍 2개를 마주보게 뚫은 후 고무줄을 끼워서 묶는다.
참고사항	부르기판을 들고 있는 유아가 등장인물의 이름을 말하면 각자 자기 게임판에서 그것을 찾아 덮개로 덮는 변형된 활동을 할 수 있다.
활동방법	① 이야기의 순서에 맞게 각각의 깡통인형을 장갑깡통에 연결한 고무줄 속으로 넣으며 이야기를 꾸민다. ② 이야기를 더욱 재미있게 꾸며본다. • 원래의 이야기가 어떻게 달라졌나요? • 더욱 재미있는 이야기가 되었나요?

활동명	수수께끼 놀이
활동목표	수수께끼 놀이를 통해 이야기 속의 사건을 이해한다.
활동자료	부르기 판, 게임판 3개, 덮개 8개
만드는 방법	〈부르기 판〉 ① A4용지에 이야기 제목, 등장인물, 문제 등을 적어서 코팅한다. ② 코팅된 부르기 판의 꺾임을 방지하기 위해 하드보드지를 붙인다.

	〈게임판〉 ① 등장인물을 9로 선정해 각각 2장씩 모두 18장의 동물 카드를 그린다. 이때 가능한 한 이야기 속의 그림과 동일하게 그린다. ② 그린 그림을 지름 5.5cm의 원 속으로 들어가게 축소한 후 색칠하여 오린다. ③ 색화방지 3장을 장갑 모양으로 잘라 2에서 자른 서로 다른 그림 6장씩을 각각의 장갑 위에 붙인다. ④ ③을 코팅한 후 밑면에 우드락을 붙여 다시 장갑 모양으로 자른다. 〈덮개〉 ① 색화방지를 지름 6cm의 크기로 둥글게 자른 후 코팅해서 다시 자른다(총 36개). ② 빨대를 0.5cm 크기로 잘라 할핀에 끼운다. ③ 빨대를 끼운 할핀을 코팅된 둥근 색화방지 중심에 꽂은 후 핀을 양쪽으로 벌려서 고정시킨다. ④ 할핀의 벌린 면이 보이지 않도록 양면 테이프를 이용해 3과 꼭 같은 크기로 코팅된 둥근 색화방지를 붙인다.
활동방법	① 4명의 유아 중 부르기를 할 유아를 먼저 정한 후 나머지 유아들은 게임판과 덮개를 6개씩을 나누어 갖는다. ② 부르기 판을 들고 있는 유아가 문제를 말하면 나머지 유아들은 각자 그 동물의 이름을 말하면서 자기 게임판에서 해당되는 그림을 찾아 덮개로 덮는다. ③ 게임판의 그림을 먼저 다 덮은 유아가 있으면 게임은 끝난다. ④ 나머지 유아들이 가지고 있는 그림을 다 덮을 때까지 게임을 진행시킬 수 있다.
참고사항	부르기 판을 들고 있는 유아가 등장인물의 이름을 말하면 각자 자기 게임판에서 그것을 찾아 덮개로 덮는 변형된 활동을 할 수 있다.

(2) 동작 표현영역

동작 표상을 위한 활동내용은 《장갑》 이야기에 나오는 먹보 생쥐, 팔짝팔짝 개구리, 빠른 발 토끼, 멋쟁이 여우, 잿빛 늑대, 송곳니 멧돼지, 느림보 곰의 동작적 특징을 표상할 수 있도록 이야기의 의성어, 의태어, 동작어를 활용해 교재화시켰다. 교사는 이야기 속에 나오는 일곱 마리 동물의 그림 카드를 준비해 그 뒷면에 적합한 의성어(예 : 킁킁킁, 멍멍멍, 팔짝팔짝)를 적어 놓거나 동작 표현을 유도할 수 있는 여러 가지 극적 장면의 그림 카드를 준비해 준다.

활동방법으로는 한 유아가 그림 카드(예 : 숲속을 걷는 모습, 뛰는 모습, 문 두드리는 모습, 동물들이 장갑으로 들어가는 모습, 장면이 바뀔 때마다 점진적으로 변하는 장갑의 모습, 장갑 속이 비좁아졌을 때 동물들의 모습)를 들고 다른 유아에게 보여 주면 상대의 유아는 그림이 의미하는 대로 몸 동작을 사용해 표상활동을 해본 후 교사에게 자신이 표현한 동작과 상황이 어땠는지를 말한다.

활동명	동작 표상(장갑 이야기)
활동목표	① 자신이 맡은 등장인물의 역할에 맞는 동작을 표현한다. ② 이야기 속의 다양한 상황에 맞는 동작을 표현한다.
활동자료	큰 자루, 후프, 보자기 등
활동방법	① 등장인물의 이야기 내용 중 인물의 특징적인 표정이나 동작을 생각해 보면서 유아가 맡고 싶은 인물의 동작을 표현해 본다. • 각각의 등장인물들의 표정, 숲속을 걷는 모습, 뛰는 모습(천천히, 빠르게/살금살금, 쿵쾅쿵쾅), 문 두드리는 모습, 장갑 속을 기어서 들어가는 모습, 장갑 속이 좁아졌을 때의 여러 동물들의 표정과 행동 등을 다양하게 만들어 보자. • 장갑의 그림 장면을 보면서 유아들과 함께 장갑을 만들어 본다. – 장갑을 어떻게 만들 수 있을까? – 동물들이 어디로 들어갈 수 있을까? – 동물들이 장갑 속으로 들어왔을 때 장갑의 표정은 어떨까? – 동물들이 장갑 속으로 너무 많이 들어와서 좁아졌을 때 장갑의 표정은 어떨까?
참고사항	동작 표현은 교사의 언어적 상호작용을 필요로 한다. 따라서 이 영역에는 교사가 자주 개입해 유아들로 하여금 보다 다양한 동작 표현을 할 수 있도록 도와주어야 한다. 교사의 개입이 힘들 경우, 교사는 유아들의 동작활동을 활성화시켜 줄 수 있는 언어를 자신의 음성으로 녹음해 두어 유아들끼리 작동하면서 표현할 수 있도록 도와주어야 한다.

(3) 목소리 표현영역

목소리 표상활동의 내용은 등장인물들의 음성을 표상해 보도록 하는 것이다. 등장인물들의 음성 표상에 도움이 되는 의성어, 의태어, 동작어, 직접 화법 등의 요소를 활용해 활동내용으로 조직한다. 유아는 자신의 목소리를 역할에 어울리도록 만들거나 이야기의 극적 상황에 어울리도록 목소리를 꾸며서 녹음한다.

활동방법은 《장갑》 이야기에서 개구리, 생쥐, 토끼, 여우, 늑대, 멧돼지, 곰의 목소리를 만들어 보고 장갑 속이 비좁아졌을 때 동물들의 목소리가 어떻게 달라지는지 표현해 본다. 유아들은 자신의 음성을 녹음한 후 목소리를 다시 들으면서 어떤 등장인물의 목소리를 만들었는지, 이야기 속의 어떤 사건을 만들었는지 등을 서로 물어보고 맞춰보는 활동을 하기도 한다.

활동명	목소리 표상(장갑 이야기)
활동목표	등장인물의 특징에 맞는 목소리를 표현한다.
활동자료	녹음기, 공테이프, 헤드폰, 목소리를 흉내 내기 위한 그림 장면(등장인물들이 장갑 속에 들어갈 수 있는지에 관한 대화를 하는 장면, 장갑 속이 좁아졌을 때 동물들의 모습이 담긴 장면)
활동방법	① 역할을 정한다. ② 공테이프를 넣어둔 녹음기를 작동시킨다. ③ 각각의 등장인물들이 대화하는 장면의 그림을 보면서 유아가 맡은 역할에 맞는 목소리를 흉내 내어 본다. • 등장인물들이 장갑 속에 들어갈 수 있는지에 관한 대화를 하는 그림 장면들을 보면서 인물들에게 어울리는 목소리를 만들어 보자. – 개구리와 생쥐의 소리는 어떨까? 토끼는? 어떻게 다르니? – 장갑 속이 비좁아졌을 때 동물들의 목소리는 어떻게 달라질까? 개구리는? 생쥐는? 토끼는? ④ 녹음된 대화 내용을 들어 본다. • 자신이 맡은 역할에 어울리는가? • 자신이 생각했던 목소리처럼 들리는가? 어떤 차이점이 있는가?

(4) 노래극 영역

노래극 표상활동내용은 이야기의 리듬과 반복의 요소를 활용해 조직한다. 《장갑》 이야기의 노랫말은 '장갑 속에 누가 살고 있니?/먹보 생쥐, 누구니?/팔짝팔짝 개구리/나도 들어갈게/그래 들어와'가 될 수 있다. 이야기의 등장인물들이 나누는 리듬감 있는 대화는 유아들에게 청각적 즐거움을 더해 주고 동시에 이야기 내용을 쉽게 생각해 낼 수 있게 한다.

활동방법은 유아들이 알고 있는 노래에 노랫말을 붙여서 불러보게 한다. 교사는 이러한 활동이 쉽게 이루어지도록 리듬감 있는 등장인물의 대화 내용을 노랫말로 만들어서 제시해 주거나 유아들이 쉽게 응용할 수 있는 리듬을 녹음해 두어 유아들이 자유롭게 리듬에 맞춰 노랫말을 부를 수 있도록 안내한다. 각 등장인물의 분위기에 어울리는 악기를 이용할 수 있도록 준비해 주면 더욱 재미있다.

활동명	노래극(장갑 이야기)
활동목표	리듬과 악기를 사용해 이야기 대사의 분위기를 연출한다.
활동자료	각각의 등장인물의 분위기에 어울리는 리듬을 엮어서 만든 녹음 테이프, 녹음기, 등장인물들의 대사(노랫말), 악보
활동방법	① 노랫말을 듣는다(읽어본다) • 동물들이 장갑을 발견하였을 때 어떤 이야기를 나누었니? – 장갑 속에 누가 살고 있니? – ***생쥐, 너는 누구니? – ###개구리야, 나도 들어갈게 – 그래(어서 들어와). • 장갑 속이 너무 비좁아졌을 때 어떤 이야기를 나누었니? – 장갑 속에 누가 살고 있니? – ***생쥐, ###개구리, @@@토끼, …… 너는 누구니?

	–^^곰이야. 나도 들어갈게 –안 돼요. 꽉 찼어요. –그래도 들어가고 싶어. –그렇다면 들어와 봐. ② 이야기의 분위기에 어울리는 음악을 틀어 놓고 음악소리에 맞춰 노래로 이야기한다. ③ 등장인물의 역할과 이야기 대사의 분위기에 어울리는 악기를 선택한다. • 무슨 역할을 맡을거니? • 어떤 악기들이 있니? 이 악기들의 차이점은 무엇이니? • 생쥐, 개구리에게 어울리는 악기는 무엇일까? 왜 그렇다고 생각하였니? • 장갑 속이 복잡해졌을 때 장갑들은 어떤 소리를 내었을까? 이때 어울리는 악기는 무엇일까? ④ 이야기의 대사가 녹음된 테이프를 틀어놓고 선택한 리듬악기를 연주한다. ⑤ 음악에 맞춰 노래로 이야기 나눌 때 얼굴 표정, 몸 동작도 함께 표현해 본다.
참고사항	이야기의 분위기에 어울리는 악기, 리듬, 노랫말 등은 교사가 단독으로 정해서 제시해 주기보다는 유아들과 함께 토의를 통해 결정한 것을 제시해 준다면 더욱 흥미를 느낄 것이다.

(5) 분장하기 영역

분장 표상의 활동내용은 유아들이 동일시 하고 싶어하는 등장인물을 분장하는 것이다. 유아들은 이야기 속의 등장인물 중 자신이 맡고 싶은 역할을 분장을 통해 등장인물과 동일시하는 경험을 갖는다. 분장 표상은 유아에게 등장인물의 특징과 이미지를 보다 잘 인식하게 한다.

활동방법은 자신이 동일시하고 싶은 인물의 분장으로 표상해 본 후, 또래끼리 '나는 무슨 역을 맡았을까요?'라는 수수께끼 놀이를 한다. 유아는 자신이 한 분장을 친구가 알아볼 수 있는지 또는 친구의 분장을 통해 그 친구가 어떠한 역할을 맡게 될 것인지를 깨닫는다.

활동명	분장하기(장갑 이야기)
활동목표	① 자신의 역할에 어울리는 도구를 선택한다. ② 등장인물의 특징을 분장으로 나타낸다.
활동자료	분장에 필요한 각종 자료(시트지, 머루, 고무줄), 특수 분장용 화장품, 부직포, 빵끈
활동방법	① 유아들이 맡은 역할을 다른 사람들이 알아볼 수 있도록 꾸며 보자. • 자신의 역할을 다른 사람들이 알아볼 수 있도록 꾸며 보자. • 다른 친구들이 네가 개구리, 생쥐라는 것을 알아볼 수 있으려면 어떤 분장을 해야 할까? 어떤 물건이 필요할까? • 장갑이라는 것을 알리기 위해 어떻게 분장해야 할까? • 토끼, 여우, 늑대, 곰의 특징이 뭐니? 어디를 어떻게 나타내면 다른 친구들이 네가 토끼, 여우, 늑대, 곰이라는 것을 잘 알 수 있을까? ② 분장이 끝나면 유아들은 '나는 무슨 역을 맡았을까요?'라는 간단한 수수께끼 알아 맞히기 놀이를 함으로써 다른 친구들이 자신의 역할을 얼마나 인식하고 있는지를 알아본다.
참고사항	분장하기 영역에 마련되는 자료는 유아들이 쉽게 자신의 역할을 표상하는 데 도움이 되는 것이면 좋다. 유아들이 분장하기에 시간과 노력을 많이 소비해 극놀이를 하기 전에 지쳐버리는 일이 없도록 해야 한다.

3) 동화 중심의 대집단 극화활동

(1) 역할 계획하기

- 역할계획영역에 계획표를 만들어서 붙여 둔다.
- 유아는 계획영역으로 가서 자신이 하고 싶은 역할을 표기해 둔다.
- 자신의 역할을 계획한 유아들은 작업영역으로 가서 분장을 한다.
- 역할을 계획할 때 생겨날 수 있는 문제들을 미리 파악해 역할계획표 옆에 적어둔다면, 예측되는 혼란을 미연에 방지할 수 있을 것이다(예 : 한 역할을 2명 이상의 유아가 맡고 싶어 할 경우).

〈표 7-8〉 역할계획표

생쥐	개구리	멧돼지	토끼	늑대	여우	기타
△△△		김민아		○○○		

(2) 대집단 극화활동을 위한 사전 활동

① 극놀이에 꼭 필요한 환경 구성을 유아들과 함께 한다.

- 요술 죽 항아리 이야기를 극놀이하려면 어떤 무대가 필요할까? 무엇으로 꾸밀까?

② 극놀이를 할 때 발생할 수 있는 문제점을 예측한 후 해결방안을 토의해 규칙을 정한다.

- 극놀이를 할 때 어떤 점이 가장 어려울까?

(예 : 장갑을 물건으로 만들 것인가? 유아들이 장갑을 표현할 것인가? 등의 문제에 대해 토의)

③ 각자의 역할에 따른 극화활동을 한다.

- 친구들끼리 모르는 부분은 서로 도와줄 수 있다.

④ 비디오 촬영하기

〈참고사항〉

교사의 중재가 필요할 때는 적절히 중재해 주지만 이야기 대사를 그대로 말해 주지는 않는다. 유아들이 자신의 역할을 어떻게 인식해 창의적인 언어, 동작, 음성 등을 사용해 표현하는지를 관찰하는 것이 중요하다. 유아들로 하여금 교사가 알려주는 이야기 속의 대사를 그대로 받아서 말하도록 하기보다 이야기 속의 내용과 다소 다르더라도 자신이 맡은 역할을 다양하게 창의적으로 표현하도록 한다.

또한 교사는 유아들이 자신의 역할과 이야기 사건의 흐름을 잘 파악해 적절한 시기에 등장하는지, 친구들의 역할을 잘 인식하고 친구가 도움을 필요로 할 때 잘 도와주는지 등에 초점을 맞춰 극놀이를 파악하려는 태도가 바람직하다.

(3) 평가

- 즐거웠나요? 무엇이 가장 즐거웠나요?
- 자신이 생각하는 대로 표현이 잘 되었나요? 어떤 점이 다른가요?
- 앞으로 극놀이를 할 때 어떤 점을 보충하고 싶나요?

활동명	모양 책 꾸미기
활동목표	주제환상극놀이 한 내용을 그림이나 글로 표현해 본다.
활동자료	모양 책
만드는 방법	여러 가지 색깔의 종이를 사용하여 전화번호부처럼 계단식 책을 만든다. 겉표지 : 장갑 • 1면 : 무엇이 즐거웠나요? • 2면 : 무슨 역할을 하였나요? • 3면 : 어떻게 분장하였나요? • 4면 : 어떤 동작을 하였나요? • 5면 : 만일 내가 숲속을 걷다가 장갑을 발견하였다면 어떻게 하였을까요? 그 외 여러 가지 재미있는 질문을 첨가하여 유아들로 하여금 극놀이활동의 결과를 표상해 보도록 한다.
참고사항	유아들이 극놀이한 결과를 그림이나 글로 표상해 보게 해 그 결과물을 개인의 평가자료로 사용할 수 있다. 그 한 가지의 방법으로 모양 책 꾸미기 놀이가 있다.

4) 유아들의 반응

(1) 동작 표상

유아들의 동작 표상활동을 관찰한 결과 대부분의 유아들은 동물의 특징을 동작으로 잘 나타내었다. 여러 가지 반응 중 동작으로 가장 잘 표현하는 대상은 토끼, 개구리였으며, 표현하기 어려워하는 대상은 여우, 늑대였다. 이는 토끼와 개구리가 유아에게 친근한 동물이라는 이유도 있겠지만 '빠른 발 토끼, 팔짝팔짝 개구리'에서처럼 토끼와 개구리의 등장인물 앞에 나오는 수식어가 그 동물의 동작을 명료하게 나타내어 주었기 때문이라고도 생각할 수 있다. 송곳니 멧돼지의 표현에서 몇몇 유아는 뒷짐을 쥐고 걸었는데, 이러한 표현은 멧돼지의 그림을 보고 그대로 흉내 낸 것이다. 이와 같이 언어와 그림은 동작 표상에 중요한 영향을 미친다는 것을 알 수 있다.

특이한 점은 강아지 역을 표현하고 싶어 하는 유아들이 많았다는 것이다. 《장갑》 이야기의 등장인물 중 그림으로 나타나 있지 않는 인물은 강아지와 할아버지이다. 강아지와 할아버지는 노래를 부르듯 주고받는 대화도 하지 않는다. 역할에 할당되는 시간도 가장 짧다. 그럼에도 불구하고 《장갑》 이야기로 극화활동을 하고 싶어 하는 유아들 중 많은 아이들이 강아지 역을 맡고 싶어 한다. 강아지 역을 맡은 유아는 다른 동물들이 장갑 속으로 다 들어오면, 즐거운 듯이, '멍멍멍' 하고 단 한 마디하는데, 유아들은 자신의 '멍멍멍' 한 마디로 인해 터질듯한 장갑 속의 동물들이 깜짝 깜짝 놀라 모두 장갑 밖으로 나오게 되는 장면에서 그 어떤 역할과도 비교할 수 없는 즐거움을 만끽하는 것으로 보였다. 이러한 반응을 통해 유아들은 카타르시스 또는 극적인 상황의 이야기를 동작으로 표상하는 것을 즐거워한다는 것을 알 수가 있다. 이 장면은 유아들에게 정서적 카타르시스를 경험하게 하고 유머감각을 길러줄 것으로 생각된다.

(2) 분장 표상

유아들이 분장하는 모습을 관찰한 결과 나타난 반응 중 가장 많이 표상한 등장인물은 토끼였으며, 대부분 토끼의 귀를 만들어 분장함으로써 토끼를 나타내려고 하였다. 그러나 빈번하게 나타난 분장은 아니지만 특이한 분장 표상을 살펴보면, 먹보 생쥐를 입가에 수염을 달고 허리에 긴 끈을 묶어 뒤로 넘겼으며, 팔짝팔짝 개구리는 손과 발에 초록색 시트지로 물갈퀴 표시를 하였고, 여우는 안경을 쓰고 스카프를 하였으며, 송곳니 멧돼지는 흰색 길 블록 두 개를 입에 물고 모자를 쓰고 지팡이를 사용하였다. 이러한 결과는 생쥐, 개구리, 토끼와 같이 유아들에게 친숙한 동물은 동물의 특징을 살려 분장으로 나타내지만 여우, 멧돼지와 같이 그리 친숙하지 않은 동물은 이야기책의 그림을 모방하여 분장 표상한 것으로 생각된다.

유아들은 특히 분장용 그림물감을 사용하여 분장하는 활동을 즐거워하였다. 여러 동물의 수염을 그리기도 하고, 눈, 귀, 코의 모양을 그리기도 하며, 무늬, 색깔 만들기 등의 활동을 하면서 즐거워하였다. 어떤 유아가 늑대로 분장한 후 친구들 앞에 나타났다. 한 유아가 "와! 무서운 늑대가 나타났다!"라고 말하니까 다른 유아들이 모두 달아났다. 이러한 반응은 유아들이 자신의 역할을 분장해 봄으로써 등장인물과 동일시 경험을 갖게 되었으며, 자신과 타인의 역할을 보다 잘 인식하게 되었음을 나타내는 것이라고 할 수 있다.

(3) 목소리 표상

몇몇 유아들은 다양한 음성으로 이야기하였다. 생쥐, 개구리는 작은 목소리, 멧돼지, 곰은 굵은 목소리를 사용하였다. 그러나 음성의 변조를 잘 사용하지 않는 유아들도 있었다. 유아들은 동작 표현이나 분장 표현에 비하여 목소리 표현을 잘 하지는 못하였다. 또 어떤 유아는 변화를 주려고 노력하였음에도 불구하고 타인이 듣기에는 별로 변화 없는 음성으로 들렸다. 원인은 동작, 분장 표상활동은 한 가지 표상활동에 치중할 수 있는 것이지만 목소리 표상활동은 음성의 변화에 신경을 쓰기 전에 우선 이야기 내용을 알아야 한다는 이중의 부담 때문일 수도 있을 것이다. 이야기 내용을 기억하는 데 주의를 기울였기 때문에 음성 조절에 미처 신경을 쓰지 못하였기 때문일 수도 있었을 것이다.

(4) 언어적 표상

언어적 표상활동영역에서 유아들이 《장갑》 이야기를 자발적으로 꾸며서 녹음할 때 잘 생각나지 않는 부분은 서로 물어보거나 다른 유아가 도와주어 녹음하는 것을 볼 수 있었다. 예를 들어, 한 유아가 이야기 꾸미기를 하던 도중 "그 다음 뭐지?"라고 물어보자 다른 유아가 "'멋쟁이 여우가 나타났어요.'라고 해야지."라고 일러 주는 것을 흔히 볼 수 있었다. 또 유아들은 그림영역에 교사가 비치해 둔 하얀 도화지에 장갑 모양의 종이를 붙이거나 그린 후 장갑 속에 여러 등장인물의 동물들을 연상하면서 이야기를 꾸몄다. 그 중 한 유아는 장갑 속에는 생쥐를, 장갑 밖에는 개구리를 그린 후 "장갑 속에 누가 살고 있니?", "먹보 찍찍 쥐다. 너는 누구니?", "팔짝팔짝 개구리, 나도 들어갈게.", "그래."라고 이야기하였다. 다른 아이는 장갑 속에 일곱 마리의 동물을 그린 후 "어휴 답답해."라고 말하였다. 책의 내용에는 "먹보 생쥐"라는 문장은 나오지만 "먹보 찍찍쥐"라는 표현은 없기에 이러한 표현은 쥐의 의성어를 첨가함으로써 나름대로 응용한 문장이라고 할 수 있으며, "어휴 답답해."라는 표현과 비슷한 문장 표현은 어디에서도 찾아볼 수가 없으므로 이러한 표현은 유아들이 이야기책 속의 그림에서 나름대로 받은 느낌을 스스로 창안해 낸 표현이라고 할 수 있을 것이다.

(5) 노래로 이야기하기

유아들이 이야기 속의 내용을 대화로 나눌 때 자발적으로 멜로디를 넣어 대화하는 모습이 나타났다. 교사는 "너희들의 이야기가 마치 음악처럼 들린다."고 말하면서 알고 있는 노래에 이야기의 대화를 붙여 불러보자고 제안하였다. 유아들은 자신이 알고 있는 노래에 등장인물의 대화를 넣어서 불러본 후 "재미있어요.", "그냥 말할 때보다 노래를 부르면서 말하니깐 더 재미있어요." 등의 반응을 보였다.

5) 유아들의 반응을 통한 동화 표상활동의 일반적 경향

《장갑》 이야기를 소재로 동화 표상활동을 실제 적용하여 유아들에게 나타난 반응을 분석한 결과 나타난 일반적 경향은 다음과 같다.

첫째, 유아들은 다양한 유형의 표상활동을 즐겁게 수행하였을 뿐만 아니라 동화내용을 창의적으로 표현하거나 응용하였고 재미있는 표현을 많이 하였다. 유아는 언어적 표상 유형뿐만 아니라 비언어적 표상 유형을 즐겨 하였다.

둘째, 유아들은 리듬, 반복, 재미있는 말, 카타르시스 등에 흥미를 느끼며, 이들에 대한 표상활동을 더욱 잘 수행하는 것으로 나타났다. 특히, 본 연구의 소재로 사용한 《장갑》 이야기 속에는 리듬과 반복의 요소가 장면이 바뀔 때마다 연속적으로 내재되어 있기 때문에 유아들은 쉽게 다음의 사건을 예측해 낼 수 있었고, 쉽게 기억해 내었다.

셋째, 유아들은 평소 가깝게 대하기 어려운 동물보다 친숙한 동물의 여러 가지 표상의 방법으로 잘 표현하였다. 이는 친숙한 동물을 표상할 때는 책의 내용에 없는 부분도 자신이 알고 있는 경험을 바탕으로 표상하는 것이 가능하였으나, 친숙하지 못한 동물을 표상하고자 할 때는 경험의 부족으로 책 속에 담긴 정보에 의존할 수밖에 없었을 것이다.

넷째, 언어적 정보가 아니더라도 그림 속에 담겨져 있는 정보를 읽고 표상하였다. 이러한 현상은 친숙한 동물보다 친숙하지 못한 동물을 표상할 때 두드러지게 나타났다. 친숙하지 않은 동물을 표상하기 위하여 그림 속에 나타난 동작, 분장을 그대로 표상하려고 하였다. 이는 경험이 적은 유아들에게 이야기책에서 그림의 역할이 얼마나 중요한가를 상기시켜 주었다.

다섯째, 동작 표상활동이나 분장 표상활동을 즐겨 하는 반면 목소리 표상활동에는 어려움을 나타내기도 하였다.

여섯째, 유아들끼리 역할을 나누어서 대화를 할 때 책 속에 있는 대사를 응용하거나 책에는 없지만 창의적으로 대사를 만들어서 사용하였다.

일곱째, 어린 유아들은 동작 표상을 즐겨하고 높은 연령의 유아는 언어적 표상도 가능하였다.

4 생태 그림책을 활용한 철학놀이 프로그램

현대사회는 '생태학의 시대'라는 모토가 낯설지 않을 만큼 지구환경이 점점 더 열악해지고 있다(Krebs, 2011). 현재 직면하는 생태계 위기는 인간들이 인간 이외 존재의 내재적 가치를 존중하지 않으며 그 존재를 배려하고 어울려 살아가는 능력이 부족한 인간중심주의의 결과이다(이효진, 2013). 따라서 타자를 배려하며 그들과 함께 어울려 살아가는 것을 중요시하는 가치관 배양을 위한 철학교육이 요구된다.

생태 그림책을 활용한 유아 철학놀이를 프로그램의 효과를 검증한 연구(김수향, 이승하, 2016)를 중심으로 철학놀이 실제 활동과정을 소개하면 다음과 같다.

1) 그림책을 활용한 철학놀이의 구성 및 과정

철학놀이는 유아들의 비판적 · 창의적 · 배려적 · 상상적 사고를 통합적으로 함양하기 위하여 철학적 동화를 활용한 여러 가지 놀이로 이루어져 있다.

철학놀이는 유아가 동화를 읽고 스스로 만든 철학적 질문을 재미있게 탐구해보는 놀이이다. 탐정놀이, 궁금놀이, 상상놀이, 탐구놀이, 요술놀이, 배려놀이, 토론놀이, 창작놀이, 표현놀이의 9개 놀이로 구성되어 있는 철학놀이는 유아들의 효율적인 철학적 탐구를 돕기 위하여 다음의 4개 과정으로 실행된다.

〈표 7-9〉 **그림책을 활용한 철학놀이활동과정**

- 유아들이 동화를 읽고 철학적 질문이나 개념에 대해 궁금증이나 호기심을 가지는 호기심 유발과정(탐정놀이, 궁금놀이)
- 둘째, 유아들이 궁금해 하는 철학적 질문이나 개념을 여러 측면에서 살펴보는 다각적 탐구과정(상상놀이, 탐구놀이, 배려놀이, 요술놀이)
- 철학적 질문이나 개념에 대해 유아 스스로 의미를 만들어 가는 의미 구성과정(토론놀이)
- 유아 스스로 구성한 의미를 창의적으로 적용해 보려는 의미 확장과정(구성놀이, 표현놀이)이다.

2) 생태 그림책을 활용한 철학놀이과정

철학놀이에 적절한 생태 그림책을 제시하면 다음과 같다.

(1) 생태 그림책 선정기준

아동문학 가운데에서도 근래에는 자연과 생명성에 관련한 주제들이 이슈가 되면서 다양한 개념으로 분화되어 아동문학 흐름의 대세를 이루는 생태문학이 형성되었다(지은주, 유승희, 조희숙, 2007; Reisberg, 2008). 생태문학(ecological literature)은 지구 생태계 전체가 심각한 위기에 처한 상황에서 이를 문제 삼고 극복하기 위해 새롭게 등장한 것으로, 오래 전에 나와서 생태의 싹을 품고 있는 문학으로, 생태학적 인식을 바탕으로 생태문제를 성찰하고 새로운 생태사회를 꿈꾸는 것을 말한다(김용민, 2003).

철학놀이에 적절한 생태 그림책 선정은 다음과 같은 기준에 의해 선정한다.

첫째, 자연예찬, 생명의 존엄성 및 관계성, 생태계 파괴의 폐해, 생태의 의식 회복 등 생태적 가치 개념을 포함하고 있는 그림책(박성혜, 2008).

둘째, 생태 철학교육에 활용 가능한 요소들, 즉 아동문학작품의 적절성(스토리, 그림), 생태학적 요소(생태학적 지식, 비판적 사고, 새로운 인식, 딜레마), 교육적 고려(어휘와 문장)(이효진, 2013) 등을 선정 기준으로 삼는다.

셋째, 유치원의 생활 주제 및 5세 유아의 발달에 적합한 그림책을 고려하였다.

특히, 존 버닝햄의 그림책은 대부분 이야기 주제에서 아이의 마음을 통해 작가의 내면세계의 리얼리티를 그려내고 있으며, 특히 그의 작품의 내용 중 차별이 없는 사회, 인간의 환경 파괴로부터 동물을 보호, 부모의 관심, 영원한 친구의 우정, 삶과 죽음의 경계를 넘는 사랑을 표현하고 있는 것들로서 문학을 활용한 철학활동으로 적절한 것으로 본다.

〈표 7-10〉 **생태 그림책**

그림책	유치원 생활 주제	생태 그림책의 요소				철학 프로그램 구성요소						
		자연 예찬	생명의 존엄성 및 관계성	생태계 파괴의 폐해	생태의식 회복	문학작품(적절성)		생태학적 분석				교육적 고려
						스토리	그림	생태학 지식	비판적 사고	새로운 인식	딜레마	어휘와 문장
깃털 없는 보르카	유치원과 친구	●	●			●	●	●	●	●	●	●
내 친구 커트니			●			●	●	●	●	●	●	●
야, 우리 기차에서 내려	동식물 자연		●	●		●	●	●	●	●	●	●
검피 아저씨의 뱃놀이		●	●	●		●	●	●	●	●	●	●
우리 할아버지	나와 가족		●			●	●	●	●	●	●	●

(2) 생태 그림책을 활용한 철학놀이

생태 그림책을 활용한 철학놀이는 각 약 20~40분 정도 활용할 수 있다. 철학놀이를 통해 철학적 민감성을 가지기, 탐구질문 활용하기, 공동체 형성하기가 가능하다.

생태 그림책을 활용한 철학놀이 프로그램은 '환경친화적 태도' 및 '철학적 사고기술(궁금증과 의문 가지기, 궁금증과 의문을 질문으로 표현하기, 자기의 생각에 대한 이유 말하기, 사물들을 서로 비교하기, 사물들의 관계를 파악하기, 개념을 파악하기, 구체적인 것에서 일반적인 것으로 개념을 확대하기, 추론하기, 다른 대상의 입장이 되어 보기, 새로운 관점을 가지기, 자신의 사고에 대해 생각하기, 상상하기)' 등을 활용할 수 있다. 생태 그림책을 활용한 철학놀이 프로그램 구성은 〈표 7-11〉과 같다.

〈표 7-11〉 각 생태 그림책을 활용한 철학놀이 프로그램 구성

철학놀이		생태 그림책				
과정	놀이	깃털 없는 보르카	야, 우리 기차에서 내려	우리 할아버지	내 친구 커트니	검피 아저씨의 뱃놀이
호기심 유발 과정	탐정 놀이	• 플럼스터 부인은 보르카에게 깃털을 짜주었을까? • 모든 기러기들은 깃털이 있어야 할까?	• 코끼리는 기차에 탔을까? • 주인공은 기차를 운전하는 기관사일까?	• 주인공은 내일 아프리카로 갈까? • 할아버지는 선장이 될 수 있을까?	• 주인공은 커트니를 집으로 데려갔을까? • 주인공 집에는 개가 있을까?	• 염소는 배에 탔을까? • 염소는 배에서 뒷발질을 하였을까?
	궁금 놀이	각 그림책의 내용을 듣고 궁금한 것을 질문 만들기를 하고, 질문한 내용의 이유를 설명한다.				
다각적 탐구 과정	상상 놀이	• 보르카는 어떻게 살고 있을까?	• 자연을 보호할 수 있는 기차를 만든다면?	• 벌레들도 하늘나라에 갈까?	• 커트니는 주인공 집에 오기 전에 무슨 일을 했을까?	• 안전하게 뱃놀이를 가려면 어떻게 해야 할까?

<table>
<tr><td rowspan="2"></td><td>탐구
놀이</td><td>• 만약 기러기에게 깃털이 없다면 어떤 일이 있을까?</td><td>동물들이 어떤 순서대로 타면 가장 편안하게 탈 수 있을까?</td><td>• 왜 씨앗들이 모두 자라기에는 자리가 모자랄까?</td><td>• 개는 몇 살까지 살 수 있을까?</td><td>• 뒤집히지 않는 배를 만들려면 어떻게 해야 할까?</td></tr>
<tr><td>배려
놀이</td><td>• 내가 만약 보르카의 형제라면 어떻게 했을까?</td><td>기차에 모두 함께 타려면 어떻게 해야 할까?</td><td>할아버지가 나가서 놀 수 없을 때 우리가 할아버지와 함께 할 수 있는 일은?</td><td>• 좋은 친구는 어떤 친구일까?</td><td>• 내가 만약 주인공이라면 다른 동물들과 함께 배를 타고 가려면 어떻게 해야 할까?</td></tr>
<tr><td rowspan="2">의미
구성
및
확장
과정</td><td>토론
놀이</td><td>• 사람들은 모두 같은 모습일까?</td><td>• 모든 동물이 기차에 타지 않고 살 수 있는 방법은?</td><td>• 할아버지의 의자는 왜 비어 있을까?</td><td>• 집에서 기르는 개가 아프면 어떻게 할까?</td><td>• 왜 검피 아저씨는 장난을 친 동물들에게 차를 마시자고 했을까?</td></tr>
<tr><td>구성
놀이</td><td colspan="5">각 그림책의 토론놀이와 연계해서 동시, 새 노래, 그림책 만들기 활동을 선택하여 시행</td></tr>
</table>

5권의 그림책 중 《야! 우리기차에서 내려》로 실제 진행방법 및 활동 예시를 소개하면 〈표 7-12〉, 〈표 7-13〉과 같다.

〈표 7-12〉 생태 그림책을 활용한 철학놀이 프로그램 구성

<table>
<tr><th>생활
주제</th><th>그림책</th><th colspan="2">활동내용</th><th>환경친화적
태도 및 철학적
사고기술</th></tr>
<tr><td>동식물과
자연</td><td>야,
우리
기차에서
내려</td><td></td><td>"제발 나도 기차에 태워 줘.
사람들이 내 상아를 잘라 가려고 해.
자꾸 이러다간 우리 코끼리들은 살아남지 못할 거야."</td><td>• 생명에 대한 존중의식
• 추론하기</td></tr>
</table>

		〈탐정놀이〉 • 코끼리는 기차에 탔을까요? 예(○), 아니오(X), 알 수 없음(?) • 주인공은 기차를 운전하는 기관사일까요? 예(○), 아니오(X), 알 수 없음(?)	
		〈궁금놀이〉 교사가 동화를 읽어준 후, 스스로 궁금하다고 여기는 궁금증 거리를 찾고, 그것을 궁금하게 생각한 이유와 함께 질문으로 만들어 표현하는 활동이다.	• 궁금증과 의문을 질문으로 표현하기
		〈상상놀이〉 • 자연을 보호할 수 있는 기차를 만든다면?의 질문과 관련하여 각 유아들의 생각을 그림이나 글로 표현하게 한다. 그리고 각 유아들의 생각한 내용을 함께 이야기 나누면서, 왜 그렇게 생각했는지 이유까지 설명하는 시간을 가진다.	• 자연보호 • 새로운 관점 가지기 • 상상하기
		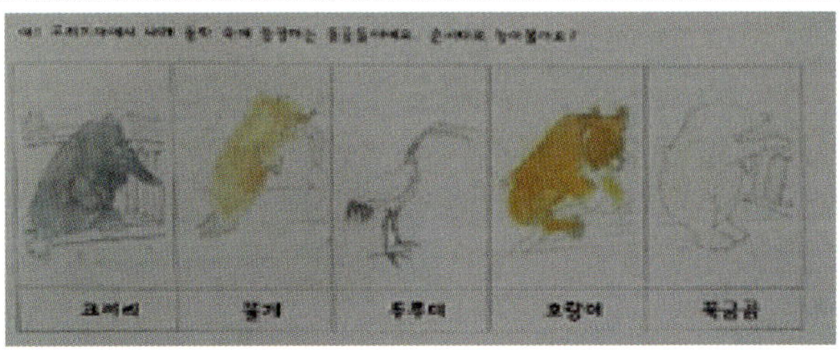 〈밤구놀이〉 ① 동물들이 등장한 순서대로 적어볼까요? ② 내가 좋아하는 동물을 차례대로 적어볼까요? ③ 어떤 순서대로 타면 가장 편안하게 탈 수 있을까요? ①, ②, ③의 각 질문에 응답한 이유를 설명하고, 특히 ③번의 응답과 관련하여 과학적인 근거로 가장 적절한 해결책을 알아본다.	• 동식물 애호와 관심 • 사물들의 관계 파악하기 • 구체적인 것에서 일반적인 것으로 개념을 확대하기 • 추론하기
		〈배려놀이〉 기차에 모두 함께 타려면 어떻게 해야 할까? 유아들이 기차에 모두 함께 탈 수 있는 방안에 대한 아이디어들을 제시한다. 교사는 제시한 아이디어들 중 같은 아이디어를 묶는다. 묶어진 아이디어들을 역할극을 하면서 각 아이디어들이 모든 동물들을 배려하는 아이디어인지 점검하는 시간을 가진다.	• 동식물에 대한 애호와 관심 • 사물들을 서로 비교하기 • 추론하기

		〈토론놀이〉 • 모든 동물이 기차에 타지 않고 살 수 있는 방법은? 질문에 대해 서로 의견을 제시하고, 자신이 제시한 이유를 설명한다. 그리고 각 유아들이 제시한 의견들이 논리적으로 합당한지 반례들을 제시하여 서로 토론하고, 가장 적절한 아이디어를 새롭게 구축한다.	• 자연보호 • 인공적인 환경보다 자연환경 선호 • 추론하기
		〈구성놀이〉 토론놀이와 연계하여 '동물들의 기차여행'이라는 주제로 동화짓기	• 개념 파악하기 • 상상하기

〈표 7-13〉 **생태 그림책을 활용한 철학놀이 프로그램 활동계획안의 예**

활동명	동물들이 모두 기차에 타지 않고 살아갈 수 있게 하려면?		
활동 유형 및 형태	대집단/토론놀이	**생태 및 철학적 사고 기술**	• 자연보호 • 구체적인 것에서 일반적인 것으로 개념을 확대하기
활동목표	• 환경오염이 우리생활에 주는 위험성을 이해한다. • 생명체가 살기 좋은 녹색환경으로 변화시키기 위한 다양한 방법에 대해서 안다. • 자신의 느낌, 생각, 경험을 적절한 낱말과 문장으로 말할 수 있다.		
활동자료	《야! 우리 기차에서 내려》 그림책		
누리과정 관련 요소	• 자연탐구 : 생명체와 자연환경 알아보기 - 생명체가 살기 좋은 환경에 관심을 갖는다. • 의사소통 : 말하기 - 느낌, 생각, 경험 말하기		
그림책 명	야! 우리기차에서 내려		
	《야! 우리 기차에서 내려》 그림책의 줄거리를 회상 • 그림책에서 궁금한 것 질문하기 • 왜 그런 것이 궁금한지 이유를 설명하게 한다. • 유아들이 질문한 것들을 묶어서, 가장 많이 질문으로 나온 것을 토론주제로 선정 • 선정된 토론주제 : 동물들이 모두 기차에 타지 않고 살아갈 수 있게 하려면? -동물들은 왜 모두 기차에 타려고 하나요? -동물들이 사는 곳은 어떤가요? -동물들은 기차에 타지 않으면 어떤 일이 벌어질까요? -동물들이 모두 기차에 타지 않고 살아갈 수 있게 하려면 우리가 해야 할 일은 무엇인가요?		

	• 유아들이 제시한 아이디어들을 유사한 것끼리 묶어서, 묶은 아이디어의 실례와 반례를 제시하면서 실현 가능한 아이디어를 검증함 • 논의된 아이디어 중 실현 가능한 아이디어들만 다시 적어보고, 함께 읽어보면서, 일상생활 속에서 실천할 것을 약속한다.
유의점	토론하는 동안 유아들이 또래들의 말을 경청하고, 의견을 제시할 때 차례를 지키면서, 할 수 있도록 지도한다. 유아들이 제시한 의견을 무조건적 수용하기보다는 실례와 반대되는 의견들을 논의하면서 실현 가능성을 점검할 수 있도록 상호작용을 이끌어 간다.

참고문헌

강문희(1997). 아동도서의 내용 분석. 아동학회 춘계학술대회.

강문희, 이혜상(1997). **아동문학교육**. 서울: 학지사.

강은진(1997). 환상동화와 사실동화에 대한 유아의 반응비교 연구: 소집단 그림책 읽기 활동을 중심으로. 성균관대학교 대학원 석사학위청구논문.

강은진(2012). 만 1세를 위한 그림책 선정 및 지도. 한국어린이문학교육학회 2012 춘계학술대회, 73-82.

고문숙, 임영심(2000). **유아를 위한 문학교육**. 경기: 정민사.

곽향림(1997). 이동문학에서의 패러디의 교육적 활용. **유아교육논문집, 1**(2), 71-90.

교육과학기술부(2012). **유치원 기본과정 내실화를 위한 인성교육 프로그램**. 서울: 교육과학기술부.

교육과학기술부 · 육아정책연구소(2012). **유아인성발달을 위한 부모교육 프로그램 매뉴얼**. 서울: 교육과학기술부 · 육아정책연구소.

교육부(1993). **유치원 교육 과정 해설**.

구인환 외 3인(2004). **문학교육론.** 서울: 삼지원.

김경중(2002). **유아교육과 아동문학**. 전주: 신아출판.

김경희, 엄정애(2007). 노래 그림책이 걸음마기 영아의 읽기 흥미 및 어휘력 발달에 미치는 영향. **교육과학연구, 38**(1), 75-94.

김경희, 천인옥(2009). 초등학교 감성교육연구에 대한 비판적 고찰. **교육이론과 실천, 18**, 117-131.

김금희(2012). 만 5세를 위한 그림책 선정 및 지도. 한국어린이문학교육학회 2012 춘계학술대회, 147-160.

김나원, 류경희, 심성경(2014). 공감의 뿌리 프로그램에 기초한 인성교육활동이 유아의 공감능력 및 정서지능에 미치는 영향. **한국생활과학회지, 23**(4), 613-631.

김동일(1999). 전래동화의 서사기능과 교재화 방안 연구. 인천교육대학교 교육대학원 석사학위논문.

김명화(2013). 그림책을 활용한 인성교육활동이 유아의 친사회적 행동과 이야기 이해력에 미치는 효과. **어린이문학교육연구, 14**(3), 49-69.

김명희(2012). 전통문화에 기초한 유아감성교육 프로그램 개발 및 효과. 전남대학교 대학원 박사학위논문.

김무련(2017). 인성그림책을 활용한 창의적 문제해결과정이 유아의 자아개념 및 조망수용능력에 미치는 영향. 위덕대학교 교육대학원 석사학위논문.

김무련, 김수향(2017). 인성그림책을 활용한 창의적 문제해결과정이 유아의 자아개념과 조망수용능력에 미치는 영향. **어린이문학교육연구, 18**(4), 107-132.

김미정(2010). 그림책을 활용한 인성교육활동이 유아의 친사회적 행동 및 정서지능에 미치는 영향. 배재대학교 대학원 석사학위논문.

김민진(2012). 유아의 발달에 적합한 그림책 읽기. 한국어린이문학교육학회 2012 춘계학술대회, 39-55.

김민진(2018). 영유아의 사회 · 정서발달 지원을 위한 그림책탐색. **한국어린이문학교육학회(추계학술대회)**, 35-47.

김민화(2004). 가장 읽기 방법을 통해 살펴본 유아들의 정보그림책 이해. **어린이문학교육 연 구, 5**(2).

김서영(2013). 포스트모던 그림책 연구. 한남대학교 대학원 박사학위논문.

김서정(2008). **캐릭터는 살아있다**. 서울: 열린어린이.

김세희(1982). 아시아 전래 동화의 분석. 이화여자대학교 대학원 석사학위논문.

김세희(2004). **유아문학교육**. 경기: 양서원.

김세희, 임영심(1999). **환상동화의 유형과 평가준거: 환상그림책으로의 여행**. 한국어린이문학교육연구회. 서울: 다음세대.

김세희, 현은자(1995). **어린이의 세계의 그림 이야기책**, 서울: 서원출판사.

김세희, 현은자(2003). 전래-동화와 이솝우화의 등장인물에 대한 유아의 반응. 기독교 세계관으로 아동문학보기. 서울: 학지사.

김수향(2004). 그림책을 활용한 창의적 문제해결 과정이 유아의 창의적 사고 및 문제해결 능력에 미치는 영향. 동덕여자대학교 대학원 박사학위논문.

김수향, 이승하(2016). 생태그림책을 활용한 철학놀이 프로그램이 유아의 환경친화적 태도에 미치는 영향. **어린이문학교육연구, 17**(1), 91-116.

김애경(1998). 동화의 원작과 패러디에 대한 유아의 반응. 이화여자대학교 대학원 석사학위논문.
김영옥, 장명림, 유희정(2009). 유아인성교육 프로그램 개발 및 효과. **열린유아교육연구, 14**(5), 297-324.
김용민(2003). 생태문학의 정의와 분류를 위한 하나의 시도. **독일 언어문학**, 12, 195-207.
김은미(1997). 유아의 자율성을 돕기 위한 규칙 지키기의 실제. **한국유아교육협회**, 59-60.
김의숙(1991-1992). 피노키오와 그의 시각적 전달(Pinochio & La Sua Communication Visiva). 밀라노 국립 예술 아카데미 브레라. 라우레라(Latrea) 논문.
김인애(1985). 한국 전래 동화의 연구 – 모티브 분류와 동화의 해석. 중앙대학교 대학원 석사학위논문.
김정화(2001). 전래동화와 패러디에 대한 유아와 부모의 반응. 전남대학교 대학원 석사학위논문.
김정화(2016). 그림책에 나타난 유아교사의 특성 분석. **어린이문학교육연구, 17**(4), 51-73.
김지윤(2002). 영아를 위한 어머니의 그림책 인식 및 활용에 관한조사연구. 중앙대학교 교육대학원 석사학위논문.
김춘일(2000). 창의력 교육의 실천과제. **아동교육, 9**(1), 1-10.
김현희(2018). 그림책 서사의 해석. 학국어린이문학교육학회 춘계학술대회자료집.
김현희, 박상희(1999). **아동문학교육**. 서울: 학지사.
김현희, 홍순정(1993). **아동문학**. 한국방송대학교 출판부.
나미경(1995). 일러스트레이션의 표현방법 중 의인화에 관한 연구: 어린이를 위한 일러스트레이션을 중심으로. 부산대학교 대학원 석사학위논문.
나선희(2013). 포스트모던 그림책에 대한 아동의 반응: 「공원에서 일어난 이야기》와 「검정과 하양》을 중심으로. **동화와 번역, 25**, 107-137.
노영희(2010). 포스트모더니즘 관점에서 본 Anthony Browne의 어린이 그림책 특징 연구. **열린유아교육연구, 15**(2), 273-299.
노희연(2010). 1세 영아 '놀이'의 의미탐색. **유아교육학논집, 14**(4), 165-188.
마리아 니콜라예바(1998). 김서정 역. **용의 아이들**. 서울: 문학과 지성사.
마쓰이 다다시(1990). **어린이와 그림책**. 이상금 옮김. 경기: 양서원.
문원선(2013). 전래영아놀이와 연계한 뇌기반 영아 프로그램 개발 및 효과. 가천대학교 대학원 박사학위논문.

박건희, 김경중(2000). **유아문학**. 서울: 한국방송통신대학교 출판부.

박덕숭(2007). 영아기 뇌발달의 특성과 보육활동 방안. **한영신학**, 11, 395-416.

박민수(1998). **아동문학의 시학**. 춘천: 춘천교육대학출판부.

박상재(1997). 판타지 동화의 새로운 시금석. 서울 국제 아동 문학관. **아동문학평론(가을)**, 84, 233-253.

박선희, 김현희(2014). **아동문학**. 한국방송대학교 출판부.

박성혜(2008). 생태그림책을 활용한 자연친화교육 프로그램 구성 및 적용효과. 중앙대학교 대학원 박사학위논문.

박영기(2008). 한국 근대 아동문학교육의 형성과 전개과정연구. 한국외국어교육대학교 대학원 석사학위논문.

박현경(2006). 그림책의 주인공에 대한 아동의 반응. 성균관대학교 대학원 석사학위논문.

박혜숙(2004). **소설의 등장인물**. 서울: 연세대학교 출판부.

배미정(2006). 존 버닝햄의 작품세계를 통한 그림책의 리얼리티 연구: 작품제작을 중심으로. 홍익대학교 산업미술대학원 석사학위논문.

서남희(2005). **그림책과 작가이야기**. 열린어린이.

서정숙, 남규(2004). **유아문학교육**. 서울: 창지사.

서정숙, 남규(2005). **그림책으로 하는 유아문학교육**. 서울: 창지사.

석용원(1982). **동화 구연의 이론과 실제**. 서울: 창지사.

석용원(1982). **아동문학원론**. 학연사.

손동인, 정동화(1988). 구비문학의 교육적 활용에 관한 연구. **인천교육대학논문집**, 22, 교육 편, 1-68.

신명호(1994). **그림책의 세계**. 서울: 계몽사.

신은수, 안경숙, 김은정, 안부금(2005). 과학교육활동에 기초한 유아과학능력평가도구 개발. **유아교육연구**, 25, 2.

신헌재 편역(1998). **아동문학교육론**. 서울: 범우사.

신혜은(2005). 영아기 그림책 맥락의 발달적 적합성. **어린이문학교육연구**, 6(2), 1-17.

신혜은(2009). **신혜은의 그림책 이야기, 부모교육칼럼**. 서울: 보림.

신혜은(2012). 0세를 위한 그림책 선정 및 지도. 한국어린이문학교육학회 2012 춘계학술대회, 57-71.

심성경, 백영애, 김나림(1998). 창의성 개발 프로그램이 유아의 창의성 발달에 미치는 영향. **유아교육연구, 18**(2), 51-68.

심영호(2009). **그림책의 세계**. 서울: 주니어김영사.

우소영(2006). 현실과 꿈의 합일로서 환상-존버닝햄 알도의 기호학적 구조분석. 홍익대학교 대학원 석사학위논문.

유창근(2006). **차세대문학의 이해**. 서울: 태영출판사.

이경우(1997). **유아에게 적절한 그림책**. 경기: 양서원.

이경우, 장영희, 이차숙, 노영희, 현은자(2001). **유아에게 적절한 그림책– 유아 도서 추천을 위한 기초연구**. 경기: 양서원.

이기숙, 주영희 역(1998). **어린이를 위한 피아제 이해**. 서울: 창지사.

이상금, 장영희(2001). **아동문학론**. 경기: 교문사.

이성엽(2014). **그림책 해석의 공간**. 서울: 마루벌.

이성은(2003). **아동문학교육**. 경기: 교육과학사.

이송은, 이선영(2005). **유아문학교육의 이론과 실제**. 서울: 창지사.

이순형, 권영례(1995). **유아수학교육**. 한국방송대학교 출판부.

이승은, 이영석(2004). 유아 감성지능 척도 개발에 대한 소고. **미래유아교육학회지, 11**(2), 89-119.

이승하, 김수향(2016). 철학놀이 프로그램에 참여한 교사의 경험에 관한 연구. **어린이문학교육연구, 17**(3), 201-227.

이윤옥(2000). **유아를 위한 인성교육 프로그램: 협력학습 활동 중심으로**. 서울: 창지사.

이은화, 이상금, 이정환, 이경우, 이기숙(1995). **통합적 접근을 위한 Caldecott Medal 수상도서연구**. 서울: 장지사.

이재철(1983). **아동문학의 이론**. 서울: 형설출판사.

이춘희, 정대련(2008). 5세 유아의 배려적 사고 유형 및 특성과 변화 과정. **어린이문학교육연구, 9**(2), 1-24.

이효진(2013). 초등 생태철학교육을 위한 그림책 활용 방안 연구. 한국교원대학교 대학원 석사학위논문.

임동권(1993). **민속학 논구**. 서울: 교문사.

임윤정(2007). 유아철학방법론 고찰: 유아철학놀이를 중심으로. **대동철학, 40**, 247-272.

장혜순(1980). 유아기의 아동문학교육에 관한 연구. 이화여자대학교 대학원 석사학위논문.

장혜순(1997). **아동문학사**. 서울: 창지사.

전경원(2000). **동서양의 하모니를 위한 창의학**. 서울: 학문사.

전연우, 조희숙(2011). 《작은집 이야기》에 나타난 집의 생태학적 의미. **생태유아교육연구, 10**(4), 195-223.

정대련(1990). 한국 전래동화의 윤리학적 탐구. 이화여자대학교 대학원 박사학위논문 .

정진(2001). 한국 전래동화의 활용 및 교사인식에 관한 연구. **어린이 문학교육 연구, 2**(1).

조선희(2004). **유아철학놀이**. 서울: 창지사.

지은주, 유승희, 조희숙(2007). 생태문학의 관점에서 본 유아의 그림책. **유아교육연구, 27**(3), 223-243.

최운식, 김창기(1995). **문학교육론**. 서울: 심운당.

최지원(2008). 갈등중심의 소설읽기의 지도방안. 인제대학교 교육대학원 석사학위논문.

하연섭(2005). 지식 · 정보화 사회와 교육의 미래. **정보통신정책연구원 연구보고서**. 1-114.

한국교육과정평가원(2015). 교육학 용어사전. http://www.classroom.re.kr에서 2015년 1월 2일 인출.

한성옥(2005). 영아그림책, 세상을 여는 창. 한국어린이문학교육학회 제7차 학술대회.

한윤옥(1989). 아동문학 도서의 특성에 관한 연구: 도서관에서 대출된 도서를 중심으로. 성균관대학교 대학원 박사학위논문.

한윤옥(1997). **어린이 정보자료와 활용**. 서울: 아세아 문학사.

하주희, 박찬옥(2016). 상황에 따른 유아 정서 어휘 표현 프로그램이 유아의 정서인식능력과 정서조절능력에 미치는 영향. **유아교육학논집, 20**(5), 447-466.

현은자, 김세희(2003). **그림책의 이해 1**. 서울: 사계절.

현은자, 김세희(2005). **그림책의 이해 2**. 서울: 마루벌.

현은자, 김현경(2007). 놀이로서의 그림책의 글과 그림 읽기. **유아교육연구, 27**(2), 261-280.

현은자, 서정숙(1999). **환상동화의 본질과 역사. 환상그림책으로의 여행**. 한국어린이 문학교육 연구회. 서울: 다음세대.

홍정선(2008). 뇌발달 연구모임을 통한 영아반 교사의 전문성 성장과정. 한국교원대학교 대학원 박사학위논문.

황규안(2004). 영어 아동문학에서의 등장인물의 유형과 의미. **현대영어영문학, 48**(1), 153-169.

Arbuthnot, M. Il. et al.(1971). *The Arbuthnot Anthology*. Glenview, Ill: Scott, Foresman.

Aries, Philippe(1962). Centuries of Childhood: *A social History of Family Life*. Translated by Robert Baldick. New York: Knopf.

Benson, L. J.(1990). Narration in pretend play and Storytelling: Analysis of two model of event representation. The Pennsylvania State University.

Berk, L. E.(2005). *Infants, children, and adolescents*(5th ed., pp.278-280). Boston, MA: Allyn & Bacon.

Berryman, J. W.(1991). *Godly play: An imaginative approach to religious education*. New York: Harper Collins Publishers.

Bettlheim, B.(1976). *The Uses of Enchantment: The Meaning and Importance Of Fairy Tales*. New York: Knof.

Blough, G. C., & Schwartz, J.(1979). *Elementary School Science and How to Teach It*(Oth ed.). New York: Holt, Rinehart & Winston.

Bormley, K.(1996). *Webbing with literature: Creating Story maps with children's books*. Boston: Allyn and Bacon.

Bromley, K., Irwin-Devitis, & Modlom.(1995). *Graphic Organizers: Visual Strategies for Active Leaning K-O*. New York: Schoastic.

Burke, E. M.(1986). *Literature for the young child*(2nd ed.). Boston: Allyn & Bancon

Butler, D.(1983). In What's A Good Book? Weston, CT: Weston Woods.

Cleland, C.(1981). High Lighting issues in children's literature through Semantic Webbing. *The Reading Teacher, 34*(6), 642-646.

Collins, R., & Cooper, J. D.(1997). *The Power of Story*. Scottsdale, AZ: Gorsuch Scarishrick Publishers.

Cooper, J. D.(1993). *Literacy Helpimg Children Construct Meaning*(2nd ed.). Boston Houghton Mimin.

Cullinan, B. E., & Galda, L.(1994). *Literature and the child Ford Worth*. TX: Harcount Brace College.

Cullinan, B. E., & Galda, L.(2002). *Literature and the Child*(5th ed.). Belmont: Wadsworth.

Cullinan, B. E., & Person, D. G.(2005). *The continuum encyclopedia of children's literature*.

Edinburgh: A&C Black.

Denham, S. A.(1998). *Emdinal development in young Children*. New York: Guiford.

Edwards, G., & Saltman, J.(2010). *Picturing Canada*. Toronto: University of Toronto Press.

Egoff, Sheila A.(1981). Thursday's child: Trends and Patterns in Contemporary Children's Literature. Chicago: American Library Association.

Engle, S.(1995). *The Stories Children Tell(Making Sense of the Narrative of Childhood)*. W.H.: Freeman and Company.

Fisher, C. J., & Terry, C. A.(1990). *Children's Language and the Language Art*(3th ed.). Allyn Bacon.

Fisher, F. L.(1988). Influence of reading and Discussion on the Attitudes of Fifth Grades toward American Indiand. *Journal of Educational Reareárch, 62*, 130-134.

Flyenn, R. M., & Carr, G. A.(1994). Exploring Classroom Literature Through Drama; A Specialist and Teacher. *Collaborate Language Arts, 71*(1), 38-43.

Freedman, G., & Revnolds, E.(1980). Enriching basal reading lessons with Semantic Webbing. *The reading Teacher, 33*(6), 677-684.

Glenview, IL: Scott Foresman and Company.

Goldstone, B. P(2000). What up with our books? Changing picture book codes and teaching implication. *The Reading Teacher, 55*(4), 362-370.

Gontarski, M.(1994). Visual literacy as it relater to picture book use by selected fifth grade students unpubleshed doctoral dissertation. The Florida State University, Tallahassee, FL.

Hall. C.(2008). Imagination and multimodalicy: Reading, picturebooks, and about childhood Inl〉 R. Side, & S. Dancaleo (Eds.), Postmodern Pictwebox (pp.130-146). New York Rourledge.

Huck, C. S.(1983). *In What's A good Book?* Weston, CT: Weston Woods.

Huck, C. S., Helper, S., & Hickman, J.(1993). *Children's Literature in the Elementery School*(4th ed.). San Diego: Harcourt Brace.

Jalongo, M. R.(1998). *Young Children and Picture Books: Literature from in Fancy to Six*. Washington D.C.: NAETC.

Jalongo, M. R.(2010). *Early childhood language arts*(5th ed.). New York: Allyn and Bacon.

Krebs, C, J.(2011). **생태학 6판** *Ecology: The Experimental Analysis of Distribution and Abundance*. 서울: 도서출판 바이오사이언스(원저 2009 출판).

Lehr. S.(1988). The Childs developing sense theme as a response to literature. *Reading Research Quaterly, 23*, 337-357.

Lewis, D.(2008). **현대 그림책 읽기**(이혜란 역). 서울: 작은 씨앗.

Lickona, T.(1998). Character Education: Seven Crucial Issues, Action in Teacher Education *Journal of the Association of teacher Educators, 20*(4), 77-84.

Lipman, M.(1995). Moral education higher-order thinking and philosophy for children. *Early Child Development and Care, 107*, 61-70.

Lukens, R. J.(2003). *A Critical Handbook for children's Literature*(7th ed.). Boston, MA: Allyn and Bacon.

Lynch—Brown, C., & Tomlinson, C.(1993). *Children's Literature*. Boston: Allyn and Bacon.

Lynch, P.(1986). *Using Big Book and Predictable Books*. New York: Scholastic Publications.

Machade, I. M.(1990). *Early Childhood Experience in Language Arts Emerging Literacy*. N.P.: Deimam Publishers Inc.

Mamur, N.(2012). Perceptions Concerning Visual Culture Dialogue of Visua Art Pre - Service Teachers. *Educational Sciences: Theory and Practice, 12*(3), 2166-2173.

Mandler, J., & Johnson, N.(1977). Remembrance of things parsed: Story structure andrecall. *Cognitive Psychology, 9*, 111-151.

Marantz, K.(1983). "The picture Book as Art objetl: A Call for Balanced Reviewing." In Signposts to Criticism of Children's Literature, edited byb R, Bator, 152-155. Chicago: American Librany Association.

Maslow, A. H.(1970). *Motivation and personality*. NY: Harper and Row.

Matthews, G.(1996). *Philosophy & the young child*. **철학과 아동**. 김민남 역(원저, 1980 발간). 서울: 문음사.

Matthews, G.(2013). *The philosophy of childhood*. **아동기의 철학**. 남기창 역(원저 1994년 발간). 서울: 필로소픽.

Mayer, R. E.(1999). Problem solving. In Mark A. Runco & Steven R. Pritzker(Eds.)

Encyclopedia of Creativity(pp. 437-447). Vol. 2. CA: Academic press.

Meador, K.(1997). *Creative thinking and problem solving for young learners*. Teacher Ideas Press.

Montessori, M.(1967). *The Discovery of the Child*(translated by M. Joseph Costellce). New York: Ballatine Books.

Nadelman, L. R.(1989). *Fatasy Literature for Children and Young Adults*. N.Y: R

Nickerson, R. S.(1999). Enhancing creativity. In R. Stemberg(Ed.), *Handbook of creativity*(pp. 392-430). Cambridge University Press.

Nikolajera, M.(1998). **용의 아이들***(Children's literature cones of age)*. 김서정 역. 서울: 문학과 지성사.

Nikolajeva, M., & Scott. C.(2001). How Pictures Work Routeledge.

Nikolajeva, M.(2005). *Aesthetic approaches to children's literature: An introduction*. Lanham: Scarecrow Press.

Nikolajeva, M.(2009). **아동문학의 미학적 접근**. 조희숙 외 옮김. 경기: 교문사.

Nikolajeva, M., & Scott, C.(2002). *How Picturebooks Work*. New York.

Nodelman, P.(2011). **그림책론: 어린이 그림책의 사서방법**. 김상욱 옮김. 경기: 보림.

Norton, D. E.(1995). *Through The Eyes of a Child: An Introduction to Children's Literature*(4th ed.). Colunbus, OH: Merrill.

Norton, Dc E.(1992). *The Impact of Literature: Based Reading*. New York: Macmillan.

Novak & Gowin(1984). *Learning how to learn*. Cambridge, UK: Cambridge University Press.

Omlinson, C. M., & Lynch—Brown. C.(1996). *Essentials of Children's Literature*. Boston: Allyn and Bacon.

Palay, V. G.(1990). *The boy who would be a helicopter*. Cambridge, MA: Harvard University Press.

Parnes, S. J.(1999). Programs and courses in creativity. In Mark A. Runco & Steven R. Pritzker (Eds.) *Encyclopedia of Creativity. Vol. 2*. (pp. 465-477). CA: Academic Press.

Piaget, J.(1970). *The Development of Thought: Equilibration of Cognitive Structures*, NY: Viking Press.

Pike, K., & Mumper, J.(2004). Making Nonfiction and other Informational Texts come Alive.

Pearson Education, Inc.

Pulaski, M. A. S.(1984). 이기숙, 주영희 공역. **어린이를 위한 피아제 이해**. 서울: 창지사.

Purves, A. C., & Monsou, D. L.(1984). *Experiencing Children's Literature*. Glenview, IL: ScottForesman and company.

R. Bowker Peppin, B.(1975). *Fantasy: The Golden Age Fatastic Illustration*. N.Y.' Watson—Guptill Publications.

Raines, S., & Isbell, R.(1994). Stories: Children's literature in early education, Albany, NY: Delmer Pub. Inc.

Reisberg, M.(2008). Social/Ecological caring multicultural picture books: placing pleasure in art education. *Studies in Art Education, 49*(3), 251-267.

Russell, D. S.(1991). *Literature for Children: A Short Introduction*. N. Y Longman.

Saarmi, C.(1999). *The development of emdinal compelence*. New York: Guiford.

Sawyer, W. E., & Comer. D. E.(1906). *Growing up with Literature*. Albany, New York: Demar Publishers.

Schickedanz, J. A.(1999). *Much more than the ABCs: The early stages of reading writing*. Washington, DC: National Association for the Education of Young Children.

Shonkoff, J.h, & Phillips, D.(2000). From neurons to neighborhoods: *The science of early childhood development*. National Academy Press.

Silvey, A.(1995). *Children's Books and Their Creators*. Boston: Houghton Mifflin Company.

Sipe, Lawrence R. "How Picturebooks Work: A Semiotically Framed Theory of Text - Picture Relationships." *Children's Literature in Education 29*(1988); 97-108.

Sipe.(2008). Storytime. Young Childrens lderacy Understanding in the Classroom. N. Y: Teachers College Press.

Smith, J. A., & Park, D. M.(1997). *World music and world magic: Children's literature method*. Boston, MA: Allyn and Bacon.

Smith, L. H.(1975). **아동문학론**. 김요섭 옮김. 서울: 정음사.

Smith, L. H.(1994). 박화목 역. **아동문학론**. 서울: 재문사.

Stephanie, S.(1995). Preschooler's response to picturebooks in small-group discussion: The role of genre A Dissertation of Doctor of philbsophy, The University of Texas at Austin.

Sutherland & Arbuthnot(1991). *Children and books*. Harper Collins Publishers, Inc.

Temple, C., Martinez, M., Yokoda, J., & Naylor, A.(1988). *Children's books in children's hands: An introduction th their literature*. Neddham Heights, MA: Allyn & Bacon.

Timmerman, J. H.(1983). *Other worlds: 환상동화 장르*. Bowling Green, OH: Bowling Green Univ. Popular Press.

Tomlinson, C. M., & Lynch—Brown, C.(1996). *Essentials Children's Literature*. Boston: Allyn and Bacon.

Townsend, T. R.(1995). *Written for children*. 강무홍(역). **어린이책의 역사**. 서울: 시공사.

Treffinger, D. J., & Isaksen, S. G.(1992). *Creative Problem Solving: An Introduction*. Center for Creative Learning, Sarasota, FL.

Treffinger. D. J.(1995). Crative problem solving: Overview and educational implications. *Educational Psychology Review, 7*(3), 301-312.

Winters, C. J., & Schmidt, G.(2001). Edging the boundaries of children's literature. Grand Rapids, MI: Allyn and Bacon.

〈어린이 그림책〉

갈색 곰아, 갈색 곰아 무엇을 보고 있니? 빌 마틴 주니어, 에릭 칼/김세실 옮김/한국몬테소리/2005.

강아지똥 권정생 글, 정승각 그림/길벗어린이/1996

개구리와 두꺼비는 친구 아놀드로벨 저/엄혜숙 역/비룡소/1996

갯벌이 좋아요 유애로 글 · 그림/보림/1995.

검피아저씨의 뱃놀이 존 버닝햄 그림 · 글/이주령 옮김/시공주니어/1996.

고양순 심미아 글 · 그림/보림/2001.

고함쟁이 엄마 유타바우어 글 · 그림/비룡소

공사냥을 떠나자 헬린 옥슨버리, 마이클 로젠 저/공경희 옮김/시공주니어/1994.

괴물들이 사는 나라 모리스 센닥 글 · 그림/강무홍 옮김/시공사/1994.

구름 공항 데이비드 위즈너/시공주니어/2017.

구름나라 존 버닝햄 글 · 그림/고승희 옮김/비룡소/1997.

구름빵 백희나 글 · 그림/김향수 사진/한솔수북/2004.

그건 내 조끼야! 니카에 요시오 글, 우에노 소리코 그림/비룡소/2008.

기차 ㄱㄴㄷ 박은영 글 · 그림/비룡소/2002.

깊은 밤 부엌에서 모리스 샌닥 지음/강무홍 옮김/시공주니어/1994.

까마귀 소년 야시마 타로 글 · 그림/윤구병 옮김/비룡소/2000.

까막나라에서 온 삽사리 정승각 글 · 그림/통나무/1994.

까만 소녀 니나의 비밀 아나 마리아 마샤두 글, 로사나 파리아 그림/김영선 옮김/소년한길/2004.

까맣고 하얀게 무엇일까요 빼트르호라체크/시공주니어

꼬마 곰 코듀로이 돈 프리먼 글 · 그림/비룡소/1996.

나, 학교 안 갈래!|. 미셸린느 먼디 글, R. W. 앨리 그림/노은정 옮김/비룡소/2003.

나는 나답게 너는 너답게 마띠유 드 로비에 글, 까뜨린느 프로또 그림/김태희 옮김/푸른숲/2006.

나는 내가 좋아요 윤여림 글, 배현주 그림/웅진출판/2011.

나는 책이 싫어 맨주샤 퍼워기 글, 린 프랜슨 그림/이상희 옮김/풀빛/2003.

나도 강아지 돌볼 수 있어 로렌 차일드 글 · 그림/김난령 옮김/국민서관/2006.

나도 아프고 싶어! 알리키 브란덴베르크, 프란츠 브란덴베르크 저/이수연 역/시공주니어/1999.

나도나도 최숙희 글 · 그림/웅진주니어

나무 숲속 매리 호올엣츠/한림출판사/1996.

나무 엘라 마리/시공주니어/1996.

나의 색깔나라 마거릿 와이즈 브라운 글, 로레타 크루핀스키 그림/이상희 옮김/랜덤하우스코리아/2002.

난 그림책이 정말 좋아요 아니타 제람/이상희 옮김/베틀북/2002.

난 이제 하나도 무섭지 않아 키티 크라우터 글 · 그림/김영사

난 크고 싶어 안드레아 샤빅 글, 러셀이토 그림/이연수 옮김/그린북/2002.

난 토마토 절대 안 먹어 로렌차 일드 글 · 그림/국민서관/2001.

난 할 수 있어 헬렌 옥슨버리 글 · 그림/비룡소

내 귀는 짝짝이 히도 반 헤네흐텐 글 · 그림/웅진출판/1999.

내 저금통 깨지 마 펑즈베이 지음/박지민 옮김/디자인하우스/2004.

내 친구 커트니 존 버닝햄/비룡소/

내가 아빠를 얼마나 사랑하는지 아세요 샘 맥브래트니 글, 아니타 제람 그림/베틀북

내게는 소리를 듣지 못하는 여동생이 있습니다 J. W. 피터슨 글, D. K. 레이 그림/김서정 옮김/중앙출판사(JDM)/2004.

냠냠냠 쪽쪽쪽 문승연/길벗어린이
너는 기적이야 최숙희 글 · 그림/책읽는곰
네가 달팽이니? 쥬디 엘런 글, 튜더 험프리스 그림/이성실 옮김/다섯수레/2000.
누가 내 머리에 똥쌌어? 베르너 홀츠바르트 글, 울프 에를브루흐 그림/사계절/2002.
누구 그림자일까 최숙희 글 · 그림/보림
눈 오는 날 에즈라 잭 키츠 글 · 그림/김소희 옮김/비룡소/1995.
눈사람 아저씨 레이먼드 브릭스 글 · 그림/마루벌/1997.
늑대가 들려주는 아기돼지 삼 형제 이야기 존 셰스카 글, 레인 스미스 그림/보림/1996.
늑대와 일곱 마리 아기 염소 그림형제 글, 펠릭스 호프만 그림/비룡소
달사람 토니 웅거러 글 · 그림/김정하 옮김/비룡소/1996.
도깨비를 빨아버린 우리 엄마 사토 와기코 글/엄기원 옮김/한림출판사/2004.
도대체 그동안 무슨 일이 일어났을까? 이호백/재미마주/2000.
돼지가 주렁주렁 아놀드 로벨 글, 애니타 로벨 그림/엄혜숙 옮김/시공주니어/2006.
두드려 보아요 안나 클라라 티플름/사계절/2007.
둘이서 둘이서 김태복 글 · 그림/보림
떡잔치 강인희 글, 정대영 그림/보림/2001.
떼루떼루 박연철 글 · 그림/시공주니어/2013.
똑같아요 유진 글 · 그림/한림출판사/2012.
똥땅 목수아저씨 이송은 글, 이혜영 그림/동심/2008.
라이트형제 세계위운동화
레오: 세상에서 가장 작은 반딧불이 에릭 드라흐만 글, 제임스 머스카렐로 그림/이현정 옮김/달리/2003.
마녀 위니 밸러리 토머스 글, 코카 폴 브릭스 그림/김중철 옮김/비룡소/1996.
말괄량이 기관사 치치 버지니아 리 버튼 글 · 그림/홍연미 옮김/시공주니어/1995.
멋진 뼈다귀 윌리엄 스타이그 글 · 그림/조은수 옮김/비룡소/2000.
모자 사세요! 에스퍼 슬로보드키나 글 · 그림/박형무 옮김/시공주니어/1999.
무늬가 살아나요 유문조 글, 안윤모 그림/천둥거인/2002.
물방울의 모험 마리아 테리코프스카 글, 보단 부텐코 그림/에디슨북/2002.
바람 부는 날 정순희 글 · 그림/비룡소/1998.
바람이 불 때에 레이먼드 브릭스 글/시공주니어/1999.

바바빠빠 아네트 티종, 탈루스 테일러 저/이용문 옮김/시공주니어/2001.
밤을 켜는 아이 레이 브래드베리 글, 리오 딜런, 다이앤 딜런 그림/국민서관/2005.
배고픈 애벌레 에릭 칼 지음/인피니스(DVD)/2005.
백만 마리 고양이 완다 가그/강무환 옮김/시공주니어/1999.
베개아기 김현주 글 · 그림/깊은책속옹달샘/2005.
봄이다 줄리 폴리아노 글, 에린 E. 스테드 그림/이예원 옮김/별천지/2012.
분홍줄 백희나/시공주니어/2007
비 오는 날 또 만나자 사토우치 아이 글, 히로노 다카고 그림/고광미 옮김/한림 출판사/2001
비 오는 날 유리 슐레비츠 글 · 그림/강무홍 옮김/시공주니어/2000.
빨간 풍선의 모험 엘라 마리 글 · 그림/시공주니어/2000.
빨강도깨비 파랑도깨비 노랑도깨비 보리기획 글, 김효순 그림/보리/2001.
뼈 호리우치 세이치 글 · 그림/엄기원 옮김/한림출판사/2001.
사과가 쿵! 다다히로시 글 · 그림/정근 옮김/보림/1996.
사랑에 빠진 개구리 맥스 벨트하우스 저/이명희 역/마루벌/1995.
새벽 유리 슐레비츠 그림 · 글/강무환 옮김/시공주니어/1994.
생쥐의 결혼 하 지홍 저/유정림 옮김/미세기/2006.
세상에서 가장 큰 아이 케빈 헹크스 글, 낸시 태퍼리 그림/이경혜 옮김/비룡소/1999.
세상에서 제일 힘센 수탉 이호백 글, 이억배 그림/재미마주/1998.
셜리야, 목욕은 이제 그만! 존 버닝햄 글 · 그림/비룡소/2004.
수염할아버지 이상교 글, 한성옥 그림/보림/2001.
쉿! 엄마 깨우지마! 에일런 크리스텔로우/사계절/2001.
신나는 수요일 안느 베르티에 글, 그림/김소희 옮김/뜨인돌 어린이/2012.
심심해서 그랬어 윤구병 글, 이태수 그림/보리/1997.
쏘피가 화나면 – 정말, 정말 화나면… 몰리뱅 글 · 그림/이은화 옮김/케이유니버스/2003.
아기양 울리의 저녁산책 기타무라 사토시 저/정성원 옮김/베틀북/2000
아름다운 책 클로드 부종 글 · 그림/최윤정 옮김/비룡소/2002.
아빠를 어떻게 깨우지 이승희 글 · 그림/책그릇
아빠하고 나하고 유문조 글, 유승호 그림/길벗어린이
아주 바쁜 거미 에릭 칼 글 · 그림/몬테소리CM/2005.
아주 특별한 우리 형 고정욱 글, 송진헌 그림/대교출판/2002.

악어도 깜짝, 치과의사도 깜짝 고미타로/비룡소

안 돼 데이빗 데이빗 섀논/지경사

알록달록 코끼리 앨버 데이비드 맥키/김양미 옮김/아가월드/2003.

야, 우리 기차에서 내려 존 버닝햄 글 · 그림/비룡소/2000.

어떻게 잠을 잘까요 야부우치 마사유키 글 · 그림/한림출판사/2006.

어른이 된다는 건 나카가와 히로다카 글, 무라카미 야스나리 그림/이장선 옮김/꿈소담이/2003.

엄마가 알을 낳았대 배빗 콜/보림

엄마가 화났다 최숙희 글 · 그림/책읽는곰/2011.

엄마랑 뽀뽀 김동수 글 · 그림/Yes24

엄마옷이 더 예뻐 황유리 글 · 그림/길벗어린이/2004.

오렌지 말 리우쉬공 글 · 그림/서정에 옮김/계수나무/2012.

왜? 니콜라이 포포프/현암사/1997.

용감한 아이린 윌리엄 스타이그 글 · 그림/김서정 옮김/웅진주니어/2000.

우리 모두 다함께 아니타 제람 글/김서정 옮김/베틀북/2000.

우리 몸의 구멍 허우미 글, 이혜리 그림/돌베게 어린이

우리 엄마 어디 있어요? 기도 반 게네흐텐/서남희 옮김/한울림어린이/2004.

우리 할아버지 존버닝햄 글 · 그림/비룡소/1995.

우리끼리 가자 윤구병 글, 이태수 그림/보리/1997.

위대한 가족 윤진현 글 · 그림/천개의 바람/2016.

유령의 집에서 에릭카 실비만 글, 존 에지 그림/한림출판사/1998.

으뜸 헤엄이 레오 리오니/이명희 옮김/마루벌/1997.

이상한 곳에 털이 났어요 배빗 콜/여명미디어

이상한 화요일 데이비드 위즈너 글 · 그림/비룡소

이야기 이야기 게일 해일리 글 · 그림/보림/2003.

작은 암탉 폴 갈돈 글 · 그림/엄혜숙 옮김/시공주니어/2007.

작은 집 이야기 버지니아 리 버튼 글 · 그림/박정선 옮김/1993.

잘자요 달님 클레먼트 허드 그림, 마거릿 와이즈 브라운 저/이연선 옮김/시공주니어/1999.

장갑 에우게니 M. 라쵸프 그림/김중철 옮김/다산기획/2001.

장바구니 존 버닝햄 글 · 그림/보림/1996.

장화가 사라졌어요 이다 에센 글, 한나 바르톨린 그림/한북스/2012.

제이크 하늘을 날다 레인 스미스/보림/1996.

종이봉지 공주 로버트 문치 글, 마이클 마첸코 그림/김태희 옮김/비룡소/1998.

준영 ㄱㄴㄷ 박은영 글 · 그림/비룡소/1997.

지각대장 존 존 버닝햄 글 · 그림/박상희 옮김/비룡소/1995.

천둥 케이크 패트리샤 폴라코/임봉경 옮김/시공주니어/2000.

천둥과 번개는 어떻게 생겼나 비아트리스 모커트 헤럴 글, 수잔 로스 그림/김원석 옮김/보림/1996.

치과 의사 드소트선생님 윌리엄 스타이그 저/조은수 옮김/비룡소/1995.

치치와 초초 인해 미스그하르트 글, 수트기네 압스 그림/최용은 옮김/거즈엠/2012.

코끼리 형님의 나들이 나카노 히로다카 글 · 그림/이영준 옮김/한림출판사/2001.

크릭터 토미 웅거러/시공사/1996.

태양으로 날아간 화살 제럴드 멕디밋 그림/푸에블로 인디언 설화/시공사/1996.

터널 앤서니 브라운/논장/2002.

퉁명스러운 무당벌레 에릭 칼/몬테소리

티치 팻 허친즈/박현철 옮김/시공주니어/1997.

파란파도 유준재/문학동네

피카소와 무티스가 만났을 때 니나 레이든 글 · 그림/이명희 옮김/마루벌/2002.

피터의 편지 에즈라 잭 키츠 글 · 그림/시공주니어/1996.

하나, 둘, 셋, A. 우드 글, 데이빗 앤스티 그림/베틀북/1995.

하양까망 류재수/국민서관

한지돌이 이종철 글, 이준길 그림/보림/1999.

혼자 집을 보았어요 이진수/웅진출판/1991.

혼자 할 수 있어요 파올로 프리츠/아름다운 사람들

화내지 말고 예쁘게 말해요 안미연 글, 서정희 그림/상상스쿨/2008.

화물열차 도널드 그루즈 글 · 그림/시공주니어

휘파람을 불어요 에즈라 잭키즈/시공주니어

힐드리드 할머니와 밤 첼리 두란 라이언 글, 아놀드 로벨 그림/정대련 옮김/시공주니어/1999.

찾아보기

[인명]

[내용]

ㄱ

ㅂ

ㅅ

ㅇ

● ㅈ

● ㅊ

ㅋ

ㅌ

ㅍ

ㅎ

저 / 자 / 소 / 개

■ 고문숙

중앙학교 사범대학 유아교육학과, 중앙대학교 사범대학 유아교육학과 석사 및 박사
전 대구미래대학교 유아교육과 교수

■ 김수향

대구대학교 사범대학 유아교육학과, 부산대학교 대학원 유아교육전공 석사
동덕여자대학교 아동학과 아동학 박사
현재 위덕대학교 유아교육과 교수

■ 임영심

중앙학교 사범대학, 유아교육학과 중앙대학교 사범대학 유아교육학과 석사 및 박사
현재 경북대학교 생활과학대학 아동학부 교수

■ 손혜숙

중앙학교 사범대학, 유아교육학과 중앙대학교 사범대학 유아교육학과 석사 및 박사
아리조나 주립대학교 연구학자
현재 경인여자대학교 유아교육과 교수

개정판

아동문학교육

1판 1쇄 발행 — 2019년 3월 3일
2판 1쇄 발행 — 2021년 3월 5일

저 자 - 고문숙 김수향 임영심 손혜숙
발 행 인 - 강철원
발 행 처 - 양성원
주 소 - 경기도 파주시 검산로 173번길 29-20
전 화 - 031-946-3861(代)
팩 스 - 031-946-3864
이 메 일 - tnwpub@naver.com
홈페이지 - tnwpub.co.kr
출판등록 - 2015년 8월 31일 제 2015-000211 호

ISBN 979-11-6126-353-3

정가 20,000원